普通高等学校成人高等教育会计学精品教材



# 高级财务会计

韩传模　主　审
郑海英　主　编
王昌锐　刘建军　副主编

大连出版社
DALIAN PUBLISHING HOUSE

## 内容简介

本书是普通高等学校成人高等教育会计学精品教材之一，主要内容包括企业合并、合并财务报表概述、控制权取得日的合并财务报表、控制权取得日后的合并财务报表、集团内部交易的抵销、外币交易会计与外币财务报表折算、物价变动会计、租赁会计、股份支付、套期保值会计、企业清算与重整会计、上市公司会计信息披露等。每章开头均简要介绍了学习目标，章后有本章小结、关键术语、本章重点、本章难点和思考题等内容，便于学生学习并回顾关键内容，并配备了辅导教材和教学课件。



图书在版编目(CIP)数据

高级财务会计/郑海英主编. —大连:大连出版社,2010.1
普通高等学校成人高等教育会计学精品教材
ISBN 978-7-80684-866-1

Ⅰ.①高… Ⅱ.①郑… Ⅲ.①财务会计—成人教育:高等教育—教材
Ⅳ.①F234.4

中国版本图书馆 CIP 数据核字(2010)第 016788 号

出 版 人:刘明辉
策划编辑:王天华
责任编辑:彭理文
责任校对:杨　琳
封面设计:金啸宇　孔婷婷
版式设计:刘振奎
责任印制:刘　晨

出版发行者:大连出版社
地址:大连市西岗区长白街 10 号
邮编:116011
电话:(0411)83627430/83621049
传真:(0411)83610391/83620941
网址:http://www.dl-press.com
电子信箱:cbs@dl.gov.cn
印 刷 者:大连美跃彩色印刷有限公司
经 销 者:各地新华书店

幅面尺寸:185mm×260mm
印　　张:20.25
字　　数:497 千字

出版时间:2010 年 1 月第 1 版
印刷时间:2010 年 1 月第 1 次印刷
印　　数:1～5000 册
书　　号:ISBN 978-7-80684-866-1
定　　价:36.00 元

# 出版说明

多年来，高等学校成人高等教育发展迅速并取得很大成绩，满足了人们接受高等教育的多样化需求，为社会主义现代化事业培养了各类专门人才，推进了高等教育大众化，成为我国高等教育体系和终身教育体系的重要组成部分。随着科学技术的发展、人类知识更新步伐的加快，成人教育在经济与社会发展中的地位和作用也日益重要。

为了顺应当前我国成人教育的发展形势，配合成人高等教育的教学改革和教材建设，我们特邀请中央财经大学、中南财经政法大学、天津财经大学等院校长期从事成人高等教育教学和科研工作的一线教师及有关专家，精心编写了本套教材。

本套教材严格遵循成人高等教育的规律，以学习者为中心，针对在职人员业余学习的特点和需求，在知识结构、难易程度、语言表达等方面均合理设计，既有一定的理论深度，又兼顾可操作性，结合案例分析提高学生解决实际问题的能力。

为了教学的方便，本套教材还配备了与教材配套的学习指导和教学课件，便于学生和教师使用。

大连出版社

# 编审委员会

# 前 言

高级财务会计课程是继中级财务会计之后，对财务会计领域中一些特殊的、有一定难度的经济业务进行研究的课程，是会计学专业的核心课程。高级财务会计在学生掌握了中级财务会计中一般通用会计知识的基础上，对中级财务会计没有进行深入研究的会计相关知识进行更深层次的研究。

高级财务会计课程的教学目的，是使学生熟悉和掌握财务会计的前沿理论和方法。本书根据高级财务会计课程在会计学专业课程中的地位和特征，依据我国现行会计法律规范及国际会计准则等会计规范，借鉴国内外财务会计理论研究的最新成果及会计实务工作的经验总结，结合作者多年的高级财务会计教学经验和研究成果精心编写而成。在编写过程中，特别注重结合成人教育的特点，力求做到系统性与专题性共存、理论性与操作性并重、现实性与前瞻性兼顾、中国国情与国际惯例相结合，既注重学科的完整性，又突出本课程的重点及难点问题，以便培养出理论与实务并重的实用型人才。

本书由中央财经大学郑海英副教授担任主编，中南财经政法大学王昌锐副教授及天津财经大学刘建军副教授担任副主编。书中第一章至第五章由郑海英编写，第六章至第九章由王昌锐编写，第十章至第十二章由刘建军编写。最后由郑海英对全书进行了总纂和统稿。

本书既可以作为本科院校会计学及其他专业学生的学习用书，也可以为广大财务人员培训、考试提供参考。

由于编者水平有限，加之高级财务会计课程本身的不成熟性，书中的疏漏和不当之处在所难免，恳请读者批评指正。

编　者

# 目 录

# 第一章　企业合并

## 学习目标

通过本章教学，使学生了解企业合并的概念、种类、方式，企业合并涉及的主要会计问题，不同类型企业合并的会计处理方法；了解权益结合法的实质，熟悉同一控制下的吸收合并、新设合并及控股合并的核算要求；掌握同一控制下的吸收合并及同一控制下的控股合并的会计处理方法；了解购买法的实质，熟悉非同一控制下的吸收合并、新设合并及控股合并的核算要求，掌握非同一控制下的吸收合并及控股合并的会计处理方法。

## 第一节　企业合并概述

### 一、企业合并的演进

企业合并是经济发展到一定阶段的产物，在经济快速发展或经济动荡时期尤其常见。企业合并的原因多种多样，有宏观的原因，也有微观的原因。如为了减少特定行业的无序竞争，提高行业的竞争力，或为了便于国家对某特定行业的管理，或为了调整国家的产业结构或产品结构，优化社会经济资源的配置等等，国家可从宏观层面上促成行业内企业的合并或是跨行业的合并；而一些企业为了扩大自身的业务规模，提高经济效益，或发现了合适的目标等，也会从微观上进行企业合并。

纵观世界各国经济发展过程，企业的发展壮大与企业并购活动是分不开的。随着全球经济一体化进程的不断深入，企业决策者追求的是资源在全球范围内的优化配置，致使企业并购活动不断向纵深发展，并购活动变得越发复杂，并购的范围也不断扩大。以美国为代表的西方发达国家，从 19 世纪末到现在，曾发生过五次并购浪潮。前四次并购浪潮已经完成，其特点是都出现在经济周期的复兴阶段，其主要目的是进行产业结构调整；第五次并购浪潮正在进行中。

第一次：以横向并购为特征的并购浪潮。发生于 1893 年 ~ 1904 年的横向并购，在 1898 年 ~ 1903 年达到高潮，基本特征是同一个行业的小企业合并成一个或几个大企业，形成了比较合理的经济结构，并购案件约 2 864 起，涉及金额 64 亿多美元。

第二次：以纵向并购为特征的并购浪潮。发生于 1915 年 ~ 1929 年的纵向并购，在 1928 年达到高潮，基本特征是并购形式多样化，除工业部门外，其他产业也发生了并购行为，有至少 2 750 家公用事业单位、1 060 家银行和 10 520 家零售商进行并购，汽车制造业、石油工业、冶金以及食品工业完成了集中。

第三次：以混合并购为特征的并购浪潮。发生于 1954 年 ~ 1969 年的混合并购，在 60

年代后期形成高潮，基本特征是把不同性质产品的企业联合起来的混合并购案例激增，产生了诸多巨型和超巨型的跨行业公司，在 1960 年～1970 年间，发生并购 2 500 多起，被并购企业达 2 万多家。

第四次：以并购上市公司为特征的并购浪潮。发生于 1975 年～1991 年的并购浪潮，在 1985 年达到高潮，基本特征是大量公开上市公司被并购，还出现了负债兼并方式和重组并购方式。此次并购浪潮期间，兼并事件达 3 000 多起，并购涉及金额 3 358 亿美元，兼并范围广泛。

第五次：以跨国并购为特征的并购浪潮。此次并购浪潮开始于 20 世纪 90 年代中期，其背景是世界经济全球一体化大趋势迫使公司扩大规模和联合行动，以增强国际竞争力；美国政府对兼并和垄断的限制有所松动；资本市场上融资的方法、渠道多样化，为并购融资提供支持；并购的范围已经超过传统国界的限制，跨国并购成为主流。参与这次并购浪潮的企业都着眼于战略利益，以占有更大市场份额、提高公司效率和夺取核心产业价值控制权等为主要动机；它们在集中精力搞好主业的同时，选择与本行业相关或能与之形成优势互补的企业进行合并，同时将与企业发展不相适应的部门剥离出去。

在我国，随着企业改制和资本市场的发展，企业并购作为一种资产重组的有效手段在建立现代企业制度过程中日益引起人们的关注。自 20 世纪 90 年代开始，我国企业的合并重组事件不断增加，并购企业的数量和范围不断扩大。特别是以 1993 年 9 月发生的宝安集团收购延中实业流通股为标志，我国资本市场企业并购拉开了序幕。

## 二、企业合并的定义

我国 2006 年颁布的《企业会计准则第 20 号——企业合并》准则中，将企业合并定义为："企业合并，是指将两个或两个以上单独的企业合并形成一个报告主体的交易或事项。"

企业合并的目的主要是获得对其他企业的控制权或净资产，它可以是一个企业对另一个企业（或业务）的合并，也可以是一个企业对多个企业（或业务）的合并；被合并的企业可以保留法人资格，也可以不保留法人资格。

从我国企业合并的定义看，判断一项交易或事项是否属于企业合并，关键要看其影响结果。对企业合并的影响结果，可从两方面进行分析：一个是企业合并对合并方业务的影响，另一个是企业合并对报告主体的影响。

1. 从企业合并对业务的影响方面来看，企业合并的结果通常是一个企业取得了对另一个或多个业务的控制权。取得对一个或多个业务的控制权包括两层含义：一是取得对另一个或多个企业（或业务）的控制权；二是所合并的企业必须构成业务。业务是指企业内部某些生产经营活动或资产负债的组合，该组合具有投入、加工处理过程和产出能力，能够独立计算其成本费用或产生的收入。如果一个企业取得了对另一个或多个企业的控制权，而被购买方（或被合并方）并不构成业务，则该交易或事项并不形成企业合并。

2. 从企业合并对报告主体的影响来看，企业合并的结果是使参与合并的企业在合并后的报告主体发生了变化。在构成企业合并的交易或事项发生以后，参与合并的两个或多个企业就会由原来的两个或多个报告主体变成了一个报告主体。报告主体的变化产生于控制权的变化。如果企业合并后被合并企业的法人资格被撤销,同时也涉及控制权的变化及报告主体的变化,那么就形成企业合并,但法人资格的消失并不是企业合并的必要条件。例如,如果在交易或事项发生后,一方能够对另一方的生产经营决策实施控制,形成母子公司关系,涉及控制权的转移,此时,子公司仍是独立法人,但也形成了企业合并。由此可见,合并的实质是控制。

## 三、企业合并的种类

企业合并可以按照不同的标准进行分类。

(一)我国企业会计准则对企业合并的分类

按照我国《企业会计准则第20号——企业合并》的规定,可将企业合并分为同一控制下的企业合并和非同一控制下的企业合并两类。

1. 同一控制下的企业合并

同一控制下的企业合并,是指参与合并的企业在合并前后均受同一方或相同多方最终控制且该控制并非暂时性的。

判断是否属于同一控制下的企业合并,应注意以下几点:

(1)"最终控制方"。同一控制下的企业合并一般发生于企业集团内部,因此,实施最终控制的一方通常是指企业集团中的母公司或者有关主管单位。如实施最终控制的一方为有关主管单位,则企业合并是指在某一主管单位指导下进行的合并,并且该主管单位参与企业合并过程中具体商业条款的制定,如参与合并定价、合并方式及其他涉及企业合并的具体安排。如主管单位未参与上述具体事宜,则不属于同一控制下的企业合并。

(2)"相同多方"。能够对参与合并的企业在合并前后均实施最终控制的"相同多方",是指根据投资者之间的协议约定,为扩大其中某一投资者对被投资单位股份的控制比例,或者为巩固某一投资者对被投资单位的控制地位,在对被投资单位的生产经营决策行使表决权时发表相同意见的两个或两个以上的法人或其他组织。

(3)"控制并非暂时性"。这是对实施控制的时间要求,是指参与合并各方在合并前后较长时间内受同一方或多方控制。具体来说,是指在企业合并之前(即合并日之前),参与合并各方在最终控制方的控制时间一般在一年以上(含一年),企业合并后所形成的报告主体在最终控制方的控制时间也应达到一年以上(含一年)。

通常情况下,一方或相同多方控制下的企业合并,合并双方的合并行为并不完全是自愿进行和完成的,因此这种合并行为不属于交易行为,而是参与合并各方资产和负债的重新组合。这也正是同一控制下的企业合并按权益结合法进行会计处理的原因,在后面将详细阐述这一方法。

2. 非同一控制下的企业合并

非同一控制下的企业合并,是指参与合并的各方在合并前后不属于同一方或相同的多方控制的合并交易,即同一控制下企业合并以外的其他企业合并。

(二)按企业合并所涉及的行业划分

按企业合并所涉及的行业范围,可以将企业合并分为横向合并、纵向合并及混合合并三种类型。

1. 横向合并

横向合并,也称水平合并,指生产工艺、产品、劳务相同或相近的企业间的合并。

2. 纵向合并

纵向合并,也称垂直合并,指生产工艺、产品、劳务虽不相同或相近,但具有前后联系的企业间的合并。

3. 混合合并

混合合并,也称多种经营合并,指生产工艺、产品、劳务没有内在联系的企业间的合并。

## 四、企业合并的方式

按照企业合并前后参与合并主体的法人资格是否发生变动,可将企业合并分为吸收合并、新设合并及控股合并三种方式。

1. 吸收合并。吸收合并也称兼并,即两家或两家以上的企业合并成一家企业的合并。经过吸收合并,参与合并的企业通常只有其中一家继续保留其法人地位,其余的企业在合并后都丧失其法人地位,成为购买企业的一部分,如成为购买企业的一个车间或一个分公司。吸收合并中取得其他企业净资产并保留法人资格的一方,称为兼并方;而在合并中丧失法人资格的一方或多方称被兼并方。

2. 新设合并。新设合并又称创立合并,是指两个或两个以上的公司合并后,成立一个新的公司,参与合并的原有各公司均归于消灭的公司合并。在新设合并后,参与合并的各企业均丧失了法人地位,只有新设立的企业具有法人资格。从法律形式上讲,它表现为“甲公司 + 乙公司 = 丙公司”,丙公司新设立的法人企业,甲、乙公司则丧失其法人资格。如果丙公司以支付现金或其他资产的方式合并甲、乙公司,则甲、乙公司的原所有者无权参与丙公司的经营管理,也无权分享丙公司以后实现的税后利润;但如果丙公司采取向甲、乙公司发行股票以换取原甲、乙公司股票,并将其注销的方式,则甲、乙公司原股东成为丙公司的股东,这些股东与丙公司存在投资与被投资的关系,且可以参与丙公司的管理,分享其实现的税后利润,但一般已丧失对原企业的控制权。1996 年上海著名的两家证券公司申银和万国组成申银万国证券公司,就属典型的新设合并。

3. 控股合并。控股合并是指一家企业通过企业合并交易或事项取得另一家企业全部或部分表决权股票,从而取得对另一家企业的控制权,能够决定其财务经营政策,并从另一家企业的生产经营活动中获益。通过合并,两家企业仍然保留其法人地位,形成了母子公司关系,需要编制合并会计报表。

## 五、企业合并中的所得与所费

企业合并的所得与所费,通常是站在企业合并中的合并方或购买方的角度而言的。因企业合并的方式不同,合并中的所得与所费也不尽相同。

(一)企业合并中的所得

1. 吸收合并中的所得

一般而言,吸收合并中的合并方或购买方所得到的通常是注销法人资格一方(被合并方或被购买方)的全部资产,同时应承担其全部债务,也就是说吸收合并中的合并方或购买方所得一般为被合并方或被购买方的净资产。

2. 新设合并中的所得

新设合并中的合并方或购买方,指的是企业合并中新设立的法律主体。一般而言,新设合并中的合并方或购买方,所得到的是其他注销法人资格各方的全部资产,同时应承担其他注销法人资格各方的全部负债,另外被合并方或被购买方的所有者权益,也应构成合并方或购买方的所有者权益。也就是说,新设合并中的合并方或购买方所得到是其他注销法人资格各方的全部净资产及相应的权益。

3. 控股合并中的所得

与吸收合并和新设合并不同,控股合并的合并方或购买方,既是一个独立的会计主体,对其发生的交易或事项进行单独核算,编制个别财务报表;同时又是企业合并形成的新的报告主体,需要编制新报告主体的合并财务报表。故控股合并中合并方或购买方的所得,也应站在个别会计主体及合并报告主体的不同角度分别进行考虑。站在母公司个别会计主体的角度,其所得到的并不是子公司的全部资产和负债,不是子公司的净资产,而是对子公司净资产的控制权;站在控股合并后形成的合并报告主体的角度看,其所得到的则是子公司的净资产。

(二)企业合并中的所费

企业合并中的所费,也应视不同的企业合并方式而定。

1. 吸收合并中的所费

吸收合并中的合并方或购买方为了获得被合并方或被购买方的净资产,通常可以以自身的货币性及非货币性资产、发行债券或承担债务或者通过发行权益性证券作为对价与被合并方或被购买方的原所有人进行交易。也就是说,吸收合并中的所费,既可以是资产,也可以是负债或所有者权益。

2. 新设合并中的所费

与吸收合并不同,新设合并中的合并方或购买方在新设合并中并没有支付相应的对价,也谈不上所费,或者说新设合并中的合并方或购买方作为一个新的会计主体,只核算其所得的净资产及相应的权益即可,没有也不需核算所费。新设合并中的合并方或购买方的所得,来自于被合并方或被购买方的原所有人,上述各所有人通常也是新设合并中合并方或购买方的所有人。

3. 控股合并中的所费

控股合并中的所费,指的是控股合并中的母公司为了获取对子公司的控制权而支付给子公司原控制人的对价。控股合并中的母公司支付的对价,与吸收合并中合并方支付的对价一样,可以是母公司的货币及非货币性资产、发生或承担的负债,或者发行的权益性证券。

## 六、企业合并的会计问题

企业合并涉及的会计问题主要包括:

（一）企业合并交易的会计处理问题

1. 企业合并交易会计处理的主体

企业合并的会计处理指的是合并方对该交易的处理，即吸收合并中保留法人资格的一方、新设合并中新设立的法律主体及控股合并中的母公司个别财务报表中对企业合并交易的处理。

2. 企业合并交易会计处理的主要内容

企业合并交易会计处理的内容主要包括：

（1）企业合并所得的处理。

（2）企业合并所费的处理。

（3）企业合并所得与所费差额的处理。

（4）企业合并相关费用的处理。

3. 企业合并交易的会计处理的方法

对企业合并的会计处理方法，国际会计界长期存在着争论，主要体现在以下几个方面：

（1）权益结合法是否可以使用的问题。目前大多数国家对其各自准则规范的企业合并，采用购买法进行处理，对权益结合法是否可以使用，国际会计界尚未达成一致意见。

（2）如果可以使用权益结合法，应有什么样的条件限制，目前国际会计界也未达成一致。

（3）权益结合法与购买法的选择问题。国际会计准则规定，对属于 IFRS 3 规范的企业合并（相当于我国的非同一控制下的企业合并），只能选择购买法进行处理；对于集团内部重组（相当于我国的同一控制下的企业合并）国际会计准则委员会目前尚未出台相关的准则进行规范。

（4）购买法下商誉与负商誉的确认、计量及核算规定，目前各国也并不完全一致。

4. 我国准则对企业合并交易会计处理方法的规定

在我国企业合并准则中，并没有明确说明对企业合并所采用的会计处理方法。但从其具体规定中可以看出，我国准则对同一控制下的企业合并，采用的会计处理方法类似于权益结合法；对非同一控制下的企业合并，则采用购买法进行会计处理。

（二）合并财务报表的编制问题

合并日及合并日后是否需要编制合并报表，应视企业合并的方式不同而定。

1. 吸收合并

吸收合并中，合并方或购买方取得的是被合并方或被购买方的净资产；被合并方或被购买方注销其法人资格；吸收合并完成后，只剩下合并方或购买方一个法律主体，该法律主体也是吸收合并后的唯一会计主体，故吸收合并不涉及合并财务报表的编制问题。

2. 新设合并

新设合并中，参与合并的原会计主体均属被合并方或被购买方，均需注销其法人资格；各方净资产需转入新设立的法律主体中。新设合并完成后，只剩下新设立的一个法律主体，该新设立的法律主体也是新设合并后的唯一会计主体，故新设合并也不涉及合并财务报表的编制问题。

3. 控股合并

控股合并中,合并方或购买方取得的是被合并方或被购买方的控制权,被合并方或被购买方仍保留其法人资格,从会计角度看,控股合并后,合并方(购买方)与被合并方(被购买方)形成了由合并方(购买方)统一控制下的一个经济主体,为了反映该经济主体的财务状况和经营成果,需要由合并方(购买方)编制该经济统一体的财务报表,也就是所说的合并财务报表。

控股合并中需编制的合并财务报表,涉及控制权取得日的合并财务报表及控制权取得日后的合并财务报表,分别在本书的第三、第四章中阐述;本章主要阐述我国准则规范的两种不同类型的企业合并中,企业合并交易的会计处理方法。

【小思考 1-1】企业合并中的合并方或购买方与母公司有什么关系?

## 第二节 同一控制下的企业合并

### 一、同一控制下的企业合并的处理要求

在同一控制下的企业合并中,在合并日取得对其他参与合并企业控制权的一方为合并方,参与合并的其他企业为被合并方。合并日是指合并方实际取得对被合并方控制权的日期,即被合并方净资产或生产经营决策的控制权转移给合并方的日期。

对于同一控制下的企业合并,企业合并准则中规定的会计处理方法类似于权益结合法。

按类似权益结合法对同一控制下企业合并进行会计处理要求如下:

(一)统一会计政策

被合并方在企业合并前采用的会计政策与合并方不一致的,应基于重要性原则,首先统一会计政策,即合并方应当按照本企业会计政策对被合并方资产、负债的账面价值进行调整,并以调整后的账面价值作为有关资产、负债的入账价值。

(二)合并方所得的处理

合并方在企业合并中取得的被合并方各项资产、负债应维持其在被合并方的原账面价值不变,不按公允价值计量。

(三)合并方所费的处理

合并方在企业合并中支付的合并对价无论属哪种方式,包括支付现金或非现金资产、发行股票、债券或承担其他负债,均按账面价值计量。

(四)合并方所得与所费差额的处理

合并方所得与所费的差额,应当调整所有者权益相关项目,不计入企业合并当期损益。合并方在根据所得与所费差额调整所有者权益时,应首先调整资本公积(资本溢价或股本溢价),资本公积(资本溢价或股本溢价)的余额不足冲减的,应冲减留存收益。

(五)企业合并相关费用的处理

合并方为进行企业合并所发生的各项直接相关费用,包括为进行企业合并支付的审计费用、评估费用、法律服务费用等,不作为对价,应于发生当期计入当期损益;以发行债

券或承担其他债务作为合并对价的，发行的债券或承担其他债务支付的手续费、佣金等，应当计入所发行债券及其他债务的初始计量金额；以发行权益性证券作为合并对价的，发行权益性证券发生的手续费、佣金等，应当冲减权益性证券溢价收入，无溢价收入或溢价收入不足冲减的，冲减留存收益。

（六）被合并方在合并前实现的留存收益的处理

同一控制下的企业的实质是集团的整合，参与合并各方的最终控制人并没有发生变化。站在最终控制人的角度看，合并方与被合并方的权益原本就是结合在一起的，故同一控制下的企业合并中被合并方合并前实现的留存收益，应当计入合并后形成的新的报告主体的财务报表中。

1. 计入金额的确定

从理论上看，被合并方合并前实现的留存收益应计入新报告主体的金额，应视被合并方的权益何时与最终控制方的权益结合在一起而定。一般而言，被合并方开始受最终控制人控制的日期为权益结合的起始日期，计入新报告主体的留存收益应当是自权益结合起始日至企业合并日期间，被合并方实现的留存收益数额中归合并方所有的份额；如果被合并方从设立开始就由最终控制方控制，则计入新报告主体中的留存收益数额应当是被合并方实现的留存收益总额中均归合并方所有的份额。

实际业务中，由于同一控制下的企业合并中合并方的所费与被合并方的初始资本投入并不一定一致，被合并方的留存收益中应并入新报告主体中的留存收益的数额，应当以合并方资本公积的账面数额为限。

2. 计入方法的确定

被合并方合并前实现的留存收益计入新报告主体方法，应分吸收合并、新设合同及控股合并而定。其中吸收合并及新设合并不编制合并财务报表，所以被合并方合并前实现的留存收益应计入合并后新报告主体的单独财务报表中；控股合并中被合并方的净资产并不直接计入合并方的单独财务报表中，所以被合并方合并前实现的留存收益，应当在编制合并财务报表时计入合并财务报表中。

实际业务中，合并方对被合并方合并日已实现的留存收益进行确认时，通常是在合并方对合并所得、所费及其差额进行处理之后，通过再做一笔结转分录来完成的，结转数额应以合并方资本公积的账面数额为限。

【例 1-1】B 公司于 1991 年注册成立，2001 年 1 月 1 日被甲公司收购，成为甲集团公司的全资子公司。2001 年 1 月 1 日，B 公司的所有者权益为 10 000 万元（其中股本 4 000 万元，资本公积 3 000 万元，盈余公积 1 000 万元，未分配利润 2 000 万元）；2009 年 7 月 1 日，B 公司被甲集团公司的另一子公司 A 公司吸收合并，合并日 B 公司所有者权益账面数为 18 000 万元（其中股本 4 000 万元，资本公积 3 000 万元，盈余公积 2 000 万元，未分配利润 9 000 万元）；合并日 A 公司资本公积账面数为 10 000 万元。则合并日 B 公司的留存收益中应计入新报告主体留存收益的数额为 8 000 万元[（9 000 - 2 000）+（2 000 - 1 000）]。

如果上例中 B 公司从 1991 年设立时起就完全由甲公司控制，或者 B 公司就是由甲公司出资设立的全资子公司，则 2009 年 7 月 1 日 A 公司吸收合并 B 公司时，B 公司的留存收益中应计入 A 公司财务报表(合并财务报表)的数额为 11 000 万元(9 000 +2 000)。

如果上例中 B 公司从 1991 年设立时起就完全由甲公司控制,合并日 A 公司取得了 B 公司 100% 的股权,B 公司继续经营,则合并日 B 公司的留存收益中应计入 A 公司合并财务报表的数额为 11 000 万元(9 000 +2 000)。

如果上例中 B 公司从 1991 年设立时起就完全由甲公司控制,合并日 A 公司取得了 B 公司 80% 的股权,B 公司继续经营,则合并日 B 公司的留存收益中应计入 A 公司合并财务报表的数额为 8 800 万元(9 000 ×80% +2 000 ×80%)。

## 二、同一控制下的吸收合并的会计处理

同一控制下的吸收合并中,合并方账务处理主要包括合并中所得净资产的计量、支付对价的计量、所得与所费差额的处理、企业合并相关费用的处理及吸收合并前被合并方实现的留存收益应计入合并方报表数额的确定及处理等。

下面举例说明同一控制下的吸收合并中合并方的账务处理。

【例 1 －2】甲公司与乙公司同为丙公司控制下的子公司,2009 年 1 月 1 日甲公司通过发行 40 万股,每股面值 10 元的普通股票作为对价吸收合并了乙公司的全部净资产。合并日甲、乙公司资产负债表数据如表 1-1 所示。

表 1-1　　甲、乙两公司的资产负债表

2008 年 12 月 31 日　　单位:元

| 项目 | 甲公司 | 乙公司 |
|---|---|---|
| 货币资金 | 200 000 | 10 000 |
| 应收账款 | 1 500 000 | 50 000 |
| 存货 | 800 000 | 70 000 |
| 固定资产 | 110 000 000 | 4 000 000 |
| 资产合计 | 112 500 000 | 4 130 000 |
| 短期借款 | 4 500 000 | 830 000 |
| 股本 | 60 000 000 | 2 000 000 |
| 资本公积 | 44 500 000 | 1 000 000 |
| 盈余公积 | 1 000 000 | 100 000 |
| 未分配利润 | 2 500 000 | 200 000 |
| 负债与所有者权益合计 | 112 500 000 | 4 130 000 |

甲公司对该项吸收合并业务的账务处理如下:

①按所得及所费的账面价值记录该吸收合并,同时按规定处理所得与所费的差额,分录如下:

借:货币资金　　10 000

　　应收账款　　50 000

存货　　　　70 000
固定资产　　　　4 000 000
资本公积——股本溢价　　　　700 000
贷:短期借款　　　　830 000
股本　　　　4 000 000

②为了体现甲、乙公司权益结合的实质,将合并日乙公司实现的留存收益中归甲公司所有的份额转入甲公司(假定乙公司从设立时就由甲、乙公司的最终控制方控制),分录如下:

借:资本公积　　　　300 000
贷:盈余公积　　　　100 000
未分配利润　　　　200 000

【例1-3】沿用【例1-2】资料,若甲公司支付300万元现金获取乙公司的全部净资产,其他资料不变,则甲公司对该项吸收合并业务的账务处理如下:

①按所得及所费的账面价值记录该吸收合并,同时按规定处理所得与所费账面价值的差额,分录如下:

借:货币资金　　　　10 000
应收账款　　　　50 000
存货　　　　70 000
固定资产　　　　4 000 000
贷:短期借款　　　　830 000
现金　　　　3 000 000
资本公积——股本溢价　　　　300 000

②为了体现甲、乙公司权益结合的实质,将合并日乙公司实现的留存收益中归甲公司所有的份额转入甲公司(假定乙公司从设立时就由甲、乙公司的最终控制方控制),分录如下:

借:资本公积　　　　300 000
贷:盈余公积　　　　100 000
未分配利润　　　　200 000

【例1-4】若在上例中甲公司为吸收合并乙公司而发生的评估、法律费用是10万元。则甲公司还需进行如下会计处理:

借:管理费用　　　　100 000
贷:银行存款　　　　100 000

【例1-5】沿用【例1-2】资料,若甲公司以一组固定资产为合并对价取得乙公司的全部净资产,该组固定资产账面价值是200万元,公允价值是300万元,则甲公司应进行如下会计处理:

①按所得及所费的账面价值记录该吸收合并,同时按规定处理所得与所费账面价值的差额:

借:货币资金　　　　10 000

应收账款　　　　50 000
存货　　　　70 000
固定资产　　　　4 000 000
　贷:短期借款　　　　830 000
　　固定资产　　　　2 000 000
　　资本公积——股本溢价　　　　1 300 000

②将合并日乙公司实现的留存收益中归甲公司所有的份额转入甲公司:

借:资本公积　　　　300 000
　贷:盈余公积　　　　100 000
　　未分配利润　　　　200 000

### 三、同一控制下的新设合并的处理

通过新设合并,参与合并各方在企业合并后法人资格均被注销,重新注册成立一家新的企业法人,由新注册成立的企业持有参与合并企业的资产、负债,在新的基础上经营。这种情况下,原则上只需将各被合并方合并日相关资产、负债及所有者权益按原账面价值转入新设立的法律主体即可。

同一控制下的新设合并中,各被合并方转入合并方的资产、负债需要重新验资的,应以验资后金额作为新公司的记账基础。如果新设立的法律主体有确定的法定资本数额,则应按法定的资本数额作为实收资本入账;实收资本确定后,所有者权益的其他项目,应当根据企业合并合同或协议的相关规定,结合权益结合法的实质进行处理。

### 四、同一控制下的控股合并的处理

同一控制下的控股合并中,合并方账务处理主要涉及合并中所得、所费及其差额的处理、企业合并相关费用的处理及控股合并前被合并方实现的留存收益应计入合并方财务报表数额的确定及处理等。与同一控制下的吸收合并相比,同一控制下的控股合并主要有两点不同:一是控股合并中合并方所得到的并不是被合并方的净资产,而是被合并方的股权,按照长期股权投资准则及企业合并准则的相关规定,该股权应当按照合并日被合并方净资产账面价值的份额进行计量;二是控股合并前被合并方实现的留存收益中归合并方所有的份额并不直接计入合并方的个别财务报表中,而是要在编制合并财务报表时,计入相关的合并财务报表中。

下面举例说明同一控制下的控股合并中合并方的账务处理。

【例 1－6】甲、乙公司均为丙公司控制下的两家子公司,甲公司 2009 年 1 月 1 日自母公司丙处取得乙公司 100% 的股权,合并后乙公司仍保留其独立法人资格继续经营。为进行该项企业合并,甲公司发行了 50 万股普通股票(每股面值 10 元)作为对价。假定甲、乙公司采用的会计政策及会计期间相同。合并日,甲公司及乙公司的所有者权益构成如表 1-2 所示。

表 1-2　　甲、乙公司的所有者权益　　单位:元

| A 公司 | | B 公司 | |
|---|---|---|---|
| 项目 | 金额 | 项目 | 金额 |
| 股本 | 20 000 000 | 股本 | 4 000 000 |
| 资本公积 | 10 000 000 | 资本公积 | 2 000 000 |
| 盈余公积 | 6 000 000 | 盈余公积 | 3 000 000 |
| 未分配利润 | 8 000 000 | 未分配利润 | 800 000 |
| 合计 | 44 000 000 | 合计 | 9 800 000 |

则甲公司对该控股合并交易的处理如下:

借:长期股权投资　　9 800 000

　贷:股本　　5 000 000

　　资本公积——股本溢价　　4 800 000

对于被合并方乙公司合并日前实现的留存收益 380 万元(300+80),则不能直接计入合并方的个别财务报表当中,而是在编制甲集团合并财务报表时,通过编制调整分录计入合并财务报表中。

【例 1-7】2009 年 6 月 30 日,甲公司向其母公司丁公司定向增发 100 万股普通股(每股面值为 5 元),换取丁公司持有的乙公司 80% 的股权。合并日乙公司净资产的账面价值为 600 万元。

假定甲公司和乙公司合并前的会计政策与会计期间相同。

要求:对甲公司的该项企业合并进行账务处理。

分析:由于甲、乙公司合并前均由丁公司控制,合并后丁公司仍可通过甲公司间接控制乙公司,故可以判断该项企业合并为同一控制下的控股合并。根据同一控制下的控股合并的账务处理要求,对该项合并业务进行账务处理如下:

借:长期股权投资　　4 800 000

　资本公积——股本溢价　　200 000

　贷:股本　　5 000 000

被合并方乙公司合并日前实现的留存收益中归甲公司所有的份额,应当以甲公司账面资本公积为限,在编制甲集团合并财务报表时,通过编制调整分录计入合并财务报表中。

【知识链接】

留存收益,是指企业设立以后实现的生产经营成果扣除对投资者的利润分配后,留存在企业中的数额。留存收益本身并不是一个独立的报表项目,而是资产负债表中两个所有者权益类项目"盈余公积"和"未分配利润"的统称。一般而言,企业实现的税后利润,不得全部"吃光分净",而是应留存一部分以备未来之需。我国公司法规定,企业实现的净利润,应首先按规定的比例提取"盈余公积","盈余公积"达到注册资本 50% 的,可以不再提取;企业在依法提取"盈余公积"后的净利润加上期初"未分配利润"为"可供分配

的利润”,“可供分配的利润”对股东进行利润分配后,仍留存在企业中的,就是企业的期末“未分配利润”。故留存收益可以理解为留存在企业中的税后利润,包括“盈余公积”和“未分配利润”两个报表项目。

【小思考1-2】为什么同一控制下的企业合并采用的是权益结合法?

## 第三节　非同一控制下的企业合并

### 一、非同一控制下的企业合并的核算原则

相对于同一控制下的企业合并,非同一控制下的企业合并是合并各方自愿进行的交易行为,构成实质性的购买。其中在购买日取得对其他参与合并企业控制权的一方为购买方,参与合并的其他企业为被购买方。购买日是购买方获得对被购买方控制权的日期,即企业合并交易进行过程中,发生控制权转移的日期。

根据企业合并准则的处理规定,对非同一控制下的企业合并应采用购买法进行会计处理。购买法的主要特征是所得、所费均按公允价值进行计量,所得小于所费的差额确定为商誉,所得大于所费的差额计入当期损益;购买日被购买方按公允价值计量的所有者权益不得计入购买方的(个别及合并)财务报表中。

按购买法对非同一控制下的企业合并进行会计处理的主要内容包括:

(一)购买方所得的确认与计量

购买方在企业合并中取得的被购买方各项资产、负债,符合确认条件的,应当按照相关资产、负债的公允价值确认。

1. 所得的确认条件

购买方在企业合并中取得的被购买方各项可辨认资产和负债,要作为本企业的资产、负债(或合并财务报表中的资产、负债)进行确认,应当满足资产、负债的确认条件。有关的确认条件包括:

(1)合并中取得的被购买方的各项资产(无形资产除外),其所带来的未来经济利益预期能够流入企业且公允价值能够可靠计量的,应单独作为资产确认。

(2)合并中取得的被购买方的各项负债(或有负债除外),履行有关的义务预期会导致经济利益流出企业且公允价值能够可靠计量的,应单独作为负债确认。

(3)购买方在企业合并中取得的无形资产应符合《企业会计准则第6号——无形资产》中对于无形资产的界定且其在购买日的公允价值能够可靠计量。

(4)企业合并中产生或有负债的确认。为了尽可能反映购买方因为进行企业合并可能承担的潜在义务,对于购买方在企业合并时可能需要代被购买方承担的或有负债,在购买日,可能相关的或有事项导致经济利益流出企业的可能性还比较小,但其公允价值能够合理确定的情况下,则需要作为合并中取得的负债确认。

(5)对于被购买方在企业合并之前已经确认的商誉和递延所得税项目,购买方在对企业合并成本进行分配、确认合并中取得可辨认资产和负债时不应予以考虑。在按照规定确定了合并中应予确认的各项可辨认资产、负债的公允价值后,其计税基础与账面价值

不同形成暂时性差异的，应当按照所得税会计准则的规定确认相应的递延所得税资产或递延所得税负债。

(6)其他。在非同一控制下的企业合并中，购买方确认在合并中取得的被购买方各项可辨认资产和负债不仅局限于被购买方在合并前已经确认的资产和负债，还可能包括企业合并前被购买方在其资产负债表中未予确认的资产和负债，该类资产和负债在企业合并前可能由于不符合确认条件未确认为被购买方的资产和负债，但在企业合并发生后，因符合了有关的确认条件则需要作为合并中取得的可辨认资产和负债进行确认。例如，被购买方在企业合并前存在的未弥补亏损，在企业合并前因无法取得足够的应纳税所得额用于抵扣该亏损而未确认相关的递延所得税资产，如按照税法规定能够抵扣购买方未来期间实现的应纳税所得额，而且购买方在未来期间预计很可能取得足够的应纳税所得额的情况下，有关的递延所得税资产应作为合并中取得的可辨认资产予以确认。

2. 所得公允价值的确定

购买方对非同一控制下的企业合并中取得的被购买方的各项可辨认资产、负债及或有负债的公允价值，应按以下规定确定：

(1)货币资金：按照购买日被购买方的原账面价值确定。

(2)有活跃市场的股票、债券、基金等金融工具：按照购买日活跃市场中的市场价值确定。

(3)应收账款：短期应收款项，一般按应收取的金额作为公允价值；长期应收款项，应以适当的利率折现后的现值确定其公允价值。

(4)存货：产成品或商品按其估计售价减去估计的销售费用、相关税费以及购买方出售类似的产成品或商品可能实现的利润确定；在产品按完工成品的估计售价减去至完工仍将发生的成本、预计销售费用、相关税费以及基于同类或类似产成品的基础估计的出售可能实现的利润确定；原材料按现行重置成本确定。

(5)不存在活跃市场的金融工具如权益性投资等：应当按照《企业会计准则第22号——金融工具确认和计量》等，采用估值技术确定其公允价值。

(6)房屋建筑物、机器设备、无形资产：存在活跃市场的，应以购买日的市场价格确定其公允价值；不存在活跃市场，但同类或类似资产存在活跃市场的，应参照同类或类似资产的市场价格确定其公允价值；同类或类似资产也不存在活跃市场的，应按照估值技术确定其公允价值。

(7)应收账款、应付票据、应付职工薪酬、应付债券、长期应付款：其中短期负债，一般按照应支付的金额确定其公允价值；对于长期负债，应当按照适当的折现率折现后的现值作为其公允价值。

(8)取得的被购买方的或有负债：其公允价值在购买日能够可靠计量的，应确认为预计负债。此项负债应当按照假定第三方愿意代购买方承担该项义务，就其所承担义务需要购买方支付的金额作为其公允价值。

(9)取得无形资产的确认：购买方在企业合并中取得的无形资产应符合《企业会计准则第6号——无形资产》中对于无形资产的界定且其在购买日的公允价值能够可靠计量。

(10)递延所得税资产和递延所得税负债:对于企业合并中取得的被购买方各项可辨认资产、负债及或有负债的公允价值与其计税基础之间存在差额的,应当按照《企业会计准则第18号——所得税》的规定确认相应的递延所得税资产或递延所得税负债,所确认的递延所得税资产或递延所得税负债不应折现。

(二)购买方合并成本的确定与计量

非同一控制下的企业合并中的合并成本,包括购买方应付的企业合并对价(所费)的公允价值及发生的直接相关费用之和。购买方合并成本的确定应考虑以下几种情况:

(1)一次交易实现的企业合并,合并成本为购买方在购买日为取得对被购买方控制权而付出的资产、发生或承担的负债以及发行的权益性证券的公允价值。

(2)通过多次交换交易分步实现的企业合并,合并成本为每一单项交易成本之和。

(3)购买方为进行企业合并发生的各项直接相关费用也应计入企业合并成本。这里所说的合并中发生的各项直接合并费用,同样不包括企业为合并而发行权益性证券或发行债务性证券所发生的相关手续费、佣金等,该部分费用比照本章关于同一控制下企业合并中类似费用的处理方法。

(4)在合并合同或协议中对可能影响合并成本的未来事项作出约定的,购买日如果估计未来事项很可能发生且对合并成本的影响金额能够可靠计量的,购买方应当将其计入合并成本。

(三)购买方所得、所费公允价值的调整

按照购买法核算企业合并的基本原则是按公允价值计量合并中的所费与所得。无论是作为合并对价付出的各项资产的公允价值,还是合并中取得被购买方各项可辨认资产、负债的公允价值,如果在购买日或合并当期期末,因各种因素影响无法合理确定的,合并当期期末,购买方应以暂时确定的价值为基础进行核算。

1.购买日后12个月内对有关价值量的调整

合并当期期末,对合并成本或合并中取得的可辨认资产、负债以暂时确定的价值对企业合并进行处理的情况下,自购买日算起12个月内取得进一步的信息表明需对原暂时确定的企业合并成本或所取得的可辨认资产、负债的暂时性价值进行调整的,应视同在购买日发生,进行追溯调整,同时对以暂时性价值为基础提供的比较报表信息,也应进行相关的调整。

例如,A企业于20×7年9月20日对B公司进行吸收合并,合并中取得的一项固定资产不存在活跃市场,为确定其公允价值,A企业聘请了有关的资产评估机构对其进行评估。至A企业20×6年财务报告对外报出时,尚未取得评估报告。A企业在其20×6年财务报告中对该项固定资产暂估的价值为300 000元,预计使用年限为5年,净残值为0,按照直线法计提折旧。该项企业合并中A企业确认商誉1 200 000元。本例中假定A企业不编制中期财务报告。

20×8年4月,A企业取得了资产评估报告,确认该项固定资产的价值为450 000元。则A企业应视同在购买日确定的该项固定资产的公允价值为450 000元,相应调整20×7年财务报告中确认的商誉价值(调减150 000元)及利润表中的折旧费用(调增7 500元)。进行有关调整后,A企业在其20×8年会计报表附注中应对有关情况作出说明。

2. 超过规定期限后的价值量调整

自购买日算起12个月以后对企业合并成本或合并中取得的可辨认资产、负债价值的调整，应当按照《企业会计准则第28号——会计政策、会计估计变更和会计差错更正》的原则进行处理，即对于企业合并成本、合并中取得可辨认资产、负债公允价值等进行的调整，应作为前期差错处理。

3. 购买日取得的被购买方在以前期间发生的经营亏损等可抵扣暂时性差异，按照税法规定可以用于抵减以后年度应纳税所得额的，如在购买日因不符合递延所得税资产的确认条件未确认所产生的递延所得税资产，以后期间有关的可抵扣暂时性差异带来的经济利益预计能够实现时，企业应确认相关的递延所得税资产，减少利润表中的所得税费用，同时将商誉降低至假定在购买日即确认了该递延所得税资产的情况下应有的金额，减记的商誉金额作为利润表中的资产减值损失。按照上述过程确认递延所得税资产，原则上不应增加因企业合并成本小于合并中取得的被购买方可辨认净资产公允价值的份额而计入合并当期利润表的金额。

（四）购买方所得与合并成本差额的处理

购买方在合并中取得的净资产的公允价值与为进行企业合并支付的合并成本之间的差额，应视情况进行相应的处理。

1. 合并成本大于所得的差额

企业合并成本大于合并中取得的被购买方可辨认净资产公允价值份额的差额，应确认为商誉。吸收合并情况下，应将该商誉在购买方账簿及个别财务报表中确认；控股合并情况下，该商誉则应在合并财务报表中列报。

2. 合并成本小于所得的差额

对于非同一控制下的企业合并中合并成本小于所得的情况，企业合并准则中要求对合并中取得的资产、负债的公允价值、作为合并对价的非现金资产或发行的权益性证券等的公允价值进行复核，复核结果表明所确定的各项可辨认资产和负债的公允价值确定是恰当的，应将企业合并成本低于取得的被购买方可辨认净资产公允价值份额之间的差额，计入合并当期的营业外收入，并在会计报表附注中予以说明。

在吸收合并的情况下，上述企业合并成本小于合并中取得的被购买方可辨认净资产公允价值的差额，应计入合并当期购买方的个别利润表；在控股合并的情况下，上述差额应体现在合并当期的合并利润表中。

（五）企业合并相关费用的处理

非同一控制下的企业合并中，有关费用的处理应区别以下情况进行。以交付资产作为合并对价的直接相关费用，包括为进行企业合并支付的审计费用、评估费用、法律服务费用等，应与所支付的合并对价一并计入合并成本；以发行债券或承担其他债务作为合并对价的，发行的债券或承担其他债务支付的手续费、佣金等，应当计入所发行债券及其他债务的初始计量金额；以发行权益性证券作为合并对价的，发行权益性证券发生的手续费、佣金等费用，应当冲减权益性证券溢价收入，无溢价收入或溢价收入不足冲减的，冲减留存收益。

以上是非同一控制下企业合并的基本会计处理方法，下面将具体说明其在吸收合并、新设合并以及控股合并中的应用。

## 二、非同一控制下的吸收合并的会计处理

非同一控制下的吸收合并中,购买方应按公允价值计量其合并所得与所费(合并成本),所得与所费的差额应当在购买方的个别财务报表中确认。所费的账面价值与公允价值之间的差额,应当计入当期损益。

下面举例说明通过非同一控制下的吸收合并的账务处理。

【例1－8】2009年1月1日甲公司以公允价值为1 300万元,账面价值为1 000万元的固定资产为合并对价对乙公司进行吸收合并,已知合并前甲公司和乙公司不属于关联方。购买日乙公司有关资产、负债情况如表1-3所示。

表1-3　　乙公司资产负债情况表　　单位:元

| 项目 | 乙公司 | |
|---|---|---|
| | 账面价值 | 公允价值 |
| 存货 | 7 000 000 | 8 000 000 |
| 固定资产 | 1 000 000 | 300 000 |
| 无形资产 | 1 000 000 | 1 200 000 |
| 长期股权投资 | 4 500 000 | 4 000 000 |
| 长期借款 | 4 000 000 | 3 500 000 |
| 净资产 | 9 500 000 | 10 000 000 |

甲公司对该项吸收合并业务的账务处理如下:

借:存货　　8 000 000
　固定资产　　300 000
　无形资产　　1 200 000
　长期股权投资　　4 000 000
　商誉　　3 000 000
　贷:长期借款　　3 500 000
　　固定资产　　10 000 000
　　营业外收入　　3 000 000

【例1－9】沿用【例1－8】资料,假设甲公司作为合并对价的固定资产的公允价值是800万元,其他资料不变。

甲公司对该项吸收合并业务的账务处理如下:

借:存货　　8 000 000
　固定资产　　300 000
　无形资产　　1 200 000
　长期股权投资　　4 000 000
　营业外支出　　2 000 000

贷:长期借款　　3 500 000

固定资产　　10 000 000

营业外收入　　2 000 000

【例1－10】沿用【例1－8】资料,假定甲公司通过发行200万股股票获得乙公司的全部净资产,股票面值为每股2元,市场价格为每股5元,其他资料不变。

甲公司购买日的账务处理如下:

借:存货　　8 000 000

固定资产　　300 000

无形资产　　1 200 000

长期股权投资　　4 000 000

贷:长期借款　　3 500 000

股本　　4 000 000

资本公积——股本溢价　　6 000 000

【例1－11】沿用【例1－8】资料,若甲公司为吸收合并乙公司全部净资产而发生直接相关费用20万元。

甲公司购买日的账务处理如下:

借:存货　　8 000 000

固定资产　　300 000

无形资产　　1 200 000

长期股权投资　　4 000 000

商誉　　3 200 000

贷:长期借款　　3 500 000

固定资产　　10 000 000

营业外收入　　3 000 000

银行存款　　200 000

【例1－12】沿用【例1－8】资料,根据合并协议,若甲公司合并后大量裁减乙公司原有职工,则甲公司必须额外一次性补偿员工200万元。在购买日,甲公司估计该事项很可能发生。

甲公司购买日的会计处理如下:

借:存货　　8 000 000

固定资产　　300 000

无形资产　　1 200 000

长期股权投资　　4 000 000

商誉　　5 000 000

贷:长期借款　　3 500 000

固定资产　　10 000 000

营业外收入　　3 000 000

预计负债　　2 000 000

### 三、非同一控制下的控股合并的会计处理

非同一控制下的控股合并中,购买方主要涉及两方面的会计问题:一是在购买方个别财务报表中的账务处理,二是购买方编制合并财务报表中对所得、所费及其差额的处理。

(一)购买方个别财务报表的账务处理

与非同一控制下的吸收合并相比,同一控制下的控股合并主要有以下特征:

1. 合并中的所得

控股合并中购买方所得到的并不是被购买方的净资产,而是被购买方的股权,按照长期股权投资准则及企业合并准则的相关规定,该股权应当根据规定的方法确定的合并成本进行记录,也就是说非同一控制下的控股合并中,购买方个别财务报表中列示的"长期股权投资"并不是控股合并中的"所得",而是按规定确定的合并成本(所费公允价值+直接相关费用)。

2. 合并中的所费

非同一控制下的控股合并中,购买方所费的账务处理与非同一控制下的吸收合并相同,即购买方应按支付对价的公允价值对其计量。支付对价的公允价值与其账面价值的差额,计入当期损益。

由于购买方个别报表中并不确认被购买方的净资产,而是按合并成本确认其所得到的股权——长期股权投资,该项长期股权投资即是购买方的所费与直接相关费用之和,故在购买方个别财务报表中并不确认合并商誉(控股合并前乙公司已确认的商誉除外)。

(二)购买方合并财务报表编制

非同一控制下的控股合并中,购买方应编制购买日的合并资产负债表。站在合并报告主体的角度而言,合并中的所得即被购买方的净资产,所费即是合并成本。所得与所费的差额应在合并报表中列示。

有关控制权取得日合并资产负债表的编制,将在第三章讲述。

下面举例说明非同一控制下的控股合并中购买方的账务处理。

【例1-13】沿用【例1-8】的资料,假定甲公司取得的是乙公司100%股权,企业合并后乙公司仍保留其法人资格继续经营,则购买日甲公司对该项非同一控制下的控股合并的账务处理为:

| | | |
|---|---|---|
| 借:长期股权投资 | 13 000 000 | |
| 　贷:固定资产 | | 10 000 000 |
| 　　营业外收入 | | 3 000 000 |

【例1-14】沿用【例1-8】的资料,假定甲公司取得的是乙公司80%股权,企业合并后乙公司仍保留其法人资格继续经营,则购买日甲公司对该项非同一控制下的控股合并的账务处理为:

| | | |
|---|---|---|
| 借:长期股权投资 | 13 000 000 | |
| 　贷:固定资产 | | 10 000 000 |
| 　　营业外收入 | | 3 000 000 |

【例1-15】沿用【例1-8】的资料,假定甲公司在该项合并中发行1 000万股普通股,

每股面值1元，市价为5元，取得了乙公司80%的股权。企业合并后乙公司仍保留其法人资格继续经营，则购买日甲公司对该项非同一控制下的控股合并的账务处理为：

| | |
|---|---|
| 借：长期股权投资 | 50 000 000 |
| 贷：股本 | 10 000 000 |
| 资本公积——股本溢价 | 40 000 000 |

## 四、通过多次交易分步实现的非同一控制下的企业合并

通过多次交易实现的企业合并，在确认合并交易过程中应注意以下几个问题：

（一）合并成本的确定。通过多次交易分步实现的企业合并，合并成本为每一单项交易成本之和。

（二）购买日的确定。如果企业合并是通过多次交易分步实现的，交易日是各单项投资在购买方财务报表中确认之日，购买日则是获得控制权之日。也就是说，每一单项交易发生之日并不一定就是购买日，购买日是指多个交易之中实现控制权转移之日。

（三）会计处理方法。根据上面的分析，购买方在购买日所作的会计处理应按照以下步骤：

1. 按购买日购买方支付的交易对价的公允价值记录本次交易形成的长期股权投资。如果通过最后一次交易实现的是吸收合并，则可不作该项处理，而是直接将本次交易支付的作为吸收合并所费的组成部分，按非同一控制下吸收合并中购买方对所费的处理规定进行处理。

2. 对购买日之前长期股权投资的账面余额进行调整。达到企业合并前长期股权投资采用成本法核算的，其账面余额一般无需调整；达到企业合并前长期股权投资采用权益法核算的，应进行调整，将其账面价值调整至取得投资时的初始投资成本，相应调整留存收益等。

3. 比较达到企业合并时每一单项交易的成本与交易时应享有被投资单位可辨认净资产公允价值的份额，确定每一单项交易应予确认的商誉或是应计入发生当期损益的金额。购买方在购买日确认的商誉（或计入损益的金额）应为每一单项交易产生的商誉（或应予确认损益的金额）之和。

按上述规定计算的通过多次交易实现的非同一控制下的企业合并产生的商誉（或应予确认损益的金额），在吸收合并情况下，应当在购买方账簿及个别财务报表中进行处理；在控股合并情况下，应当在编制合并财务报表过程中进行处理。

4. 对于被购买方在购买日与交易日之间可辨认净资产公允价值的变动，相对于购买方原持股比例的部分，应调整所有者权益相关项目，其中属于原取得投资后被投资单位实现净损益增加的资产价值量，应调整留存收益，差额调整资本公积。

上述按购买方原持股比例对被购买方公允价值变动数额所作的调整，在吸收合并情况下，应当在购买方账簿及个别财务报表中进行处理；在控股合并情况下，应当在编制合并财务报表过程中进行处理。

【例1－16】甲公司于2007年1月1日以货币资金350万元取得了乙公司30%的所有者权益，乙公司在该日的可辨认净资产的公允价值是1 000万元。假设不考虑所得税

的影响。两家公司都是根据净利润的10%计提盈余公积。交易当日,乙公司资产负债的公允价值与其账面价值相同。乙公司于2007年度实现净利润600万元,没有支付股利。

2008年1月1日,甲公司以现金2 200万元进一步取得乙公司70%的所有者权益,对乙公司实现了吸收合并,合并后乙公司注销法人资格。乙公司在该日的可辨认净资产的公允价值是1 900万元,具体构成见表1-4。

表1-4 购买日乙公司净资产情况表 单位:万元

| 项目 | 账面价值 | 公允价值 |
| --- | --- | --- |
| 货币资金 | 550 | 550 |
| 存货 | 500 | 700 |
| 固定资产 | 600 | 900 |
| 应付账款 | 150 | 150 |
| 短期借款 | 100 | 100 |
| 净资产 | 1 400 | 1 900 |

要求:假定不考虑所得税影响,对甲公司2008年1月1日通过多次交易实现的非同一控制下的吸收合并进行账务处理。

分析:根据准则对通过多次交易实现的非同一控制下的吸收合并处理的要求,甲公司应当进行如下会计处理:

①按2008年1月1日甲公司支付交易对价的公允价值,记录本次交易形成的长期股权投资:

借:长期股权投资 22 000 000
　贷:银行存款 22 000 000

②对甲公司原按权益法核算的对乙公司投资账面价值进行调整。由于第一次交易时,甲公司取得乙公司30%的股权,按规定应按权益法进行核算。购买日应将甲公司按权益法对原投资成本的调整予以转销,以便将甲公司个别报表中对乙公司30%的投资重述为初始投资成本。转销分录为:

借:盈余公积 180 000
　未分配利润 1 620 000
　贷:长期股权投资 1 800 000

③计算该项通过多次交易实现的企业合并的商誉:

第一次交易商誉: 350 - 30% ×1 000 = 50(万元)

第二次交易商誉: 2 200 - 70% ×1 900 = 870(万元)

商誉合计: 50 + 870 = 920(万元)

④计算购买日与交易日之间乙公司可辨认净资产公允价值的变动额中甲公司原持股比例的相应份额,并区分其中应计入留存收益及资本公积数额:

甲公司的可辨认资产公允价值变动额为:900万元(1 900 - 1 000),相对于原持股比例30%的份额为270万元(900×30%)。

其中:归属于乙公司损益影响的部分为 180 万元(600 × 30%),调整留存收益:调整盈余公积 18 万元,调整未分配利润 162 万元。

差额为 90 万元,应调整资本公积。

⑤编制甲公司对购买日该吸收合并的账务处理分录:

借:货币资金　　5 500 000
　存货　　7 000 000
　固定资产　　9 000 000
　商誉　　9 200 000
　贷:应付账款　　1 500 000
　　短期借款　　1 000 000
　　长期股权投资　　25 500 000
　　盈余公积　　180 000
　　未分配利润　　1 620 000
　　资本公积　　900 000

注:甲公司也可对购买日的交易成本不单独进行账务处理,而是将其作为吸收合并所费的一部分直接贷记支付的对价。本例中吸收合并对价共 2 550 万元,其中第一次交易的对价为 350 万元,体现为第一次交易后形成的长期股权投资,第二次交易的对价为 2 200万元。如果对第二次交易成本不单独进行账务处理,即对本题中第①步不进行账务处理的情况下,则第⑤步购买日账务处理分录应为:

借:货币资金　　5 500 000
　存货　　7 000 000
　固定资产　　9 000 000
　商誉　　9 200 000
　贷:应付账款　　1 500 000
　　短期借款　　1 000 000
　　长期股权投资　　3 500 000
　　银行存款　　22 000 000
　　盈余公积　　180 000
　　未分配利润　　1 620 000
　　资本公积　　900 000

【例 1 - 17】沿用【例 1 - 16】资料,假定甲公司 2008 年 1 月 1 日获得乙公司 70% 股权后,乙公司仍保留其法人资格继续经营。则甲公司对该项通过多次交易实现的非同一控制下的控股合并应作如下账务处理:

①按 2008 年 1 月 1 日甲公司支付交易对价的公允价值,记录本次交易形成的长期股权投资。

借:长期股权投资　　22 000 000
　贷:银行存款　　22 000 000

②对甲公司原按权益法核算的对乙公司投资账面价值进行调整。调整分录为:

借:盈余公积　　　　　　　　　　180 000

　未分配利润　　　　　　　　　1 620 000

　贷:长期股权投资　　　　　　　　　1 800 000

在控股合并下,对企业合并产生的商誉及购买日与交易日之间乙公司可辨认净资产公允价值变动额中甲公司原持股比例的相应份额的处理均不在甲公司账簿及个别财务报表中进行,而是在编制合并财务报表中进行。

【例1－18】沿用【例1－16】资料,如果甲公司2008年1月1日以2 200万元的现金进一步取得乙公司50%股权,乙公司仍保留其法人资格继续经营,则甲公司对该项通过多次交易实现的非同一控制下的控股合并的账务处理分录与【例1－17】完全相同,包括:

①记录第二次交易的交易成本。分录为:

借:长期股权投资　　　　　　　　22 000 000

　贷:银行存款　　　　　　　　　　　22 000 000

②对乙公司投资账面价值进行调整。调整分录为:

借:盈余公积　　　　　　　　　　180 000

　未分配利润　　　　　　　　　1 620 000

　贷:长期股权投资　　　　　　　　　1 800 000

与【例1－17】一样,对合并中产生的商誉及购买日与交易日之间乙公司可辨认净资产公允价值的变动额中甲公司原持股比例的相应份额的处理均不在甲公司账簿及个别财务报表中进行,而是在编制合并财务报表中进行。本例与【例1－17】不同的是,在编制合并财务报表中确认的商誉以及购买日与交易日之间乙公司可辨认净资产公允价值的变动额中甲公司原持股比例的相应份额不同,其他则与【例1－17】相同。

## 本章小结

企业合并,是指将两个或两个以上单独的企业合并形成一个报告主体的交易或事项。根据我国企业会计准则规定,企业合并分为同一控制下的企业合并和非同一控制下的企业合并两种;企业合并的方式分为吸收合并、新设合并和控股合并;企业合并的处理方法主要包括类似权益结合法和购买法两种。

对同一控制下的企业合并采用类似权益结合法进行账务处理。合并方账务处理主要包括合并中所得净资产(或股权)的计量、支付对价的计量、所得与所费差额的处理、企业合并相关费用的处理及合并前被合并方实现的留存收益应计入合并方报表数额的确定及处理等。

对非同一控制下的企业合并应采用购买法进行会计处理。购买方账务处理主要也同样包括合并中所得净资产(或股权)的计量、支付对价的计量、所得与所费差额的处理、企业合并相关费用的处理等。

## 关键术语

吸收合并　控股合并　新设合并　同一控制下的吸收合并　非同一控制下的吸收合

并　同一控制下的控股合并　非同一控制下的控股合并

## 本章重点

同一控制下的企业合并和非同一控制下的企业合并的会计处理方法。

## 本章难点

同一控制下企业合并和非同一控制下企业合并的主要账务处理，包括合并中所得净资产（或股权）的计量、支付对价的计量、所得与所费差额的处理、企业合并相关费用的处理等。

## 思考题

1. 企业合并分为哪两类？

2. 企业合并的方式有哪些？

3. 什么是非同一控制下的企业合并？如何判断一项企业合并是否属于非同一控制下的企业合并？

4. 什么是同一控制下的企业合并？如何判断一项企业合并是否属于同一控制下的企业合并？

5. 同一控制下的吸收合并中，合并方对合并取得的净资产及支付的对价应如何进行处理？

6. 非同一控制下的吸收合并中，购买方对合并取得的净资产及支付对价的差额应如何进行处理？

7. 同一控制下的控股合并中，合并方对合并所得、所费及其差额应如何进行处理？

8. 非同一控制下的控股合并中，购买方应如何确定合并成本？

9. 同一控制下的控股合并中，被合并方在合并前实现的留存收益中归母公司的份额，应计入合并方的个别财务报表还是计入合并方编制的合并财务报表？

10. 非同一控制下的控股合并中，因购买方合并成本大于其所取得被购买方净资产公允价值份额而确认的商誉，应计入购买方的个别财务报表还是计入购买方编制的合并财务报表？

# 第二章　合并财务报表概述

**学习目标**

通过本章的教学，使学生了解合并财务报表合并理论，熟悉合并财务报表的合并范围、编制合并财务报表的基本工作及编制合并财务报表的基本方法，掌握合并财务报表的编制程序。

## 第一节　合并财务报表的合并理论

近年来，随着我国经济的高速发展，特别是在市场竞争日趋激烈的情况下，企业集团不断发展和壮大。在新的形势下，客观上需要通过反映企业集团整体规模和状况的财务报告，以满足财务报告使用者作出科学决策的需要。

合并财务报表，是指反映母公司和其全部子公司组成的企业集团整体财务状况、经营成果和现金流量的财务报表。

### 一、合并理论概述

合并财务报表的合并理论与其他经济理论一样，是指会计理论与实务界通过长期编制合并财务报表的实际工作，探索出来的对企业集团拥有或控制经济资源的观点和处理方法，是对合并财务报表观念及编制方法的高度概括和总结。合并理论源于长期以来编制合并财务报表的实务活动，且随着企业集团本身及其业务的发展而不断得以完善。目前国际上公认的合并理论主要包括所有权理论、实体理论及母公司理论三类。

（一）所有权理论

所有权理论也称业主权理论，是指站在母公司对子公司中的所有权的角度来看待控股合并形成的母子公司关系的一种合并理论，认为母子公司之间的关系是拥有与被拥有，强调的是母公司在子公司当中的所有权。编制合并财务报表的目的，是向母公司的股东报告其所拥有的资源。合并财务报表只是为了满足母公司股东的信息需求，而子公司少数股东的信息需求应当通过子公司的个别财务报表予以满足。当母公司合并非全资子公司的财务报表时，所有权理论关注的只是子公司净资产及净利润中归母公司的份额，对子公司净资产及净利润中不归属于母公司所有的份额，则不予考虑，也不纳入合并财务报表之中，即在合并资产负债表及合并利润表中都只是合并控股股东所拥有的份额，而对少数股东所拥有的份额则不纳入到合并财务报表当中，所以按所有权理论编制的合并财务报表中，并不涉及少数股东权益或少数股东损益项目。

（二）实体理论

实体理论也称主体理论，是将母公司及其控制的子公司构成的企业集团视为一个统一的经济实体，并站在这个统一实体的角度来看待整个集团的构成及集团中母子公司的关系，而不是站在控股股东（母公司股东）的角度来看待集团这一经济实体及母子公司关系。按实体理论编制的合并财务报表，反映的是整个实体的财务状况、经营成果和现金流量的信息。实体理论强调集团作为一个经济实体所控制的资源状况及运用这些资源所取得的收益情况。

依据实体理论，编制合并财务报表的目的在于，提供由不同法律实体组成的企业集团作为一个统一的经济实体的财务状况、经营成果及现金流量的信息。凡是对企业集团这一经济实体的投资者都是实体的所有者，故企业集团净资产的所有者既包括对集团母公司直接出资、对集团子公司间接出资的控股股东，也包括控股股东之外的对集团子公司的其他出资方（即通常所说的少数股东），控股股东在企业集团中的权益及少数股东在企业集团中的权益之和，共同构成了企业集团的所有者权益。同理，企业集团的经营成果，是指集团管理者运用其所控制的整个集团的经济资源所达到的经营成果，故集团的净利润应包括控股股东应享有的净利润部分，也包括集团少数股东应享有的净利润份额，故合并利润表中的合并净利润应是整个经济实体实现的经营成果。

综上所述，依据实体理论编制合并财务报表时，如果母公司未能持有子公司100%的股权，则要把子公司的所有者权益区分为控股股东权益与少数股东权益。在合并资产负债表中，少数股东权益与控股股东权益一样，也属于企业集团这一统一经济实体所有者权益的组成部分，并在合并资产负债表的所有者权益项下列示；在合并利润中，当期的净利润同样既包括归控股股东所有的净利润份额，也包括归属于少数股东所有的净利润的份额，即合并净利润是将整个集团视为一个经济主体实现的净利润。

（三）母公司理论

母公司理论主要是站在母公司股东的角度来看待母公司与其子公司之间的控股合并关系，强调的是母公司股东的利益。依据母公司理论编制的合并财务报表，也要反映由企业集团的管理层所能控制的全部经济资源及利用这些资源产生的经济效益，但母公司理论是站在控股股东的角度上来看问题，所以当母公司不拥有子公司100%的权益时，要将已并入合并财务报表的子公司少数股东的权益，作为企业集团的负债及费用予以扣除，以便合并财务报表只反映控股股东的权益及归其所有的经营成果。

依据母公司理论编制的合并财务报表，反映的是控股股东在整个企业集团中所享有的权益以及归属于控股股东所有的经营成果。控股股东在企业集团中的权益，既包括控股股东在母公司本身的利益，也包括控股股东在母公司控制所属子公司净资产中的利益。当子公司不完全归属于控股股东所有时，要将子公司少数股东视为集团外的利益群体，将少数股东所持有的权益视为整个集团的负债，而不是将其视为整个集团的权益。

依据母公司理论编制合并财务报表，实际上是在母公司个别财务报表的基础上扩大其编制范围。合并资产负债表实际上是在母、子公司的个别资产负债表基础上，用子公司的资产、负债来代替母公司个别资产负债表中的“长期股权投资”项目，即将母公司的“长期股权投资——对子公司投资”与子公司所有者权益的相应份额相抵销，合并主体的所有者权益包括母公司的本身所有者权益及子公司所有者权益份额中归属于母公司所有的份额(即子公司被购买后新增的所有者权益中归母公司所有的份额),而不包括子公司的所有者权益中归属于少数股东的权益,该部分权益视为企业集团的负债处理;同理,合并利润表是在母公司个别利润表的基础上,用子公司的各项收入、费用项目代替母公司个别利润表中的"投资收益——对子公司投资收益"项目,即将母公司利润表中的"投资收益——对子公司投资收益"项目与子公司的"利润分配——支付普通股利"中归属于母公司的份额相抵销,合并净利润中不包括子公司净利润中归属于少数股东所有的份额,该部分归属于少数股东所有的净利润应作为整个集团的费用处理。

## 二、不同合并理论的比较

运用不同的合并理论及不同的合并方法编制的合并财务报表,会得出完全不同的合并结果。

所有权理论则并没有完全反映企业集团管理层所掌控的全部经济资源及其经营成果,故这种方法在实际中的运用也很少。但是对投资方不能单独控制的联营企业及合营企业则采用的较多。

实体理论反映的是整个企业集团管理层所控制的经济资源及利用这些资源所取得的经营成果,所以也最能反映"将母、子公司组成的企业集团视为一个经济实体而编制的财务报表"这一合并财务报表的基本定义,故实体理论也越来越普遍地被各国所采纳或接受。

母公司理论虽然也反映了企业集团管理层所掌控的全部经济资源,但却没有将其中由集团外股东提供的资源作为整个集团的所有者权益,而是作为企业集团的负债来看待,而这与合并财务报表的基本定义并不完全符合。合并财务报表原本是将企业集团作为一个经济实体而编制的报表,而在单一经济实体中,对企业管理层所掌控的资源不管是由哪方提供,都应将其作为所有者权益处理,而不是仅将控股股东的权益作为所有者权益、将小股东的权益作为负债处理。故按母公司理论编制的合并财务报表实际上并不是真正"将企业集团视为一个实体而编制的报表",故母公司理论并没有从实质上反映合并财务报表的本质特征。

母公司理论与实体理论的区别在于两者对少数股东权益的看法不同。母公司理论将少数股东权益视为集团外的权益,故在合并资产负债表中将少数股东权益作为负债从总资产中扣除,在合并利润表中将少数股东损益作为费用扣除。故依据母公司理论编制的合并财务报表的结果是不能突出反映企业集团作为一个统一的经济实体拥有及运用这些资源的总体经营成果,即按母公司理论编制的合并财务报表不能很好体现编制合并财务报表的出发点。因为编制合并财务报表的目的及出发点就是要反映企业集团作为一个经济实体的财务状况及经营成果。实体理论则是将母子公司组成的企业集团作为一个统一的经济实体看待的结果,实体理论不是将具有独立法人资格的集团成员分开来看待,而是站在企业集团具有单一控制主体的角度,将整个企业集团视为一个单一的经济实体对待,是实质重于形式会计原则的具体体现。该理论顺应了编制合并财务报表的目的,所以也得到了国际会计界的逐步认同,成为目前国际上运用最为广泛的合并理论,这一点从国际会计准则委员会对合并财务报表相关准则的修订及我国对合并财务报表相关准则及制度规定的演变中不难看出。

### 三、合并理论的发展趋势

(一)国际合并理论的发展趋势

早期的国际会计准则并没有对合并财务报表采用的具体合并理论作出明确的规定,但其对合并财务报表相关规定的变化,从侧面反映了合并财务报表合并理论的变化过程,即从早期对不同合并理论的混合使用到目前对实体理论的演变。

1.合并财务报表编报格式的演变

1997年修订的《国际会计准则第1号——财务报告的列报》[①]中首次规定了合并财务报表的标准列报格式,尽管这些标准格式不带有强制性,但却是国际会计准则在这方面的一次突破。准则后附的合并财务报表格式显示,对于不归母公司股东所有的少数股东权益,在合并资产负债表中,应列示于所有者权益及长期负债之间,即将少数股东权益列示于所有者权益合计之后,但在长期负债之前[②],使少数股东权益既不包括在所有者权益之中,也不包含在负债之中,而是作为一个独立的项目列示于所有者权益及负债之间;同理,在准则后附的合并利润表格式中,则将子公司本期净利润中不归母公司股东所有的少数股东损益部分,作为一项费用列示于本期经营活动利润之后,但在本期正常经营活动净利润及本期净利润之前,实际上作为少数股东损益作为企业集团的一项费用从本期合并净利润之中予以扣除了。准则中对少数股东权益及少数股东损益在合并财务报表中的列示格式,一定程度上体现了对合并财务报表合并理论的比较含糊的观点;但大多数业界人士当时更倾向于将其解释为母公司理论,更愿意将少数股东权益理解为企业集团的负债,同时将少数股东损益理解为企业集团的费用。

2003年再次对《国际会计准则第1号——财务报告的列报》修订后,所附的合并财务报表的列报格式也发生了相应的变化。在新的合并财务报表列报格式中,虽也将不归母公司股东所有的少数股东权益仍列示于所有者权益项目之后,但却在所有者权益合计指标之前,这就清楚地表明是将少数股东权益作为所有者权益的组成部分,表明少数股东与控股股东一样,也是集团这一经济实体的权益所有者;而在合并损益中,则将子公司本期净利润中不归母公司股东所有的少数股东损益部分,列示于集团合并净利润之后,而不是将少数股东损益作为一项费用在计算合并净利润之前就予以扣除。准则中对少数股东权益及少数股东损益在合并财务报表中的列报格式的变化,体现了会计界对合并财务报表合并理论的认识从含糊不清到逐步明确的过程,也反映了实体理论的被认可的过程。

2.对子公司公允价值调整处理方法的演变

对子公司公允价值调整处理方法的演变,也从侧面反映了合并理论的演变过程。

---

① IAS 1 Presentation of Financial Statements.

② 国际会计准则推荐的资产负债表格式中,对资产及权益的列示顺序与我国相反,即资产先列示非流动资产,后列示流动资产;非流动资产及流动资产内部也是按流动性由小到大的顺序排列。权益部分先列示所有者权益,后列示负债;所有者权益及负债内部也是按照流动性由弱到强的顺序排列。

1998年发布的《国际会计准则第22号——企业合并》(IAS22 Business Combinations)准则中规定,用购买法编制合并资产负债表时,商誉的计算应以购买方支付对价的公允价值及购买日子公司净资产的公允价值为基础,如果子公司净资产的账面价值与其公允价值不一致,则应对子公司净资产进行重估,并相应调整子公司净资产价值。对由于重估导致的子公司净资产价值的变动,准则规定的基准处理方法是:只调整净资产变动中归属于母公司所有的份额,而对应归属于子公司的价值变动部分,则不进行调整;当然准则也允许对子公司整个价值变动均进行调整,但这在当时只是作为基准处理方法之外的一种可以选用的方法,而基准处理方法则是准则建议采用的处理方法。

这种对子公司公允价值变动只调整母公司拥有份额的方法,实际上就是一种所有权理论的具体体现,因为按实体理论及母公司理论都应当将少数股东所享有的份额也纳入调整范围,从而将整个价值调整纳入合并财务报表。

2004年新颁布的《国际财务报告准则第3号——企业合并》(IFR3 Business Combinations)(该准则已取代了原《国际会计准则第22号——企业合并》)中,则对子公司公允价值调整的处理作出了新的规定。新的企业合并准则规定,如果购买日子公司的公允价值与其公允价值不一致,必须对其进行调整。当子公司不是母公司的全资子公司时,则要将少数股东拥有的份额考虑在内。

新准则的规定则体现了实体理论的观点,即在合并资产表中,既要反映母公司的权益,也要反映少数股东的权益。

(二)我国合并理论的发展趋势

我国对合并财务报表相关准则、制度、规定变化的轨迹,与国际上基本一致,也反映了我国会计界对合并财务报表合并理论认识的变化过程。

1995年颁布实施的《合并会计报表暂行规定》(以下简称《规定》)中并没有说明编制合并财务报表应采用哪种合并理论,但在其所附的《股份制试点企业合并财务报表格式》中对少数股东权益及少数股东损益的处理,则从侧面反映了早期对不同合并理论的认识过程。在《规定》所附的合并资产负债表格式中,将少数股东权益列示于负债合计项目之后,股东权益项目之前,与国际会计准则原来对少数股东权益的处理基本一致;而在合并利润表格式中则将当期损益中的少数股东损益列示于净利润项目之上,也就是说合并利润表中的合并净利润数没有包括少数股东的份额,只包括归属于控股股东所有的份额。合并财务报表的上述列示格式,导致实务中对少数股东权益的看法也不相同,有的企业集团将少数股东权益视为企业集团的负债,有的企业集团则将少数股东权益视为所有者权益的组成部分。除了《规定》中对合并财务报表格式作了规定外,之后财政部陆续发布的基本会计准则、16项具体会计准则及企业会计制度中对合并财务报表格式问题再没有其他新的规定。

2006年新颁布的《企业会计准则第33号——合并财务报表》规定,在合并资产负债表中,对于"子公司所有者权益中不属于母公司的份额,应当作为少数股东权益,在合并资产负债表中所有者权益项目上以'少数股东权益'项目列示"①。在合并利润表中,"子

① 见企业会计准则2006中的《企业会计准则第33号——合并财务报表》第十六条。

公司当期净损益中属于少数股东权益的份额,应当在合并利润表中净利润项目以下'少数股东损益'项目列示。"①新合并财务报表准则中规定的对少数股东权益及少数股东损益的列示方法,不仅仅是报表列示方法的变更问题,同时也反映了我国会计界对合并财务报表合并理论观点的变化。

## 第二节　合并财务报表的合并范围

合并财务报表的合并范围,是指母公司在编制合并财务报表时,确定哪些公司应当纳入合并财务报表编报范围之内,哪些公司应当排除在合并财务报表编报范围之外。

我国《企业会计准则第33号——合并财务报表》规定,合并财务报表的编制范围应当以控制为基础予以确定。控制是确定合并财务报表合并范围的充分必要条件,是确定母子公司关系的必要条件。

### 一、控制的定义

控制,是指一个企业能够决定另一个企业的财务和经营政策,并能据以从另一个企业的经营活动中获取利益的权力。控制通常具有如下特征:

1. 控制的主体是唯一的,不是两方或多方。即对被投资单位的财务和经营政策的提议不必征得其他方同意,就可以形成决议,付诸于被投资单位执行。

2. 控制的内容是另一个企业的日常生产经营活动的财务和经营政策,这些财务和经营政策一般是通过表决权来决定的。在某些情况下,也可以通过法定程序严格限制董事会、受托人或管理层对特殊目的主体经营活动的决策权,如规定除设立者或发起人外,其他人无权决定特殊目的主体经营活动的政策。

3. 控制的目的是获取经济利益,包括增加经济利益、维持经济利益、保护经济利益,或者降低所分担的损失等。

4. 控制的性质是一种权力,是一种法定权力,也可以是通过公司章程或协议、投资者之间的协议授予的权力。

### 二、合并范围的基本确定条件

(一)母公司拥有其半数以上的表决权的被投资单位应当纳入合并财务报表的合并范围

母公司直接或通过子公司间接拥有被投资单位半数以上的表决权,表明母公司能够控制被投资单位,应当将该被投资单位认定为子公司,纳入合并财务报表的合并范围。但是有证据表明母公司不能控制被投资单位的除外。

表决权是指对被投资单位经营计划、投资方案、年度财务预算方案和决算方案、利润分配方案和弥补亏损方案、内部管理机构的设置、聘任或解聘公司经理及其报酬、公司的基本管理制度等事项持有的表决权,不包括应当由股东大会(或股东会,下同)行使的修

① 见企业会计准则2006中的《企业会计准则第33号——合并财务报表》第二十条。

改公司章程,增加或减少注册资本,发行公司债券,公司合并、分立、解散或变更公司形式等事项持有的表决权。表决权比例通常与其出资比例或持股比例是一致的,但是对于有限责任公司,公司章程另有规定的除外。

通常情况下,当母公司拥有被投资单位半数以上表决权时,母公司就拥有对该被投资单位的控制权,能够主导该被投资单位的股东大会,特别是董事会,并对其生产经营活动和财务政策实施控制。在这种情况下,子公司处在母公司的直接控制和管理下进行日常生产经营活动,子公司的生产经营活动成为事实上的母公司生产经营活动的一个组成部分,母公司与子公司生产经营活动已一体化。拥有被投资单位半数以上表决权,是母公司对其拥有控制权的最明显的标志,应将其纳入合并财务报表的合并范围。

母公司拥有被投资单位半数以上表决权,通常包括如下三种情况:

1. 母公司直接拥有被投资单位半数以上表决权

2. 母公司间接拥有被投资单位半数以上表决权

间接拥有半数以上表决权,是指母公司通过子公司而对子公司的子公司拥有半数以上表决权。

3. 母公司直接和间接方式合计拥有被投资单位半数以上表决权

直接和间接方式合计拥有半数以上表决权,是指母公司以直接方式拥有某一被投资单位半数以下的表决权,同时又通过其他方式如通过子公司拥有该被投资单位一部分的表决权,两者合计拥有该被投资单位半数以上的表决权。

拥有被投资单位半数以上表决权是母公司对其拥有控制权的最明显的标志,但是如果有证据表明母公司不能控制被投资单位的除外。

(二)母公司拥有其半数以下的表决权的被投资单位纳入合并财务报表的合并范围的条件

母公司拥有被投资单位半数或以下的表决权,满足下列条件之一的,视为母公司能够控制被投资单位,应当将该被投资单位认定为子公司,纳入合并财务报表的合并范围。但是,有证据表明母公司不能控制被投资单位的除外。

1. 通过与被投资单位其他投资者之间的协议,拥有被投资单位半数以上的表决权

这种情况是指母公司与其他投资者共同投资某企业,母公司与其中的某些投资者签订书面协议,受托管理和控制该被投资单位,从而在被投资单位的股东大会和董事会上拥有该被投资单位半数以上表决权。在这种情况下,母公司对这一被投资单位的财务和经营政策拥有控制权,使该被投资单位成为事实上的子公司,为此必须将其纳入合并财务报表的合并范围。

2. 根据公司章程或协议,有权决定被投资单位的财务和经营决策

这种情况是指在被投资单位的公司章程等文件中明确母公司对其财务和经营政策能够实施控制。企业的财务和经营政策直接决定着企业的日常生产经营活动,决定着企业的未来发展。能够控制企业财务和经营政策也就等于能控制整个企业日常生产经营活动。这样,也就使得该被投资单位成为事实上的子公司,从而应当纳入母公司的合并财务报表的合并范围。

3. 有权任免被投资单位的董事会或类似机构的多数成员

这种情况是指母公司能够通过任免被投资单位董事会的多数成员控制该被投资单位的日常生产经营活动，被投资单位成为事实上的子公司，从而应当纳入母公司的合并财务报表的合并范围。这里的“多数”是指超过半数以上（不包括半数）。同时，需要注意的是，在这种情况下，董事会或类似机构必须能够控制被投资单位，否则，该条件不适用。

4. 在被投资单位的董事会或类似机构占多数表决权

这种情况是指母公司能够控制董事会或类似机构的会议，从而主导公司董事会的经营决策，使该公司的生产经营活动在母公司的控制下进行，使被投资单位成为事实上的子公司。因此，也应当将其纳入母公司的合并财务报表的合并范围。这里的“多数”是指超过半数以上（不包括半数）。同样，需要注意的是，在这种情况下，董事会或类似机构必须能够控制被投资单位，否则，该条件不适用。

实际工作中，在判断母公司对子公司是否形成控制且将其纳入合并财务报表的合并范围时，不能仅仅根据投资比例而定，而应当贯彻实质重于形式的要求，即使母公司拥有被投资单位半数或以下的表决权，满足上述四个条件之一，视为母公司能够控制被投资单位，应当将该被投资单位认定为子公司，纳入合并财务报表的合并范围。但是，如果有证据表明母公司不能控制被投资单位的除外。

（三）在确定能否控制被投资单位时对潜在表决权的考虑

在确定能否控制被投资单位时，应当考虑企业和其他企业持有的被投资单位的当期可转换的可转换公司债券、当期可执行的认股权证等潜在表决权因素。所称潜在表决权，是指当期可转换的可转换公司债券、当期可执行的认股权证等，不包括在将来某一日期或将来发生某一事项才能转换的可转换公司债券或才能执行的认股权证等，也不包括诸如行权价格的设定使得在任何情况下都不可能转换为实际表决权的其他债务工具或权益工具。

企业应当考虑影响潜在表决权的所有事项和情况，包括潜在表决权的执行条款、需要单独考虑或综合考虑的其他合约安排等。不仅要考虑本企业在被投资单位的潜在表决权，还要同时考虑其他企业或个人在被投资单位的潜在表决权。不仅要考虑可能会提高本企业在被投资单位持股比例的潜在表决权，还要考虑可能会降低本企业在被投资单位持股比例的潜在表决权。但是，本企业和其他企业或个人执行潜在表决权的意图和财务能力对潜在表决权的影响除外。

潜在表决权仅作为判断是否存在控制的考虑因素，不影响当期母公司股东和少数股东之间的分配比例。

（四）判断母公司能否控制特殊目的主体应当考虑的主要因素

母公司在判断能否控制特殊目的主体时，应当综合考虑以下四个因素，如果母公司控制了特殊目的主体，该特殊目的主体视同子公司，应当将其纳入合并财务报表的合并范围。

1. 母公司为融资、销售商品或提供劳务等特定经营业务需要直接或间接设立特殊目的主体。这是从经营活动方面判断母公司能否控制特殊目的主体：一是设立特殊目的主体主要是为了向母公司提供长期资本，或者向母公司融资以支持母公司的主要经营活动或核心经营活动;二是设立特殊目的主体主要是为了向母公司提供与母公司主要经营活动或核心经营活动相一致的商品或劳务。如果存在上述情况,表明母公司存在控制特殊目的主体的可能性。但是,仅仅由于特殊目的主体与母公司发生大量交易而存在的经济依赖,比如供应商和客户之间的关系,并不一定形成控制。

2. 母公司具有控制或获得控制特殊目的主体或其资产的决策权。这是从决策方面判断母公司能否控制特殊目的主体:一是母公司拥有单方面终止特殊目的主体的权力;二是母公司拥有变更特殊目的主体章程的权力;三是母公司对变更特殊目的主体的章程拥有否决权。

3. 母公司通过章程、合同、协议等具有获取特殊目的主体大部分利益的权力。这是从经济利益方面判断母公司能否控制特殊目的主体:一是以未来净现金流、收益、净资产或其他经济利益的方式,获取由特殊目的主体分配的大部分经济利益的权力;二是从特殊目的主体的预期剩余权益分配中或在清算中获取大部分剩余权益的权力。

4. 母公司通过章程、合同、协议等承担了特殊目的主体的大部分风险。这是从风险方面判断母公司能否控制特殊目的主体:一是资本提供者对特殊目的主体的净资产不享有重大利益;二是资本提供者不具有获取特殊目的主体未来经济利益的权力;三是资本提供者在实质上没有承受特殊目的主体净资产或经营活动的固有风险;四是资本提供者获取的对价基本上类似于贷款人通过贷款或权益获取的回报。比如,母公司通过特殊目的主体直接或间接对向特殊目的主体提供大部分资本的其他投资者保证一定的回报率或信用保护。这种保证使母公司保留了特殊目的主体剩余权益风险或所有权风险,而其他投资者实质上只是贷款人,因为其他投资者获得的收益或遭受的损失是有限制的。

### 三、确定合并财务报表编制范围时的特殊问题

根据合并财务报表合并范围的确定基础,母公司应当将其全部子公司纳入合并财务报表的合并范围。即只要是由母公司控制的子公司,不论其规模大小、向母公司转移资金的能力是否受到限制,也不论其业务性质与母公司或企业集团内其他子公司是否有显著差别,都应当纳入合并范围。

对受所在国外汇管制及其他管制,资金调度受到限制的境外被投资单位,如果其财务和经营政策仍然由投资方决定,资金调度受到限制并不妨碍投资方对其实施控制,应将其纳入合并财务报表的合并范围。

下列被投资单位不是母公司的子公司,不应当纳入母公司合并财务报表的合并范围:

1. 已宣告被清理整顿的原子公司

已宣告被清理整顿的原子公司,是指在当期宣告被清理整顿的被投资单位,该被投资单位在上期是母公司的子公司。在这种情况下,根据2005年修订的公司法第一百八十四条的规定,被投资单位实际上在当期已经由股东、董事或股东大会指定的人员组成的清算组或人民法院指定的有关人员组成的清算组对该被投资单位进行日常管理,在清算期间,被投资单位不得开展与清算无关的经营活动,因此,母公司不能再控制该被投资单位,不能将该被投资单位继续认定为母公司的子公司。

2. 已宣告破产的原子公司

已宣告破产的原子公司，是指在当期宣告破产的被投资单位，该被投资单位在上期是本公司的子公司。在这种情况下，根据企业破产法的规定，被投资单位的日常管理已转给由人民法院指定的管理人，母公司不能控制该被投资单位，不能将该被投资单位认定为母公司的子公司。

3. 母公司不能控制的其他被投资单位

母公司不能控制的其他被投资单位，是指母公司不能控制的除上述情形以外的其他被投资单位，如联营企业、合营企业等。

## 第三节　合并财务报表的基础工作

基于目前编制企业合并财务报表的一般方法，应当以母子公司的个别财务报表为基础，通过将财务报表中各项目简单的合并，然后调整内部往来事项，最终编制对外的合并财务报表。所以，为了使合并财务报表准确、全面反映企业集团的真实情况，编制时必须做好一些基础工作。

这些基础工作主要包括以下几项：

### 一、子公司必须向母公司提供编制合并财务报表所需的有关资料

合并财务报表以母公司和纳入合并范围的子公司个别财务报表以及其他有关资料为依据。因此，在编制合并财务报表时，子公司除了应当向母公司提供财务报表外，还应当向母公司提供以下有关资料：

1. 采用的与母公司不一致的会计政策及其影响金额。
2. 与母公司不一致的会计期间的说明。
3. 与母公司、其他子公司之间发生的所有内部交易的相关资料。
4. 所有者权益变动的有关资料。
5. 编制合并财务报表所需的其他资料。

### 二、会计期间的调整

母公司为了编制合并财务报表，应当统一子公司的会计期间，使其与母公司保持一致。财务报表总是反映企业一定日期的财务状况、一定会计期间的经营成果和现金流量情况，母公司和子公司的个别财务报表只有在反映财务状况的日期和反映经营成果和现金流量情况的会计期间一致的情况下，将两者合并才有意义。如果两者不一致，母公司应按照其自身的会计期间，对子公司财务报表进行调整，依据调整后的子公司财务报表编制合并财务报表，或者要求子公司按照母公司的统一要求相同会计期间的财务报表。

### 三、会计政策的调整

母公司应当统一子公司的会计政策，使其采用的会计政策与母公司保持一致。母子公司的会计政策一致，才能使母子公司的财务报表各项目反映内容一致，才能对其进行加

总、编制合并财务报表。为此,在编制合并财务报表前,应统一母子公司会计政策,要求子公司所采用的会计政策与母公司保持一致。如果不一致,母公司应当按照本公司的会计政策对子公司财务报表进行必要的调整。

### 四、境外子公司外币报表折算

母公司对境外子公司以外币表示的财务报表应进行折算。对母公司和子公司的财务报表进行合并,其前提是母子公司个别财务报表所采用的货币计量单位必须一致。因此母公司应当将境外子公司的财务报表折算为母公司所采用的记账本位币表示的财务报表。

## 第四节　合并财务报表的基本方法

合并财务报表的编制方法,根据不同的企业合并种类而定。根据我国准则的相关规定,对非同一控制下的企业合并,应采用购买法编制合并财务报表;对同一控制下的企业合并,应采用类似权益结合法编制合并财务报表。

### 一、购买法

(一)购买法含义

购买法即是非同一控制下的企业合并中购买方对企业合并的核算方法,也是编制非同一控制下的控股合并中母公司编制合并财务报表采用的一种方法。

采用购买法编制合并财务报表时,将企业合并视为母公司用其支付的对价"购买"了子公司净资产(公允价值)的控制权,故应当与其他购买行为一样,在合并形成的新报告主体的合并财务报表中,应以购买交易的"所得"替代交易"所费",即用所购得的子公司"净资产"份额来替代母公司的合并成本。

与一般购买交易不同的是:在一般的购买交易中,对购买所得与所费可通过简单的账务处理就可以完成,如企业用现金购买固定资产这一简单的购买行为,其结果就是以购买所得的"固定资产"取代了因购买行为而失去的"现金",这种一般购买行为的"取代"过程通过借记"固定资产",贷记"现金"就能实现。对于企业合并形成的新报告主体而言,这一"购买"行为,并不能像单独实体的购买行为一样可以通过常规账务处理(企业合并形成的主体只是一个报告主体,并不是法律实体,不独立设置账簿,也不进行独立的账务处理)就能够解决,因为合并财务报表要以母、子公司的个别报表为基础进行编制,故在企业合并形成的新报告主体的合并财务报表中,对这一用购买"所得"取代购买"所费"的过程,只能通过对母、子公司个别财务报表项目的调整、抵销来实现。

因"购买"所得的是子公司全部净资产的控制权,所费则体现为母公司的合并成本,所以合并过程实际就是用子公司的全部净资产来取代母公司合并成本的过程。站在企业合并形成的新报告主体的角度来看,购买交易发生后,报告主体财务报表只应当包括"购买"交易的"所得",即子公司的净资产,不应再将反映购买日子公司净资产的所有者权益项目及母公司的合并成本列示于报告主体的合并财务报表中。也就是说按照购买法编制控制权取得日合并财务报表时,应在母、子公司个别财务报表基础上,将母公司报表中的

“长期股权投资”项目与反映子公司净资产的所有者权益各项目予以抵销，否则会导致合并财务报表中对合并资产及合并所有者权益重复计算。

（二）购买法的基本特征

非同一控制下的控股合并日后，母公司应当采用购买法编制合并财务报表。购买法主要特征包括：

1. 对子公司净资产的计量基础。按购买法编制合并财务报表时，对子公司个别财务报表中的资产、负债项目，应以母公司对该子公司设置的备查簿中记录的子公司各相关资产、负债在购买日的公允价值为基础，对子公司个别财务报表项目进行相应的调整，以调整后的子公司个别财务报表项目为基础并入合并财务报表。

2. 购买日后母、子公司之间发生的内部交易及其未实现利润应当予以抵销。具体抵销方法参见本书第五章。

3. 对子公司所有者权益的计量及处理。按购买法编制合并财务报表时，对子公司个别财务报表中的所有者权益项目，应以上述公允价值及内部交易调整后的金额为基础计量，其中归少数股东所有的份额，调整计入“少数股东权益”项下；母公司所有的份额，应区别购买日存在数与购买日至报告日新增数分别进行处理。购买日存在数中归母公司所有的份额，应与母公司长期股权投资抵销，差额确认为商誉或计入控制权取得当期损益；购买日至报告日增加数中归母公司所有的份额，则不应当进行抵销，而是应当并入合并财务报表相应项目中。

也就是说，购买法下子公司购买日存在的所有者权益，包括至购买日子公司实现的经营成果，均不能并入合并财务报表中，只有购买日后子公司增加的所有者权益中归母公司所有的份额，才能并入合并购买报表相关项目中。

需要指出的是，如果母公司对子公司的控制权是通过多次交易实现的，被购买方在购买日与交易日之间可辨认净资产公允价值的变动中，相对于原持股比例的部分，应并入合并财务报表相关项目中。

## 二、类似权益结合法

（一）类似权益结合法的含义

类似权益结合法，即是合并方对同一控制下的企业合并的核算方法，也是同一控制下的控制合并中母公司编制合并财务报表所采用的一种方法。

对企业合并而言，类似权益结合法将企业合并看做是两个或多个参与合并企业权益的重新整合，由于最终控制方的存在，从最终控制方的角度，该企业合并一定程度上并不会造成企业集团整体经济利益的流入和流出，最终控制方在合并前后实际控制的经济资源并没有发生变化，有关交易事项不应视为出售或购买。

对合并财务报表而言，类似权益结合法视母、子公司组成的报告主体自最终控制方开始实施控制起就一直是一体化存在下来的，体现在其合并财务报表中，无论是其资产规模还是其经营成果都应当持续计算。编制合并财务报表时，无论该合并发生在报告期的任何时点，合并利润表、合并所有者权益变动表、合并现金流量表等动态报表均应反映由母、子公司构成的报告主体自合并当期期初至合并日实现的损益、所有者权益变动及现金流量情况；相应地合并资产负债表的留存收益项目，应当反映母、子公司作为一个整体运行至合并日应实现的盈余公积和未分配利润的情况。

（二）类似权益结合法的主要特征

按类似权益结合法编制合并财务报表的特征主要包括：

1. 子公司净资产计量基础。按类似权益结合法编制合并财务报表时，应以报告日子公司净资产账面价值为基础进行计量，不需对子公司个别财务报表账面价值进行调整。

2. 对母、子公司之间的内部交易及其未实现利润进行相应的调整、抵销。类似权益结合法下，不仅合并日后发生的内部交易需要进行相应的调整、抵销，合并日之前发生的交易及其未实现利润对报告期合并财务报表的影响，也应进行相应的调整、抵销。

3. 对报告日子公司所有者权益的处理。按类似权益法编制合并财务报表时，应以报告日子公司所有者权益的账面价值为基础，将其中归少数股东所有的份额，应当调整计入“少数股东权益”项下；归母公司所有的份额中，属于合并日存在数中母公司的份额，应与母公司的长期股权投资抵销；属合并日至报告日增加数中归母公司所有的份额，应当并入合并财务报表相应项目中。

4. 合并日之前子公司累计实现的留存收益中，属于其自最终控制方开始实施控制后实现增加的部分中归属于母公司所有的份额，应当以母公司资本公积账面数额为限予以恢复，计入合并报表的盈余公积及未分配利润项目中。

## 第五节　合并财务报表的编制程序

编制合并财务报表是一项系统性的工作，在做好合并财务报表的基础工作之后，母公司应按下列程序编制合并财务报表：

### 一、编制合并财务报表工作底稿

合并财务报表的编制可以不通过合并工作底稿的编制来直接完成，但在实际工作中，由于合并报表编制的复杂性，通常都需要编制工作底稿。合并工作底稿的作用是为合并财务报表的编制提供基础。在合并工作底稿中，对母公司和子公司的个别财务报表各项目的金额进行汇总和抵销处理，最终计算得出合并财务报表各项目的合并金额。

### 二、将个别财务报表的数据过入合并工作底稿

将母、子公司个别资产负债表、利润表、所有者权益变动表各项目的数据过入合并工作底稿，并在合并工作底稿中对母公司和子公司个别财务报表各项目的数据进行加总，计算得出个别资产负债表、利润表、所有者权益变动表各项目合计金额。同时，由于合并现金流量表的特殊性和相对独立性，一般单独设置合并工作底稿，进行单独合并。

### 三、编制调整、抵销分录

编制合并财务报表是以整个企业集团作为报告主体，而母、子公司的个别财务报表则是以母公司和子公司作为报告主体的，这就必然导致两类主体的财务报表产生差异。因

此,合并财务报表各项目的金额不能简单地根据母子公司个别财务报表的对应项目的金额加总得到,在工作底稿中需要通过编制调整分录和抵销分录,在个别财务报表项目金额的基础上,调整确定合并财务报表有关项目的金额。

对母、子公司个别财务报表进行调整、抵销时,应遵循以下步骤:

第一,从母子公司个别报告主体的角度,分析相关交易或事项对个别财务报表的影响;

第二,从企业集团的合并报告主体的角度,分析相关交易或事项对合并财务报表的影响,再次比较相关交易或事项对个别财务报表和合并财务报表的影响;

第三,按照两者的差异确定需要在个别财务报表的基础上调整的项目、调整的方向和调整的具体金额,正式编制调整分录和抵销分录。

编制合并财务报表过程中需要进行的调整、抵销主要包括以下几类:

(一)对子公司个别报表的调整

在采用购买法编制合并财务报表时,应根据母公司为该子公司设置的备查簿的记录,以记录的该子公司各项可辨认资产、负债及或有负债等在购买日的公允价值为基础,对该子公司提供的个别财务报表进行调整,以使子公司的个别财务报表反映为在购买日公允价值基础上确定的可辨认资产、负债及或有负债在本期资产负债表日的金额。按类似权益结合法编制合并财务报表时,不需对子公司个别财务报表进行调整。

(二)对母公司个别财务报表进行调整

根据长期股权投资准则规定,投资企业对子公司的长期股权投资,应采用成本法核算;编制合并财务报表时按照权益法进行调整。

按权益法对母公司个别财务报表进行调整时,应视企业合并的种类而不同。对非同一控制下的企业合并形成的长期股权投资进行调整时,应以子公司按购买日公允价值调整后的所有者权益为基础计算确定调整金额;对同一控制下的企业合并形成的长期股权投资进行调整时,应以子公司所有者权益账面数为基础计算确定调整金额。

需要指出的是,编制合并财务报表时,母公司也可在以“成本法”核算“长期股权投资”的个别财务报表基础上直接进行。如果母公司在按“成本法”核算的个别财务报表基础上直接编制合并财务报表,则不需对母公司个别财务报表进行调整。

(三)对母、子公司之间发生的内部交易进行相应的调整、抵销

母、子公司之间的内部交易的种类及对内部交易的调整、抵销方法,参见本书第五章。

(四)对并入合并财务报表中的子公司所有者权益中归少数股东所有的份额及归母公司所有的份额进行相应的调整、抵销

处理时应按子公司当期净利润及利润分配、所有者权益其他项目本期增减变动以及所有者权益各项目期初数中归少数股东所有的份额及归母公司所有份额的顺序进行。

需要注意的是,编制合并财务报表中涉及的调整、抵销分录,是在合并财务报表工作底稿中进行的,并不实际记录到母、子公司的账簿中。在合并工作底稿中编制调整、抵销分录时,借记或贷记的均为合并财务报表的基本构成项目,而不是具体的会计科目,也不是合并财务报表的中间指标。比如,在涉及调整或抵销固定资产折旧、固定资产减值准备等均通过资产负债表中的“固定资产”项目,而不是“累计折旧”、“固定资产减值准备”等

科目来进行调整和抵销。

### 四、计算合并财务报表各项目的合并金额

对过入合并财务报表工作底稿的母、子公司个别财务报表数据经过上述调整、抵销后,即可按下列步骤确定合并财务报表各项目金额:

(一)确定合并财务报表基本构成项目合并数

对合并财务报表基本构成项目,应通过逐行横向相加(减),得出各基本构成项目的合并数。

(二)计算合并财务报表中间指标金额

对合并财务报表的中间指标,应根据合并财务报表相关基本构成项目合并数,通过纵向相加(减)计算确定。

### 五、填列生成合并财务报表

我国企业会计准则规定,合并财务报表至少应当提供一个比较年度(期间)的数据。根据上述第四步计算确定的合并财务报表相关项目合并数,可填列生成合并利润表、合并所有者权益变动表及合并现金流量表的本年(期)数及合并资产负债表的年(期)末数;合并利润表、合并所有者权益变动表及合并现金流量表的上年(期)数及合并资产负债表的年初(期初)数,应当根据上年(期)合并财务报表相应项目合并数填列。

## 本章小结

本章主要介绍了合并财务报表的合并理论、合并范围、编制合并财务报表的基础工作、合并财务报表的编制方法及合并财务报表的编制程序等。

编制企业合并财务报表要以一定的理论为依据。合并财务报表的合并理论主要包括所有权理论、实体理论及母公司理论三类,目前占主导地位的合并理论是实体理论。

合并财务报表的合并范围应以控制为基础进行确定,控制是确定合并财务报表合并范围的充分必要条件,即母公司应将其全部子公司纳入合并财务报表的合并范围。

合并财务报表的编制方法,应当以母公司取得对子公司控制权时的企业合并类型而定。对因非同一控制下控股合并形成的企业集团,母公司应当采用购买法编制合并财务报表;对因同一控制下控股合并形成的企业集团,母公司应当采用类似权益结合法编制合并财务报表。

编制合并财务报表时,应在做好合并财务报表基础工作的基础上,遵循特定的程序编制合并财务报表。

## 关键术语

合并财务报表　合并理论　基础工作　合并范围　编制程序

## 本章重点

合并财务报表的合并范围及合并财务报表编制程序。

## 本章难点

合并财务报表的编制程序。

## 思考题

1. 国际上公认的合并理论主要包括哪几类?
2. 按三种不同合并理论编制合并财务报表时,对“少数股东权益”是如何处理的?
3. 母公司应如何确定合并财务报表的合并范围?
4. 编制合并财务报表的基础工作有哪些?
5. 母公司应如何选择合并财务报表的编制方法?
6. 合并财务报表的编制程序如何?

# 第三章 控制权取得日的合并财务报表

**学习目标**

通过本章的教学，使学生了解合并财务报表的含义；熟悉购买法的基本特征，熟悉类似权益结合法的基本特征；熟悉按购买法编制控制权取得日合并资产负债表基本程序与方法，熟悉按类似权益结合法编制控制权取得日合并财务报表的基本程序与方法；能够按购买法编制一次交易实现的非同一控制下的控制权取得日的合并资产负债表，能够按购买法编制通过多次交易实现的非同一控制下的控制权取得日的合并资产负债表，能够按类似权益结合法编制同一控制下的控制权取得日合并利润表、合并所有者权益变动表及合并资产负债表的编制方法。

## 第一节 控制权取得日合并财务报表的基本要求

### 一、控制权取得日合并财务报表的内容

控制权取得日合并财务报表的内容，依企业合并的种类不同而有所不同。我国企业合并准则规定，非同一控制下的控制权取得日母公司只需编制合并资产负债表，也就是说非同一控制下的控制权取得日的合并财务报表，指的是控制权取得日的合并资产负债表；同一控制下的控制权取得日，母公司至少应当编制合并资产负债表、合并利润表及合并现金流量表；实际业务中，为了保持财务报表之间的勾稽关系，一般应编制全套的合并财务报表，包括合并利润表、合并所有者权益变动表、合并资产负债表及合并现金流量表。

由于合并利润表、合并所有者权益变动表及合并资产负债表之间存在着内部勾稽关系，编制合并财务报表时不能割裂开来，应一并处理，而合并现金流量表则可根据母、子公司的个别现金流量表单独编制，不需与合并利润表、合并所有者权益变动表及合并资产负债表一并处理，为了能够突出体现合并财务报表编制的基本原理，本章及第四章将详细阐述合并利润表、合并所有者权益变动表及合并资产负债表的编制原则与方法，对合并现金流量表的编制则不详细介绍。

【知识链接】

控制权取得日的判定

控制权取得日即企业合并过程中，发生控制权转移的日期。同时满足下列条件时，一般可视为控制权发生了转移：第一，企业合并合同或协议已获股东大会等内部权力机构通过，如对于股份有限公司，其内部权力机构一般指股东大会；第二，按照规定，合并有关事

项需要经过国家有关主管部门审批的，以获得相关部门的审批；第三，参与合并的各方已办理了必要的财产转移手续；第四，合并（购买）方已支付了给买价款的大部分（一般应超过50%），并且有能力支付剩余款项；第五，合并（购买）方实际上已控制了被合并（购买）方的财务和经营决策，并享有相应的收益和风险。

## 二、控制权取得日合并财务报表的格式

合并财务报表是通过对母、子公司个别财务报表各项目进行相应的调整、抵销后合并加总计算编制的，其格式与个别财务报表略有不同。

（一）合并利润表格式

合并利润表格式与个别利润表格式基本相同，但为了反映子公司当期实现的净利润中不归母公司所有的份额，应在合并利润表合并“净利润”项下单独列示其中归少数股东所有的份额及归母公司股东所有的份额。按照我国《企业会计准第33号——合并财务报表》应用指南及《国际会计准则第1号——财务报表列报》中均规定，合并利润表合并净利润项下，应先列示“归属于母公司所有者的净利润”，后列示“少数股东损益”项目。

另外，我国《企业会计准第20号——企业合并》准则还规定，编制同一控制下的控制权取得日的合并利润表时，对被合并方在合并前实现的净利润，应当单列项目反映。

合并利润表的一般格式如表3-1所示。

表3-1　　合并利润表格式

编制单位：　　＿＿年＿月　　单位：元

| 项目 | 本期金额 | 上期金额 |
|---|---|---|
| 一、营业总收入 | | |
| 其中：营业收入 | | |
| 利息收入 | | |
| 二、营业总成本 | | |
| 其中：营业成本 | | |
| 利息支出 | | |
| 手续费及佣金支出 | | |
| 营业税金及附加 | | |
| 销售费用 | | |
| 管理费用 | | |
| 财务费用 | | |
| 资产减值损失 | | |
| 加：公允价值变动收益（损失以“－”号填列） | | |
| 投资收益（损失以“－”号填列） | | |
| 其中：对联营企业和合营企业的投资收益 | | |

续表

| 项目 | 本期金额 | 上期金额 |
|---|---|---|
| 汇兑收益(损失以“－”号填列) | | |
| 三、营业利润(亏损以“－”号填列) | | |
| 加:营业外收入 | | |
| 减:营业外支出 | | |
| 其中:非流动资产处置损失 | | |
| 四、利润总额(亏损总额以“－”号填列) | | |
| 减:所得税费用 | | |
| 五、净利润(净亏损以“－”号填列) | | |
| 归属于母公司所有者的净利润 | | |
| 少数股东损益 | | |
| 六、每股收益 | | |
| (一)基本每股收益 | | |
| (二)稀释每股收益 | | |

(二)合并所有者权益变动表格式

合并所有者权益变动表实质上是合并资产负债表中所有者权益各项目的明细变动表,与个别所有者权益变动表不同的是,子公司所有者权益中不归母公司所有的份额,应以“少数股东权益”项目单独列示,故合并所有者权益变动表应增设“少数股东权益”项目列,以反映期初及本期子公司所有者权益各项目变动中归少数股东所有的份额;另外我国《企业会计准则第19号——外币折算》准则还规定,在存在境外经营子公司的情况下,对外币财务报表的折算差额应作为所有者权益项目单独列示,故存在境外经营情况下,合并所有者权益变动表还应增设“外币报表折算差额”项目列,以反映境外经营外币财务报表的变动情况。

合并所有者权益变动表的一般格式如表3-2所示。

表 3-2

合并所有者权益变动表格式

编制单位：　　　　　　　　______年度　　　　　　　　单位:元

| 项目 | 本年金额 | | | | | | | 上年金额 | | | | | | |
|---|---|---|---|---|---|---|---|---|---|---|---|---|---|---|
| | 归属于母公司所有者权益 | | | | | 少数股东权益 | 所有者权益合计 | 归属于母公司所有者权益 | | | | | 少数股东权益 | 所有者权益合计 |
| | 实收资本（或股本） | 资本公积 | 盈余公积 | 未分配利润 | 其他 | | | 实收资本（或股本） | 资本公积 | 盈余公积 | 未分配利润 | 其他 | | |
| 一、上年年末余额 | | | | | | | | | | | | | | |
| 加:会计政策变更 | | | | | | | | | | | | | | |
| 前期差错更正 | | | | | | | | | | | | | | |
| 二、本年年初余额 | | | | | | | | | | | | | | |
| 三、本年增减变动金额(减少以“－”号填列) | | | | | | | | | | | | | | |
| (一)净利润 | | | | | | | | | | | | | | |
| (二)直接计入所有者权益的利得和损失 | | | | | | | | | | | | | | |
| 1. 可供出售金融资产公允价值变动净额 | | | | | | | | | | | | | | |
| 2. 权益法下被投资单位其他所有者权益变动的影响 | | | | | | | | | | | | | | |

续表

| 项目 | 本年金额 | | | | | | | 上年金额 | | | | | | |
|---|---|---|---|---|---|---|---|---|---|---|---|---|---|---|
| | 归属于母公司所有者权益 | | | | | 少数股东权益 | 所有者权益合计 | 归属于母公司所有者权益 | | | | | 少数股东权益 | 所有者权益合计 |
| | 实收资本（或股本） | 资本公积 | 盈余公积 | 未分配利润 | 其他 | | | 实收资本（或股本） | 资本公积 | 盈余公积 | 未分配利润 | 其他 | | |
| 3. 与计入所有者权益项目相关的所得税影响 | | | | | | | | | | | | | | |
| 4. 其他 | | | | | | | | | | | | | | |
| 上述（一）和（二）小计 | | | | | | | | | | | | | | |
| （三）所有者投入和减少资本 | | | | | | | | | | | | | | |
| 1. 所有者投入资本 | | | | | | | | | | | | | | |
| 2. 股份支付计入所有者权益的金额 | | | | | | | | | | | | | | |
| 3. 其他 | | | | | | | | | | | | | | |
| （四）利润分配 | | | | | | | | | | | | | | |
| 1. 提取盈余公积 | | | | | | | | | | | | | | |
| 2. 提取一般风险准备 | | | | | | | | | | | | | | |

续表

| 项目 | 本年金额 | | | | | | | 上年金额 | | | | | | |
|---|---|---|---|---|---|---|---|---|---|---|---|---|---|---|
| | 归属于母公司所有者权益 | | | | | 少数股东权益 | 所有者权益合计 | 归属于母公司所有者权益 | | | | | 少数股东权益 | 所有者权益合计 |
| | 实收资本（或股本） | 资本公积 | 盈余公积 | 未分配利润 | 其他 | | | 实收资本（或股本） | 资本公积 | 盈余公积 | 未分配利润 | 其他 | | |
| 3. 对所有者（或股东）的分配 | | | | | | | | | | | | | | |
| 4. 其他 | | | | | | | | | | | | | | |
| （五）所有者权益内部结转 | | | | | | | | | | | | | | |
| 1. 资本公积转增资本（或股本） | | | | | | | | | | | | | | |
| 2. 盈余公积转增资本（或股本） | | | | | | | | | | | | | | |
| 3. 盈余公积弥补亏损 | | | | | | | | | | | | | | |
| 4. 其他 | | | | | | | | | | | | | | |
| 四、本年年末余额 | | | | | | | | | | | | | | |

（三）合并资产负债表格式

与个别资产负债表格式相比，合并资产负债表格式的主要差别是资产部分的商誉，以及所有者权益部分的少数股东权益及外币报表折算差额。非同一控制下的控股合并中，如果母公司的长期股权投资成本大于所取得的购买日子公司净资产公允价值的相应份额，差额应确认为商誉，列示于合并资产负债表中；合并资产负债表中的合并所有者权益各项目，即是合并所有者权益变动表各构成项目的期末余额，可能包含"少数股东权益"及"外币报表折算差额"项目，其他项目则是以母、子公司个别资产负债表项目为基础确定的。

合并资产负债表的一般格式如表3-3所示。

表3-3　合并资产负债表格式

编制单位：　　　　______年__月__日　　　　单位：元

| 资产 | 期末余额 | 年初余额 | 负债和所有者权益 | 期末余额 | 年初余额 |
|---|---|---|---|---|---|
| 流动资产： | | | 流动负债： | | |
| 货币资金 | | | 短期借款 | | |
| 交易性金融资产 | | | 交易性金融负债 | | |
| 应收票据 | | | 应付票据 | | |
| 应收账款 | | | 应付账款 | | |
| 预付款项 | | | 预收款项 | | |
| 应收股利 | | | 应付职工薪酬 | | |
| 应收利息 | | | 应付股利 | | |
| 其他应收款 | | | 应付利息 | | |
| 存货 | | | 其他应付款 | | |
| 一年内到期的非流动资产 | | | 应交税费 | | |
| 其他流动资产 | | | 一年内到期的非流动负债 | | |
| 流动资产合计 | | | 其他流动负债 | | |
| 非流动资产： | | | 流动负债合计 | | |
| 可供出售金融资产 | | | 非流动负债： | | |
| 持有至到期投资 | | | 长期借款 | | |
| 长期应收款 | | | 应付债券 | | |
| 长期股权投资 | | | 长期应付款 | | |
| 投资性房地产 | | | 专项应付款 | | |
| 固定资产 | | | 预计负债 | | |
| 在建工程 | | | 递延所得税负债 | | |

续表

| 资产 | 期末余额 | 年初余额 | 负债和所有者权益 | 期末余额 | 年初余额 |
|---|---|---|---|---|---|
| 工程物资 | | | 其他非流动负债 | | |
| 固定资产清理 | | | 非流动负债合计 | | |
| 无形资产 | | | 负债合计 | | |
| 开发支出 | | | 所有者权益(或股东权益): | | |
| 商誉 | | | 实收资本(或股本) | | |
| 长期待摊费用 | | | 资本公积 | | |
| 递延所得税资产 | | | 减:库存股 | | |
| 其他非流动资产 | | | 盈余公积 | | |
| 非流动资产合计 | | | 未分配利润 | | |
| | | | 外币报表折算差额 | | |
| | | | 归属于母公司所有者权益合计 | | |
| | | | 少数股东权益 | | |
| | | | 所有者权益合计 | | |
| 资产总计 | | | 负债和所有者权益总计 | | |

## 三、控制权取得日合并财务报表的编制方法

控制权取得日合并财务报表的编制方法,根据不同的企业合并而定。

根据我国企业合并及合并财务报表准则的相关规定,对非同一控制下的企业合并,应采用购买法编制控制权取得日合并财务报表;对同一控制下的企业合并,应采用类似权益结合法编制控制权取得日的合并财务报表。

### (一)购买法

采用购买法编制控制权取得日合并资产负债表的基本特征包括:

1. 子公司净资产计量基础。购买法下子公司净资产应以公允价值为基础并入合并资产负债表中。如果子公司相关资产、负债的公允价值与其账面价值不同,则应当对子公司的个别财务报表进行调整,将子公司个别财务报表调整为以购买日公允价值列示的财务报表。

2. 少数股东权益的计量基础。在母公司没有取得子公司全部股权的情况下,应将子公司个别报表所有者权益中不归母公司所有的份额,调整为少数股东权益,并在合并财务报表所有者权益项下单独列示。调整少数股东权益时,应以子公司所有者权益公允价值为基础进行计算。也就是说,合并财务报表的所有者权益中,只有归属于母公司所有的份额是分“实收资本”、“资本公积”、“盈余公积”、“未分配利润”不同项目单独列示的,归属于少数股东所有的份额则不再区分不同的权益项目单独列示,则是一并列示于“少数股

东权益”项目中。

3. 购买日子公司的所有者权益中归母公司所有的份额，应视同是母公司用合并成本“购买”而得。编制合并报表时，应将该部分所有者权益与母公司的合并成本——长期股权投资予以抵销，差额部分视不同情况进行处理：如果合并成本大于取得的被购买方可辨认净资产公允价值的相应份额，其差额即为购买的商誉；如果合并成本小于取得的被购买方各项可辨认净资产公允价值的相应份额，应当计入合并当期损益。在母公司不编制控制权取得日合并利润表的情况下，应当先计入“盈余公积”及“未分配利润”项下。

4. 购买法下至购买日子公司累计实现的经营成果（留存收益）中归母公司所有的份额，应视同母公司用合并成本交换取得，需与母公司的交换成本相抵销，该部分留存收益不能计入合并财务报表的合并留存收益数额中。

需要注意的是，通过多次交易实现的非同一控制下的企业合并中，被购买方在购买日与交易日之间可辨认净资产公允价值的变动中，相对于原持股比例的部分，在合并资产负债表中，不与母公司的长期股权投资相抵销，而是调整所有者权益相关项目，其中属于原取得投资后被投资单位实现净损益增加的资产价值量，应调整合并报表中的留存收益，差额部分调整合并报表资本公积。

（二）类似权益结合法的主要特征

类似权益结合法的特征主要体现在子公司净资产计量基础、少数股东权益的计量基础及列示要求、合并日子公司所有者权益中归母公司所有的份额与母公司长期股权投资的抵销以及合并日子公司的累计经营成果（留存收益）中归母公司所有的份额能否并入合并留存收益等几个方面。

1. 子公司净资产计量基础。类似权益结合法下，子公司净资产应以其账面价值为基础并入合并财务报表中；编制合并财务报表时，不需对子公司个别财务报表账面价值进行调整。

2. 少数股东权益的计量基础及列示。在母公司没有取得子公司全部股权的情况下，应将子公司个别报表所有者权益中不归母公司所有的份额，调整为少数股东权益，并在合并财务报表所有者权益项下单独列示。调整少数股东权益时，应以子公司所有者权益账面价值为基础进行计算。与购买法相同，在按类似权益结合法编制的合并财务报表所有者权益项目中，只有归属于母公司所有的份额是分“实收资本”、“资本公积”、“盈余公积”、“未分配利润”等不同项目单独列示的，归属于少数股东所有的份额则不再区分不同的权益项目单独列示，而是一并列示于“少数股东权益”项目中。

3. 合并日子公司的所有者权益中归母公司所有的份额，应当与母公司的长期股权投资予以抵销，因母公司的长期股权投资是按照合并日子公司所有者权益账面价值的份额确定的，所以抵销后两者无差额。

4. 权益结合法下至合并日子公司累计实现的经营成果（留存收益），属于其最终控制方开始实施控制后增加的部分，应当全部并入合并财务报表相关项目中。其中归属于少数股东所有的份额，计入少数股东权益；归母公司所有的份额，应当以母公司资本公积账面数额为限予以恢复，计入合并报表的盈余公积及未分配利润项目中。

### 四、采用购买法编制控制权取得日合并资产负债表的基本程序

按购买法编制控制权取得日的合并资产负债表的基本程序如下：

（一）编制合并资产负债表工作底稿。

（二）将母、子公司的个别资产负债表各项目数据过入合并工作底稿。

（三）对子公司个别资产负债表相关项目进行调整，将子公司个别报表中的账面价值调整为购买日的公允价值。该项调整可在工作底稿的调整、抵销分录栏进行。

（四）对购买日存在的母、子公司之间的债权债务予以抵销。非同一控制下的控股合并中，购买方与被购买方之间在购买日之前发生的交易，不属于集团内部交易，不需对交易进行抵销处理；但对于购买日存在的债权、债务，则属于集团内部往来，应当予以抵销。

（五）对子公司所有者权益进行相应的调整、抵销。购买日子公司所有者权益金额（公允价值调整后）中，归属于少数股东所有的份额，应调整为少数股东权益；归母公司所有的份额，应与母公司长期股权投资抵销，差额确认为商誉或通过"盈余公积"与"未分配利润"项目计入当期损益。

（六）计算合并资产负债表各项目的合并金额。将上述调整、抵销分录过入合并工作底稿的调整、抵销栏之后，应按下列顺序对合并资产负债表各项目进行合并加总，编制合并资产负债表：

1. 对合并资产负债表的基本构成项目进行逐行加总，得出合并资产负债表各基本构成项目合并数；

2. 根据第一步计算的合资资产负债表各基本构成项目合并金额，计算合并资产负债表相应的中间指标（非基本构成项目）的金额，完成合并资产负债表的编制。

### 五、采用购买法编制控制权取得日合并资产负债表的基本程序

按类似权益结合法编制控制权取得日的合并财务报表之前，如果子公司的会计政策与母公司不一致，母公司应按其自身的会计政策对子公司个别财务报表进行调整，以使子公司的会计政策与母公司保持一致。在母、子公司会计政策调整一致的基础上，应按下列程序编制控制权取得日合并财务报表：

（一）编制合并财务报表工作底稿，包括合并利润表、合并所有者权益变动表及合并资产负债表的工作底稿。

（二）将母、子公司的个别财务报表数据过入合并资产负债表工作底稿。

（三）对合并日存在的母、子公司之间的内部交易进行抵销。类似权益结合法视同企业合并形成的报告主体自最终控制方开始实施控制起就一直是一体化存在下来的，母、子公司之间在合并日之前发生的交易，应视同内部交易予以抵销。

（四）对合并日子公司所有者权益进行相应的调整、抵销。由于合并日子公司所有者权益各项目均是根据期初数额加减本期增减变动数额计算得出，所以对子公司合并日所有者权益的调整、抵销也应区别各项目期初数、本期增减变动数分别进行处理。具体处理顺序与个别财务报表的编制顺序及勾稽关系相同：

①将子公司当期实现的净利润中少数股东所有的份额进行调整，一方面在合并利润

表合并净利润项下单独列示少数股东损益，同时也在合并所有者权益变动表少数股东权益项目中计入子公司当期净利润中归少数股东所有的份额。

②如果子公司自合并当期期初至合并日提取了盈余公积，则应当调整合并所有者权益变动表子公司利润分配数及盈余公积数，将子公司提取的盈余公积中归少数股东所有的份额予以剔除。因为子公司当期实现的利润中归少数股东所有的份额，在上述第①步已全部计入少数股东权益项下，合并所有者权益变动表中的利润分配及盈余公积均只反映归母公司所有的份额，故应将其中包含的少数股东份额予以剔除。

③如果子公司自合并当期期初至合并日对所有者进行了利润分配，应区别情况处理。利润分配中分给少数股东的部分，应视同少数股东在集团中权益的减少，故该部分利润分配应与少数股东权益相抵销；利润分配中的其他部分，则应当视情况而定：如果该部分分配给了合并方，则从整个集团的角度看该部分利润分配只是货币资金的移位，应将该部分利润分配与合并方利润表中的投资收益进行抵销；如果该部分分配给了原股权持有者，从母子公司组成的企业集团的角度看该部分利润分配属于对集团外的分配，不需进行抵销。

④对子公司自合并当期期初至合并日的其他所有者权益变动数中归属于少数股东所有的份额，均应当在合并所有者权益变动表调整增加（减少）少数股东权益项目；同时调整减少（增加）合并所有者权益变动表中相应的所有者权益项目。

⑤对子公司所有者权益变动表中期初所有者权益各项目进行处理。其中归属少数股东所有的份额，应调整增加期初的少数股东权益，归母公司所有的份额，应与母公司的长期股东投资予以抵销。

需要注意的是，因为母公司的长期股权投资数额是按合并日子公司所有者权益账面价值中归母公司所有的份额确定的，该数额中不仅包含了子公司期初所有者权益的相应份额，也包含了当期（指合并当期期初至合并日）子公司所有者权益各项目增减变动数（包括子公司实现的净利润、提取的盈余公积、分配的利润及其他所有者权益增减变动）中归母公司所有的份额，该份额按类似权益法应当并入合并利润表及合并所有者权益变动表相关项目中，不能也无法与期初子公司所有者权益中归母公司所有的份额相抵销，合理的处理方法是先与母公司资本公积当期增加数相抵销，如果母公司资本公积没有增加或增加数不足以抵销的，则应与母公司的期初资本公积进行抵销。

⑥将子公司所有者权益变动表中的期初各项目进行相应的调整、抵销后，还应按类似权益结合法规定，将子公司期初留存收益中属于其自最终控制方开始实施控制后增加的部分，按归属于母公司所有的份额，以母公司资本公积账面数额为限予以恢复，计入合并报表的盈余公积及未分配利润项目中。

（五）计算确定合并财务报表各项目的合并金额，按顺序编制合并财务报表。将上述调整、抵销分录过入合并财务报表工作底稿的相关项目的调整、抵销栏之后，应按下列顺序对合并财务报表各项目进行合并加总，编制合并利润表、合并所有者权益变动表及合并资产负债表。

1. 计算合并财务报表中各基本构成项目合并数。财务报表的基本构成项目，对个别财务报表与对合并财务报表有所不同。个别财务报表的基本构成项目，是指需根据相关账簿记录分析计算填列的财务报表项目。比如利润表中的收入、费用项目，所有者权益变动表中的各项目期初数、本年增减变动项目,资产负债表中的各项资产、负债项目;合并财务报表的基本构成项目,是指在个别财务报表基本构成项目的基础上,再加上合并中通过调整、抵销分录予以单独确认反映的项目,主要包括"少数股东损益"、"少数股东权益"(年初数及本年增减变动数)、"商誉"及"外币报表折算差额"等。

对于合并财务报表中的基本构成项目,应以母、子公司各该项目的合计数,加上或减去借方或贷方调整、抵销数后计算确定。其中:

①合并利润表中的收入类项目合并数,应根据母、子公司项目合计数,加上贷方调整、抵销数,减去借方调整、抵销数计算而得;成本费用类项目合并数,应根据母、子公司项目合计数,加上借方调整、抵销数,减去贷方调整、抵销数计算而得。

②合并所有者权益变动表中各项目期初及本期增加项目合并数,应根据母、子公司各该项目合计数,加上贷方调整、抵销数,减去借方调整、抵销数计算而得;所有者权益变动表中利润分配各项目及本期减少项目合并数(即个别所有者权益变动表中以"-"号列示的项目),应根据母、子公司各该项目合计数,加上其借方调整、抵销数,减去贷方调整、抵销数计算而得。

③合并资产负债表工作底稿中各资产类项目合并数,应根据母、子公司各该项目合计数,加上借方调整、抵销数,减去贷方调整、抵销数计算而得;各负债类项目合并数,应根据母、子公司各该项目合计数,加上贷方调整、抵销数,减去借方调整、抵销数计算而得。

2. 计算合并财务报表各中间指标金额。财务报表中间指标,是指财务报表中须根据报表基本构成项目数额加、减计算所得的非基本报表构成项目,如利润表中的"营业利润"、"利润总额"、"净利润"项目;所有者权益变动表中的"实收资本"、"资本公积"、"盈余公积"、"未分配利润"、"所有者权益合计"项目期末数;资产负债表中的"流动资产合计"、"非流动资产合计"、"资产总计"、"流动负债合计"、"非流动负债合计"、"负债合计"、"负债及所有者权益总计"等项目。

编制合并财务报表时,对于合并财务报表中间指标数额的确定,与个别财务报表中间指标数确定方法相同,即根据合并财务报表基本构成项目加、减计算求得,不应直接对合并财务报表中间指标进行调整、抵销。

3. 合并财务报表的编制顺序。合并财务报表的编制顺序与个别财务报表的编制顺序相同,即先编制合并利润表,然后编制合并所有者权益变动表,接下来编制合并资产负债表。在个别财务报表中这三张报表存在的内部勾稽关系,在合并财务报表中依然存在。编制合并调整、抵销分录及合并报表过程中,不应将这三张财务报表割裂开来,而是应当一并处理。其中:

①合并利润表中"净利润"项下的"归属于母公司股东的净利润"数额,应直接计入合并所有者权益变动表"未分配利润"项目栏中的"本期增减变动数"中的"净利润"项目中;

②合并所有者权益变动表中"实收资本"、"资本公积"、"盈余公积"、"未分配利润"、"少数股东权益"及"所有者权益合计"等各项目的期末数,应直接过入合并资产负债表"所有者权益"部分的"实收资本"、"资本公积"、"盈余公积"、"未分配利润"及"少数股东权益"、"所有者权益合计"项目中。

## 第二节　非同一控制下的控股合并日合并财务报表的编制

非同一控制下的控制权取得日,母公司应按购买法编制合并资产负债表。合并资产负债表是以母公司和纳入合并范围的子公司的个别资产负债表为基础,通过在合并资产负债表工作底稿中对购买日子公司所有者权益进行相应的调整、抵销后合并编制。有关按购买法编制非同一控制下的控制权取得日合并资产负债表的程序、方法已在本章第一节阐述,这里不再重复。下面分别以实例说明通过一次交易实现的及通过多次交易实现的非同一控制下的控制权取得日合并资产负债表的编制方法。

【例3-1】20×8年7月1日,甲公司以每股3.125元的价格,从乙公司股东处购买了8 000万股、每股面值为1元的普通股股票。此项交易之前,甲、乙公司不存在关联关系,交易日甲、乙公司的个别资产负债表如表3-4所示。

表3-4　　甲、乙公司资产负债表(简表)

20×8年7月1日　　单位:万元

| 项目 | 甲公司 | | 乙公司 | |
|---|---|---|---|---|
| | 借方 | 贷方 | 借方 | 贷方 |
| 资产: | | | | |
| 货币资金 | 3 000 | | 1 800 | |
| 交易性金融资产 | 600 | | | |
| 应收账款 | 6 000 | | 3 000 | |
| 存货 | 15 000 | | 6 000 | |
| 长期股权投资 | 25 000 | | | |
| 固定资产 | 24 000 | | 15 000 | |
| 无形资产——土地使用权 | 5 000 | | 11 000 | |
| 资产总计 | 78 600 | | 36 800 | |
| 负债: | | | | |
| 短期借款 | | 1 600 | | |
| 应付账款 | | 4 200 | | |
| 应付票据 | | | | 1 200 |
| 其他应付款 | | 1 200 | | 6 000 |
| 长期借款 | | 5 000 | | |
| 应付债券 | | 4 800 | | — |
| 负债合计 | | 16 800 | | 10 800 |
| 所有者权益: | | | | |
| 股本——普通股 | | 20 000 | | 10 000 |
| 资本公积 | | 16 000 | | 10 000 |
| 盈余公积 | | 7 800 | | 4 000 |
| 未分配利润 | | 18 000 | | 2 000 |
| 所有者权益合计 | | 61 800 | | 26 000 |
| 负债及所有者权益总计 | | 78 600 | | 36 800 |

经双方认可的机构评估，购买日乙公司固定资产的公允价值为18 000万元，无形资产的公允价值为10 000万元；其他资产、负债的公允价值与其账面价值相等。乙公司对上述固定资产采用直线法计提折旧，对无形资产采用直线法进行摊销，固定资产的剩余使用年限为5年，无形资产的剩余使用年限为2年。

要求：编制甲公司控制权取得日的合并资产负债表。

分析：根据题中资料可以判断，该企业合并属于一次交易实现的非同一控制下的控股合并，应按购买法编制控制权取得日的合并资产负债表。该项合并中甲、乙公司之间形成了母、子公司关系，甲公司应当设置备查簿，记录乙公司上述固定资产及无形资产的公允价值、剩余使用年限及折旧、摊销方法。

根据本章第一节中关于按购买法编制控制权取得日合并财务报表的基本程序和方法，编制控制权取得日甲公司合并资产负债表如下：

第一步：编制合并资产负债表工作底稿，并将甲、乙公司个别资产负债表相关项目数据过入合并工作底稿中母公司列及子公司列，过入后的合并工作底稿见表3-5中的第(2)及第(3)列所示。

第二步：对子公司个别财务报表进行调整，将购买日子公司个别资产负债表调整为以公允价值为基础计量的资产负债表。

①对子公司净资产的调整分录为：

借：固定资产　　　　30 000 000

　贷：无形资产——土地使用权　　　　10 000 000

　　　资本公积　　　　20 000 000

需要指出的是，将上述调整既可以在子公司个别资产负债表数据列进行，也可以在合并工作底稿中的调整、抵销栏进行。本书中所有的调整、抵销均在调整、抵销栏中进行。

第三步：对购买日存在的甲、乙公司之间的债权债务予以抵销，并通过编制调整、抵销分录对乙公司调整后的所有者权益进行处理。本例中购买日甲、乙公司之间不存在债权、债务往来，不需进行抵销，只需对反映子公司净资产的所有者权益28 000万元进行处理。其中归属于少数股东所有的份额为5 600万元(28 000×20%)，应调整为少数股东权益；归母公司所有的份额为22 400万元(28 000×80%)，应与母公司长期股权投资25 000万元进行抵销，差额2 600万元(25 000－22 400)确认为商誉。具体的调整、抵销分录如下：

②对购买日子公司所有者权益各项目进行相应的调整、抵销：

借：股本　　　　100 000 000

　　资本公积　　　　120 000 000

　　盈余公积　　　　40 000 000

　　未分配利润　　　　20 000 000

　　商誉　　　　26 000 000

　贷：长期股权投资　　　　250 000 000

　　　少数股东权益　　　　56 000 000

第四步：将上述调整、抵销分录过入合并工作底稿的调整、抵销栏之后，对合并资产负债表的基本构成项目逐行加总，得出合并资产负债表各基本构成项目合并数，并根据合资资产负债表各基本构成项目数计算相应的中间指标，得出合并资产负债表所有项目数额。具体编制过程及结果如表 3-5 中的第(4)、第(5)第(6)及第(7)列所示。

表 3-5 甲集团公司合并资产负债表工作底稿

20×8 年 7 月 1 日 单位：万元

| 项目(1) | 甲公司(2) | 乙公司(3) | 调整、抵销分录 | | 合并资产负债表 | |
|---|---|---|---|---|---|---|
| | | | 借方(4) | 贷方(5) | 借方(6) | 贷方(7) |
| 资产： | | | | | | |
| 货币资金 | 3 000 | 1 800 | | | 4 800 | |
| 交易性金融资产 | 600 | | | | 600 | |
| 应收账款 | 6 000 | 3 000 | | | 9 000 | |
| 存货 | 15 000 | 6 000 | | | 21 000 | |
| 长期股权投资 | 25 000 | | | ②25 000 | | |
| 商誉 | | | ②2 600 | | 2 600 | |
| 固定资产 | 24 000 | 15 000 | ①3 000 | | 42 000 | |
| 无形资产——土地使用权 | 5 000 | 11 000 | | ①1 000 | 15 000 | |
| 资产总计 | 78 600 | 36 800 | | | 95 000 | |
| 负债： | | | | | | |
| 短期借款 | 1 600 | 1 000 | | | | 2 600 |
| 应付账款 | 4 200 | 2 600 | | | | 6 800 |
| 应付票据 | | 1 200 | | | | 1 200 |
| 其他应付款 | 1 200 | 6 000 | | | | 7 200 |
| 长期借款 | 5 000 | | | | | 5 000 |
| 应付债券 | 4 800 | | | | | 4 800 |
| 负债合计 | 16 800 | 10 800 | | | | 27 600 |
| 所有者权益： | | | | | | |
| 股本——普通股 | 20 000 | 10 000 | ②10 000 | | | 20 000 |
| 资本公积 | 16 000 | 10 000 | ②12 000 | ①2 000 | | 16 000 |
| 盈余公积 | 7 800 | 4 000 | ②4 000 | | | 7 800 |
| 未分配利润 | 18 000 | 2 000 | ②2 000 | | | 18 000 |
| 少数股东权益 | | | | ②5 600 | | 5 600 |
| 所有者权益合计 | 61 800 | 26 000 | | | | 67 400 |
| 负债与所有者权益总计 | 78 600 | 36 800 | | | | 95 000 |

【例 3－2】如果上例企业合并中甲公司购买乙公司股权的交易价格为每股 2.5 元，其他资料不变，则按购买法编制控制权取得日的合并资产负债表的编制过程如下：

第一步：编制合并资产负债表工作底稿，将购买日甲、乙公司个别资产负债表相关项目数据过入合并工作底稿中母公司列及子公司列，过入后的合并工作底稿见表 3-6 中的第(2)及第(3)列所示。

第二步：对子公司个别财务报表进行调整，将购买日子公司个别资产负债表调整为以公允价值为基础计量的资产负债表。对子公司净资产的调整分录如下：

①借：固定资产　　30 000 000
　贷：无形资产——土地使用权　　10 000 000
　　资本公积　　20 000 000

第三步：对购买日子公司所有者权益 28 000 万元进行相应的调整、抵销。其中归属于少数股东所有的份额为 5 600 万元（28 000×20%），应调整为少数股东权益；归母公司所有的份额为 22 400 万元（28 000×80%），应与母公司长期股权投资 20 000 万元进行抵销，长期股权投资小于子公司净资产中归母公司所有份额的差额 2 400 万元（22 400－20 000）应分别调整增加“盈余公积”240 万元及“未分配利润”2 160 万元。具体的调整、抵销分录如下：

②借：股本　　100 000 000
　资本公积　　120 000 000
　盈余公积　　40 000 000
　未分配利润　　20 000 000
　贷：长期股权投资　　200 000 000
　　少数股东权益　　56 000 000
　　盈余公积　　2 400 000
　　未分配利润　　21 600 000

第四步：将上述调整、抵销分录过入合并工作底稿的调整、抵销栏之后，对合并资产负债表的基本构成项目逐行加总，得出合并资产负债表各基本构成项目合并数，并根据合资资产负债表各基本构成项目数计算相应的中间指标，得出合并资产负债表所有项目数额。具体编制过程及结果如表 3-6 中的第(4)、第(5)、第(6)及第(7)列所示。

表 3-6　　甲集团公司合并资产负债表工作底稿

20×8 年 7 月 1 日

单位：万元

| 项目(1) | 甲公司(2) | 乙公司(3) | 调整、抵销分录 | | 合并资产负债表 | |
|---|---|---|---|---|---|---|
| | | | 借方(4) | 贷方(5) | 借方(6) | 贷方(7) |
| 资产： | | | | | | |
| 货币资金 | 8 000 | 1 800 | | | 9 800 | |
| 交易性金融资产 | 600 | | | | 600 | |
| 应收账款 | 6 000 | 3 000 | | | 9 000 | |
| 存货 | 15 000 | 6 000 | | | 21 000 | |
| 长期股权投资 | 20 000 | | | ②20 000 | 0 | |
| 固定资产 | 24 000 | 15 000 | ①3 000 | | 42 000 | |
| 无形资产——土地使用权 | 5 000 | 11 000 | | ①1 000 | 15 000 | |
| 资产总计 | 78 600 | 36 800 | | | 97 400 | |
| 负债： | | | | | | |
| 短期借款 | 1 600 | 1 000 | | | | 2 600 |
| 应付账款 | 4 200 | 2 600 | | | | 6 800 |

续表

| 项目(1) | 甲公司(2) | 乙公司(3) | 调整、抵销分录 | | 合并资产负债表 | |
|---|---|---|---|---|---|---|
| | | | 借方(4) | 贷方(5) | 借方(6) | 贷方(7) |
| 应付票据 | | 1 200 | | | | 1 200 |
| 其他应付款 | 1 200 | 6 000 | | | | 7 200 |
| 长期借款 | 5 000 | | | | | 5 000 |
| 应付债券 | 4 800 | | | | | 4 800 |
| 负债合计 | 16 800 | 10 800 | | | | 27 600 |
| 所有者权益: | | | | | | |
| 股本——普通股 | 20 000 | 10 000 | ②10 000 | | | 20 000 |
| 资本公积 | 16 000 | 10 000 | ②12 000 | ①2 000 | | 16 000 |
| 盈余公积 | 7 800 | 8 400 | ②4 000 | ②240 | | 8 040 |
| 未分配利润 | 18 000 | 2 000 | ②2 000 | ②2 160 | | 20 160 |
| 少数股东权益 | | | | ②5 600 | | 5 600 |
| 所有者权益合计 | 61 800 | 26 000 | | | | 69 800 |
| 负债与所有者权益总计 | 78 600 | 36 800 | | | | 97 400 |

【例3－3】甲公司于2007年1月1日以货币资金3 000万元取得了乙公司30%的股权,乙公司在该日的可辨认净资产的账面价值与公允价值均为9 000万元。乙公司于2007年度实现净利润6 000万元,没有支付股利。

2008年1月1日,甲公司以现金10 500万元进一步取得乙公司50%的股权,对乙公司实现了控股合并。假设不考虑所得税的影响,两家公司都是根据净利润的10%计提盈余公积。购买日甲、乙公司资产、负债情况如表3-7所示。

表3-7 资产负债表(简表)

2008年1月1日 单位:万元

| 项目 | 甲公司 | 乙公司 | |
|---|---|---|---|
| | 账面价值 | 账面价值 | 公允价值 |
| 资产: | | | |
| 货币资金 | 12 300 | 4 000 | 4 000 |
| 存货 | 10 000 | 4 000 | 5 000 |
| 其他流动资产 | 4 000 | 2 000 | 2 000 |
| 应收账款——乙公司 | 6 000 | | |
| 长期股权投资 | 13 500 | | |
| 固定资产(净值) | 30 000 | 20 000 | 25 000 |
| 无形资产——土地使用权 | 4 200 | 12 000 | 12 000 |
| 资产总计 | 80 000 | 42 000 | 48 000 |

续表

| 项目 | 甲公司 | 乙公司 | |
|---|---|---|---|
| | 账面价值 | 账面价值 | 公允价值 |
| 负债: | | | |
| 应付账款——甲公司 | 4 000 | 6 000 | 13 000 |
| 其他应付款 | 6 000 | 12 000 | 5 000 |
| 长期应付款 | 5 000 | 10 000 | 10 000 |
| 负债合计 | 15 000 | 28 000 | 28 000 |
| 所有者权益: | | | |
| 股本 | 30 000 | 8 000 | |
| 资本公积 | 15 000 | 1 000 | |
| 盈余公积 | 5 000 | 1 000 | |
| 未分配利润 | 15 000 | 4 000 | |
| 所有者权益合计 | 65 000 | 14 000 | |
| 负债及所有者权益总计 | 80 000 | 42 000 | |

要求:编制甲集团公司控制权取得日的合并资产负债表。

分析:根据题中资料可以判断,该企业合并属于通过多次交易实现的非同一控制下的控股合并,应按购买法编制控制权取得日的合并资产负债表。

根据第一节中关于按购买法编制控制权取得日合并财务报表的基本程序和方法,编制控制权取得日甲集团合并资产负债表如下:

第一步:编制合并资产负债表工作底稿,并将甲、乙公司个别资产负债表相关项目数据过入合并工作底稿中母公司列及子公司列,过入后的合并工作底稿见表3-8中的第(2)列及第(3)列所示。

第二步:对子公司个别财务报表进行调整,将购买日子公司个别资产负债表调整为以公允价值为基础计量的资产负债表。调整分录为:

①借:存货　　　　　　　　　　1 000
　　固定资产　　　　　　　　　5 000
　　贷:资本公积　　　　　　　　　　6 000

第三步:对购买日存在的甲、乙公司之间的债权、债务6 000万元予以抵销,抵销分录为:

②借:应付账款——甲公司　　　　6 000
　　贷:应收账款——乙公司　　　　　6 000

对购买日子公司所有者权益20 000万元进行处理,其中属于少数股东所有的份额为4 000万元(20 000×20%),应调整为少数股东权益;归母公司所有的份额为16 000万元(20 000×80%),应根据企业合并准则有关通过多次交易实现的非同一控制下的企业合并的规定进行处理。

对于购买日与交易日之间乙公司可辨认净资产公允价值变动额中甲公司原持股比例相应份额中,属于子公司损益影响的部分,应调整增加盈余公积及未分配利润项目,差额应调整增加资本公积项目。除调整为留存收益及资本公积之外的其他部分,应与母公司的长期股权投资相抵销,差额确认为商誉,该商誉即为各次交易的商誉之和。

本例中购买日与交易日之间乙公司可辨认净资产公允价值变动额为 11 000 万元(20 000 - 9 000),相对于母公司原持股比例 30% 的份额为 3 300 万元(11 000 × 30%)。其中,属于乙公司损益影响的部分为 1 800 万元(6 000 × 30%),应调整留存收益(盈余公积 180 万元,未分配利润 1 620 万元);差额 1 500 万元,调整资本公积。

购买日子公司所有者权益归母公司所有的份额 16 000 万元中,扣除购买日与交易日之间乙公司净资产公允价值变动额中相对于甲公司原持股比例 30% 相应的 3 300 万元后的差额为 12 700 万元,应与甲公司的长期股权投资 13 500 万元相抵销,差额 800 万元确认为商誉。该商誉即为按准则规定计算的各单次交易的商誉之和,本例中两次交易实现的企业合并商誉计算如下:

第一次交易商誉:3 000 - 9 000 × 30% = 300(万元)

第二次交易商誉:10 500 - 20 000 × 50% = 500(万元)

两次交易商誉合计:300 + 500 = 800(万元)

综合以上分析,对购买日子公司所有者权益各项目的调整、抵销分录如下:

| | | |
|---|---|---|
| ③ 借:股本 | 8 000 | |
| 资本公积 | 7 000 | |
| 盈余公积 | 1 000 | |
| 未分配利润 | 4 000 | |
| 商誉 | 800 | |
| 贷:长期股权投资 | | 13 500 |
| 少数股东权益 | | 4 000 |
| 盈余公积 | | 180 |
| 未分配利润 | | 1 620 |
| 资本公积 | | 1 500 |

第四步:将上述调整、抵销过入合并工作底稿的调整、抵销列后,对合并资产负债表的基本构成项目逐行加总,得出合并资产负债表各基本构成项目合并数,并根据合资资产负债表各基本构成项目数计算相应的中间指标,得出合并资产负债表所有项目数额。具体的调整、抵销过程及合并资产负债表的合并结果如表 3-8 的第(4)、第(5)及第(6)列所示。

表 3-8　　甲集团公司合并资产负债表工作底稿

20×8 年 1 月 1 日　　单位:万元

| 项目(1) | 甲公司(2) | 乙公司(3) | 调整、抵销分录 | | 合并数(6) |
|---|---|---|---|---|---|
| | | | 借方(4) | 贷方(5) | |
| 资产: | | | | | |
| 货币资金 | 12 300 | 4 000 | | | 16 300 |
| 存货 | 10 000 | 4 000 | ①1 000 | | 15 000 |
| 其他流动资产 | 4 000 | 2 000 | | | 6 000 |
| 应收账款——乙公司 | 6 000 | | | ②6 000 | 0 |
| 长期股权投资 | 13 500 | | | ③13 500 | 0 |
| 固定资产(净值) | 30 000 | 20 000 | ①5 000 | | 55 000 |
| 无形资产——土地使用权 | 4 200 | 12 000 | | | 16 200 |
| 商誉 | | | ③800 | | 800 |
| 资产总计 | 80 000 | 42 000 | | | 109 300 |
| 负债: | | | | | |
| 应付账款——甲公司 | 4 000 | 6 000 | ②6 000 | | 4 000 |
| 其他应付款 | 6 000 | 12 000 | | | 18 000 |
| 长期应付款 | 5 000 | 10 000 | | | 15 000 |
| 负债合计 | 15 000 | 28 000 | | | 37 000 |
| 所有者权益: | | | | | |
| 股本 | 30 000 | 8 000 | ③8 000 | | 30 000 |
| 资本公积 | 15 000 | 1 000 | ③7 000 | ①6 000<br>③1 500 | 16 500 |
| 盈余公积 | 5 000 | 1 000 | ③1 000 | ③180 | 5 180 |
| 未分配利润 | 15 000 | 4 000 | ③4 000 | ③1 620 | 16 620 |
| 少数股东权益 | | | | ③4 000 | 4 000 |
| 所有者权益合计 | 65 000 | 14 000 | | | 72 300 |
| 负债及所有者权益总计 | 80 000 | 42 000 | | | 109 300 |

## 第三节　同一控制下的控股合并日合并财务报表的编制

同一控制下的控制权取得日,母公司应按类似权益结合法编制合并财务报表。按类似权益结合法编制同一控制下的控制权取得日合并财务报表时,无论企业合并发生在报告期的任何时点,合并利润表、合并所有者权益变动表、合并现金流量表等动态报表均应反映由母、子公司构成的报告主体自合并当期期初至合并日实现的损益、所有者权益变动及现金流量情况；相应地合并资产负债表的留存收益项目，应当反映母、子公司作为一个整体运行至合并日应实现的盈余公积和未分配利润的情况。

按类似权益结合法编制合并财务报表时，应以母、子公司的个别财务报表为基础，通过在合并财务报表工作底稿中对子公司购买日所有者权益进行相应的调整、抵销后合并编制。有关按权益结合法编制同一控制下的控制权取得日的合并财务报表的程序、方法已在本章第一节阐述，这里不再重复。下面以实例说明同一控制下的控制权取得日合并财务报表的编制方法。

【例 3 -4】沿用本章【例 3 -1】资料，假定甲、乙公司自成立以来就由 P 公司控制，其中甲公司为 P 公司全资子公司，乙公司为 P 公司 80% 控股子公司。20 ×8 年 7 月 1 日，甲公司以每股 3.125 元的现金，购买了 P 公司持有的乙公司 80% 的股权。

合并日甲、乙公司的利润表、所有者权益变动表及资产负债表如表 3-9、表 3-10 及表 3-11 所示。

表 3-9　甲、乙公司利润表（简表）

20 ×8 年 1 月 1 日 ~7 月 1 日　单位：万元

| 报表项目 | 甲公司 | 乙公司 |
|---|---|---|
| 一、营业收入 | 43 700 | 25 000 |
| 减：营业成本 | 24 000 | 15 000 |
| 营业税金及附加 | 3 000 | 1 500 |
| 销售费用 | 1 500 | 2 300 |
| 管理费用 | 3 600 | 3 000 |
| 财务费用 | 4 000 | 200 |
| 加：投资收益 | 0 | 0 |
| 二、营业利润 | 7 600 | 3 000 |
| 加：营业外收入 | 200 | 0 |
| 减：营业外支出 | 0 | 200 |
| 三. 利润总额 | 7 800 | 2 800 |
| 减：所得税费用 | 1 800 | 800 |
| 四、净利润 | 6 000 | 2 000 |

表 3-10　　甲、乙公司所有者权益变动表（简表）

20×8 年 1 月 1 日~7 月 1 日　　单位：万元

| 项目 | 甲公司 | | | | | 乙公司 | | | | |
|---|---|---|---|---|---|---|---|---|---|---|
| | 股本 | 资本公积 | 盈余公积 | 未分配利润 | 所有者权益合计 | 股本 | 资本公积 | 盈余公积 | 未分配利润 | 所有者权益合计 |
| 一、上年年末余额 | 20 000 | 16 000 | 7 200 | 15 000 | 58 200 | 10 000 | 10 000 | 3 800 | 1 000 | 24 800 |
| 加：会计政策变更 | | | | | | | | | | |
| 前期差错更正 | | | | | | | | | | |
| 二、本年年初余额 | 20 000 | 16 000 | 7 200 | 15 000 | 58 200 | 10 000 | 10 000 | 3 800 | 1 000 | 24 800 |
| 三、本年增减变动金额（减少以"-"号填列） | | | | | | | | | | |
| （一）净利润 | | | | 6 000 | | | | | 2 000 | |
| （二）直接计入所有者权益的利得和损失 | | | | | | | | | | |
| 4. 其他 | | -4 200 | | | | | | | | |
| 上述（一）和（二）小计 | | | | | | | | | | |
| （三）所有者投入和减少资本 | | | | | | | | | | |
| 1. 所有者投入资本 | | | | | | | | | | |
| （四）利润分配 | | | | | | | | | | |
| 1. 提取盈余公积 | | | 600 | -600 | | | | 200 | -200 | |
| 2. 对所有者（或股东）的分配 | | | | -2 400 | | | | | -800 | |
| （五）所有者权益内部结转 | | | | | | | | | | |
| 四、本年年末余额 | 20 000 | 11 800 | 7 800 | 18 000 | 57 600 | 10 000 | 10 000 | 4 000 | 2 000 | 26 000 |

表 3-11　　甲、乙公司资产负债表(简表)

20×8 年 7 月 1 日　　单位:万元

| 项目 | 甲公司 | | 乙公司 | |
|---|---|---|---|---|
| | 借方 | 贷方 | 借方 | 贷方 |
| 资产: | | | | |
| 货币资金 | 3 000 | | 1 800 | |
| 交易性金融资产 | 600 | | | |
| 应收账款 | 6 000 | | 3 000 | |
| 存货 | 15 000 | | 6 000 | |
| 长期股权投资 | 20 800 | | | |
| 固定资产 | 24 000 | | 15 000 | |
| 无形资产——土地使用权 | 5 000 | | 11 000 | |
| 资产总计 | 74 400 | | 36 800 | |
| 负债: | | | | |
| 短期借款 | | 1 600 | | 1 000 |
| 应付账款 | | 4 200 | | 2 600 |
| 应付票据 | | | | 1 200 |
| 其他应付款 | | 1 200 | | 6 000 |
| 长期借款 | | 5 000 | | |
| 应付债券 | | 4 800 | | |
| 负债合计 | | 16 800 | | 10 800 |
| 所有者权益: | | | | |
| 股本——普通股 | | 20 000 | | 10 000 |
| 资本公积 | | 11 800 | | 10 000 |
| 盈余公积 | | 7 800 | | 4 000 |
| 未分配利润 | | 18 000 | | 2 000 |
| 所有者权益合计 | | 57 600 | | 26 000 |
| 负债及所有者权益总计 | | 74 400 | | 36 800 |

合并日前,甲、乙公司的会计政策相同,相互之间不存在其他交易,不考虑所得税影响。

要求:编制甲集团公司控制权取得日的合并财务报表。

分析:根据题中资料可以判断,甲、乙公司之间的企业合并属于同一控制下的控股合并,应按类似权益结合法编制控制权取得日的合并资产负债表。

根据本章第一节中关于按类似权益结合法编制控制权取得日合并财务报表的基本程序和方法,编制控制权取得日甲集团的合并利润表、合并所有者权益变动表及合并资产负债表如下:

第一步:编制合并财务报表工作底稿,并将甲、乙公司个别利润表、个别所有者权益变动表、个别资产负债表相关项目数据过入合并利润表、合并所有者权益变动表、合并资产负债表工作底稿中母公司列及子公司列,过入后的合并工作底稿见表 3-12、表 3-13、表 3-14中的甲公司列及乙公司列所示。

第二步:对子公司自合并当期期初至合并日的利润表、所有者权益变动表相关项目进行相应的调整、抵销。

①对子公司当期实现的净利润进行处理。本例中乙公司成立时就由最终控制方 P 公司控制,所以乙公司自合并当期期初至合并日实现的净利润 2 000 万元应当并入合并利润表,但对其中归少数股东所有的份额 400 万元进行调整,一方面在合并利润表合并净利润项下单独列示少数股东损益,同时也在合并所有者权益变动表少数股东权益项目中计入子公司当期净利润中归少数股东所有的份额。调整分录为:

借:少数股东损益　　4 000 000

　贷:少数股东权益　　4 000 000

②对子公司自合并当期期初至合并日的"利润分配——提取盈余公积"进行相应的调整。子公司自期初至合并日利润中归少数股东所有的份额,通过上述第①项调整已经计入少数股东权益项下,合并所有者权益变动表中的利润分配及盈余公积只反映母公司的相应数额,故应将其中包含的少数股东份额 40 万元(200 ×20%)予以剔除,分录为:

借:盈余公积　　400 000

　贷:利润分配——提取盈余公积　　400 000

③对子公司自合并当期期初至合并日的"利润分配——支付现金股利"进行相应的调整。本题利润分配 800 万元中分给少数股东的部分为 160 万元(800 ×20%),应视同少数股东在集团中权益的减少,故该部分利润分配应与少数股东权益相抵销;利润分配中的其他部分分配给了原股权持有者,从母子公司组成的企业集团的角度看该部分利润分配属于对甲集团外的分配,不需进行抵销。对少数股东现金分配的抵销分录为:

借:少数股东权益　　1 600 000

　贷:利润分配——对股东分配利润　　1 600 000

④对子公司所有者权益变动表中期初所有者权益 24 800 万元各组成项目进行处理。其中,归属于少数股东所有的份额 4 960 万元(24 800 ×20%),应调整增加期初的少数股东权益,归母公司所有的份额 19 840 万元(24 800 ×80%),应与母公司的长期股东投资予以抵销。

需要指出的是,因为母公司的长期股权投资数额 20 800 万元是按合并日子公司所有者权益账面价值(26 000 万元)中归母公司所有的份额确定的,该数额中不仅包含了子公司期初所有者权益的相应份额(19 840 万元),也包含了当期(指合并当期期初至合并日)子公司所有者权益各项目增减变动净额 1 200 万元(包括子公司实现的净利润增加的 2 000万元及对股东分配利润减少的 800 万元)中归母公司所有的份额 960 万元(1 200 × 80%),该份额按类似权益法应当并入合并利润表及合并所有者权益变动表相关项目中,不能也无法与期初子公司所有者权益中归母公司所有的份额相抵销，该数额应与母公司的期初资本公积进行抵销。

综合以上分析，对子公司期初所有者权益各项目及母公司长期股权投资的调整、抵销分录为：

借：期初股本（子公司）　　10 000
　　期初资本公积（子公司）　　10 000
　　期初盈余公积（子公司）　　3 800
　　期初未分配利润（子公司）　　1 000
　　期初资本公积（母公司）　　960
　　贷：长期股权投资　　20 800
　　　　少数股东权益　　4 960

⑤将子公司所有者权益变动表中的期初各项目进行相应的调整、抵销后，还应按类似权益结合法规定，将子公司期初留存收益中属于其自最终控制方开始实施控制后增加的部分，按归属于母公司所有的份额，以母公司资本公积账面数额为限予以恢复，计入合并报表的盈余公积及未分配利润项目中。

本例乙公司自设立开始就由最终控制方P公司控制，故应调整恢复期初留存收益3 840万元［（3 800＋1 000）×80%］，其中盈余公积3 040万元（3 800×80%），未分配利润800万元（1 000×80%）；经过上述各项调整、抵销后，母公司资本公积账面余额为10 840万元（11 800－960），大于应予恢复的子公司期初留存收益数3 840万元，故应予以全部调整恢复。对子公司期初留存收益的恢复分录为：

借：期初资本公积（母公司数）　　3 840
　　贷：期初盈余公积　　3 040
　　　　期初未分配利润　　800

第三步：将上述调整、抵销分录分别计入合并财务报表工作底稿各相关项目的调整、抵销分录栏后，即可对合并财务报表工作底稿中的基本报表构成项目进行合并加总，得出合并财务报表各基本构成项目的合并数。

在计算确定合并财务报表各基本构成项目金额后，应按照合并利润表，合并所有者权益变动表及合并资产负债表的顺序，对各报表中需要通过纵向计算的中间指标进行计算，按合并利润表、合并所有者权益变动表及合并资产负债表内在勾稽关系，依次得出合并利润表、合并所有者权益变动表及合并资产负债表各项目的合并数，分别如表3-12、表3-13及表3-14各项目合并数列所示。

表 3-12　　　　　　甲集团合并利润表工作底稿

2008 年 1 月 1 日至 7 月 1 日　　　　单位:万元

| 项目 | 甲公司 | 乙公司 | 调整、抵销分录 | | 合并数 |
|---|---|---|---|---|---|
| | | | 借方 | 贷方 | |
| 一、营业收入 | 43 700 | 25 000 | | | 68 750 |
| 减:营业成本 | 24 000 | 15 000 | | | 39 000 |
| 营业税金及附加 | 3 000 | 1 500 | | | 3 150 |
| 销售费用 | 1 500 | 2 300 | | | 3 800 |
| 管理费用 | 3 600 | 3 000 | | | 6 600 |
| 财务费用 | 4 000 | 200 | | | 4 200 |
| 加:投资收益 | 0 | 0 | | | 0 |
| 二、营业利润 | 7 600 | 3 000 | | | 10 600 |
| 加:营业外收入 | 200 | 0 | | | 200 |
| 减:营业外支出 | 0 | 200 | | | 200 |
| 三. 利润总额 | 7 800 | 2 800 | | | 10 600 |
| 减:所得税费用 | 1 800 | 800 | | | 2 600 |
| 四、净利润 | 6 000 | 2 000 | | | 8 000 |
| 其中:被合并方在合并前实现的净利润 | | | | | 2 000 |
| 归属于母公司股东的净利润 | | | | | 7 600① |
| 少数股东损益 | | | ①400 | | 400 |

① 本例中至合并日合并利润表的合并净利润为 8 000 万元,减去少数股东损益 400 万元后的差额为 7 600 万元,属于母公司股东的合并净利润,该数额应直接过入合并所有权益变动表中“未分配利润”项目“本期增减变动”下的“净利润”项目,即合并所有者权益变动表的“未分配利润”中的本期净利润是由合并利润表过入的,以保持各合并财务报表之间的勾稽关系。

表 3-13

甲集团合并所有者权益变动表工作底稿(简表)

2008 年 1 月 1 日～7 月 1 日

单位:万元

| 项目 | 实收资本 | | | | | 资本公积 | | | | | 盈余公积 | | | | |
|---|---|---|---|---|---|---|---|---|---|---|---|---|---|---|---|
| | 母公司 | 子公司 | 调整、抵销数 | | 合并数 | 母公司 | 子公司 | 调整、抵销数 | | 合并数 | 母公司 | 子公司 | 调整、抵销数 | | 合并数 |
| | | | 借方 | 贷方 | | | | 借方 | 贷方 | | | | 借方 | 贷方 | |
| 一、上年年末余额 | 20 000 | 10 000 | | | | 16 000 | 10 000 | | | | 7 200 | 3 800 | | | |
| 二、本期期初余额 | 20 000 | 10 000 | ④10 000 | | 20 000 | 16 000 | 10 000 | ④10 000<br>④960<br>⑤3 840 | | 11 200 | 7 200 | 3 800 | ④3 800 | ⑤3 040 | 10 240 |
| 三、本期增减变动数(减少以"－"号填列) | | | | | | | | | | | | | | | |
| (一)净利润 | | | | | | | | | | | | | | | |
| (二)直接计入所有者权益的利得和损失 | | | | | | －4 200 | | | | －4 200 | | | | | |
| (三)所有者投资和减少资本 | | | | | | | | | | | | | | | |
| (四)利润分配 | | | | | | | | | | | | | | | |
| 1. 提取盈余公积 | | | | | | | | | | | 600 | 200 | ②40 | | 760 |
| 2. 对所有者分配利润 | | | | | | | | | | | | | | | |
| 四、本期期末余额 | 20 000 | 10 000 | | | 20 000① | 11 800 | 10 000 | | | 7 000② | 7 800 | 4 000 | | | 11 000③ |

① 实收资本期末合并数根据期初合并数及本期增减变动合并数计算,该数额直接过入合并资产负债表中所有者权益的实收资本项目,以保持报表之间的勾稽关系。

② 资本公积期末合并数根据期初合并数及本期增减变动合并数计算,该数额直接过入合并资产负债表中所有者权益的实收资本项目,以保持报表之间的勾稽关系。

③ 盈余公积期末合并数根据期初合并数及本期增减变动合并数计算,该数额直接过入合并资产负债表中所有者权益的实收资本项目,以保持报表之间的勾稽关系。

续表 3-13

甲集团合并所有者权益变动表工作底稿

2008 年 1 月 1 日 ~7 月 1 日

单位：万元

| 项目 | 未分配利润 | | | | | 少数股东权益 | | | 所有者权益合计数 |
|---|---|---|---|---|---|---|---|---|---|
| | 母公司 | 子公司 | 调整、抵销数 | | 合并数 | 调整、抵销数 | | 合并数 | |
| | | | 借方 | 贷方 | | 借方 | 贷方 | | |
| 一、上年年末余额 | 15 000 | 1 000 | | | | | | | |
| 加:会计政策变更 | | | | | | | | | |
| 二、本年年初余额 | 15 000 | 1 000 | ④1 000 | ⑤800 | 15 800 | | ④4 960 | 4 960 | 62 200 |
| 三、本年增减变动数(减少以“－”号填列) | | | | | | | | | |
| (一)净利润 | 6 000 | 2 000 | | | 7 600① | | ①400 | 400 | 8 000 |
| (二)直接计入所有者权益的利得和损失 | | | | | | | | | |
| (三)所有者投资和减少资本 | | | | | | | | | －4 200 |
| (四)利润分配 | | | | | | | | | |
| 1. 提取盈余公积 | －600 | －200 | | ②40 | －760 | | | | 0 |
| 2. 对所有者分配利润 | －2 400 | －800 | | ③160 | －3 040 | ③160 | | －160 | －3 200 |
| 四、本年年末余额 | 18 000 | 2 000 | | | 19 600② | | | 5 200③ | 62 800④ |

① 合并所有者权益变动表中本期增加的合并净利润(归属于母公司股东的净利润)自合并利润表转入。

② 未分配利润期末合并数根据期初合并数及本期增减变动合并数计算,该数额直接过入合并资产负债表中所有者权益的实收资本项目,以保持报表之间的勾稽关系。

③ 少数股东权益期末合并数根据期初合并调整数及本期合并调整数计算,该数额直接过入合并资产负债表中所有者权益的实收资本项目,以保持报表之间的勾稽关系。

④ 期末所有者权益合并数属需计算的指标,该数额应根据期初所有者权益各项目合计数加减本期所有者权益增加变动数计算求得,计算结果应当与期末所有者权益各项目合并加总计算结果相同。该项目合并数应直接过入合并资产负债表中所有者权益合并项目,以保持报表之间的勾稽关系。

表 3-14　　　　甲集团合并资产负债表工作底稿

2008 年 7 月 1 日　　　　单位:万元

| 项目 | 甲公司 | | 乙公司 | | 调整、抵销分录 | | 合并数 | |
|---|---|---|---|---|---|---|---|---|
| | 借方 | 贷方 | 借方 | 贷方 | 借方 | 贷方 | 借方 | 贷方 |
| 资产: | | | | | | | | |
| 货币资金 | 3 000 | | 1 800 | | | | 4 800 | |
| 交易性金融资产 | 600 | | – | | | | 600 | |
| 应收账款 | 6 000 | | 3 000 | | | | 9 000 | |
| 存货 | 15 000 | | 6 000 | | | | 21 000 | |
| 长期股权投资 | 20 800 | | – | | | ①20 800 | 0 | |
| 固定资产 | 24 000 | | 15 000 | | | | 39 000 | |
| 无形资产——土地使用权 | 5 000 | | 11 000 | | | | 16 000 | |
| 资产总计 | 74 400 | | 36 800 | | | | 90 400 | |
| 负债: | | | | | | | | |
| 短期借款 | | 1 600 | | 1 000 | | | | 2 600 |
| 应付账款 | | 4 200 | | 2 600 | | | | 6 800 |
| 应付票据 | | | | 1 200 | | | | 1 200 |
| 其他应付款 | | 1 200 | | 6 000 | | | | 3 600 |
| 长期借款 | | 5 000 | | | | | | 5 000 |
| 应付债券 | | 4 800 | | | | | | 4 800 |
| 负债合计 | | 16 800 | | 10 800 | | | | 27 600 |
| 所有者权益: | | | | | | | | |
| 股本——普通股 | | 20 000 | | 10 000 | | | | 20 000① |
| 资本公积 | | 11 800 | | 10 000 | | | | 11 200② |
| 盈余公积 | | 7 800 | | 4 000 | | | | 10 240③ |
| 未分配利润 | | 18 000 | | 2 000 | | | | 15 800④ |
| 少数股东权益 | | | | | | | | 4 960⑤ |
| 所有者权益合计 | | 57 600 | | 26 000 | | | | 62 800⑥ |
| 负债及所有者权益合计 | | 74 400 | | 36 800 | | | | 90 400 |

① 本项目由合并所有者权益变动表“股本”项目期末数直接过入。
② 本项目由合并所有者权益变动表“资本公积”项目期末数直接过入。
③ 本项目由合并所有者权益变动表“盈余公积”项目期末数直接过入。
④ 本项目由合并所有者权益变动表“未分配利润”项目期末数直接过入。
⑤ 本项目由合并所有者权益变动表“少数股东权益”项目期末数直接过入。
⑥ 本项目由合并所有者权益变动表“所有者权益合计”项目期末数直接过入。

## 关键术语

购买法　类似权益结合法　少数股权　少数股东权益　少数股东损益

## 本章重点

非同一控制下的控股合并日合并资产负债表的抵销分录，同一控制下的控股合并日合并资产负债表的抵销分录等。

## 本章难点

同一控制下控股合并日合并财务报表的编制。

## 思考题

1. 同一控制下的控制权取得日合并财务报表的内容有哪些？

2. 非同一控制下的控制权取得日合并财务报表的内容有哪些？

3. 非同一控制下企业合并中，母公司的合并成本与子公司净资产公允价值份额的差额应如何处理？

4. 编制同一控制下的控制权取得日的企业财务报表时，被合并方在合并前实现的净利润，是否应当并入合并利润表中？如果是，如何反映这部分净利润？

5. 同一控制下的控制权取得日合并财务报表中，合并利润表、合并所有者权益变动表及合并资产负债表有什么样的勾稽关系？

6. 合并财务报表中的"股本"、"资本公积"、"盈余公积"及"未分配利润"项目中，是否包含"少数股东权益"？

7. 什么是合并财务报表的基本构成项目？合并财务报表的基本构成项目有哪些？

8. 如何计算确定合并财务报表基本构成项目的金额？

9. 什么是合并财务报表的中间指标？合并财务报表的中间指标有哪些？

10. 如何计算确定合并财务报表中间指标的金额？

# 第四章　控制权取得日后的合并财务报表

**学习目标**

通过本章的教学，使学生了解控制权取得日后合并财务报表编制的基本方法，理解控制权取得日后合并财务报表与控制权取得日合并财务报表的关系；理解在母公司按成本法核算长期股权投资个别报表基础上直接编制合并财务报表与在母公司按权益法调整长期股权投资后的个别报表基础上编制合并财务报表的关系；掌握同一控制下控股合并日后合并财务报表的编制程序及方法；掌握非同一控制下的控股合并日后合并财务报表的编制程序及方法。

## 第一节　控制权取得日后合并财务报表的基本要求

### 一、控制权取得日后合并财务报表的编制内容

在母公司取得子公司控制权之后的各个会计期间，无论母、子公司之间关系的形成是源于同一控制下的企业合并，还是源于非同一控制下的企业合并，母公司都要编制合并利润表、合并所有者权益变动表、合并资产负债表、合并现金流量表。

### 二、控制权取得日后合并财务报表的格式

控制权取得日后合并财务报表的格式，包括合并利润表的格式、合并所有者权益变动表的格式及合并资产负债表的格式，与第三章第一节相关合并财务报表的格式相同，这里不再重复。

### 三、控制权取得日后合并财务报表的编制方法

控制权取得日后合并财务报表的编制方法，应根据母公司取得子公司控制权时企业合并的种类而定：如果母公司是通过非同一控制下的企业合并取得的对子公司的控制权，则应采用购买法编制控制权取得日后的合并财务报表；如果母公司是通过同一控制下的企业合并取得的对子公司的控制权，则应采用类似权益结合法编制控制权取得日后的合并财务报表。

### 四、购买法的基本并表程序

按购买法编制合并财务报表的基本程序如下：

第一步:编制合并财务报表工作底稿,包括合并利润表工作底稿、合并所有者权益变动表工作底稿及合并资产负债表工作底稿。

第二步:将母、子公司的个别财务报表过入合并财务报表工作底稿。

第三步:以购买日子公司相关资产、负债的公允价值为基础,对子公司个别财务报表进行调整,将子公司个别财务报表调整为以购买日的公允价值为基础计量的财务报表。该项调整可在合并工作底稿的调整、抵销分录栏进行。

第四步:按照"权益法"要求调整母公司个别财务报表。合并财务报表准则规定,编制合并财务报表时,应以母、子公司个别财务报表及其他有关资料为基础,对母公司个别财务报表中的"长期股权投资"项目进行调整,将其从"成本法"核算的金额调整为按"权益法"核算应有的金额。按购买法编制控制权取得日后的合并财务报表时,对母公司个别财务报表按权益法进行调整时,应以购买日子公司相关资产、负债的公允价值调整之后的子公司报表数据为基础进行,而不是以按账面价值计量的子公司报表数据为基础。

需要指出的是,合并财务报表准则也允许企业在以"成本法"核算"长期股权投资"的母公司个别财务报表基础上直接编制,但是所生成的合并财务报表应当符合合并财务报表准则的相关规定。在以按"成本法"核算的母公司个别财务报表基础上直接编制合并财务报表时,本步可以略去。

第五步:对购买日后发生的母、子公司之间的内部交易及其未实现利润进行相应的调整、抵销。

第六步:对经过上述调整后的子公司所有者权益进行相应的处理。调整后的子公司所有者权益中,归属于少数股东所有的份额,应调整为少数股东权益;归母公司所有的份额,应区别购买日存在数与购买日至年(期)初增减变动数分别进行处理。其中购买日子公司所有者权益中归母公司所有的份额,应与母公司长期股权投资抵销,差额确认为商誉或通过"盈余公积"与"未分配利润"项目计入当期损益;购买日至期初增减变动数中归母公司所有的份额,则不应当进行抵销,而是应当并入合并财务报表相应项目中。

主要的调整、抵销项目包括:

①将子公司实现的净利润中少数股东所有的份额进行调整,一方面在合并利润表合并净利润项下单独列示少数股东损益,同时也在合并所有者权益变动表少数股东权益项目中计入子公司当期净利润中归少数股东所有的份额。

需要注意的是,计算合并利润表中归少数股东所有的份额时,应以对子公司账面净利润进行调整后的金额为基础,按少数股东的份额计算确定。这里的调整既包括公允价值调整额,也包括内部交易调整额。

②对子公司提取的盈余公积进行调整,将子公司提取的盈余公积中归少数股东所有的份额予以转销。子公司当期利润中归少数股东所有的份额,通过上述第①项调整已全部计入少数股东权益项下,合并所有者权益变动表中的利润分配及盈余公积均只反映归母公司所有的份额,故应将其中包含的少数股东份额予以转销。

③对子公司的利润分配,应根据具体情况进行处理。其中分给少数股东的部分,应视同少数股东在集团中权益的减少,故该部分利润分配应与少数股东权益相抵销;利润分配中的其他部分,则应当视情况而定:如果该部分分配给了母公司,则从整个集团的角度看

该部分利润分配只是货币资金的移位，应将该部分利润分配与合并方利润表中的投资收益进行抵销；如果该部分分配给了原股权持有者，从母子公司组成的企业集团的角度看该部分利润分配属于对集团外的分配，不需进行抵销。

④对子公司其他所有者权益变动进行调整。子公司其他所有者权益变动中归属于少数股东所有的份额，均应当在合并所有者权益变动表调整增加（减少）少数股东权益项目；同时调整减少（增加）合并所有者权益变动表中相应的所有者权益项目。

⑤将第三步所进行的对母公司个别财务报表按权益法进行的调整予以抵销。编制合并财务报表过程中，对控制权取得日后子公司所有者权益增减变动额中归母公司所有的份额，将通过对合并财务报表基本构成项目的逐行横向相加（减）及对合并财务报表中间指标的纵向相加（减），并入到合并利润表及合并所有者权益变动表中，如不将上述第三步母公司所作的调整分录予以抵销，将会导致合并财务报表中对该部分金额的重复计算。

需要指出的是，如果母公司在按"成本法"核算的个别财务报表基础上直接编制合并财务报表时，本步应该略去。即存在第三步调整分录情况下，就需要本项抵销分录；如果不存在第三步调整分录，也不需要本项抵销分录。

⑥对子公司期初所有者权益各项目进行相应调整、抵销。其中归属少数股东所有的份额，应调整增加期初的少数股东权益；归母公司所有的份额，应区别为两部分进行处理：属于购买日存在的部分中归母公司所有的份额，应与母公司的长期股权投资相抵销，差额确认为商誉或控制权取得当期的损益；属于购买日至期初新增加的部分中归母公司所有的份额，不需进行抵销，而是应并入合并所有者权益各项目期初金额中。

第七步：将上述调整、抵销计入合并财务报表工作底稿相应的调整、抵销列之后，对合并财务报表的基本构成项目逐行横向相加（减），得出合并财务报表各基本构成项目合并数；然后根据合并财务报表各基本构成项目合并数，纵向相加（减）计算确定各财务报表的中间指标，得出合并财务报表所有项目数额。

【知识链接】

报告日与报告期

报告日，也称资产负债表日，是指企业编制的财务报表报告期的期末。比如企业编制2009年度的财务报表时，报告日就是2009年12月31日，编制2009年第三季度报告时，报告日就是2009年9月30日。报告期，是指企业财务报表所反映的动态期间，如为年度报表，则为报告年度的1月1日至12月31日；如为中期报表，则为该中期所属年度的年初至中期期末，其中的利润表还应当包括本中期期初至期末的数据。

## 五、类似权益结合法的基本并表程序

按类似权益结合法编制控制权取得日的合并财务报表，应以母、子公司个别财务报表为基础，通过编制调整、抵销分录后合并编制。如果子公司的会计政策、会计期间与母公司不一致，应按母公司的会计政策及会计期间对子公司个别财务报表进行调整，以便统一母、子公司的会计政策、会计期间。在母、子公司的会计政策、会计期间一致的基础上，母公司应按下列程序编制合并财务报表：

第一步：编制合并财务报表工作底稿。

第二步:将母、子公司的个别财务报表数据过入合并财务报表工作底稿。

第三步:按权益法要求调整母公司个别财务报表。按类似权益结合法编制控制权取得日后合并财务报表时,对母公司个别财务报表中的"长期股权投资"进行调整时,应以子公司账面所有者权益变动数为基础。

另外,合并财务报表准则也允许母公司在以"成本法"核算"长期股权投资"的母公司个别财务报表基础上直接编制合并财务报表。如果母公司在按"成本法"核算的个别财务报表基础上直接编制合并财务报表,则不需进行本步调整。

第四步:对母、子公司之间的内部交易及其未实现利润进行相应的调整、抵销。有关内部交易的抵销方法,参见本书第五章。

第五步:对子公司所有者权益各项目进行相应的调整、抵销。对子公司所有者权益各项目的调整、抵销,主要是指对子公司的所有者权益增减变动及期初金额中归少数股东所有的份额所作的调整及对不能并入合并财务报表金额所作的抵销。由于报告日子公司所有者权益各项目均是根据年(期)初数额加减本年(期)增减变动数额计算得出,所以对子公司报告日所有者权益的调整、抵销也应区别各项目年(期)初数、本年(期)增减变动数分别进行处理。具体处理顺序与个别财务报表的编制顺序及勾稽关系相同:

①将子公司实现的净利润中少数股东所有的份额进行调整,一方面在合并利润表合并净利润项下单独列示少数股东损益,同时也在合并所有者权益变动表少数股东权益项目中计入子公司当期净利润中归少数股东所有的份额。

②对子公司提取的盈余公积进行调整,将子公司提取的盈余公积中归少数股东所有的份额予以转销。因为子公司当期利润中归少数股东所有的份额,通过上述第①项调整已全部计入少数股东权益项下,合并所有者权益变动表中的利润分配及盈余公积均只反映归母公司所有的份额,故应将其中包含的少数股东份额予以转销。

③对子公司的利润分配,应根据具体情况进行处理。其中分给少数股东的部分,应视同少数股东在集团中权益的减少,故该部分利润分配应与少数股东权益相抵销;利润分配中的其他部分,则应当视情况而定:如果该部分分配给了母公司,则从整个集团的角度看该部分利润分配只是货币资金的移位,应将该部分利润分配与合并方利润表中的投资收益进行抵销;如果该部分分配给了原股权持有者,从母子公司组成的企业集团的角度看该部分利润分配属于对集团外的分配,不需进行抵销。

④对子公司其他所有者权益变动进行调整。子公司其他所有者权益变动中归属于少数股东所有的份额,均应当在合并所有者权益变动表调整增加(减少)少数股东权益项目;同时调整减少(增加)合并所有者权益变动表中相应的所有者权益项目。

⑤将第三步所进行的对母公司个别财务报表按权益法进行的调整予以抵销。控制权取得日后子公司所有者权益增减变动额中归母公司所有的份额,将会通过第六步的逐行横向合并及纵向加总并入合并利润表及合并所有者权益变动表中,如不将上述第三步母公司所作的调整分录予以抵销,将会导致合并报表中对该部分金额的重复计入。

如果母公司在按"成本法"核算的个别财务报表基础上直接编制合并财务报表时,则不需进行本步的抵销。即存在第三步调整分录情况下,就需要本项抵销分录;如果不存在第三步调整分录,也不需要本项抵销分录。

⑥对子公司期初所有者权益各项目进行相应调整、抵销。其中归属少数股东所有的份额，应调整增加期初的少数股东权益，归母公司所有的份额，应与母公司的长期股权投资相抵销。具体处理应依编制的合并财务报表的报告期而定。

编制控制权取得当年(期)合并财务报表时，对母公司的长期股权投资与子公司期初所有者权益中母公司相应份额的差额，应调整减少母公司的资本公积。同一控制下的控股合并中，母公司的长期股权投资数额是按合并日子公司所有者权益账面价值中归母公司所有的份额确定的，该数额中不仅包含了控制权取得当年年初子公司所有者权益的相应份额，也包含了合并当年年初至合并日子公司所有者权益各项目增减变动数中归母公司所有的份额。对该长期股权投资大于合并当年年初子公司所有者权益份额的差额，无法与期初子公司所有者权益中归母公司所有的份额相抵销，合理的处理方法是先与母公司资本公积当期增加数相抵销，如果母公司资本公积没有增加或增加数不足以抵销的，则应与母公司的期初资本公积进行抵销。

编制控制权取得日以后年度(期间)合并财务报表时，应将子公司期初所有者权益中属于合并日存在的子公司所有者权益中归母公司所有的份额，与母公司的长期股权投资相抵销。期初子公司所有者权益的其他部分，应并入合并财务报表相关项目中。

⑦将子公司所有者权益变动表中的期初各项目进行相应的调整、抵销后，还应按类似权益结合法规定，将期初(或合并日)子公司留存收益中属于其自最终控制方开始实施控制后实现的部分，按归属于母公司所有的份额，以母公司资本公积账面数额为限予以恢复，计入合并报表的盈余公积及未分配利润项目中。具体的恢复金额也应根据合并财务报表的报告期而定。

报告期为控制权取得当年的：编制合并财务报表时，应按子公司期初留存收益中归属于母公司所有的份额，以母公司资本公积账面数额为限予以恢复；因控制权取得当年年初至合并日子公司实现的留存收益中归母公司所有的份额，将通过第六步并入合并利润表及合并所有者权益变动表相关项目之中，故不需再对其进行恢复。

报告期为控制权取得日以后年度的：应按合并日子公司留存收益中归属于母公司所有的份额，以母公司资本公积账面数额为限予以恢复。

第六步：将上述调整、抵销分录计入合并财务报表工作底稿的调整、抵销分录项目列后，即可按照个别合并财务报表的编制顺序及各报表之间的勾稽关系，编制合并财务报表：

①合并财务报表中的基本构成项目合并数的计算。按类似权益结合法编制合并报表时，对于各报表中的基本构成项目，应分项目的性质，以母、子公司各该项目的合并数，加上或减去借方或贷方的调整数后计算而得。即对合并财务报表中的基本构成项目，应逐行对母、子公司个别报表数及借、贷方的调整抵销数进行横向相加(减)计算确定。

②合并财务报表中间指标数的计算。编制合并财务报表时，对于合并财务报表中间指标数额的确定，与个别财务报表中间指标数确定方法相同，即根据合并财务报表基本构成项目加、减计算求得，不应直接对合并报表中间指标进行调整、抵销。也就是说，对合并财务报表中的中间指标，应当在对报表基本构成项目进行纵向相加(减)的基础上计算确定。

【知识链接】

长期股权投资的权益法调整

根据长期股权投资准则规定，投资方对取得的长期股权投资，有两种核算方法，即成本法与权益法。成本法指长期股权投资按成本计价的方法，适用于对子公司的长期股权投资以及投资企业不具有共同控制或重大影响，并且在活跃市场中没有报价、公允价值不能够可靠计量的长期股权投资的核算。

权益法指投资以初始投资成本计量后，根据投资企业享有被投资企业所有者权益份额的变化对投资的账面价值进行调整的方法，适用于对联营企业及合营企业长期股权投资的核算。

采用成本法与权益法核算长期股权投资的主要区别，是对报告日子公司新增所有者权益的处理。在成本法下，对这部分被投资企业新增所有者权益的相应份额，并不进行核算，而在权益法下，投资方则应根据子公司新增所有者权益的相应份额，调整长期股权投资的账面价值。也就是说，母公司按"权益法"要求对其按"成本法"核算的个别财务报表进行调整时，只需对子公司新增所有者权益的相应份额进行调整即可。

调整时，对子公司本年(期)新增的所有者权益的相应份额，属于当年实现净利润增加的份额，应当借记"长期股权投资"项目，贷记"投资收益"项目；属于子公司当年资本公积增加的份额，应当借记"长期股权投资"项目，贷记"资本公积"项目。对子公司至报告年(期)初新增的所有者权益各项目的相应份额，应当借记"长期股权投资"项目，贷记"盈余公积"、"未分配利润"及"资本公积"项目。

## 第二节　非同一控制下的控股合并日后合并财务报表的编制

非同一控制下的控股合并日后合并财务报表的编制，包括非同一控制下的控制权取得当期的合并财务报表及控制权取得日以后年度的合并财务报表。

### 一、控制权取得当年(期)的合并财务报表

控制权取得当年(期)的合并财务报表，是指控制权取得日后母公司编制的首份全套合并财务报表，包括合并利润表、合并所有者权益变动表、合并资产负债表、合并现金流量表及合并财务报表附注。

控制权取得当年(期)的合并财务报表，既与控制权取得日的合并财务报表不同，也与控制权取得日以后年度(期间)的合并财务报表不同。与控制权取得日合并财务报表相比，控制权取得当年(期)的合并财务报表不仅包括合并资产负债表，而且也包括合并利润表、合并所有者权益变动表及合并现金流量表等动态合并报表，而控制权取得日的合并财务报表则仅包括静态的合并资产负债表。与控制权取得日以后年度(期间)的合并财务报表相比，控制权取得当年(期)的合并财务报表虽然包括了合并利润表、合并所有者权益变动表及合并现金流量表等动态合并报表，但其中子公司的报表包括的期间并不是一个完整的年度(期间)，而是从购买日至年末(期末)的部分期间。

编制控制权取得日后合并财务报表时，对母公司个别财务报表中的长期股权投资有

两种处理方法。一种是对母公司以“成本法”核算的“长期股权投资”不进行调整，即在母公司按“成本法”核算“长期股权投资”的个别财务报表基础上直接编制控制权取得当年合并财务报表的方法；另一种是先对母公司个别财务报表中的“长期股权投资”进行调整，将其从按“成本法”核算金额调整为按“权益法”核算的金额，在母公司按“权益法”调整后的个别财务报表基础上编制控制权取得当年合并财务报表的方法。

下面以实例说明非同一控制下的控制权取得当年合并财务报表的编制方法。

【例4－1】沿用第三章【例3－1】资料，企业合并当年(2008年度)甲、乙公司的个别利润表、所有者权益变动表、乙公司1～6月及7～12月的所有者权益变动表及资产负债表资料如表4-1、表4-2、表4-3及表4-4所示。

购买日至期末，乙公司向甲公司出售了成本为400万元的库存商品，售价为600万元，该商品中有50%甲公司已对外出售，另外50%包含在甲公司的期末存货中；除此之外，甲、乙公司之间没有发生其他交易。假定甲、乙公司的会计政策及会计期间相同，不考虑所得税的影响。

表4-1　　利润表(简表)

2008年度　　单位：万元

| 报表项目 | 甲公司 | 乙公司 | | |
|---|---|---|---|---|
| | | 1～6月 | 7～12月 | 全年数 |
| 一、营业收入 | 96 700 | 25 000 | 34 100 | 59 100 |
| 减：营业成本 | 50 000 | 15 000 | 21 000 | 36 000 |
| 营业税金及附加 | 6 800 | 1 500 | 3 000 | 4 500 |
| 销售费用 | 4 000 | 2 300 | 2 000 | 4 300 |
| 管理费用 | 8 400 | 3 000 | 3 200 | 6 200 |
| 财务费用 | 8 600 | 200 | 500 | 700 |
| 加：投资收益 | 0 | 0 | 0 | 0 |
| 二、营业利润 | 18 900 | 3 000 | 4 400 | 7 400 |
| 加：营业外收入 | 300 | 0 | 0 | 0 |
| 减：营业外支出 | 200 | 200 | 500 | 700 |
| 三、利润总额 | 19 000 | 2 800 | 3 900 | 6 700 |
| 减：所得税费用 | 4 000 | 800 | 900 | 1 700 |
| 四、净利润 | 15 000 | 2 000 | 3 000 | 5 000 |

表 4-2

所有者权益变动表

2008 年度

单位：万元

| 项目 | 甲公司 | | | | | 乙公司 | | | | |
|---|---|---|---|---|---|---|---|---|---|---|
| | 股本 | 资本公积 | 盈余公积 | 未分配利润 | 所有者权益合计 | 股本 | 资本公积 | 盈余公积 | 未分配利润 | 所有者权益合计 |
| 一、上年年末余额 | 20 000 | 16 000 | 7 200 | 15 000 | 58 200 | 10 000 | 10 000 | 3 800 | 1 000 | 24 800 |
| 加：会计政策变更 | | | | | | | | | | |
| 前期差错更正 | | | | | | | | | | |
| 二、本年年初余额 | 20 000 | 16 000 | 7 200 | 15 000 | 58 200 | 10 000 | 10 000 | 3 800 | 1 000 | 24 800 |
| 三、本年增减变动金额（减少以“－”号填列） | | | | | | | | | | |
| （一）净利润 | | | | 15 000 | 15 000 | | | | 5 000 | 5 000 |
| （二）直接计入所有者权益的利得和损失 | | | | | | | | | | |
| 4. 其他 | | | | | | | | | | |
| 上述（一）和（二）小计 | | | | | | | | | | |
| （三）所有者投入和减少资本 | | | | | | | | | | |
| 1. 所有者投入资本 | | | | | | | | | | |
| （四）利润分配 | | | | | | | | | | |
| 1. 提取盈余公积 | | | 1 500 | －1 500 | 0 | | | 500 | －500 | 0 |
| 2. 对所有者（或股东）的分配 | | | | －2 400 | －2 400 | | | | －800 | －800 |
| （五）所有者权益内部结转 | | | | | | | | | | |
| 四、本年年末余额 | 20 000 | 16 000 | 8 700 | 26 100 | 70 800 | 10 000 | 10 000 | 4 300 | 4 700 | 29 000 |

表 4-3　乙公司所有者权益变动表

2008 年度

单位:万元

| 项目 | 1~6 月 | | | | | 7~12 月 | | | | |
|---|---|---|---|---|---|---|---|---|---|---|
| | 股本 | 资本公积 | 盈余公积 | 未分配利润 | 所有者权益合计 | 股本 | 资本公积 | 盈余公积 | 未分配利润 | 所有者权益合计 |
| 一、上期期末余额 | 10 000 | 10 000 | 3 800 | 1 000 | 24 800 | 10 000 | 10 000 | 4 000 | 2 000 | 26 000 |
| 加:会计政策变更 | | | | | | | | | | |
| 前期差错更正 | | | | | | | | | | |
| 二、本期期初余额 | 10 000 | 10 000 | 3 800 | 1 000 | 24 800 | 10 000 | 10 000 | 4 000 | 2 000 | 26 000 |
| 三、本年增减变动金额(减少以"-"号填列) | | | | | | | | | | |
| (一)净利润 | | | | 2 000 | | | | | 3 000 | |
| (二)直接计入所有者权益的利得和损失 | | | | | | | | | | |
| 4. 其他 | | | | | | | | | | |
| 上述(一)和(二)小计 | | | | | | | | | | |
| (三)所有者投入和减少资本 | | | | | | | | | | |
| 1. 所有者投入资本 | | | | | | | | | | |
| (四)利润分配 | | | | | | | | | | |
| 1. 提取盈余公积 | | | 200 | -200 | | | | 300 | -300 | |
| 2. 对所有者(或股东)的分配 | | | | -800 | | | | | | |
| (五)所有者权益内部结转 | | | | | | | | | | |
| 四、本年年末余额 | 10 000 | 10 000 | 4 000 | 2 000 | 26 000 | 10 000 | 10 000 | 4 300 | 4 700 | 29 000 |

表 4-4　　　　甲、乙公司资产负债表(简表)

20×8 年 12 月 31 日　　　　单位:万元

| 项目 | 甲公司 | | 乙公司 | |
|---|---|---|---|---|
| | 借方 | 贷方 | 借方 | 贷方 |
| 资产: | | | | |
| 货币资金 | 3 100 | | 2 950 | |
| 交易性金融资产 | 1 600 | | | |
| 应收账款 | 8 200 | | 5 000 | |
| 存货 | 16 000 | | 6 000 | |
| 长期股权投资 | 25 000 | | | |
| 固定资产 | 26 000 | | 17 000 | |
| 无形资产——土地使用权 | 4 500 | | 8 250 | |
| 资产总计 | 84 400 | | 39 200 | |
| 负债: | | | | |
| 短期借款 | | 2 400 | | 2 000 |
| 应付账款 | | 4 000 | | 2 400 |
| 应付票据 | | | | 800 |
| 其他应付款 | | 1 000 | | 5 000 |
| 长期借款 | | 3 000 | | |
| 应付债券 | | 3 200 | | |
| 负债合计 | | 13 600 | | 10 200 |
| 所有者权益: | | | | |
| 股本——普通股 | | 20 000 | | 10 000 |
| 资本公积 | | 16 000 | | 10 000 |
| 盈余公积 | | 8 700 | | 4 300 |
| 未分配利润 | | 26 100 | | 4 700 |
| 所有者权益合计 | | 70 800 | | 29 000 |
| 负债及所有者权益总计 | | 84 400 | | 39 200 |

要求:编制控制权取得当年年末甲、乙公司的合并财务报表。

分析:对于甲、乙公司之间非同一控制下的控股合并形成的企业集团,应采用购买法编制控制权取得日后的合并财务报表,包括合并利润表、合并所有者权益变动表及合并资产负债表。编制的合并利润表及合并所有者权益变动表中,只有购买日后子公司产生的损益及所有者权益变动额才能并入合并财务报表,购买日已存在的所有者权益则不能并入合并财务报表。

在甲、乙公司会计政策及会计期间相同的情况下,甲公司可在其按“成本法”核算“长期股权投资”的个别财务报表基础上,具体编制控制权取得当年的合并财务报表如下:

第一步:编制合并资产负债表工作底稿,包括合并利润表工作底稿、合并所有者权益变动表工作底稿及合并资产负债表工作底稿，如表4-5、表4-6及表4-7所示。

第二步：将甲、乙公司个别财务报表相关项目数据分别过入合并财务报表工作底稿中母公司列及子公司列，过入后的合并财务报表工作底稿如表4-5、表4-6及表4-7中甲公司及乙公司列所示。

表4-5 合并利润表工作底稿（简表）

2008年度 单位：万元

| 报表项目 | 甲公司（全年） | 乙公司（7～12月） | 调整、抵销分录 | | 合并数 |
|---|---|---|---|---|---|
| | | | 借方 | 贷方 | |
| 一、营业收入 | 96 700 | 34 100 | ④600 | | 130 200 |
| 减：营业成本 | 50 000 | 21 000 | | ④500 | 70 500 |
| 营业税金及附加 | 6 800 | 3 000 | | | 9 800 |
| 销售费用 | 4 000 | 2 000 | | | 6 000 |
| 管理费用 | 8 400 | 3 200 | ②300 | ③250 | 11 650 |
| 财务费用 | 8 600 | 500 | | | 9 100 |
| 加：投资收益 | 0 | 0 | | | 0 |
| 二、营业利润 | 18 900 | 4 400 | | | 23 150 |
| 加：营业外收入 | 300 | 0 | | | 300 |
| 减：营业外支出 | 200 | 500 | | | 700 |
| 三、利润总额 | 19 000 | 3 900 | | | 22 750 |
| 减：所得税费用 | 4 000 | 900 | | | 4 900 |
| 四、净利润 | 15 000 | 3 000 | | | 17 850 |
| 其中： | | | | | |
| 归属于母公司股东的净利润 | | | | | 17 280① |
| 少数股东损益 | | | ⑤570 | | 570 |

① 本项目金额直接过入合并所有者权益变动表中“未分配利润”项目合并数列下的本年增加“净利润”栏，以反映合并利润表与合并所有者权益变动表的勾稽关系。

表 4-6

甲集团合并所有者权益变动表工作底稿(简表)

2008 年度(子公司为 7 月 1 日至 12 月 31 日)

单位:万元

| 项目 | 实收资本 | | | | | 资本公积 | | | | | 盈余公积 | | | | |
|---|---|---|---|---|---|---|---|---|---|---|---|---|---|---|---|
| | 母公司 | 子公司 | 调整、抵销数 | | 合并数 | 母公司 | 子公司 | 调整、抵销数 | | 合并数 | 母公司 | 子公司 | 调整、抵销数 | | 合并数 |
| | | | 借方 | 贷方 | | | | 借方 | 贷方 | | | | 借方 | 贷方 | |
| 一、上年(期)年(期)末余额 | 20 000 | 10 000 | | | | 16 000 | 10 000 | | | | 7 200 | 4 000 | | | |
| 二、本年(期)年(期)初余额 | 20 000 | 10 000 | ⑦10 000 | | 20 000 | 16 000 | 10 000 | ⑦12 000 | ②2 000 | 16 000 | 7 200 | 4 000 | ⑦4 000 | | 7 200 |
| 三、本年期增减变动数(减少以"–"号填列) | | | | | | | | | | | | | | | |
| (一)净利润 | | | | | | | | | | | | | | | |
| (二)直接计入所有者权益的利得和损失 | | | | | | | | | | | | | | | |
| (三)所有者投资和减少资本 | | | | | | | | | | | | | | | |
| (四)利润分配 | | | | | | | | | | | | | | | |
| 1. 提取盈余公积 | | | | | | | | | | | 1 500 | 300 | ⑥60 | | 1 740 |
| 2. 对所有者分配利润 | | | | | | | | | | | | | | | |
| 四、本期期末余额 | 20 000 | 10 000 | 10 000 | | 20 000① | 16 000 | 10 000 | 12 000 | 2 000 | 16 000② | 8 700 | 4 300 | 4 060 | | 8 940③ |

① 本项目数直接过入合并资产负债表"实收资本(或股本)"项目合并数。

② 本项目数直接过入合并资产负债表"资本公积"项目合并数。

③ 本项目数直接过入合并资产负债表"盈余公积"项目合并数。

续表 4-6

甲集团合并所有者权益变动表工作底稿(简表)

2008 年度(子公司为 7 月 1 日至 12 月 31 日)

单位:万元

| 项目 | 未分配利润 | | | | | 少数股东权益 | | | 合并所有者权益合计数 |
|---|---|---|---|---|---|---|---|---|---|
| | 母公司 | 子公司 | 调整、抵销数 | | 合并数 | 调整、抵销数 | | 合并数 | |
| | | | 借方 | 贷方 | | 借方 | 贷方 | | |
| 一、上年年末余额 | 15 000 | 2 000 | | | | | | | |
| 加:会计政策变更 | | | | | | | | | |
| 二、本年年初余额 | 15 000 | 2 000 | ⑦2 000 | | 15 000 | | ⑦5 600 | 5 600 | 63 800 |
| 三、本年增减变动数(减少以“-”号填列) | | | | | | | | | |
| (一)净利润 | 15 000 | 3 000 | | | 17 280① | | ⑤570 | 570 | 17 850 |
| (二)直接计入所有者权益的利得和损失 | | | | | | | | | |
| (三)所有者投资和减少资本 | | | | | | | | | |
| (四)利润分配 | | | | | | | | | |
| 1. 提取盈余公积 | -1 500 | -300 | | ⑥60 | -1 740 | | | | 0 |
| 2. 对所有者分配利润 | -2 400 | | | | -2 400 | | | | -2 400 |
| 四、本年年末余额 | 26 100 | 4 700 | | | 28 140② | | 6 170 | 6 170③ | 79 250④ |

① 本项目由合并利润表中“归属于母公司所有者净利润”直接过入。

② 本项目数直接过入合并资产负债表“未分配利润”项目合并数。

③ 本项目数直接过入合并资产负债表“少数股东权益”项目合并数。

④ 本项目属需计算得出的指标,该数额应根据期初所有者权益各项目(合并数)合计数加减本期所有者权益增加变动合并数计算求得,计算结果应当与期末所有者权益各项目合并加总计算结果相同。该项目合并数应直接过入合并资产负债表中所有者权益合并项目,以保持报表之间的勾稽关系。

表 4-7　　甲集团合并资产负债表工作底稿

2008 年 12 月 31 日　　单位:万元

| 项目 | 甲公司 | 乙公司 | 调整、抵销分录 | | 合并数 |
|---|---|---|---|---|---|
| | | | 借方 | 贷方 | |
| 资产: | | | | | |
| 货币资金 | 3 100 | 2 950 | | | 6 050 |
| 交易性金融资产 | 1 600 | | | | 1 600 |
| 应收账款 | 8 200 | 5 000 | | | 13 200 |
| 存货 | 16 000 | 6 000 | | ④100 | 21 900 |
| 长期股权投资 | 25 000 | | | ⑦25 000 | 0 |
| 固定资产 | 26 000 | 17 000 | ①3 000 | ②300 | 45 700 |
| 无形资产——土地使用权 | 4 500 | 8 250 | ③250 | ①1 000 | 12 000 |
| 商誉 | | | ⑦2 600 | | 2 600 |
| 资产总计 | 84 400 | 39 200 | | | 103 050 |
| 负债: | | | | | |
| 短期借款 | 2 400 | 2 000 | | | 4 400 |
| 应付账款 | 4 000 | 2 400 | | | 6 400 |
| 应付票据 | | 800 | | | 800 |
| 其他应付款 | 1 000 | 5 000 | | | 6 000 |
| 长期借款 | 3 000 | | | | 3 000 |
| 应付债券 | 3 200 | | | | 3 200 |
| 负债合计 | 13 600 | 10 200 | | | 23 800 |
| 所有者权益: | | | | | |
| 股本——普通股 | 20 000 | 10 000 | | | 20 000① |
| 资本公积 | 16 000 | 10 000 | | | 16 000② |
| 盈余公积 | 8 700 | 4 300 | | | 8 940③ |
| 未分配利润 | 26 100 | 4 700 | | | 28 140④ |
| 少数股东权益 | | | | | 6 170⑤ |
| 所有者权益合计 | 70 800 | 29 000 | | | 79 250⑥ |
| 负债及所有者权益总计 | 84 400 | 39 200 | | | 103 050 |

第三步:对子公司个别财务报表进行调整,将控制权取得当期期末子公司个别财务报表调整为以购买日公允价值为基础计量的财务报表。调整分录包括:

①将购买日子公司固定资产及无形资产的账面价值调整为公允价值,调整分录为:

借:固定资产　　3 000

　　贷:无形资产——土地使用权　　1 000

　　　　资本公积(期初)　　2 000

① 本项目由合并所有者权益变动表"股本"项目期末数直接过入。

② 本项目由合并所有者权益变动表"资本公积"项目期末数直接过入。

③ 本项目由合并所有者权益变动表"盈余公积"项目期末数直接过入。

④ 本项目由合并所有者权益变动表"未分配利润"项目期末数直接过入。

⑤ 本项目由合并所有者权益变动表"少数股东权益"项目期末数直接过入。

⑥ 本项目由合并所有者权益变动表"所有者权益合计"项目期末数直接过入。

②以购买日子公司固定资产的公允价值为基础，调整子公司计提的固定资产折旧，调整金额为300万元(3 000 ÷5 ÷2)，调整分录为：

借：管理费用　　300

　贷：固定资产(累计折旧)　　300

③以购买日子公司无形资产的公允价值为基础，调整子公司的无形资产摊销额，调整金额为250万元(1 000 ÷2 ÷2)，调整分录为：

借：无形资产　　250

　贷：管理费用　　250

第四步：对购买日之后发生的甲、乙公司之间的内部交易影响额及甲、乙公司之间的债权、债务予以抵销。

本例中除甲、乙公司之间的存货交易外，不存在其他内部交易，也不存在需抵销的债权债务。对甲、乙公司之间的内部存货交易抵销分录为：

④借：营业收入　　600

　贷：营业成本　　500

　　存货　　100

第五步：对子公司自购买日至合并财务报表日调整利润表及所有者权益变动表相关项目进行相应的调整、抵销。

⑤对子公司购买日后实现的净利润(调整后数)进行处理。本例中乙公司购买日后至合并财务报表日(2008年7～12月)实现净利润账面金额为3 000万元，通过对公允价值及内部交易进行调整后应当并入合并利润表的金额为2 850万元(3 000 - 300 + 250 - 100)，但对其中归少数股东所有的份额为570万元(2 850 ×20%)，应调整为"少数股东权益"。调整分录为：

借：少数股东损益　　570

　贷：少数股东权益　　570

⑥对子公司自购买日至合并财务报表日的"利润分配——提取盈余公积"中包含的少数股东份额60万元(300 ×20%)予以调整剔除。调整分录为；

借：盈余公积　　60

　贷：利润分配——提取盈余公积　　60

⑦对子公司所有者权益变动表中期初所有者权益(调整后数)进行相应的调整、抵销。对于购买日已存在的所有者权益金额的处理与编制控制权取得日合并财务报表时的处理相同(见第三章【例3 - 1】调整、抵销分录②)；对于属于购买日至合并当期期初子公司新增加的所有者权益金额中归少数股东所有的份额，应调整增加期初的少数股东权益，归母公司所有的份额则应并入合并所有者权益期初数中，不需进行抵销。本例中子公司期初所有者权益(调整后数)即是购买日已存在的所有者权益，其处理与第三章【例3 - 1】调整、抵销分录②相同。

本例中子公司期初所有者权益即是购买日所有者权益，按公允价值调整后金额为28 000万元，归少数股东所有的份额为5 600万元，应调整为少数股东权益；归母公司所有的份额为22 400万元，应与母公司长期股权投资25 000万元进行抵销，差额2 600万元

确认为商誉。对子公司期初(本题为购买日)所有者权益调整、抵销分析、计算可用表4-8表示如下:

表4-8　　子公司期初所有者权益调整、抵销分析计算表　　单位:万元

| 项目 | 账面价值(1) | 调整数(2) | 公允价值(3) | 调整为少数股东权益数(4)=(3)×20% | 与母公司长期股权投资抵销数(5)=(3)×80% | 调整抵销总数(6)=(4)+(5) |
|---|---|---|---|---|---|---|
| 实收资本 | 10 000 | — | 10 000 | 2 000 | 8 000 | 10 000 |
| 资本公积 | 10 000 | 2 000 | 12 000 | 2 400 | 9 600 | 12 000 |
| 盈余公积 | 4 000 | — | 4 000 | 800 | 3 200 | 4 000 |
| 未分配利润 | 2 000 | — | 2 000 | 400 | 1 600 | 2 000 |
| 合计 | 26 000 | 2 000 | 26 000 | 5 600 | 22 400 | 26 000 |

根据上述分析编制对子公司期初所有者权益的调整、抵销分录如下:

借:股本(期初)　　10 000
　资本公积(期初)　　12 000
　盈余公积(期初)　　4 000
　未分配利润(期初)　　2 000
　商誉　　2 600
　贷:长期股权投资　　25 000
　　少数股东权益(期初)　　5 600

第六步:将上述调整、抵销分录分别计入合并财务报表工作底稿各相关项目的调整、抵销分录栏后,即可对合并财务报表工作底稿中的基本报表构成项目进行横向合并加总,得出合并财务报表各基本构成项目的合并数。

在计算确定合并财务报表各基本构成项目金额后,应按照合并利润表、合并所有者权益变动表及合并资产负债表的顺序,对各报表中需要通过纵向计算的中间指标进行计算,按合并利润表、合并所有者权益变动表及合并资产负债表内在勾稽关系,依次得出合并利润表、合并所有者权益变动表及合并资产负债表各项目的合并数如表4-5、表4-6及表4-7合并数列所示。

如果母公司采用在按"权益法"调整后的个别财务报表基础上编制控制权取得当年合并财务报表,则需在其按"成本法"编制的合并财务报表基础上增加以下调整、抵销分录:

第一:在上述第三步之后、第四步之前增加对母公司个别报表的调整分录,将母公司个别报表中的"长期股权投资"从"成本法"调整为"权益法"。本例中自购买日至报告日,子公司所有者权益账面增加额为1 200万元(购买日至报告日共实现利润2 000万元,分配利润800万元),按公允价值调整后增加的所有者权益为1 150万元(2 000 - 300 + 250),其中归母公司的份额为920万元(1 150×80%),应调整长期股权投资为920万元。调整分录为:

借:长期股权投资　　920

贷:投资收益　　　　　　　　　　　　　　　　920

第二:在上例第五步下调整项目⑥之后、调整项目⑦之前增加一项抵销分录,将上述母公司按权益法调整的、通过合并利润表及合并所有者权益变动表已并入合并财务报表的子公司当年按公允价值调整后的所有者权益变动额中归公司的份额予以转销,转销分录为:

借:投资收益　　　　　　　　　　　　　　920

　贷:长期股权投资　　　　　　　　　　　　920

除增加上述两项调整、抵销分录外,其他调整、抵销分录与【例 4-1】中以按"成本法"核算长期股权投资的个别财务报表为基础编制合并财务报表相同,编制的合并财务报表结果也与【例 4-1】完全相同,这里不再重复。

## 二、控制权取得日以后年度(期间)的合并财务报表

非同一控制下的控制权取得日以后年度(中期)的合并财务报表,是指控制权取得日后第 2 年(中期)及以后各年(中期)的合并财务报表。与控制权取得当年合并财务报表不同的是,在控制权取得日以后各年度,子公司利润表、所有者权益变动表及现金流量表均为全年数。控制权取得日以后年度(中期)的合并财务报表,应按购买法的基本程序及方法进行编制。下面以控制权取得日后第 2 年为例,说明控制权取得日以后年度合并利润表、合并所有者权益变动表及合并资产负债表的编制。

【例 4-2】沿用【例 4-1】资料,控制权取得日后第 2 年(2009 年度)甲、乙公司的利润表、所有者权益变动表及资产负债表资料如表 4-9、表 4-10、表 4-11 所示。

2009 年度,乙公司向甲公司出售了成本为 800 万元的库存商品,售价为 1 200 万元,该商品中有 3/4 甲公司已对外出售,另外 1/4 包含在甲公司的期末存货中;此外,乙公司与甲公司上期(指购买日至 2008 年年末)内部交易的存货仍然包含在甲公司期末存货中。甲、乙公司的会计政策及会计期间相同,不考虑所得税的影响。

表 4-9　　　　　　　　　　　利润表(简表)

2009 年度　　　　　　　　　　　　单位:万元

| 项目 | 甲公司 | 乙公司 |
|---|---|---|
| 一、营业收入 | 99 150 | 75 000 |
| 减:营业成本 | 54 000 | 46 000 |
| 营业税金及附加 | 7 000 | 5 000 |
| 销售费用 | 4 300 | 4 700 |
| 管理费用 | 8 250 | 10 800 |
| 财务费用 | 7 600 | 600 |
| 加:投资收益 | 1 600 | 0 |
| 二、营业利润 | 19 600 | 7 900 |
| 加:营业外收入 | 500 | 100 |
| 减:营业外支出 | 100 | 200 |
| 三. 利润总额 | 20 000 | 7 800 |
| 减:所得税费用 | 4 000 | 1 800 |
| 四、净利润 | 16 000 | 6 000 |

表 4-10

所有者权益变动表

2009 年度

单位:万元

| 项目 | 甲公司 | | | | | 乙公司 | | | | |
|---|---|---|---|---|---|---|---|---|---|---|
| | 股本 | 资本公积 | 盈余公积 | 未分配利润 | 所有者权益合计 | 股本 | 资本公积 | 盈余公积 | 未分配利润 | 所有者权益合计 |
| 一、上年年末余额 | 20 000 | 16 000 | 8 700 | 26 100 | 70 800 | 10 000 | 10 000 | 4 300 | 4 700 | 29 000 |
| 加:会计政策变更 | | | | | | | | | | |
| 前期差错更正 | | | | | | | | | | |
| 二、本年年初余额 | 20 000 | 16 000 | 8 700 | 26 100 | 70 800 | 10 000 | 10 000 | 4 300 | 4 700 | 29 000 |
| 三、本年增减变动金额(减少以"－"号填列) | | | | | | | | | | |
| (一)净利润 | | | | 16 000 | 16 000 | | | | 6 000 | 6 000 |
| (二)直接计入所有者权益的利得和损失 | | | | | | | | | | |
| 4. 其他 | | | | | | | | | | |
| 上述(一)和(二)小计 | | | | | | | | | | |
| (三)所有者投入和减少资本 | | | | | | | | | | |
| 1. 所有者投入资本 | | | | | | | | | | |
| (四)利润分配 | | | | | | | | | | |
| 1. 提取盈余公积 | | | 1 600 | －1 600 | 0 | | | 600 | －600 | 0 |
| 2. 对所有者(或股东)的分配 | | | | －4 500 | －4 500 | | | | －2 000 | －2 000 |
| (五)所有者权益内部结转 | | | | | | | | | | |
| 四、本年年末余额 | 20 000 | 16 000 | 10 300 | 36 000 | 82 300 | 10 000 | 10 000 | 4 900 | 8 100 | 33 000 |

表 4-11　　甲、乙公司资产负债表(简表)

2009 年 12 月 31 日　　单位:万元

| 项目 | 甲公司 | | 乙公司 | |
|---|---|---|---|---|
| | 借方 | 贷方 | 借方 | 贷方 |
| 资产: | | | | |
| 货币资金 | 6 800 | | 2 200 | |
| 交易性金融资产 | 1 800 | | 400 | |
| 应收账款 | 7 800 | | 5 000 | |
| 存货 | 18 000 | | 5 000 | |
| 长期股权投资 | 25 000 | | 12 000 | |
| 固定资产 | 30 900 | | 16 250 | |
| 无形资产——土地使用权 | 4 000 | | 2 750 | |
| 资产总计 | 94 300 | | 43 600 | |
| 负债: | | | | |
| 短期借款 | | 2 200 | | 2 800 |
| 应付账款 | | 3 600 | | 2 400 |
| 应付票据 | | | | 600 |
| 其他应付款 | | 1 200 | | 4 800 |
| 长期借款 | | 2 000 | | |
| 应付债券 | | 3 000 | | |
| 负债合计 | | 12 000 | | 10 600 |
| 所有者权益: | | | | |
| 股本——普通股 | | 20 000 | | 10 000 |
| 资本公积 | | 16 000 | | 10 000 |
| 盈余公积 | | 10 300 | | 4 900 |
| 未分配利润 | | 36 000 | | 8 100 |
| 所有者权益合计 | | 82 300 | | 33 000 |
| 负债及所有者权益总计 | | 94 300 | | 43 600 |

要求:编制控制权取得日后第 2 年(2009 年)甲、乙公司的合并财务报表。

分析:对于甲、乙公司之间非同一控制下的控股合并形成的集团,应采用购买法编制控制权取得日后的合并财务报表,包括合并利润表、合并所有者权益变动表及合并资产负债表。

在甲、乙公司会计政策及会计期间相同的情况下,甲公司可在其按"成本法"核算"长期股权投资"的个别财务报表基础上,按如下程序编制控制权取得日后第 2 年(即 2009 年度)的合并财务报表:

第一步:编制合并资产负债表工作底稿,包括合并利润表工作底稿、合并所有者权益变动表工作底稿及合并资产负债表工作底稿,如表 4-12、表 4-13 及表 4-14 所示。

第二步:将甲、乙公司个别财务报表相关项目数据分别过入合并财务报表工作底稿中母公司列及子公司列,过入后的合并财务报表工作底稿如表4-12、表4-13及表4-14中甲公司及乙公司列所示。

表4-12 合并利润表工作底稿(简表)

2009年度 单位:万元

| 报表项目 | 甲公司 | 乙公司 | 调整、抵销分录 | | 合并数 |
|---|---|---|---|---|---|
| | | | 借方 | 贷方 | |
| 一、营业收入 | 99 150 | 75 000 | ④1 200 | | 172 950 |
| 减:营业成本 | 54 000 | 46 000 | | ④1 100 | 98 900 |
| 营业税金及附加 | 7 000 | 5 000 | | | 12 000 |
| 销售费用 | 4 300 | 4 700 | | | 9 000 |
| 管理费用 | 8 250 | 10 800 | ②600 | ③500 | 19 150 |
| 财务费用 | 7 600 | 600 | | | 8 200 |
| 加:投资收益 | 1 600 | 0 | ⑦1 600 | | 0 |
| 二、营业利润 | 19 600 | 7 900 | | | 25 700 |
| 加:营业外收入 | 500 | 100 | | | 600 |
| 减:营业外支出 | 100 | 200 | | | 300 |
| 三. 利润总额 | 20 000 | 7 800 | | | 26 000 |
| 减:所得税费用 | 4 000 | 1 800 | | | 5 800 |
| 四、净利润 | 16 000 | 6 000 | | | 20 200 |
| 归属于母公司股东的净利润 | | | | | 19 040① |
| 少数股东损益 | | | | ⑤1 160 | 1 160 |

① 本项目金额直接过入合并所有者权益变动表中"未分配利润"项目合并数列下的本年增加"净利润"栏,以反映合并利润表与合并所有者权益变动表的勾稽关系。

表 4-13　　甲集团合并所有者权益变动表工作底稿（简表）

2009 年度

单位：万元

| 项目 | 实收资本 | | | | | 资本公积 | | | | | 盈余公积 | | | | |
|---|---|---|---|---|---|---|---|---|---|---|---|---|---|---|---|
| | 母公司 | 子公司 | 调整、抵销数 | | 合并数 | 母公司 | 子公司 | 调整、抵销数 | | 合并数 | 母公司 | 子公司 | 调整、抵销数 | | 合并数 |
| | | | 借方 | 贷方 | | | | 借方 | 贷方 | | | | 借方 | 贷方 | |
| 一、上年（期）年（期）末余额 | 20 000 | 10 000 | | | | 16 000 | 10 000 | | | | 8 700 | 4 300 | | | |
| 二、本年（期）年（期）初余额 | 20 000 | 10 000 | ⑧10 000 | | 20 000 | 16 000 | 10 000 | ⑧12 000 | ①2 000 | 16 000 | 8 700 | 4 300 | ⑧4 060 | | 8 940 |
| 三、本年期增减变动数（减少以“－”号填列） | | | | | | | | | | | | | | | |
| （一）净利润 | | | | | | | | | | | | | | | |
| （二）直接计入所有者权益的利得和损失 | | | | | | | | | | | | | | | |
| （三）所有者投资和减少资本 | | | | | | | | | | | | | | | |
| （四）利润分配 | | | | | | | | | | | | | | | |
| 1. 提取盈余公积 | | | | | | | | | | | 1 600 | 600 | ⑥120 | | 2 080 |
| 2. 对所有者分配利润 | | | | | | | | | | | | | | | |
| 四、本期期末余额 | 20 000 | 10 000 | 10 000 | | 20 000① | 16 000 | 10 000 | 12 000 | 2 000 | 16 000② | 10 300 | 4 900 | 4 180 | | 11 020③ |

① 本项目数直接过入合并资产负债表“实收资本（或股本）”项目合并数。

② 本项目数直接过入合并资产负债表“资本公积”项目合并数。

③ 本项目数直接过入合并资产负债表“盈余公积”项目合并数。

续表 4-13

甲集团合并所有者权益变动表工作底稿(简表)

2009 年度

单位:万元

| 项目 | 未分配利润 | | | | | 少数股东权益 | | | 合并所有者权益合计数 |
|---|---|---|---|---|---|---|---|---|---|
| | 母公司 | 子公司 | 调整、抵销数 | | 合并数 | 调整、抵销数 | | 合并数 | |
| | | | 借方 | 贷方 | | 借方 | 贷方 | | |
| 一、上年年末余额 | 26 100 | 4 700 | | | | | | | |
| 加:会计政策变更 | | | | | | | | | |
| 二、本年年初余额 | 26 100 | 4 700 | ②300<br>④100<br>⑧2 510 | ③250 | 28 140 | | ⑧6 170 | 6 170 | 79 250 |
| 三、本年增减变动数(减少以“-”号填列) | | | | | | | | | |
| (一)净利润 | 16 000 | 6 000 | | | 19 040① | | ⑤1 160 | 1 160 | 20 200 |
| (二)直接计入所有者权益的利得和损失 | | | | | | | | | |
| (三)所有者投资和减少资本 | | | | | | | | | |
| (四)利润分配 | | | | | | | | | |
| 1. 提取盈余公积 | -1 600 | -600 | | ⑥120 | -2 080 | | | | 0 |
| 2. 对所有者分配利润 | -4 500 | -2 000 | | ⑦2 000 | -4 500 | ⑦400 | | -400 | -4 900 |
| 四、本年年末余额 | 36 000 | 8 100 | | | 40 600② | | | 6 930③ | 94 550④ |

① 本项目由合并利润表中“归属于母公司所有者净利润”直接过入。

② 本项目数直接过入合并资产负债表“未分配利润”项目合并数。

③ 本项目数直接过入合并资产负债表“少数股东权益”项目合并数。

④ 本项目属需计算得出的指标,该数额应根据期初所有者权益各项目(合并数)合计数加减本期所有者权益增加变动合并数计算求得,计算结果应当与期末所有者权益各项目合并数合计结果相同。该所有者权益合并数应直接过入合并资产负债表中所有者权益合并项目,以保持报表之间的勾稽关系。

表 4-14　　　　　　甲集团合并资产负债表工作底稿

2009 年 12 月 31 日　　　　　　单位：万元

| 项目 | 甲公司 | 乙公司 | 调整抵销分录 | | 合并数 |
|---|---|---|---|---|---|
| | | | 借方 | 贷方 | |
| 资产： | | | | | |
| 货币资金 | 6 800 | 2 200 | | | 9 000 |
| 交易性金融资产 | 1 800 | 400 | | | 2 200 |
| 应收账款 | 7 800 | 5 000 | | | 12 800 |
| 存货 | 18 000 | 5 000 | | ④200 | 22 800 |
| 长期股权投资 | 25 000 | 12 000 | | ⑧25 000 | 12 000 |
| 固定资产 | 30 900 | 16 250 | ①3 000 | ②900 | 49 250 |
| 无形资产——土地使用权 | 4 000 | 2 750 | ③750 | ①1 000 | 6 500 |
| 商誉 | | | ⑧2 600 | | 2 600 |
| 资产总计 | 94 300 | 43 600 | | | 117 150 |
| 负债： | | | | | |
| 短期借款 | 2 200 | 2 800 | | | 5 000 |
| 应付账款 | 3 600 | 2 400 | | | 6 000 |
| 应付票据 | | 600 | | | 600 |
| 其他应付款 | 1 200 | 4 800 | | | 6 000 |
| 长期借款 | 2 000 | | | | 2 000 |
| 应付债券 | 3 000 | | | | 3 000 |
| 负债合计 | 12 000 | 10 600 | | | 22 600 |
| 所有者权益： | | | | | |
| 股本——普通股 | 20 000 | 10 000 | | | 20 000① |
| 资本公积 | 16 000 | 10 000 | | | 16 000② |
| 盈余公积 | 10 300 | 4 900 | | | 11 020③ |
| 未分配利润 | 36 000 | 8 100 | | | 40 600④ |
| 少数股东权益 | | | | | 6 930⑤ |
| 所有者权益合计 | 82 300 | 33 000 | | | 94 550⑥ |
| 负债及所有者权益合计 | 94 300 | 43 600 | | | 117 150 |

第三步：对子公司个别财务报表进行调整，将报告日子公司个别财务报表调整为以购买日公允价值为基础计量的财务报表。调整分录包括：

①将购买日子公司固定资产及无形资产的账面价值调整为公允价值，调整分录为：

① 本项目由合并所有者权益变动表“股本”项目期末数直接过入。
② 本项目由合并所有者权益变动表“资本公积”项目期末数直接过入。
③ 本项目由合并所有者权益变动表“盈余公积”项目期末数直接过入。
④ 本项目由合并所有者权益变动表“未分配利润”项目期末数直接过入。
⑤ 本项目由合并所有者权益变动表“少数股东权益”项目期末数直接过入。
⑥ 本项目由合并所有者权益变动表“所有者权益合计”项目期末数直接过入。

借:固定资产　　　　　　　　　　3 000

　贷:无形资产——土地使用权　　　　　1 000

　　资本公积(期初)　　　　　　　　2 000

②以购买日子公司固定资产的公允价值为基础,调整增加子公司计提的固定资产折旧,调整金额为900万元:其中购买日至本年年初调整金额为300万元(3 000 ÷5 ÷2),本年调整金额为600万元(3 000 ÷5)。调整分录为:

借:期初未分配利润　　　　　　　　300

　管理费用　　　　　　　　　　　　600

　贷:固定资产(累计折旧)　　　　　　900

③以购买日子公司无形资产的公允价值为基础,调整减少子公司无形资产摊销额,调整金额为750万元,其中购买日至本年年初调整金额为250万元(1 000 ÷2 ÷2),本年调整金额为500万元(1 000 ÷2),调整分录为:

借:无形资产　　　　　　　　　　750

　贷:期初未分配利润　　　　　　　　250

　　管理费用　　　　　　　　　　　500

第四步:对购买日之后发生的甲、乙公司之间的内部交易及其未实现利润进行调整、抵销。本例购买日至期初内部交易未实现利润为100万元,应调整减少期初未分配利润及存货项目;本期内部交易1 200万元,未实现利润100万元,应调减本期营业收入1 200万元,调减营业成本1 100万元,调减存货100万元。合并调整、抵销分录为:

④借:营业收入　　　　　　　　1 200

　　期初未分配利润　　　　　　　100

　　贷:营业成本　　　　　　　　　1 100

　　　存货　　　　　　　　　　　　200

第五步:对子公司自购买日至报告日经调整的所有者权益进行相应的调整、抵销,包括:

⑤对子公司本年实现的净利润(调整后数)进行处理。本例中乙公司本年实现净利润账面金额为6 000万元,通过对公允价值及内部交易进行调整后应当并入合并利润表的金额为5 800万元[6 000 - 600 + 500 - (1 200 - 1 100)],其中归少数股东所有的份额为1 160万元(5 800 ×20%),应调整为“少数股东权益”。调整分录为:

借:少数股东损益　　　　　　　　1 160

　贷:少数股东权益　　　　　　　　1 160

⑥对子公司本期“利润分配——提取盈余公积”中包含的少数股东份额120万元(600 ×20%)予以剔除。调整分录为:

借:盈余公积　　　　　　　　　　120

　贷:利润分配——提取盈余公积　　　　120

⑦对子公司本期的利润分配2 000万元进行相应的调整、抵销。其中分配给母公司的利润,应与母公司的“投资收益”相抵销,分配给少数股东的利润,应调整减少合并所有者权益变动表中的“少数股东权益”。调整抵销分录为:

借:投资收益　　　　　　　　　　1 600

　少数股东权益　　　　　　　　400

　贷:利润分配——应付现金股利　　　　2 000

⑧对子公司期初所有者权益(调整后数)进行相应的调整、抵销。其中,属于购买日已存在的所有者权益金额的处理与购买日所有者权益的处理相同(见第三章【例3－1】调整、抵销分录②);属于购买日至本年年初子公司新增加的所有者权益金额中归少数股东所有的份额,应调整增加期初的少数股东权益,归母公司所有的份额则应并入合并所有者权益期初数中,不需进行抵销。

本例中子公司经调整抵销后的期初所有者为30 850万元,其中归少数股东所有的份额为6 170万元,应调整为少数股东权益;属于购买日存在的所有者权益28 000万元中母公司的份额为22 400万元,应与母公司长期股权投资进行抵销,差额确认为商誉;属于购买日至年初子公司新增加的所有者权益金额为2 850万元,其中归母公司所有的份额为2 280万元,应并入合并所有者权益期初数中,不需进行抵销。

根据上述分析编制对子公司期初所有者权益的调整、抵销分录如下:

借:期初股本　　　　　　　10 000(8 000＋2 000)

　期初资本公积　　　　　12 000(9 600＋2 400)

　期初盈余公积　　　　　4 060(3 200＋860)

　期初未分配利润　　　　2 510(1 600＋910)

　商誉　　　　　　　　　2 600

　贷:长期股权投资　　　　　　25 000

　　期初少数股东权益　　　　6 170

第六步:将上述调整、抵销分录分别计入合并财务报表工作底稿各相关项目的调整、抵销分录栏后,即可对合并财务报表工作底稿中的基本报表构成项目进行横向相加(减),得出合并财务报表各基本构成项目的合并数。

表 4-15　　子公司期初所有者权益调整、抵销计算分析表　　单位:万元

| 项目 | 并入合并报表数 | | | 调整至少数股东权益数 (4) = (3) ×20% | 购买日存在数 | | 购买日至年初新增数 | | 调整、抵销数合计(9) = (4) + (6) | 并入合并报表数及调整、抵销数合计 (10) = (8) + (9) |
|---|---|---|---|---|---|---|---|---|---|---|
| | 账面数 (1) | 调整、抵销数(2) | 调整、抵销后数(3) | | 购买日存在数(5) | 与长期股权投资抵销数 (6) = (5) ×80% | 购买日至年初新增数 (7) = (3) - (5) | 并入合并报表数(8) = (7) ×80% | | |
| 实收资本 | 10 000 | 0 | 10 000 | 2 000 | 10 000 | 8 000 | 0 | 0 | 10 000 | 10 000 |
| 资本公积 | 10 000 | 2 000 | 12 000 | 2 400 | 12 000 | 9 600 | 0 | 0 | 12 000 | 12 000 |
| 盈余公积 | 4 300 | 0 | 4 300 | 860 | 4 000 | 3 200 | 300 | 240 | 4 060 | 4 300 |
| 未分配利润 | 4 700 | -300<br>+250<br>-100 | 4 550 | 910 | 2 000 | 1 600 | 2 550 | 2 040 | 2 510 | 4 550 |
| 合计 | 29 000 | 1 850 | 30 850 | 6 170 | 28 000 | 22 400 | 2 850 | 2 280 | 28 570 | 30 850 |

在计算确定合并财务报表各基本构成项目金额后，应按照合并利润表、合并所有者权益变动表及合并资产负债表的顺序，对各报表中需要通过纵向计算的中间指标进行计算，按合并利润表、合并所有者权益变动表及合并资产负债表内在勾稽关系，依次得出合并利润表、合并所有者权益变动表及合并资产负债表各项目的合并数如表4-12、表4-13及表4-14合并数列所示。

如果甲公司采用在按"权益法"调整后的个别财务报表基础上编制控制权取得日后第2年的合并财务报表，则需在其按"成本法"编制的合并财务报表基础上增加以下调整、抵销分录：

第一：在上述第三步之后、第四步之前增加对母公司个别报表的调整分录，将母公司个别报表中的"长期股权投资"从"成本法"调整为"权益法"。本例中自购买日至报告日，子公司所有者权益账面增加额为5 200万元（购买日至年初增加1 200万元，本年增加4 000万元），按公允价值调整后增加的所有者权益为5 050万元（购买日至年初增加1 150万元，本年增加3 900万元），归母公司所有的份额为4 040万元。其中购买日至年初数增加数中母公司份额为920万元（1 150×80%），应调整增加长期股权投资及期初留存收益；本年增加数中母公司的份额为3 120万元（3 900×80%），应调整长期股权投资及投资收益。两年合并调整分录为：

| | 借方 | 贷方 |
|---|---|---|
| 借：长期股权投资 | 4 040 | |
| 　贷：盈余公积 | | 92 |
| 　　未分配利润（期初） | | 828 |
| 　　投资收益 | | 3 120 |

第二：在上例第六步下调整项目⑦之后、调整项目⑧之前增加一项抵销分录，将上述母公司按权益法调整的、通过合并利润表及合并所有者权益变动表已并入合并财务报表的子公司当年按公允价值调整后的所有者权益变动额中归公司的份额予以转销，转销分录为：

| | 借方 | 贷方 |
|---|---|---|
| 借：投资收益 | 3 120 | |
| 　盈余公积 | 92 | |
| 　未分配利润（期初） | 828 | |
| 　贷：长期股权投资 | | 4 040 |

除增加上述两项调整、抵销分录外，其他调整、抵销分录与【例4－2】中以按"成本法"核算长期股权投资的个别财务报表为基础编制合并财务报表相同，编制的合并财务报表结果也与【例4－2】完全相同，这里不再重复。

## 第三节　同一控制下的控股合并日后合并财务报表的编制

### 一、控制权取得当年的合并财务报表

同一控制下的控制权取得当年（期）的合并财务报表，是指控制权取得年年末母公司编制的合并财务报表，包括合并利润表、合并所有者权益变动表、合并资产负债表、合并现

金流量表及合并财务报表附注。

同一控制下的控股合并中,控制权取得当年(期)的合并财务报表与控制权取得日的合并财务报表均是全套的合并财务报表,但两者所包含的期间有所不同。控制权取得当年的合并财务报表中,作为合并基础的母、子公司个别财务报表均为年度数据,而控制权取得日的合并财务报表则只包括母、子公司合并当期期初至合并日的动态数。

下面以实例说明按类似权益结合法编制控制权取得当年合并财务报表的具体程序及方法。

【例4-3】沿用第三章【例3-4】及本章【例4-1】资料,假定甲、乙公司自成立以来就由P公司控制,其中甲为P的全资子公司,乙为P的80%控股子公司。2008年7月1日,甲公司以每股3.125元的现金,购买了P持有的乙公司80%的股权。企业合并当年(2008年度)甲、乙公司的个别利润表、所有者权益变动表及资产负债表资料如表4-16、表4-17及表4-18所示。

表4-16　**利润表(简表)**

2008年度　单位:万元

| 项目 | 甲公司 | 乙公司 |
|---|---|---|
| 一、营业收入 | 96 700 | 59 100 |
| 减:营业成本 | 50 000 | 36 000 |
| 营业税金及附加 | 6 800 | 4 500 |
| 销售费用 | 4 000 | 4 300 |
| 管理费用 | 8 400 | 6 200 |
| 财务费用 | 8 600 | 700 |
| 加:投资收益 | 0 | 0 |
| 二、营业利润 | 18 900 | 7 400 |
| 加:营业外收入 | 300 | 0 |
| 减:营业外支出 | 200 | 700 |
| 三、利润总额 | 19 000 | 6 700 |
| 减:所得税费用 | 4 000 | 1 700 |
| 四、净利润 | 15 000 | 5 000 |

表 4-17

所有者权益变动表

2008 年度

单位:万元

| 项目 | 甲公司 | | | | | 乙公司 | | | | |
|---|---|---|---|---|---|---|---|---|---|---|
| | 股本 | 资本公积 | 盈余公积 | 未分配利润 | 所有者权益合计 | 股本 | 资本公积 | 盈余公积 | 未分配利润 | 所有者权益合计 |
| 一、上年年末余额 | 20 000 | 16 000 | 7 200 | 15 000 | 58 200 | 10 000 | 10 000 | 3 800 | 1 000 | 24 800 |
| 加:会计政策变更 | | | | | | | | | | |
| 前期差错更正 | | | | | | | | | | |
| 二、本年年初余额 | 20 000 | 16 000 | 7 200 | 15 000 | 58 200 | 10 000 | 10 000 | 3 800 | 1 000 | 24 800 |
| 三、本年增减变动金额(减少以"－"号填列) | | | | | | | | | | |
| (一)净利润 | | | | 15 000 | 15 000 | | | | 5 000 | 5 000 |
| (二)直接计入所有者权益的利得和损失 | | | | | | | | | | |
| 4. 其他 | | －4 200 | | | －4 200 | | | | | |
| 上述(一)和(二)小计 | | | | | | | | | | |
| (三)所有者投入和减少资本 | | | | | | | | | | |
| 1. 所有者投入资本 | | | | | | | | | | |
| (四)利润分配 | | | | | | | | | | |
| 1. 提取盈余公积 | | | 1 500 | －1 500 | 0 | | | 500 | －500 | 0 |
| 2. 对所有者(或股东)的分配 | | | | －2 400 | －2 400 | | | | －800 | －800 |
| (五)所有者权益内部结转 | | | | | | | | | | |
| 四、本年年末余额 | 20 000 | 11 800 | 8 700 | 26 100 | 66 600 | 10 000 | 10 000 | 4 300 | 4 700 | 29 000 |

表 4-18　　甲、乙公司资产负债表(简表)

2008 年 12 月 31 日　　单位:万元

| 项目 | 甲公司 | | 乙公司 | |
|---|---|---|---|---|
| | 借方 | 贷方 | 借方 | 贷方 |
| 资产: | | | | |
| 货币资金 | 3 100 | | 2 950 | |
| 交易性金融资产 | 1 600 | | | |
| 应收账款 | 8 200 | | 5 000 | |
| 存货 | 16 000 | | 6 000 | |
| 长期股权投资 | 20 800 | | | |
| 固定资产 | 26 000 | | 17 000 | |
| 无形资产——土地使用权 | 4 500 | | 8 250 | |
| 资产总计 | 80 200 | | 39 200 | |
| 负债: | | | | |
| 短期借款 | | 2 400 | | 2 000 |
| 应付账款 | | 4 000 | | 2 400 |
| 应付票据 | | | | 800 |
| 其他应付款 | | 1 000 | | 5 000 |
| 长期借款 | | 3 000 | | |
| 应付债券 | | 3 200 | | |
| 负债合计 | | 13 600 | | 10 200 |
| 所有者权益: | | | | |
| 股本——普通股 | | 20 000 | | 10 000 |
| 资本公积 | | 11 800 | | 10 000 |
| 盈余公积 | | 8 700 | | 4 300 |
| 未分配利润 | | 26 100 | | 4 700 |
| 所有者权益合计 | | 66 600 | | 29 000 |
| 负债及所有者权益总计 | | 80 200 | | 39 200 |

企业合并当期,乙公司向甲公司出售了成本为 400 万元的库存商品,售价为 600 万元,该商品中有 50% 甲公司已对外出售,另外 50% 包含在甲公司的期末存货中;除此之外,甲、乙公司之间没有发生其他交易。假定甲、乙公司的会计政策及会计期间相同,不考虑所得税的影响。

要求:编制控制权取得当年年末甲、乙公司的合并财务报表。

分析:对于甲、乙公司之间同一控制下的控股合并形成的企业集团,应采用类似权益结合法编制控制权取得当年的合并财务报表,包括合并利润表、合并所有者权益变动表及合并资产负债表。编制的合并利润表及合并所有者权益变动表中,不仅包括合并日后子公司产生的损益及所有者权益变动额,也包括合并当年年初至合并日子公司的损益及所有者权益变动额,即子公司合并当年全年的损益及所有者权益变动均应当并入合并财务报表当中。编制的合并利润表中,对子公司在合并前实现的净利润,应当单列项目反映。

在甲、乙公司会计政策及会计期间相同的情况下,甲公司可在其按“成本法”核算“长期股权投资”的个别财务报表基础上,编制甲集团公司控制权取得当年的合并财务报表如下:

第一步:编制合并资产负债表工作底稿,包括合并利润表工作底稿、合并所有者权益变动表工作底稿及合并资产负债表工作底稿,如表4-19、表4-20及表4-21所示。

第二步:将甲、乙公司个别财务报表相关项目数据分别过入合并财务报表工作底稿中母公司列及子公司列,过入后的合并财务报表工作底稿如表4-19、表4-20及表4-21中甲公司及乙公司列所示。

表4-19　　合并利润表工作底稿(简表)

2008年度　　单位:万元

| 项目 | 甲公司 | 乙公司 | 调整、抵销分录 | | 合并数 |
|---|---|---|---|---|---|
| | | | 借方 | 贷方 | |
| 一、营业收入 | 96 700 | 59 100 | ①600 | | 155 200 |
| 减:营业成本 | 50 000 | 36 000 | | ①500 | 85 500 |
| 营业税金及附加 | 6 800 | 4 500 | | | 11 300 |
| 销售费用 | 4 000 | 4 300 | | | 8 300 |
| 管理费用 | 8 400 | 6 200 | | | 14 600 |
| 财务费用 | 8 600 | 700 | | | 9 300 |
| 加:投资收益 | 0 | 0 | | | 0 |
| 二、营业利润 | 18 900 | 7 400 | | | 26 200 |
| 加:营业外收入 | 300 | 0 | | | 300 |
| 减:营业外支出 | 200 | 700 | | | 900 |
| 三.利润总额 | 19 000 | 6700 | | | 25 600 |
| 减:所得税费用 | 4 000 | 1 700 | | | 5 700 |
| 四、净利润 | 15 000 | 5 000 | | | 19 900 |
| 其中:被合并方在合并之前实现的净利润 | | | | | 2 000 |
| 归属于母公司股东的净利润 | | | | | 18 920① |
| 少数股东损益 | | | ②980 | | 980 |

① 本项目金额直接过入合并所有者权益变动表中“未分配利润”项目合并数列下的本年增加“净利润”项目,以反映合并利润表与合并所有者权益变动表的勾稽关系。

表 4-20

**甲集团合并所有者权益变动表工作底稿（简表）**

2008 年度

单位：万元

| 项目 | 实收资本 | | | | | 资本公积 | | | | | 盈余公积 | | | | |
|---|---|---|---|---|---|---|---|---|---|---|---|---|---|---|---|
| | 母公司 | 子公司 | 调整、抵销数 | | 合并数 | 母公司 | 子公司 | 调整、抵销数 | | 合并数 | 母公司 | 子公司 | 调整、抵销数 | | 合计数 |
| | | | 借方 | 贷方 | | | | 借方 | 贷方 | | | | 借方 | 贷方 | |
| 一、上年（期）年（期）末余额 | 20 000 | 10 000 | | | | 16 000 | 10 000 | | | | 7 200 | 3 800 | | | |
| 二、本年（期）年（期）初余额 | 20 000 | 10 000 | ⑤10 000 | | 20 000 | 16 000 | 10 000 | ⑤10 000<br>⑤960<br>⑥3 840 | | 11 200 | 7 200 | 3 800 | ⑤3 800 | ⑥3 040 | 10 240 |
| 三、本年期增减变动数（减少以“－”号填列） | | | | | | | | | | | | | | | |
| （一）净利润 | | | | | | | | | | | | | | | |
| （二）直接计入所有者权益的利得和损失 | | | | | | －4 200 | | | | －4 200 | | | | | |
| （三）所有者投资和减少资本 | | | | | | | | | | | | | | | |
| （四）利润分配 | | | | | | | | | | | | | | | |
| 1. 提取盈余公积 | | | | | | | | | | | 1 500 | 500 | ③100 | | 1 900 |
| 2. 对所有者分配利润 | | | | | | | | | | | | | | | |
| 四、本期期末余额 | 20 000 | 10 000 | 10 000 | | 20 000① | 11 800 | 10 000 | 12 000 | | 7 000② | 8 700 | 4 300 | 4 060 | | 12 140③ |

① 本项目数直接过入合并资产负债表“实收资本（或股本）”项目合并数。
② 本项目数直接过入合并资产负债表“资本公积”项目合并数。
③ 本项目数直接过入合并资产负债表“盈余公积”项目合并数。

续表 4-20

甲集团合并所有者权益变动表工作底稿(简表)

2008 年度

单位:万元

| 项目 | 未分配利润 | | | | | 少数股东权益 | | | 所有者权益合计 |
|---|---|---|---|---|---|---|---|---|---|
| | 母公司 | 子公司 | 调整、抵销数 | | 合并数 | 调整、抵销数 | | 合并数 | |
| | | | 借方 | 贷方 | | 借方 | 贷方 | | |
| 一、上年年末余额 | 15 000 | 1 000 | | | | | | | |
| 加:会计政策变更 | | | | | | | | | |
| 二、本年年初余额 | 15 000 | 1 000 | ⑤1 000 | ⑥800 | 15 800 | | ⑤4 960 | 4 960 | 62 200 |
| 三、本年增减变动数(减少以“-”号填列) | | | | | | | | | |
| (一)净利润 | 15 000 | 5 000 | | | 18 920① | | ②980 | 980 | 19 900 |
| (二)直接计入所有者权益的利得和损失 | | | | | | | | | -4 200 |
| (三)所有者投资和减少资本 | | | | | | | | | |
| (四)利润分配 | | | | | | | | | |
| 1. 提取盈余公积 | -1 500 | -500 | | ③100 | -1 900 | | | | 0 |
| 2. 对所有者分配利润 | -2 400 | -800 | | ④160 | -3 040 | ④160 | | -160 | -3 200 |
| 四、本年年末余额 | 26 100 | 4 700 | | | 29 780② | 160 | 5 940 | 5 780③ | 74 700④ |

① 本项目由合并利润表中“归属于母公司所有者净利润”直接过入。

② 本项目数直接过入合并资产负债表“未分配利润”项目合并数。

③ 本项目数直接过入合并资产负债表“少数股东权益”项目合并数。

④ 本项目属需计算得出的指标,该数额应根据期初所有者权益各项目(合并数)合计数加减本期所有者权益增加变动合并数计算求得,计算结果应当与期末所有者权益各项目合并加总计算结果相同。该项目合并数应直接过入合并资产负债表中所有者权益合并项目,以保持报表之间的勾稽关系。

表 4-21　　甲集团合并资产负债表工作底稿

2008 年 12 月 31 日　　单位：万元

| 项目 | 甲公司 | 乙公司 | 调整抵销分录 | | 合并数 |
|---|---|---|---|---|---|
| | | | 借方 | 贷方 | |
| 资产： | | | | | |
| 货币资金 | 3 100 | 2 950 | | | 6 050 |
| 交易性金融资产 | 1 600 | | | | 1 600 |
| 应收账款 | 8 200 | 5 000 | | | 13 200 |
| 存货 | 16 000 | 6 000 | | ①100 | 21 900 |
| 长期股权投资 | 20 800 | | | ⑤20 800 | 0 |
| 固定资产 | 26 000 | 17 000 | | | 43 000 |
| 无形资产——土地使用权 | 4 500 | 8 250 | | | 12 750 |
| 资产总计 | 80 200 | 39 200 | | | 98 500 |
| 负债： | | | | | |
| 短期借款 | 2 400 | 2 000 | | | 4 400 |
| 应付账款 | 4 000 | 2 400 | | | 6 400 |
| 应付票据 | | 800 | | | 800 |
| 其他应付款 | 1 000 | 5 000 | | | 6 000 |
| 长期借款 | 3 000 | | | | 3 000 |
| 应付债券 | 3 200 | | | | 3 200 |
| 负债合计 | 13 600 | 10 200 | | | 23 800 |
| 所有者权益： | | | | | |
| 股本——普通股 | 20 000 | 10 000 | | | 20 000① |
| 资本公积 | 11 800 | 10 000 | | | 7 000② |
| 盈余公积 | 8 700 | 4 300 | | | 12 140③ |
| 未分配利润 | 26 100 | 4 700 | | | 29 780④ |
| 少数股东权益 | | | | | 5 780⑤ |
| 所有者权益合计 | 66 600 | 29 000 | | | 74 700⑥ |
| 负债及所有者权益总计 | 80 200 | 39 200 | | | 98 500 |

第三步：对购买日之后发生的甲、乙公司之间的内部交易及其影响额予以抵销。抵销分录为：

① 本项目由合并所有者权益变动表“股本”项目期末数直接过入。
② 本项目由合并所有者权益变动表“资本公积”项目期末数直接过入。
③ 本项目由合并所有者权益变动表“盈余公积”项目期末数直接过入。
④ 本项目由合并所有者权益变动表“未分配利润”项目期末数直接过入。
⑤ 本项目由合并所有者权益变动表“少数股东权益”项目期末数直接过入。
⑥ 本项目由合并所有者权益变动表“所有者权益合计”项目期末合并数直接过入。

①借:营业收入　　600

　贷:营业成本　　500

　　存货　　100

第四步:对子公司合并当年年度利润表及所有者权益变动表相关项目进行相应的调整、抵销。

②对子公司控制权取得当年的净利润(抵销内部交易后数)进行处理。本例中2008年度实现净利润账面金额为5 000万元,通过对内部交易进行调整后应当并入合并利润表的金额为4 900万元[5 000 - (600 - 500)],对其中归少数股东所有的份额为980万元(4 900×20%),应调整为“少数股东权益”。调整分录为:

借:少数股东损益　　980

　贷:少数股东权益　　980

③对子公司合并当年的“利润分配——提取盈余公积”中包含的少数股东份额100万元(500×20%)予以调整剔除。调整分录为:

借:盈余公积　　100

　贷:利润分配——提取盈余公积　　100

④对子公司合并当年的利润分配——支付现金股利进行相应的调整。本例中子公司利润分配800万元中分给少数股东的部分为160万元(800×20%),应调整减少“少数股东权益”项目;另外的80%分配给了原股权持有者,从母子公司组成的企业集团的角度看,该部分利润分配属于对甲集团外的分配,不需进行抵销。对少数股东利润分配的抵销分录为:

借:少数股东权益　　160

　贷:利润分配——对所有者分配利润　　160

⑤对子公司所有者权益变动表中期初所有者权益24 800万元各组成项目进行处理。其中归属于少数股东所有的份额4 960万元(24 800×20%),应调整增加期初的少数股东权益,归母公司所有的份额19 840万元(24 800×80%),应与母公司的长期股东投资予以抵销。对子公司期初所有者权益调整、抵销分析、计算可用表4-22表示如下:

表4-22　　子公司期初所有者权益调整、抵销分析计算表　　单位:万元

| 项　目 | 账面价值(1) | 调整为少数股东权益数(2)=(1)×20% | 与母公司长期股权投资抵销数(3)=(1)×80% | 调整、抵销总数 |
|---|---|---|---|---|
| 实收资本 | 10 000 | 2 000 | 8 000 | 10 000 |
| 资本公积 | 10 000 | 2 000 | 8 000 | 10 000 |
| 盈余公积 | 3 800 | 760 | 3 040 | 3 800 |
| 未分配利润 | 1 000 | 200 | 800 | 1 000 |
| 合计 | 24 800 | 4 960 | 19 840 | 24 800 |

需要指出的是，因为母公司的长期股权投资数额 20 800 万元是按合并日子公司所有者权益账面价值(26 000 万元)中归母公司所有的份额确定的，该数额中不仅包含了子公司期初所有者权益中母公司的相应份额(19 840 万元)，也包含了合并当期期初至合并日子公司所有者权益增减变动净额 1 200 万元(包括子公司实现的净利润增加的 2 000 万元及对股东分配利润减少的 800 万元)中归母公司所有的份额 960 万元(1 200×80%)，该份额按类似权益法应当并入合并利润表及合并所有者权益变动表相关项目中，不能也无法与期初子公司所有者权益中归母公司所有的份额相抵销，该数额应与母公司的期初资本公积进行抵销。

综合以上分析，对子公司期初所有者权益各项目及母公司长期股权投资的调整、抵销分录为：

| | | |
|---|---|---|
| 借：股本(子公司期初) | 10 000 | |
| 　　资本公积(子公司期初) | 10 000 | |
| 　　盈余公积（子公司期初) | 3 800 | |
| 　　未分配利润（子公司期初) | 1 000 | |
| 　　资本公积(母公司期初) | 960 | |
| 　　贷：长期股权投资 | | 20 800 |
| 　　　　少数股东权益 | | 4 960 |

⑥将子公司所有者权益变动表中的期初各项目进行相应的调整、抵销后，还应按类似权益结合法规定，将子公司期初留存收益中属于其自最终控制方开始实施控制后增加的部分，按归属于母公司所有的份额，以母公司资本公积账面数额为限予以恢复，计入合并报表的盈余公积及未分配利润项目中。

本例乙公司自设立就由最终控制方 P 公司控制，故应调整恢复期初留存收益 3 840 万元[(3 800+1 000)×80]，其中盈余公积 3 040 万元(3 800×80%)，未分配利润 800 万元(1 000×80%)；经过上述各项调整、抵销后，母公司资本公积账面余额为 10 840 万元(11 800－960)，大于应予恢复的子公司期初留存收益数 3 840 万元，故应予以全部调整恢复。对子公司期初留存收益的恢复分录为：

| | | |
|---|---|---|
| 借：期初资本公积(母公司数) | 3 840 | |
| 　　贷：期初盈余公积 | | 3 040 |
| 　　　　期初未分配利润 | | 800 |

第五步：将上述调整、抵销分录分别计入合并财务报表工作底稿各相关项目的调整、抵销分录栏后，即可对合并财务报表工作底稿中的基本报表构成项目进行横向合并相加(减)，得出合并财务报表各基本构成项目的合并数。

在计算确定合并财务报表各基本构成项目金额后，应按照合并利润表、合并所有者权益变动表及合并资产负债表的顺序，对各报表中需要通过纵向计算的中间指标进行计算，按合并利润表、合并所有者权益变动表及合并资产负债表内在勾稽关系，依次得出合并利润表、合并所有者权益变动表及合并资产负债表各项目的合并数如表 4-19、表 4-20 及表

4-21 合并数列所示。

如果母公司采用在按“权益法”调整后的个别财务报表基础上编制控制权取得当年合并财务报表，则需在按“成本法”编制合并财务报表过程中增加以下调整、抵销分录：

第一：在上述第二步之后、第三步之前增加对母公司个别报表的调整分录，将母公司个别报表中的“长期股权投资”从“成本法”调整为“权益法”。本例中自购买日至报告日，子公司所有者权益账面增加额为 1 200 万元，其中归母公司的份额为 960 万元（1 200 × 80%），应调整长期股权投资及投资收益项目。调整分录为：

借：长期股权投资　　960

　贷：投资收益　　960

第二：在上例第四步下调整项目④之后、调整项目⑤之前增加一项抵销分录，将上述母公司按权益法调整的、通过合并利润表及合并所有者权益变动表已并入合并财务报表的子公司当年按公允价值调整后的所有者权益变动额中归公司的份额予以转销，转销分录为：

借：投资收益　　960

　贷：长期股权投资　　960

除增加上述两项调整、抵销分录外，其他调整、抵销分录与【例 4 - 3】中以按“成本法”核算“长期股权投资”的个别财务报表为基础编制合并财务报表相同，编制的合并财务报表结果也与【例 4 - 3】完全相同，这里不再重复。

## 二、控制权取得日以后年度（期间）的合并财务报表

同一控制下的控制权取得日以后年度（期间）的合并财务报表，是指控制权取得日后第 2 年（期）及以后各年（期）的合并财务报表。控制权取得日以后年度（期间）的合并财务报表，应按类似权益结合法的基本程序及方法进行编制。下面以控制权取得日后第 2 年为例，说明同一控制下的控制权取得日以后年度合并利润表、合并所有者权益变动表及合并资产负债表的编制的具体方法。

【例 4 - 4】沿用第三章【例 3 - 4】及本章【例 4 - 2】资料，假定甲、乙公司自成立以来就由 P 公司控制，其中甲公司为 P 公司全资子公司，乙公司为 P 公司 80% 控股子公司。2008 年 7 月 1 日，甲公司以每股 3.125 元的现金，购买了 P 持有的乙公司 80% 的股权。

控制权取得日后第 2 年（2009 年度）甲、乙公司的利润表、所有者权益变动表及资产负债表资料如表 4-23、表 4-24、表 4-25 所示。

2009 年度，乙公司向甲公司出售了成本为 800 万元的库存商品，售价为 1 200 万元，该商品中有 3/4 甲公司已对外出售，另外 1/4 包含在甲公司的期末存货中；此外，乙公司与甲公司上期（指购买日至 2008 年年末）内部交易的存货仍然包含在甲公司期末存货中。甲、乙公司的会计政策及会计期间相同，不考虑所得税的影响。

表 4-23 利润表(简表)

2009 年度 单位:万元

| 项目 | 甲公司 | 乙公司 |
|---|---|---|
| 一、营业收入 | 99 150 | 75 000 |
| 减:营业成本 | 54 000 | 46 000 |
| 营业税金及附加 | 7 000 | 5 000 |
| 销售费用 | 4 300 | 4 700 |
| 管理费用 | 8 250 | 10 800 |
| 财务费用 | 7 600 | 600 |
| 加:投资收益 | 1 600 | 0 |
| 二、营业利润 | 19 600 | 7 900 |
| 加:营业外收入 | 500 | 100 |
| 减:营业外支出 | 100 | 200 |
| 三、利润总额 | 20 000 | 7 800 |
| 减:所得税费用 | 4 000 | 1 800 |
| 四、净利润 | 16 000 | 6 000 |

表 4-24

所有者权益变动表

2009 年度

单位：万元

| 项目 | 甲公司 | | | | | 乙公司 | | | | |
|---|---|---|---|---|---|---|---|---|---|---|
| | 股本 | 资本公积 | 盈余公积 | 未分配利润 | 所有者权益合计 | 股本 | 资本公积 | 盈余公积 | 未分配利润 | 所有者权益合计 |
| 一、上年年末余额 | 20 000 | 11 800 | 8 700 | 26 100 | 70 800 | 10 000 | 10 000 | 4 300 | 4 700 | 29 000 |
| 加：会计政策变更 | | | | | | | | | | |
| 前期差错更正 | | | | | | | | | | |
| 二、本年年初余额 | 20 000 | 11800 | 8 700 | 26 100 | 66 600 | 10 000 | 10 000 | 4 300 | 4 700 | 29 000 |
| 三、本年增减变动金额（减少以“－”号填列） | | | | | | | | | | |
| （一）净利润 | | | | 16 000 | 16 000 | | | | 6 000 | 6 000 |
| （二）直接计入所有者权益的利得和损失 | | | | | | | | | | |
| 4. 其他 | | | | | | | | | | |
| 上述（一）和（二）小计 | | | | | | | | | | |
| （三）所有者投入和减少资本 | | | | | | | | | | |
| 1. 所有者投入资本 | | | | | | | | | | |
| （四）利润分配 | | | | | | | | | | |
| 1. 提取盈余公积 | | | 1 600 | －1 600 | 0 | | | 600 | －600 | 0 |
| 2. 对所有者（或股东）的分配 | | | | －4 500 | －4 500 | | | | －2 000 | －2 000 |
| （五）所有者权益内部结转 | | | | | | | | | | |
| 四、本年年末余额 | 20 000 | 11 800 | 10 300 | 36 000 | 78 100 | 10 000 | 10 000 | 4 900 | 8 100 | 33 000 |

表 4-25　　甲、乙公司资产负债表(简表)

2009 年 12 月 31 日　　单位:万元

| 项目 | 甲公司 | | 乙公司 | |
|---|---|---|---|---|
| | 借方 | 贷方 | 借方 | 贷方 |
| 资产: | | | | |
| 货币资金 | 6 800 | | 2 200 | |
| 交易性金融资产 | 1 800 | | 400 | |
| 应收账款 | 7 800 | | 5 000 | |
| 存货 | 18 000 | | 5 000 | |
| 长期股权投资 | 20 800 | | 12 000 | |
| 固定资产 | 30 900 | | 16 250 | |
| 无形资产——土地使用权 | 4 000 | | 2 750 | |
| 资产总计 | 90 100 | | 43 600 | |
| 负债: | | | | |
| 短期借款 | | 2 200 | | 2 800 |
| 应付账款 | | 3 600 | | 2 400 |
| 应付票据 | | | | 600 |
| 其他应付款 | | 1 200 | | 4 800 |
| 长期借款 | | 2 000 | | |
| 应付债券 | | 3 000 | | |
| 负债合计 | | 12 000 | | 10 600 |
| 所有者权益: | | | | |
| 股本——普通股 | | 20 000 | | 10 000 |
| 资本公积 | | 11 800 | | 10 000 |
| 盈余公积 | | 10 300 | | 4 900 |
| 未分配利润 | | 36 000 | | 8 100 |
| 所有者权益合计 | | 78 100 | | 33 000 |
| 负债及所有者权益总计 | | 90 100 | | 43 600 |

要求:编制甲集团 2009 年度合并财务报表。

分析:对于甲、乙公司之间同一控制下的控股合并形成的集团,应采用类似权益结合法编制控制权取得日后的合并财务报表,包括合并利润表、合并所有者权益变动表及合并资产负债表。

在甲、乙公司会计政策及会计期间相同的情况下,甲公司可在其按"成本法"核算"长期股权投资"的个别财务报表基础上,按如下程序编制控制权取得日后第 2 年(2009 年)的合并财务报表:

第一步:编制合并资产负债表工作底稿,包括合并利润表工作底稿、合并所有者权益变动表工作底稿及合并资产负债表工作底稿,如表 4-26、表 4-27 及表 4-28 所示。

第二步:将甲、乙公司个别财务报表相关项目数据分别过入合并财务报表工作底稿中母公司列及子公司列，过入后的合并财务报表工作底稿如表4-26、表4-27及表4-28中甲公司及乙公司列所示。

表4-26　　合并利润表工作底稿（简表）

2009年度　　单位：万元

| 项目 | 甲公司 | 乙公司 | 调整、抵销分录 | | 合并数 |
|---|---|---|---|---|---|
| | | | 借方 | 贷方 | |
| 一、营业收入 | 99 150 | 75 000 | ①1 200 | | 172 950 |
| 减：营业成本 | 54 000 | 46 000 | | ①1 100 | 98 900 |
| 营业税金及附加 | 7 000 | 5 000 | | | 12 000 |
| 销售费用 | 4 300 | 4 700 | | | 9 000 |
| 管理费用 | 8 250 | 10 800 | | | 19 050 |
| 财务费用 | 7 600 | 600 | | | 8 200 |
| 加：投资收益 | 1 600 | 0 | ④1 600 | | 0 |
| 二、营业利润 | 19 600 | 7 900 | | | 25 800 |
| 加：营业外收入 | 500 | 100 | | | 600 |
| 减：营业外支出 | 100 | 200 | | | 300 |
| 三.利润总额 | 20 000 | 7 800 | | | 26 100 |
| 减：所得税费用 | 4 000 | 1 800 | | | 5 800 |
| 四、净利润 | 16 000 | 6 000 | | | 20 300 |
| 其中：<br>归属于母公司股东的净利润 | | | | | 19 120① |
| 少数股东损益 | | | ②1 180 | | 1 180 |

① 本项目金额直接过入合并所有者权益变动表中“未分配利润”项目合并数列下的本年增加“净利润”栏，以反映合并利润表与合并所有者权益变动表的勾稽关系。

表 4-27

甲集团合并所有者权益变动表工作底稿（简表）

2009 年度

单位：万元

| 项目 | 实收资本 | | | | | 资本公积 | | | | | 盈余公积 | | | | |
|---|---|---|---|---|---|---|---|---|---|---|---|---|---|---|---|
| | 母公司 | 子公司 | 调整、抵销数 | | 合并数 | 母公司 | 子公司 | 调整、抵销数 | | 合并数 | 母公司 | 子公司 | 调整、抵销数 | | 合并数 |
| | | | 借方 | 贷方 | | | | 借方 | 贷方 | | | | 借方 | 贷方 | |
| 一、上年（期）年（期）末余额 | 20 000 | 10 000 | | | | 11 800 | 10 000 | | | | 8 700 | 4 300 | | | |
| 二、本年（期）年（期）初余额 | 20 000 | 10 000 | ⑤10 000 | | 20 000 | 11 800 | 10 000 | ⑤10 000<br>⑥4 800 | | 7 000 | 8 700 | 4 300 | ⑤4 060 | ⑥3 200 | 12 140 |
| 三、本年期增减变动数（减少以“－”号填列） | | | | | | | | | | | | | | | |
| （一）净利润 | | | | | | | | | | | | | | | |
| （二）直接计入所有者权益的利得和损失 | | | | | | | | | | | | | | | |
| （三）所有者投资和减少资本 | | | | | | | | | | | | | | | |
| （四）利润分配 | | | | | | | | | | | | | | | |
| 1. 提取盈余公积 | | | | | | | | | | | 1 600 | 600 | ③120 | | 2 080 |
| 2. 对所有者分配利润 | | | | | | | | | | | | | | | |
| 四、本期期末余额 | 20 000 | 10 000 | 10 000 | | 20 000① | 11 800 | 10 000 | 14 800 | | 7 000② | 10 300 | 4 900 | 4 180 | 3 200 | 14 220③ |

① 本项目数直接过入合并资产负债表“实收资本（或股本）”项目合并数。

② 本项目数直接过入合并资产负债表“资本公积”项目合并数。

③ 本项目数直接过入合并资产负债表“盈余公积”项目合并数。

续表 4-27

甲集团合并所有者权益变动表工作底稿(简表)

2009 年度

单位:万元

| 项目 | 未分配利润 | | | | | 少数股东权益 | | | 合并所有者权益合计数 |
|---|---|---|---|---|---|---|---|---|---|
| | 母公司 | 子公司 | 调整、抵销数 | | 合并数 | 调整、抵销数 | | 合并数 | |
| | | | 借方 | 贷方 | | 借方 | 贷方 | | |
| 一、上年年末余额 | 26 100 | 4 700 | | | | | | | |
| 加:会计政策变更 | | | | | | | | | |
| 二、本年年初余额 | 26 100 | 4 700 | ①100<br>⑤2 520 | ⑥1 600 | 29 780 | | ⑤5 780 | 5 780 | 74 700 |
| 三、本年增减变动数(减少以"－"号填列) | | | | | | | | | |
| (一)净利润 | 16 000 | 6 000 | | | 19 120① | | ②1 180 | 1 180 | 20 300 |
| (二)直接计入所有者权益的利得和损失 | | | | | | | | | |
| (三)所有者投资和减少资本 | | | | | | | | | |
| (四)利润分配 | | | | | | | | | |
| 1. 提取盈余公积 | －1 600 | －600 | | ③120 | －2 080 | | | | 0 |
| 2. 对所有者分配利润 | －4 500 | －2 000 | | ④2 000 | －4 500 | ④400 | | －400 | －4 900 |
| 四、本年年末余额 | 36 000 | 8 100 | | | 42 320② | | | 6 560③ | 90 100④ |

① 本项目由合并利润表中"归属于母公司所有者净利润"直接过入。

② 本项目数直接过入合并资产负债表"未分配利润"项目合并数。

③ 本项目数直接过入合并资产负债表"少数股东权益"项目合并数。

④ 本项目属需计算得出的指标,该数额应根据期初所有者权益各项目(合并数)合计数加减本期所有者权益增加变动合并数计算求得,计算结果应当与期末所有者权益各项目合并加总计算结果相同。该项目合并数应直接过入合并资产负债表中所有者权益合并项目,以保持报表之间的勾稽关系。

表 4-28　　甲集团合并资产负债表工作底稿

2009 年 12 月 31 日　　单位:万元

| 项目 | 甲公司 | 乙公司 | 调整抵销分录 | | 合并数 |
|---|---|---|---|---|---|
| | | | 借方 | 贷方 | |
| 资产: | | | | | |
| 货币资金 | 6 800 | 2 200 | | | 9 000 |
| 交易性金融资产 | 1 800 | 400 | | | 2 200 |
| 应收账款 | 7 800 | 5 000 | | | 12 800 |
| 存货 | 18 000 | 5 000 | | ①200 | 22 800 |
| 长期股权投资 | 20 800 | 12 000 | | ⑤20 800 | 12 000 |
| 固定资产 | 30 900 | 16 250 | | | 47 150 |
| 无形资产——土地使用权 | 4 000 | 2 750 | | | 6 750 |
| 资产总计 | 90 100 | 43 600 | | | 112 700 |
| 负债: | | | | | |
| 短期借款 | 2 200 | 2 800 | | | 5 000 |
| 应付账款 | 3 600 | 2 400 | | | 6 000 |
| 应付票据 | | 600 | | | 600 |
| 其他应付款 | 1 200 | 4 800 | | | 6 000 |
| 长期借款 | 2 000 | | | | 2 000 |
| 应付债券 | 3 000 | | | | 3 000 |
| 负债合计 | 12 000 | 10 600 | | | 22 600 |
| 所有者权益: | | | | | |
| 股本——普通股 | 20 000 | 10 000 | | | 20 000① |
| 资本公积 | 11 800 | 10 000 | | | 7 000② |
| 盈余公积 | 10 300 | 4 900 | | | 14 220③ |
| 未分配利润 | 36 000 | 8 100 | | | 42 320④ |
| 少数股东权益 | | | | | 6 560⑤ |
| 所有者权益合计 | 78 100 | 33 000 | | | 90 100⑥ |
| 负债及所有者权益总计 | 90 100 | 43 600 | | | 112 700 |

第三步:对甲、乙公司之间的内部交易及其未实现利润进行调整、抵销。本例年初存货中包括以前年度内部交易未实现利润为 100 万元,应调整减少期初未分配利润及存货项目;本年内部交易 1 200 万元,未实现利润 100 万元,应调减本期营业收入 1 200 万元、

① 本项目由合并所有者权益变动表“股本”项目期末数直接过入。
② 本项目由合并所有者权益变动表“资本公积”项目期末数直接过入。
③ 本项目由合并所有者权益变动表“盈余公积”项目期末数直接过入。
④ 本项目由合并所有者权益变动表“未分配利润”项目期末数直接过入。
⑤ 本项目由合并所有者权益变动表“少数股东权益”项目期末数直接过入。
⑥ 本项目由合并所有者权益变动表“所有者权益合计”项目期末数直接过入。

调减营业成本 1 100 万元,调减存货 100 万元。合并调整、抵销分录为:

①借:营业收入　　1 200

　期初未分配利润　　100

　贷:营业成本　　1 100

　　存货　　200

第四步:对子公司利润表及所有者权益变动表相关项目进行相应的调整、抵销。

②对子公司本年实现的净利润(调整后数)进行处理。本例中乙公司本年实现净利润账面金额为 6 000 万元,通过对内部交易进行调整后应当并入合并利润表的金额为 5 900万元[6 000 - (1 200 - 1 100)],其中归少数股东所有的份额为 1 180 万元(5 900 × 20%),应调整为"少数股东权益"。调整分录为:

借:少数股东损益　　1 180

　贷:少数股东权益　　1 180

③对子公司本期"利润分配——提取盈余公积"中包含的少数股东份额 120 万元(600 × 20%)予以剔除。调整分录为:

借:盈余公积　　120

　贷:利润分配——提取盈余公积　　120

④对子公司本期的利润分配 2 000 万元进行相应的调整、抵销。其中分配给母公司的利润,应与母公司的"投资收益"相抵销,分配给少数股东的利润,应调整减少合并所有者权益变动表中的"少数股东权益"。调整抵销分录为:

借:投资收益　　1 600

　少数股东权益　　400

　贷:利润分配——应付现金股利　　2 000

⑤对子公司期初所有者权益(调整抵销后数)进行相应的调整、抵销。其中,归少数股东所有的份额,应调整为少数股东权益;属于母公司所有的份额,应区分属于合并日已存在数及合并日至本年初新增加数,对合并日已存在所有者权益份额应与母公司的长期股权投资相抵销;属于合并日至本年年初子公司新增加的所有者权益金额中归少数股东所有的份额,应并入合并所有者权益期初数中,不需进行抵销。

本例中子公司期初所有者权益(调整后数)为 28 900 万元,归少数股东所有的份额为 5 780万元,应调整为少数股东权益;归母公司所有的份额中属于合并日存在的部分为 20 800 万元,应与母公司的长期股权投资相抵销;属于购买日至本年年初子公司新增加数 2 900 万元中母公司份额为 2 320 万元,应包含在合并所有者权益期初数中,不需进行抵销。

对子公司期初所有者权益各项目中调整、抵销金额及并入合并报表金额的计算分析如表 4-29 所示:

表 4-29　　子公司期初所有者权益调整、抵销计算分析表　　单位:万元

| 项目 | 并入合并报表的期初数 | | | 调整至少数股东权益数(4)=(3)×20% | 合并日存在数 | | 合并日至年初新增数 | | 调整、抵销合计(9)=(4)+(6) | 并入合并报表数及调整、抵销数合计(10)=(8)+(9) |
|---|---|---|---|---|---|---|---|---|---|---|
| | 账面数(1) | 内部交易抵销数(2) | 抵销后数(3) | | 合并日存在数(5) | 与长期股权投资抵销数(6)=(5)×80% | 合并日至年初新增数(7)=(3)-(5) | 并入合并报表数(8)=(7)×20% | | |
| 股本 | 10 000 | 0 | 10 000 | 2 000 | 10 000 | 8 000 | 0 | 0 | 10 000 | 10 000 |
| 资本公积 | 10 000 | 0 | 10 000 | 2 000 | 10 000 | 8 000 | 0 | 0 | 10 000 | 10 000 |
| 盈余公积 | 4 300 | 0 | 4 300 | 860 | 4 000 | 3 200 | 300 | 240 | 4 060 | 4 300 |
| 未分配利润 | 4 700 | -100 | 4 600 | 920 | 2 000 | 1 600 | 2 600 | 2 080 | 2 520 | 4 600 |
| 合计 | 29 000 | -100 | 28 900 | 5 780 | 26 000 | 20 800 | 2 900 | 2 320 | 26 580 | 28 900 |

综合上述对子公司期初所有者权益各不同部分的处理，编制对子公司期初所有者权益的调整、抵销如下：

借：期初股本　　　　　　　10 000（8 000 + 2 000）
　　期初资本公积　　　　　10 000（8 000 + 2 000）
　　期初盈余公积　　　　　4 060（3 200 + 860）
　　期初未分配利润　　　　2 520（1 600 + 920）
　贷：长期股权投资　　　　20 800
　　　期初少数股东权益　　5 780

⑥将上步中抵销的子公司合并日留存收益中归母公司所有的份额予以恢复。本例中合并日子公司留存收益为6 000万元（盈余公积4 000万元，未分配利润2 000万元），归属于母公司所有的份额为4 800万元（盈余公积3 200万元，未分配利润1 600万元），恢复分录为：

借：期初资本公积（母公司数）　　4 800
　贷：期初盈余公积　　　　　　　　3 200
　　　期初未分配利润　　　　　　　1 600

第五步：将上述调整、抵销分录分别计入合并财务报表工作底稿各相关项目的调整、抵销分录栏后，即可对合并财务报表工作底稿中的基本报表构成项目进行横向合并加总，得出合并财务报表各基本构成项目的合并数。

在计算确定合并财务报表各基本构成项目金额后，应按照合并利润表、合并所有者权益变动表及合并资产负债表的顺序，对各报表中需要通过纵向计算的中间指标进行计算，按合并利润表、合并所有者权益变动表及合并资产负债表内在勾稽关系，依次得出合并利润表、合并所有者权益变动表及合并资产负债表各项目的合并数如表4-26、表4-27及表4-28合并数列所示。

如果母公司采用在按"权益法"调整后的个别财务报表基础上编制控制权取得日后第2年（2009年）的合并财务报表，则需在上述按"成本法"编制的合并财务报表基础上增加以下调整、抵销分录：

第一：在上述第二步之后、第三步之前增加对母公司个别报表的调整分录，将母公司个别报表中的"长期股权投资"从"成本法"调整为"权益法"。本例中自合并日至报告日，子公司所有者权益账面增加额为5 200万元（其中合并日至年初增加1 200万元，本年增加4 000万元），归母公司所有的份额为4 160万元。其中，合并日至年初数增加数中母公司份额为960万元（1 200×80%），应调整增加长期股权投资及期初盈余公积、未分配利润项目；本年增加数中母公司的份额为3 200万元（4 000×80%），应调整增加长期股权投资及投资收益项目。两年合并调整分录为：

借：长期股权投资　　4 160
　贷：盈余公积　　　　　96
　　　未分配利润　　　　864
　　　投资收益　　　　3 200

第二：在上例第四步下调整项目④之后、调整项目⑤之前增加一项抵销分录，将上述母公司按权益法调整的、通过合并利润表及合并所有者权益变动表已并入合并财务报表的子公司所有者权益变动额中归母公司所有的份额予以转销,转销分录为:

借:投资收益　　3 200
　盈余公积　　96
　未分配利润　　864
　贷:长期股权投资　　4 160

除增加上述两项调整、抵销分录外,其他调整、抵销分录与【例4-4】中以按"成本法"核算"长期股权投资"的个别财务报表为基础编制合并财务报表相同,编制的合并财务报表结果也与【例4-4】完全相同,这里不再重复。

## 本章小结

本章系统阐述了控制权取得日后合并财务报表的编制方法,包括非同一控制下控制权取得当年及以后年度合并财务报表的内容、编制程序及编制方法,以及同一控制下控制权取得当年及以后年度合并财务报表的内容、编制程序及编制方法。

## 关键术语

控制权取得当年的合并财务报表　控制权取得日以后年度的合并财务报表　成本法　权益法

## 本章重点

编制非同一控制下的控制权取得日后合并财务报表的调整、抵销分录,编制同一控制下的控制权取得日后合并财务报表的调整、抵销分录,根据合并工作底稿编制合并财务报表的顺序及各报表之间的勾稽关系。

## 本章难点

编制非同一控制下的控制权取得日后合并财务报表的调整、抵销分录,编制同一控制下的控制权取得日后合并财务报表的调整、抵销分录。

## 思考题

1. 简述控制权取得当年合并财务报表的内容。

2. 在合并工作底稿上,子公司的资产和负债是如何进行合并的?

3. 非同一控制下企业合并中长期股权投资的成本高于被合并公司净资产公允价值的部分如何处理?如果低于被合并公司净资产公允价值,又应该如何处理?

4. 说明非同一控制下企业合并中子公司净资产的公允价值与账面价值的差额在合并日后是如何影响合并报表的编制的。

# 第五章　集团内部交易的抵销

## 学习目标

通过本章教学，使学生了解企业集团内部交易的含义及其种类，集团内部交易抵销处理的基本原理，了解企业集团成员企业与联营企业及合营企业交易未实现损益的抵销处理，了解内部交易对合并财务报表编制的影响；熟悉企业集团内部存货交易的抵销原则，熟悉企业集团内部固定资产交易、无形资产交易和内部债权债务的抵销处理；掌握企业集团内部存货交易和内部固定资产交易的抵销处理。

## 第一节　集团内部交易的性质与种类

### 一、企业交易概述

编制合并报表的目的在于反映母公司与各子公司作为一个经济实体的财务状况、经营成果及现金流量的情况。那么站在集团的角度来看待企业的交易，企业的交易就可以分为以下三种情况：集团外部经济业务事项、企业内部经济业务事项和集团内部经济业务事项。

集团外部经济业务事项，是指企业集团内部企业与集团外部企业之间发生的经济业务事项。它的发生不仅影响集团内相应的企业，而且会导致整个集团的资产、负债、所有者权益（或股东权益，下同）、收入、费用、利润发生增减变动。

企业内部经济业务事项，是指个别企业内部发生的各种经济业务事项，如原材料的领用等。企业内部经济业务事项只涉及本企业，与集团内其他企业和集团外其他企业没有直接关系。

集团内部经济业务事项涉及集团内部各企业，它的发生只会导致集团内部各企业资产、负债、所有者权益、收入、费用、利润发生变动，但对整个集团则没有影响。

合并财务报表反映的是母、子公司作为一个经济实体的财务状况、经营成果及现金流量的情况，所以应区别对待上述三类经济业务事项。由于企业内部经济业务事项和集团外部经济业务事项不仅影响集团内部相应企业，而且对整个企业集团也会产生影响，因此在编制合并报表时可以直接予以合并。但是，集团内部经济业务事项只影响集团内各企业，对企业集团没有影响，故编制合并财务报表时直接合并就无法正确反映企业集团的整体状况。

当发生集团内部交易时，因为母、子公司均是独立的法人，并设置了独立的账册，那么集团内部交易就会在各自的账册和报表中加以反映。因此，在编制合并报表时，应当通过抵销的方法来消除集团内部经济业务事项对个别报表造成的影响,从而真实地反映整个集团的资产、负债、所有者权益、收入、费用、利润的情况。

## 二、集团内部交易及其种类

(一)集团内部交易的定义

集团内部交易,是指集团内部母公司与其所属的子公司之间以及各子公司之间发生的除了股权投资之外的商品购销、内部租赁、各种往来交易事项,属于集团成员企业间的关联交易。

(二)集团内部交易的种类

集团内部交易按照不同的标志有不同的分类方法,常见的分类主要有两种:

1. 按照集团内部交易是否涉及损益分类

(1)涉及损益的集团内部交易。这类集团内部交易是指集团内部发生的、会产生集团内部损益的交易,如母公司将其生产的产品出售给所属的子公司,导致母公司利润表中利润增加。其中,内部交易已实现的内部损益应当在合并财务报表中予以反映,而内部交易未实现的内部损益却不应在合并财务报表中反映。

(2)不涉及损益的集团内部交易。这类集团内部交易是指集团内部母公司与子公司及子公司之间发生的、与各公司的损益确定无关的交易,如企业集团内部的无息贷款、内部债权债务等。

2. 按集团内部交易的具体内容分类

按集团内部交易的具体内容可分为:集团内部存货交易、集团内部债权债务、集团内部固定资产交易、集团内部无形资产交易、集团内部提供劳务等其他内部交易。

## 三、集团内部交易抵销的基本原理和程序

(一)集团内部交易的实例

为了说明集团内部交易抵销的基本原理,先来看看集团内部各企业之间发生内部交易会产生什么影响。下面举一例来说明这个问题。

【例5-1】甲公司和乙公司为同一集团内部企业,甲公司将成本为1 500元的产品按照2 000元(不含税,税率为17%)销售给乙公司,货款尚未收到。年末乙公司尚未对集团外销售。两公司的会计处理如下:

甲公司:

借:应收账款——乙公司　　2 340

　贷:主营业务收入　　2 000

　　应交税费——应交增值税(销项税额)　　340

借:主营业务成本　　1 500

　贷:存货　　1 500

乙公司:

借:存货　　2 000

　应交税费——应交增值税(进项税额)　　340

贷:应付账款　　　　　　　　　　　　　　　　　　2 340

由上述会计分录可以看出，当把甲公司和乙公司看做一个整体时,两公司之间的应收账款与应付账款、销售收入与销售成本、存货中包含的内部未实现利润均应予以抵销。由于集团内部企业作为独立的会计主体自行纳税,故应缴税费不必抵销。另外,甲公司因内部应收账款计提的坏账准备、乙公司因期末存货而计提的跌价准备也应该调整或者抵销。

类似地,集团内部企业之间的预付账款与预收账款、应收票据与应付票据、应收股利与应付股利、持有至到期投资与应付债券、其他应收款与其他应付款等项目也应该抵销。

(二)集团内部交易抵销的基本原理和程序

为了简化举例和论述,在缺乏相反证据的情况下,首先作出以下的假设,即在每一个会计期间内,收入、费用是均匀发生的,所述的存货项目均在下一个会计期间出售或者耗用,母公司均从子公司的股东手中(即二级市场中)购入子公司股份。

由【例5－1】可以看出,在合并财务报表编制过程中,为了能够正确反映整个集团的资产、负债、所有者权益、收入、费用、利润的情况,内部交易的抵销应该包括两方面的内容,即抵销重复确认的项目和抵销未实现内部损益以及未实现内部损益在连续编制合并财务报表时对期初未分配利润的影响。

1. 重复确认的项目的抵销

因为内部交易会产生对应账户,导致重复记账,所以不论在什么情况下,这些重复确认的项目都必须抵销,从而抵销内部交易本身。以上述甲公司和乙公司的交易为例,应做出以下的抵销分录:

借:营业收入

　　贷:营业成本

借:应付账款

　　贷:应收账款

2. 未实现内部损益的抵销

未实现内部损益,是由于集团内部交易的资产在合并财务报表编制日时仍然没有出售,从而仍然保留资产项目中的没有得到实现的内部交易损益。

以【例5－1】中的集团内部交易为例(假设不再考虑增值税),甲企业在个别利润表中确认了销售收入2 000元、销售成本1 500元,并计算了销售毛利500元,从而确认了净利润;乙企业以购买价格2 000元(内销成本1 500元加内销毛利500元)确认购入资产的成本。

若乙企业在编制合并财务报表日时仍持有该项内部交易的存货,那么其资产负债表中列示的存货价值就仍然包含内部交易的毛利。但是站在集团的角度来看,这笔内部交易仅仅相当于存货在集团内部进行了调拨,所以不符合收入成本确认的原则,既不能确认内部交易的销售收入2 000元、销售成本1 500元,也不能计算相关的损益500元(即未实现内部损益);而且,存货的价值也不应该是2 000元,而应该是最初从集团外界购入时的价值1 500元。所以,在内部交易的资产没有对集团外部企业出售之前,内部交易所带来的未实现内部损益也应予以抵销,否则就会虚增集团的资产和净利润。

另外，由于有些资产（如非流动资产）在企业中使用时间较长，那么这些非流动资产在持有期间的一些会计处理也会给成员企业的净利润和集团的净利润带来不同的影响。比如，固定资产在计提折旧时，成员企业是以包含了未实现内部损益的资产价值计提的折旧，而集团以该项固定资产的建造成本为基础计提折旧，两者显然不同，会对净利润产生影响。类似的还有无形资产的摊销、减值准备的计提、债券的利息费用等。因此在合并财务报表中也应该予以抵销。

3. 连续编制合并报表时的处理

在连续编制合并报表的情况下，本期合并报表的编制是以本期母公司和子公司个别报表为基础进行合并。因为上期在合并时已经抵销或者调整的项目，仍包含在本期个别报表中，所以以个别财务报表为基础合并出来的"年初未分配利润"与上年合并所有者权益变动表中期末的"未分配利润"就会不一致。为了使合并所有者权益变动表中本期合并期初未分配利润与上期合并报表中期末未分配利润的数额一致，需要将所有上期已经抵销的、但对本期期初未分配利润产生影响的项目再次予以抵销，调整本期期初未分配利润的数额。

（三）抵销分录的性质

在处理内部交易的抵销时，采用的方法是编制抵销分录，并将其过入合并财务报表的工作底稿中去。这里需要强调的是，必须要注意抵销分录的性质。因为抵销的对象是内部交易在个别财务报表上的反映，抵销分录仅仅过入合并工作底稿，并不计入账户，而且也不连续，从而对个别报表没有影响。因此，抵销分录的应借和应贷的方向与发生该业务时有关主体的会计记录方向相反，抵销分录的借贷方抵销的是该内部交易在个别财务报表上反映的项目名称和金额（可能是余额，也可能是发生额，关键看该内部交易的影响所处的状态——是存量还是流量。如果是存量，则应该为余额；如果是流量，则应该是本期发生额）。所以说，抵销分录的借贷方均是报表项目，而不是账户。

## 四、我国会计准则中对投资企业与其联营企业及合营企业之间，子公司与子公司之间发生的未实现内部交易损益的抵销处理规定

（一）联营企业和合营企业

联营企业是指投资企业对其具有重大影响，但不是投资企业的子公司或合营企业的被投资企业。这里的重大影响是指对一个企业的财务和经营政策有参与决策的权力，但并不能够决定这些政策的制定。

这里所说的合营企业，是针对某特定的被投资企业而言的。如果一个企业的所有重大财务和经营政策都必须由其所有的投资方共同决定，任何一方都不能单独决定该企业的财务和经营政策，则称该企业为其投资各方的合营企业。合营企业的任何投资方均不能单独对合营企业实施控制，必须且只能与其他投资方一起对合营企业实施共同控制。这里的共同控制，是指按照合同约定对某项经济活动所共有的控制，仅在与该项经济活动相关的重要财务和经营决策需要分享控制权的投资方一致同意时存在。

按照相关会计准则的规定，投资企业对于与其他投资方一起实施共同控制的被投资单位，应当采用权益法核算，不应采用比例合并法。但是，如果根据有关章程、协议等，表

明投资企业能够对被投资单位实施控制的，应当将被投资单位纳入合并财务报表的合并范围。

（二）投资企业与其联营企业及合营企业之间发生的未实现内部交易损益的抵销处理的规定

按照《企业会计准则第2号——长期股权投资》的规定，企业持有的对联营企业及合营企业的投资，应当采用权益法核算，在按持股比例等计算确认应享有或应分担被投资单位的净损益时，应当考虑以下因素：

投资企业与联营企业及合营企业之间发生的内部交易损益按照持股比例计算归属于投资企业的部分，应当予以抵销，在此基础上确认投资损益。投资企业与被投资单位发生的内部交易损失，按照《企业会计准则第8号——资产减值》等规定属于资产减值损失的，应当全额确认。投资企业对于纳入其合并范围的子公司与其联营企业及合营企业之间发生的内部交易损益，也应当按照上述原则进行抵销，在此基础上确认投资损益。

投资企业与其联营企业及合营企业之间的未实现内部交易损益抵销与投资企业与子公司之间的未实现内部交易损益抵销有三点不同：

第一，抵销的金额计算方法不同。母子公司之间的未实现内部交易损益在合并财务报表中是全额抵销的，而投资企业与其联营企业及合营企业之间的未实现内部交易损益抵销的仅仅是投资企业或是纳入投资企业合并财务报表范围的子公司享有联营企业或合营企业的权益份额。

第二，是否区分销售方向。母子公司之间的内部交易损益的抵销不区分销售方向，而投资企业与其联营企业及合营企业之间的未实现内部交易损益抵销需要区分销售方向，即属于顺流交易还是逆流交易。其中，顺流交易是指投资企业向其联营企业或合营企业出售资产，逆流交易是指联营企业或合营企业向投资企业出售资产。

如果是逆流交易，则投资企业在确认投资损益之后，应调整对联营企业或者合营企业的“长期股权投资——投资收益”的价值，同时调整购入资产的价值；如果是顺流交易，则投资企业在确认投资收益之后，抵销该交易确认的营业收入、营业成本，调整投资收益。

第三，对内部交易损失的处理不同。母子公司之间的未实现内部交易损益，不论是收益还是损失，都应在合并财务报表中全额抵销。而投资企业与其联营企业及合营企业之间发生的内部交易，无论是顺流交易还是逆流交易，如果产生的是未实现内部交易损失，而且又属于所转让资产发生减值损失，则有关的未实现内部交易损失不应予以抵销，视同全部损失已经实现。

## 第二节　集团内部存货交易的抵销

### 一、集团内部存货交易的抵销

企业集团内部存货交易，是指集团内部母公司与子公司之间，子公司与子公司之间发生的存货购销业务。

由于内部存货交易发生后，销售存货的企业会在其个别利润表中确认相关的销售收入和销售成本,并计算损益;购买企业会按照内部交易的购买价格确认存货的价值,并将其列示在其资产负债表中。但是站在企业集团的角度上,内部存货交易可以被看做存货在集团内部的转移,在该存货项目被出售给集团以外的企业之前,从而不能确认相应的成本和收入,不能确认存货价值的增加。因此,在期末编制合并财务报表时,一方面应该抵销销售收入、销售成本和销售毛利,另一方面应该消除保留在存货项目余额中的未实现内部损益。

(一)抵销内部存货交易的原则

1. 合并报表上的销售收入仅包括成员企业对企业集团以外的第三方的销售收入;

2. 合并报表上的销售成本仅包括成员企业对企业集团以外的第三方的销售成本;

3. 合并资产负债表中的存货成本是指企业集团成员企业从企业集团外部购入时发生的成本,不应包括企业集团内部未实现的内部销售利润。

(二)集团内部存货交易中未实现内部损益的计算

在企业集团内部存货业务中,最典型的是按照成本加一定的毛利来销售存货。在实际工作中,企业集团内部交易频繁,各批存货销售的毛利率也不完全一致,从而为了简化未实现内部损益的计算,通常可以按照平均毛利率测算期末存货的未实现利润,计算公式为:

销售毛利率 = (销售收入 - 销售成本) ÷ 销售收入 × 100%

未实现利润 = 期末存货成本 × 销售毛利率

(三)集团内部存货交易抵销的不同情况

根据购买企业对内部交易存货的出售情况,可以将其划分成三种情况:

1. 集团内部购进存货已全部售出

站在企业集团的角度来看,这笔存货已经实现了对集团外的销售,原来在内部交易中的未实现内部损益得以实现。同时,因为存货已经售出,资产负债表中不包含这笔存货项目,因此也不存在抵销期末存货价值中包含的未实现内部损益的问题。这种情况下,只需要抵销重复记账的对应科目即可。抵销分录如下:

借:营业收入

　　贷:营业成本

【例5-2】2009年1月1日,甲公司获得乙公司的控制权,假设甲公司2009年度个别利润表中的营业收入中有5万元是向乙公司销售产品取得的销售收入,该产品的销售成本为3万元。乙公司在2009年度将该产品全部售出,其销售收入为5.5万元,销售成本为5万元,并在其个别利润表中列示。

【分析】对于整个集团来说,这批商品的销售成本为3万元,销售收入为5.5万元,实现销售毛利2.5万元。对交易双方的个别企业来说,甲公司在其利润表中确认销售成本3万元,销售收入5万元,实现销售毛利2万元;乙公司在其各表中确认销售成本5万元,销售收入5.5万元,实现毛利0.5万元。那么在编制合并报表时,重复确认销售收入5万元,销售成本5万元,应当予以抵销。所以抵销分录为:

借:营业收入　　　　50 000

　　贷:营业成本　　　　50 000

2. 集团内部购进存货全部未售出

在这种情况下，销售企业在期末的个别利润表中确认了内部交易的销售收入、销售成本，并计算了内部销售利润；购买企业按照购买的价格（内销成本加内销毛利）作为购入存货的价值，并将其列示在期末资产负债表中。站在企业集团的角度来看，这笔存货并没有实现对外的销售，只是存货的存放地点发生了转移，因此不能确认销售收入和销售成本，不能计算销售损益，也不能使存货的价值发生变化。因此，在编制合并财务报表时，应该抵销销售收入、销售成本和销售毛利，同时抵销存货价值中存在的未实现内部损益。抵销分录如下：

借：营业收入
　　贷：营业成本
　　　　存货

【例5－3】2009年1月1日，甲公司获得乙公司的控制权，甲公司2009年度个别利润表中的营业收入中有5万元是向乙公司销售产品取得的销售收入，该产品的销售成本为3万元。销售毛利率为40%。乙公司在2009年期末存货中包含有从甲公司购进的存货，价值为5万元，该存货中包含的未实现内部销售利润为2万元。

【分析】2009年度甲公司个别利润表中反映了因内部销售而产生的销售收入5万元，销售成本3万元；乙公司2009年期末个别资产负债表上的存货项目中包含有内部交易存货5万元。但是从整个集团来看，该批存货并没有对外销售，不应该确认任何销售成本和销售收入，不应该计算损益，而且存货的价值不应该是5万元，而应是3万元。故抵销分录如下：

借：营业收入　　50 000
　　贷：营业成本　　50 000
借：营业成本　　20 000
　　贷：存货　　20 000

或者将上述分录合并：

借：营业收入　　50 000
　　贷：营业成本　　30 000
　　　　存货　　20 000

3. 集团内部购进存货部分售出

如果企业内部购进的存货仅仅部分对集团外出售，那么可以认为所有内部交易存货被分成了两部分，一部分存货在期末全部对外出售，另一部分存货在期末全部没有对外出售。对这两部分存货的抵销处理分别参照第一种情况和第二种情况的抵销处理方法。

【例5－4】2009年1月1日甲公司获得乙公司控制权，甲公司2009年度个别利润表中的营业收入中有5万元系向乙公司销售商品实现的收入，该批商品成本为4.5万元，销售毛利为10%。乙公司2009年度对外销售其中的80%，售价为4.8万元，其余的20%形成期末存货，其价值为1万元。

【分析】乙公司从甲公司购进的商品可以分解为两部分。对于已经对外销售的部分，应当消除重复确认的内部销售收入和内部销售成本4万元（5×80%）；对于未实现对外销售的部分，其内销收入为1万元（5×20%）、内销成本为0.9万元（4.5×20%），期末存货价值中包含的未实现内部销售利润为0.1万元（1×10%），其抵销分录如下：

①对于已对外销售部分：

借：营业收入　　40 000

　贷：营业成本　　40 000

②对于未对外销售部分：

借：营业收入　　10 000

　贷：营业成本　　10 000

借：营业成本　　1 000

　贷：存货　　1 000

（四）集团内部存货交易的抵销程序

1. 在初次编报或连续编报但内部存货交易年初余额为零时的抵销处理

（1）对于当年发生的内部销货业务，先假定均实现了对集团以外销售，则有抵销分录如下：

借：营业收入

　贷：营业成本

（2）至年末，如果仍有内销业务形成的内销存货余额时，应将存货中包含的未实现损益予以抵销，抵销会计分录如下：

借：营业成本

　贷：存货

2. 连续编报且内部存货交易期初余额不为零时的抵销处理

（1）将上期期末的存货价值中包含的未实现内部损益对本期期初未分配利润的影响予以抵销，抵销分录为：

借：期初未分配利润

　贷：营业成本

上述抵销分录可以理解为，上期期末未实现内部利润现在已经实现，同时确认销售成本。

（2）对于本期发生的内部购销活动，则参照上期的做法，将内部销售收入、内部销售成本及内部购进存货中未实现内部销售利润予以抵销。

（五）存货跌价准备在存货内部交易中的处理

存货跌价准备的计提和转回的依据是按照期末存货的成本与可变现净值孰低。某一存货的可变现净值，无论对于企业集团来说还是对持有存货的企业来说，都是一致的。但是内部交易取得的存货成本却不一致，对集团来说，是从集团外部购进存货时的成本，对持有存货的企业来说，是内部交易的购买价格（其中包含未实现内部损益）。相对于企业集团，个别企业会多计提或者少计提存货跌价准备。因此，在编制合并报表时，应对多计提或者少计提的存货跌价准备予以抵销。

1. 在初次编报或连续编报但存货跌价准备年初余额为零时的抵销处理

对于本期存货跌价准备的处理，先站在个别公司角度认定应计提数额，然后站在集团的角度再认定计提的数额，两者相比较、补差即可。

借：存货——存货跌价准备

　　贷：资产减值损失

或者

借：资产减值损失

　　贷：存货——存货跌价准备

2. 连续编报且存货跌价准备年初余额不为零时的抵销处理

(1)先对上期多提或者少提的存货跌价准备进行反冲：

借：存货——存货跌价准备

　　贷：期初未分配利润

(2)对于本期存货跌价准备的处理，先站在个别公司角度认定应补提或者应冲减的数额，然后站在集团的角度再认定应补提或者应冲减的数额，两者相比较、补差即可。抵销分录如下：

借：存货——存货跌价准备

　　贷：资产减值损失

或者

借：资产减值损失

　　贷：存货——存货跌价准备

【例 5－5】甲公司于 2009 年 1 月 1 日取得对乙公司的控制权，甲公司 2009 年度向乙公司销售商品 5 万元，其销售成本为 4 万元，销售毛利率为 20%；乙企业购进的该批商品当年全部未实现对外销售而形成存货。乙公司年末对存货进行检查时，发现该批存货已经部分陈旧，其可变现净值降至 4.5 万元，为此乙公司年末对该存货计提了存货跌价准备 0.5 万元。

【分析及抵销处理】

1. 首先假设该批存货全部对外销售，抵销内部交易中重复确认的内部销售收入 5 万元和内部销售成本 5 万元。抵销分录如下：

借：营业收入　　　　　　　　　　50 000

　　贷：营业成本　　　　　　　　　　50 000

2. 抵销期末未出售的存货中含有的未实现内部销售利润，其中，未实现销售利润＝50 000×20%＝10 000(元)。抵销分录如下：

借：营业成本　　　　　　　　　　10 000

　　贷：存货　　　　　　　　　　　　10 000

3. 乙企业对期末存货计提了 5 000 元的存货跌价准备，但是站在企业集团的角度，可变现净值 4.5 万元高于存货成本 4 万元，不应计提存货跌价准备，因此应抵销多计提的存货跌价准备 5 000 万元(5 000－0)，抵销分录如下：

借：存货——存货跌价准备　　　　5 000

　　贷：资产减值损失　　　　　　　　5 000

【例 5－6】承【例 5－5】，甲公司 2010 年度向乙公司销售商品 10 万元，其销售成本为

9 万元,销售毛利率为 10%;乙企业购进的该批商品有 60% 在期末对外出售,40% 当年未实现对外销售而形成存货。乙公司年末对存货进行检查时,发现该批存货已经部分陈旧,其可变现净值降至 3.7 万元,存货跌价准备应当为 3 000 元,为此乙公司年末冲减了存货跌价准备 2 000 元。

【分析及抵销处理】

1. 由于乙公司 2009 年存货价值中包含 10 000 元的未实现内部销售利润,并多计提了 5 000 元的存货跌价准备,因此应将其对本年年初未分配利润的影响予以抵销。抵销分录如下:

借:期初未分配利润　　　　　　　　　　10 000
　　贷:营业成本　　　　　　　　　　　　　　10 000
借:存货——存货跌价准备　　　　　　　　5 000
　　贷:期初未分配利润　　　　　　　　　　　5 000

2. 由于本期产生新的内部交易,首先假设所有存货都对外出售,抵销重复确认的营业收入 10 万元和营业成本 10 万元。

借:营业收入　　　　　　　　　　　　100 000
　　贷:营业成本　　　　　　　　　　　　　100 000

3. 乙公司 2010 年期末存货价值为 40 000 元(100 000 × 40%),其中包含的未实现内部销售利润 4 000 元(40 000 × 10%),应当予以抵销,抵销分录如下:

借:营业成本　　　　　　　　　　　　　4 000
　　贷:存货　　　　　　　　　　　　　　　　4 000

4. 乙企业冲减存货跌价准备 2 000 元,使得存货跌价准备的余额为 3 000 元,但是站在企业集团的角度,可变现净值 3.7 万元高于存货成本 3.6 万元(9 × 40%),不应计提存货跌价准备。因此应抵销冲减的存货跌价准备 2 000 元(2 000 - 0),抵销分录如下:

借:资产减值损失　　　　　　　　　　　2 000
　　贷:存货——存货跌价准备　　　　　　　　2 000

## 二、集团成员企业与联营企业或合营企业内部存货交易未实现损益的抵销

(一)逆流交易

当发生投资企业和联营企业或者合营企业的逆流交易后,在期末投资企业按照联营企业或者合营企业的报告的净利润总额确认了投资收益之后,应分别进行处理:

(1)投资企业应该在个别报表中做出如下调整分录:

借:投资收益　　　　　　　　　　(资产售价 - 资产成本) × 持股比例
　　贷:长期股权投资——损益调整　　(资产售价 - 资产成本) × 持股比例

(2)如果在投资企业存在子公司,需要编制合并财务报表的情况下,应当在合并财务报表中进行以下调整:

借:长期股权投资——损益调整　　　(资产售价 - 资产成本) × 持股比例
　　贷:存货　　　　　　　　　　　　(资产售价 - 资产成本) × 持股比例

【例 5 - 7】甲企业于 2009 年 1 月取得乙公司 20% 有表决权股份,能够对乙公司实施

重大影响。假定甲企业取得该项投资时,乙公司各项可辨认资产、负债的公允价值与其账面价值相同。2009 年 8 月,乙公司将其成本为 600 万元的某商品以 1 000 万元的价格出售给甲企业,甲企业将取得的商品作为存货。至 2009 年的资产负债表日,甲企业仍未对外出售该存货。乙公司 2009 年实现净利润为 3 200 万元。假定不考虑所得税因素。

【分析及调整抵销分录】

首先,在期末甲公司按照乙公司报送的净利润总额确认投资收益 640 万元(3 200 × 20%),即甲公司的确认分录为:

借:长期股权投资——损益调整　　6 400 000

　贷:投资收益　　6 400 000

其次,由于甲公司为联营企业乙公司的投资企业,那么 2009 年 8 月甲公司与乙公司之间存货交易为内部交易,不应当确认未实现内部损益 80 万元[(1 000 - 600) × 20%]。所以:

如果甲公司不编制合并财务报表时,甲公司应该编制调整分录:

借:投资收益　　800 000

　贷:长期股权投资——损益调整　　800 000

如果甲公司有子公司,需要编制合并财务报表的,那么在合并财务报表中,因该未实现内部交易损益体现在投资企业持有的存货的账面价值当中,应在合并财务报表中,进行以下调整。

借:长期股权投资——损益调整　　800 000

　贷:存货　　800 000

(二)顺流交易

当发生投资企业和联营企业或者合营企业的顺流交易后,在期末投资企业按照联营企业或者合营企业的报告的净利润总额确认了投资收益之后,应分别进行处理:

(1)投资企业应该在个别报表中做出如下调整分录:

借:投资收益　　(资产售价 - 资产成本) × 持股比例

　贷:长期股权投资——损益调整　　(资产售价 - 资产成本) × 持股比例

(2)如果在投资企业存在子公司,需要编制合并财务报表的情况下,应当在合并财务报表中进行以下调整:

借:营业收入　　资产售价 × 持股比例

　贷:营业成本　　资产成本 × 持股比例

投资收益

【例 5 - 8】乙企业于 2009 年 1 月取得甲公司 20% 有表决权股份,能够对甲公司实施重大影响。假定乙企业取得该项投资时,甲公司各项可辨认资产、负债的公允价值与其账面价值相同。2009 年 8 月,乙公司将其成本为 600 万元的某商品以 1 000 万元的价格出售给甲企业,甲企业将取得的商品作为存货。至 2009 年的资产负债表日,甲企业仍未对外出售该存货。甲公司 2009 年实现净利润为 3 200 万元。假定不考虑所得税因素。

【分析及调整抵销分录】

首先,在期末乙公司按照甲公司报送的净利润总额确认投资收益 640 万元(3 200 ×

20%),即乙公司的确认分录为:

借:长期股权投资——损益调整　　6 400 000

　贷:投资收益　　6 400 000

其次,由于乙公司为联营企业甲公司的投资企业,那么2009年8月甲公司与乙公司之间存货交易为内部交易,不应当确认未实现内部损益80万元[(1 000 - 600) ×20%]。所以:

如果乙公司不编制合并财务报表时,乙公司应该编制调整分录:

借:投资收益　　800 000

　贷:长期股权投资——损益调整　　800 000

如果乙公司有子公司,需要编制合并财务报表的,应在合并财务报表中,进行以下调整。

借:营业收入　　2 000 000(1 000万元×20%)

　贷:营业成本　　1 200 000(600万元×20%)

　　投资收益　　800 000

(3)投资企业与其联营企业及合营企业之间发生的无论是顺流交易还是逆流交易产生的未实现内部交易损失,属于所转让资产发生减值损失的,有关的未实现内部交易损失不应予以抵销。

【例5-9】甲企业持有乙公司20%有表决权股份,能够对乙公司生产经营决策施加重大影响。20×7年,甲公司将其账面价值为400万元的商品以320万元的价格出售给乙公司。20×7年资产负债表日,该批商品尚未对外部第三方出售。假定甲企业取得该项投资时,乙公司各项可辨认资产、负债的公允价值与其账面价值相同,两者在以前期间未发生过内部交易。乙公司20×7年净利润为1 000万元。

首先,会计期末甲公司按照持有乙公司份额20%确认投资收益200万元(1 000×20%)。

借:长期股权投资——损益调整　　2 000 000

　贷:投资收益　　2 000 000

上述甲企业在确认应享有乙公司20×7年净损益时,如果有证据表明交易价格320万元与甲企业该商品账面价值400万元之间的差额是该资产发生了减值损失,在确认投资损益时不应予以抵销。

而且,如果甲企业需要编制合并财务报表,因向联营企业出售资产表明发生了减值损失,有关的损失应予确认,在合并财务报表中不予调整。

## 第三节　集团内部非流动资产交易的抵销

集团内部的各个企业之间除了发生存货购销业务之外,还可能发生非流动资产交易,如买卖固定资产、无形资产等。当这些资产的转让价格高于或者低于账面价值时,出售方就确认了相应的损益,购买方则按照购买价格计量所购买资产的价值。但是从企业集团来看,这些非流动资产并没有对集团外实现买卖损益,因此应当将未实现内部销售利润予以抵销。由于非流动资产能在较长时间供企业使用、为企业发挥作用，因而企业集团内部非流动资产交易所形成的内部损益的抵销与调整将影响持续的多个合并会计期间。本部分主要阐述内部固定资产交易和内部无形资产交易。

### 一、集团内部固定资产交易的抵销

（一）集团内部固定资产交易的类型

内部固定资产交易，是指集团成员企业之间发生与固定资产有关的购销业务。对于集团内部固定资产交易，根据销售企业销售的是普通商品还是自身所用的固定资产，可以将其划分成三种类型：

1. 集团内企业将自身拥有的固定资产变卖给集团内其他企业成员作为固定资产使用

发生这种类型的交易之后，作为固定资产的销售方来说，其资产负债表中固定资产原价和累计折旧项目已按减少后的数额列示；处理固定资产的净收益或者净损失，作为营业外收入或者营业外支出在利润表中列示（假设不考虑清理费用等）。作为固定资产的购买方，按照购入的价格（包括销售企业的成本和毛利）作为固定资产的原值列示在其资产负债表中。但是站在企业集团的角度，这项业务属于集团内部调拨，只改变了固定资产的使用地点，既没有实现损益，也不会使固定资产的净值发生变化。因此应该将内部固定资产交易的未实现内部销售利润和固定资产净值的增加金额相抵销。所以，编制的调整分录为：

借：营业外收入

　　贷：固定资产——原价

这种类型的固定资产交易，在企业集团内部一般不会发生，即使发生，其数额也不会很大，因此，根据重要性原则，在编制合并会计报表时一般不进行抵销处理。

【例5－10】甲公司于2009年取得对乙公司的控制权，2009年甲公司向乙公司转让一台设备，该设备净值为100万元，转让价格为120万元，乙公司将该设备作为固定资产使用。

【分析】甲公司在该内部交易中确认20万元收益，以营业外收入计入其利润表中；乙公司按照120万元的价值将该项固定资产计入资产负债表中。但是，站在集团的角度来看，该固定资产只是进行了内部的调拨，不应当确认20万元的损益，也没有实现20万元的增值。抵销分录如下：

| | 借 | 贷 |
|---|---|---|
| 借：营业外收入 | 200 000 | |
| 　　贷：固定资产——原价 | | 200 000 |

2. 集团内企业将自身的存货销售给集团内其他成员企业作为固定资产使用

发生这种类型的交易之后，作为销售固定资产的企业，将销售产品的收入和成本计入利润表，并在其利润表中计算了损益。购买固定资产的企业，将固定资产按照购买价格（包含销售企业的成本和毛利）作为原值在其资产负债表中列示。但是，站在集团的角度，这种固定资产交易只不过相当于通过在建工程自建固定资产然后交付使用。所以，这种内部交易不能确认相关的销售收入、销售成本，不能计算内部损益。因此，在编制合并财务报表时，应将内部销售收入、内部销售成本和未实现内部销售利润相互抵销，即：

借:营业收入　　　　　　　　　　（按照销售企业的内部销售收入）

　贷:营业成本　　　　　　　　　（按照销售企业的内部销售成本）

　　固定资产——原价　　　　　　（按照未实现内部销售利润）

【例5-11】甲公司于2009年取得对乙公司的控制权,2009年甲公司向乙公司出售自产小轿车一批,该批汽车的销售成本为90万元,销售价格为80万元,销售毛利率为-10%。乙公司将该批汽车作为固定资产使用。

【分析】甲公司在该内部交易中确认销售收入80万元,销售成本90万元,并在其利润表中计算了销售毛利-10万元;乙公司按照90万元的价值将小汽车作为固定资产计入资产负债表中。但是,站在集团的角度来看,该固定资产只是进行了内部的调拨,不应当确认相应的销售收入和销售成本,也不应该计算销售毛利,也没有发生10万元的价值的降低。抵销分录如下:

借:营业收入　　　　　　　　900 000

　固定资产——原价　　　　　10 000

　贷:营业成本　　　　　　　　1 000 000

3. 集团内企业将自身使用的固定资产变卖给企业集团内的其他成员作为存货处理

这种类型的固定资产交易在企业集团中极少发生,因而,此种类型的固定资产交易在此不再讨论。

虽然上述三种类型各有特点,但是站在企业集团的立场,不论是哪种类型,都不应确认由此产生的收益,固定资产的入账价值也都不应该包含内部交易损益,因此应当编制抵销分录。在实际工作中,基于企业集团的整体利益和战略布局,第二种类型最常见,所以以第二种类型为例进行下面的阐述。

（二）集团内部固定资产交易的抵销处理

由于固定资产的使用往往跨越几个会计期间,所以在编制合并财务报表时,不仅需要在交易发生的当期考虑固定资产原价中包含的未实现内部销售利润的抵销,而且在持有该固定资产的会计期间中也要考虑未实现内部销售利润的抵销。所以,企业集团内部固定资产交易的抵销处理应该包含:交易当期的抵销处理、固定资产使用会计期间的抵销处理、内部交易清理期的抵销处理以及固定资产计提减值准备的抵销处理。

1. 集团内部固定资产交易发生当期的抵销处理

首先应冲销内部交易的销售收入和销售成本,抵销期末固定资产价值中包含的未实现内部损益。抵销分录为:

借:营业收入　　　　　　　　　　（按照销售企业的内部销售收入）

　贷:营业成本　　　　　　　　　（按照销售企业的内部销售成本）

　　固定资产——原价　　　　　　（按照未实现内部损益）

然后,如果此项固定资产需要计提折旧,还需要将固定资产在当期多计提的折旧费用和累计折旧予以抵销。这是因为购买固定资产的企业在计提折旧时,对固定资产价值中包含的未实现内部销售利润部分也计提了折旧,所以计提的折旧额应该大于按照建造成本计提的折旧额。抵销分录为:

借:固定资产——累计折旧

　　贷:管理费用

【例 5－12】甲公司为乙公司的母公司。甲公司于 2009 年 6 月将成本为 100 万元的产品以 80 万元的价格出售给乙公司,乙公司购入后作为固定资产交付管理部门,预计使用年限为 5 年,预计净残值为 0,按照平均年限法计提折旧。

【分析及抵销分录】

首先,抵销内部销售收入和固定资产中包含的未实现利润(－20 万元)。

借:营业收入　　800 000

　　固定资产——原价　　200 000

　　贷:营业成本　　1 000 000

然后,对于当年内销毛利多计提的折旧费用－2 万元(－20×0.2×6÷12)的抵销处理:

借:管理费用　　20 000

　　贷:固定资产——累计折旧　　20 000

2. 集团内部固定资产交易在以后期间的抵销处理

(1)调整期初未分配利润。

这里包括两方面的调整。首先调整交易当期的内部交易的未实现损益对期初未分配利润的影响,同时调整固定资产的原值。调整分录为:

借:期初未分配利润

　　贷:固定资产——原价

然后,如果该固定资产需要计提折旧,还需要调整以前各期多计提的累计折旧数额对期初未分配利润的影响,同时调整固定资产的累计折旧。这样调整的原因是以前各期多计提的累计折旧不仅影响计提当期的利润,而且会将对利润的影响累计下来。抵销分录为:

借:固定资产——累计折旧

　　贷:期初未分配利润

(2)将本期多计提的折旧费用予以抵销。抵销分录为:

借:固定资产——累计折旧

　　贷:管理费用

【例 5－13】甲公司于 2009 年 1 月 1 日取得乙公司的控制权。2009 年 6 月 1 日,甲公司将其生产的汽车卖给乙公司,乙公司将其作为固定资产使用。甲公司的汽车的售价为 30 万元,成本为 15 万元。该项固定资产使用年限为 5 年,预计净残值为 0,乙公司采用平均年限法计提折旧。

【分析及抵销分录】

2009 年的抵销分录为:

借:营业收入　　300 000

　　贷:营业成本　　150 000

　　　　固定资产——原价　　150 000

借:固定资产——累计折旧　　15 000(150 000÷5÷2)

贷：管理费用　　　　　　　　　　　　15 000

2010 年的抵销分录为：

借：期初未分配利润　　　　　　　　150 000

　　贷：固定资产——原价　　　　　　　150 000

借：固定资产——累计折旧　　　　　15 000

　　贷：期初未分配利润　　　　　　　　15 000

借：固定资产——累计折旧　　　　　30 000（150 000 ÷ 5）

　　贷：管理费用　　　　　　　　　　　30 000

2011 年的抵销分录：

借：期初未分配利润　　　　　　　　150 000

　　贷：固定资产——原价　　　　　　　150 000

借：固定资产——累计折旧　　　　　45 000（15 000 + 30 000）

　　贷：期初未分配利润　　　　　　　　45 000

借：固定资产——累计折旧　　　　　30 000

　　贷：管理费用　　　　　　　　　　　30 000

3. 集团内部固定资产交易报废或者变卖时的抵销处理

集团内部固定资产交易对合并报表的影响将持续至清理期间。对于销售企业来说，因该内部固定资产交易实现的利润，总是作为未分配利润的一部分结转到以后会计期间。对于购买企业来说，因内部交易形成的固定资产及其相应的累计折旧直到固定资产清理后，才会在其个别财务报表中消失，计提折旧对企业利润的影响同样是作为未分配利润的一部分结转到以后的会计期间；另外，购买企业在清理时，将固定资产清理收入减去该固定资产净额以及相关清理费用后的余额，以营业外收入列示在其个别利润表中。

（1）在清理当期，购买企业的固定资产实体已不复存在，不存在固定资产净值中含有未实现内部销售利润的抵销问题。对于整个企业集团来说，随着固定资产的报废或者出售，其包含的未实现内部销售利润已经转化为已实现损益。由于销售企业因该内部销售固定资产所实现的利润，作为年初未分配利润的一部分已结转到购买企业对该固定资产进行清理的会计期间，为此应抵销年初未分配利润。抵销分录为：

借：年初未分配利润

　　贷：营业外收入

（2）由于以前会计期间多计提折旧影响到年初未分配利润，必须抵销年初未分配利润的数额。抵销分录为：

借：营业外收入

　　贷：年初未分配利润

（3）在固定资产进行清理的会计期间，如继续使用则需计提折旧，本期计提折旧中仍然包含多计提的折旧，因此需要将多计提的折旧费用予以抵销。抵销分录为：

借：营业外收入

　　贷：管理费用

【例 5 - 14】承【例 5 - 13】，假设乙公司于 2012 年年末对固定资产进行清理报废，该固定资产的清理净收入为 80 000 元。

【分析及抵销分录】

乙公司于 2011 年年末对该固定资产进行清理报废，属于使用期未满提前清理。因此，应首先将固定资产原价中未实现内部销售利润以及以前年度多计提折旧的累计额对年初未分配利润的影响进行调整抵销，其次，要将本年多提的折旧对管理费用的影响进行抵销。则抵销分录为：

(1)借：年初未分配利润　　150 000

　　贷：营业外收入　　150 000

借：营业外收入　　75 000(15 000 + 30 000 + 30 000)

　　贷：年初未分配利润　　75 000

(2)借：营业外收入　　30 000

　　贷：管理费用　　30 000

4. 集团内部固定资产交易计提的减值准备的抵销处理

(1)先对上期多提的减值准备进行反冲，按照以前年度内销业务形成的期初固定资产余额所提减值准备：

借：固定资产——固定资产减值准备

　　贷：期初未分配利润

(2)对于本期期末按照期初固定资产余额多提减值准备的处理，先站在个别公司角度认定应提或者应冲的数额，然后站在集团的角度再认定应提或者应冲的数额，两者相比较，补差即可。抵销分录如下：

借：固定资产——固定资产减值准备

　　贷：资产减值损失

或者

借：资产减值损失

　　贷：固定资产——固定资产减值准备

## 二、集团内部无形资产交易的抵销

### (一)集团内部无形资产交易抵销概述

无形资产，是指企业拥有或者控制的没有实物形态的可辨认非货币性资产。一般来讲，无形资产包括专利权、非专利权、商标权、著作权、土地使用权、特许权等，而不包含商誉。无形资产是一种长期资产，根据无形资产是否具有一定的有效期限，可以将无形资产区分为使用寿命有限的无形资产和使用寿命无限的无形资产。

由于使用寿命有限的无形资产从取得当月起需要在预计使用年限内分期计提摊销，所以集团内部交易使用寿命有限无形资产的抵销处理可以比照集团内部应计提折旧的固定资产交易的抵销方法进行。对于使用寿命无限的固定资产，如可无限期使用的土地使用权，由于这类无形资产的成本不需要摊销，所以在内部交易之后，只要购买公司继续持有该土地使用权，未实现内部交易损益就无法实现。所以对于集团内部交易使用寿命无限无形资产的抵销类似于集团内部不需要计提折旧的固定资产交易的抵销处理。

(二)集团内部无形资产交易的抵销处理

1. 集团内部无形资产交易发生当期的抵销处理

(1)集团内部企业将自行开发的无形资产变卖给企业集团内的其他成员企业作为无形资产处理,如软件公司开发的、用于对外销售的计算机软件,对于购买方而言是无形资产,对于销售方而言是存货。这种情况下,抵销分录为:

借:营业收入　　　　　　　　　　　(按照销售企业的内部销售收入)

　贷:营业成本　　　　　　　　　　(按照销售企业的内部销售成本)

　　无形资产——原价　　　　　　　　　(按照未实现内部损益)

(2)集团内部企业将自身持有的无形资产变卖给企业集团内的其他成员作为无形资产处理,如集团公司内部转让商品权。这种情况下,抵销分录为:

借:营业外收入

　贷:无形资产——原价　　　　　　　　(按照未实现内部损益)

或者

借:无形资产——原价　　　　　　　　　(按照未实现内部损益)

　贷:营业外支出

(3)对于需要进行摊销的无形资产,由于在取得当月就要计提摊销,因此需要把多计提的摊销费用予以抵销。抵销分录为:

借:无形资产——累计摊销

　贷:管理费用

2. 集团内部无形资产交易以后期间的抵销处理

(1)调整期初未分配利润。分录为:

借:期初未分配利润

　贷:无形资产——原价

如果该无形资产需要计提摊销,则还应做出以下抵销分录:

借:无形资产——累计摊销

　贷:期初未分配利润

(2)将本期多计提的折旧费用予以抵销。抵销分录为:

借:无形资产——累计摊销

　贷:管理费用

3. 集团内部无形资产交易处置时的抵销处理

(1)在清理当期,购买企业的无形资产实体已不复存在,不存在无形资产净值中含有未实现内部销售利润的抵销问题。对于整个企业集团来说,随着无形资产的处置,其包含的未实现内部销售利润已经转化为已实现损益。由于销售企业因该内部销售无形资产所实现的利润,作为年初未分配利润的一部分已结转到购买企业对该无形资产进行清理的会计期间,为此调整年初未分配利润。分录为:

借:期初未分配利润

　贷:营业外收入

(2)由于以前会计期间多计提累计摊销影响到期初未分配利润,必须调整年初未分配利润的数额。

借:营业外收入

　　贷:期初未分配利润

(3)在无形资产进行清理的会计期间,如继续使用则需计提摊销,本期计提摊销中仍然包含多计提的摊销,因此需要将多计提的摊销费用予以抵销。

借:营业外收入

　　贷:管理费用

4.集团内部无形资产交易计提的减值准备的抵销处理

(1)先按照以前年度内销业务形成的期初无形资产余额所提减值准备,对上期多提的减值准备进行反冲:

借:无形资产——无形资产减值准备

　　贷:期初未分配利润

(2)对于本期多提的减值准备的抵销处理,先站在个别公司角度认定应补提或者应冲减的数额,然后站在集团的角度再认定应补提或者应冲减的数额,两者相比较,补差即可。抵销分录如下:

借:无形资产——无形资产减值准备

　　贷:资产减值损失

或者

借:资产减值损失

　　贷:无形资产——无形资产减值准备

## 三、集团成员企业与联营企业或合营企业非流动资产交易未实现损益的抵销

不论集团成员企业与联营企业或者合营企业的内部交易中的资产是流动资产还是非流动资产,对未实现内部交易损益的抵销处理方法都是相同的。所以在企业成员企业与联营企业或者合营企业的内部固定资产或无形资产交易中产生的未实现内部损益的抵销可以作出如下处理:

在投资企业期末按照持股比例对联营企业或者合营企业报送的净利润总额确认投资收益之后,投资企业需要将未实现的内部损益作出调整,编制分录:

借:投资收益　　　　(资产售价-资产成本-当期计提的折旧额)×持股比例

　　贷:长期股权投资——损益调整

如果投资企业有子公司,需要编制合并财务报表,那么需要区分销售方向,对未实现内部损益进行调整:

(1)逆流交易时的抵销分录为:

借:长期股权投资——损益调整　　　　(资产售价-资产成本)×持股比例

　　贷:固定资产——原价 或者 无形资产——原价

在需要计提折旧或者摊销时,对累计折旧或者累计摊销中含有的未实现内部损益进行抵销,则抵销分录为:

借:固定资产——累计折旧　　　　(当期计提的折旧额×持股比例)

贷:长期股权投资——损益调整

(2)顺流交易时的抵销分录为:

借:营业外收入　　　　　　　　　　(资产售价 - 资产成本)×持股比例

贷:投资收益

另外,应该注意的是,投资企业与其联营企业及合营企业之间发生的无论是顺流交易还是逆流交易产生的未实现内部交易损失,属于所转让资产发生减值损失的,有关的未实现内部交易损失不应予以抵销。

【例5-15】甲企业于2009年6月取得乙公司20%有表决权股份,能够对乙公司施加重大影响。假定甲企业取得该项投资时,乙公司各项可辨认资产、负债的公允价值与其账面价值相同。2009年11月,乙公司将其成本为600万元的某商品以900万元的价格出售给甲企业,甲企业将取得的商品作为固定资产,预计使用寿命为10年,采用直线法计提折旧,净残值为0。至2009年资产负债表日,甲企业未对外出售该固定资产。乙公司2009年实现净利润为1 600万元。假定不考虑所得税因素影响。

【分析及抵销处理】甲企业在按照权益法确认应享有乙公司20×7年净损益时,应进行以下会计处理:

借:长期股权投资——损益调整　　　3 200 000(16 000 000×20%)

贷:投资收益　　　　　　　　　　3 200 000

借:投资收益　　　　　　　　　　595 000(3 000 000×20% - 25 000×20%)

贷:长期股权投资——损益调整　　595 000

如果投资企业有子公司,需要编制合并财务报表的,在其2009年合并财务报表中,未实现内部交易体现在投资企业持有固定资产的账面价值当中,应在合并财务报表中进行以下调整:

借:长期股权投资——损益调整　　　595 000(3 000 000×20% - 25 000×20%)

累计折旧　　　　　　　　　　　5 000 (25 000×20%)

贷:固定资产　　　　　　　　　　600 000(3 000 000×20%)

## 第四节　集团内部债权债务项目的抵销

### 一、集团内部债权债务项目涉及的内容

企业集团内部债务项目通常包括以下内容:

1. 应收账款和应付账款。
2. 其他应收款和其他应付款。
3. 预收账款和预付账款。
4. 持有至到期投资和应付债券。
5. 应收票据和应付票据。

## 二、集团内部应收、应付账款和坏账准备的抵销

（一）初次编报或者连续编报合并财务报表但年初内部债权债务余额为零时的抵销

借:应付账款

　　贷:应收账款

借:应付票据

　　贷:应收票据

借:预付账款

　　贷:预收账款

应当指出的是,上述项目均按照当年内部债权债务的年末数进行抵销。

另外,还需要将个别企业按照内部应收账款的余额计提的坏账准备全部抵销。原因在于站在集团的角度,内部应收账款本不存在,不应对其计提坏账准备。抵销分录如下:

借:应收账款——坏账准备

　　贷:资产减值损失

（二）连续编报合并财务报表且年初集团内部债权债务余额不为零时的抵销处理

1. 调整期初未分配利润。因为在企业集团内部应收、应付项目和坏账准备的抵销中,只有上年的坏账准备的抵销对期初未分配利润的数额产生影响,所以只需调整以前期间的多计提的坏账准备对期初未分配利润的影响。抵销分录如下:

借:应收账款——坏账准备

　　贷:期初未分配利润

2. 抵销发生在本期的内部应收、应付项目。

借:应付账款

　　贷:应收账款

3. 对于本期内部应收账款在个别财务报表中补提或者冲销的坏账准备的数额予以抵销。具体可以分三种情况:

其一,如果期末内部应收账款余额等于上期期末余额,则不必调整坏账准备余额。

其二,如果期末内部应收账款余额大于上期期末余额,则个别企业需要补提坏账准备,编制合并财务报表时则将补充计提的坏账准备予以抵销。即:

借:资产减值损失

　　贷:应收账款——坏账准备

其三,如果期末内部应收账款余额小于上期期末余额,则个别企业需要冲减坏账准备,则在编制合并财务报表时将冲减的坏账准备予以抵销。即:

借:应收账款——坏账准备

　　贷:资产减值损失

【例5－16】甲、乙公司是集团内的两个成员企业,2009年5月12日,甲公司向乙公司采购货物,其中买价为100万元,成本为90万元,增值税税率为17%。截止到编制合并报表日,甲公司已将这批货物全部售出,但款项未付。为此,乙公司按照1%的坏账准备计提比例计提了坏账准备。2010年乙公司应收账款余额中有100万元为内部应收账款,

乙公司仍然按照1%计提坏账准备。

【分析】由于甲公司和乙公司的内部交易已在会计期末实现对外销售,因此不存在内部未实现损益的抵销问题。但是该内部交易造成了重复记账,即主营业务收入100万元和主营业务成本100万元,另外产生了应收应付款项的抵销问题。

①2009年的抵销分录为:

借:营业收入　　1 000 000

　贷:营业成本　　1 000 000

借:应付账款　　1 170 000

　贷:应收账款　　1 170 000

另外,由于2009年末应收账款余额中包含了内部应收账款余额117万元,造成了多计提坏账准备1.17万元,应当予以冲销。

借:应收账款——坏账准备　　11 700

　贷:资产减值损失　　11 700

②2010年的抵销处理

首先抵销上期多计提坏账准备对本期期初未分配利润的影响,即:

借:应收账款——坏账准备　　117 000

　贷:期初未分配利润　　117 000

然后抵销2010年发生的内部应收应付账款,即:

借:应付账款　　1 000 000

　贷:应收账款　　1 000 000

最后,由于2010年年末内部应收账款余额100万元小于2009年内部应收账款余额117万元,还应抵销本期冲减坏账准备1 700元(170 000×1%),即:

借:资产减值损失　　1 700

　贷:应收账款——坏账准备　　1 700

### 三、集团内部债券业务的抵销

集团公司间相互购售、持有债券,属于内部债券债务业务。在编制合并财务报表时,不仅应将债券的购售价格相互抵销,而且还应当将由此产生的投资收益与利息予以抵销。因为,就购买债券而言,从购买债券的公司的角度来看是对外投资的增加,从出售债券的公司的角度来看是负债的增加,但是站在企业集团的角度,只不过是资金在企业集团内部的转移,因此在编制合并财务报表时,应将它们予以抵销。

(一)根据期末持有至到期投资的账面余额和应付债券的账面余额作如下分录:

借:应付债券

　贷:持有至到期投资

(二)如果发行方所筹集到的资金用于非工程性项目或者借款费用不予以资本化的项目,则根据当年购买方所计提的利息收益和发行债券方所计提的利息费用作出如下处理:

借:投资收益

　　贷:财务费用

如果这两个项目不等,则抵销金额取两者的较低数额;差额部分视同总集团予以认可的部分。

(三)如果发行方所筹集的资金用于借款费用应予以资本化的工程项目,则分以下两种情况来处理:

1. 发生内部债权业务当年,根据当年购买方确认的利息收益和发行方当年确认的利息费用作如下处理:

借:投资收益

　　贷:财务费用　　　　　　　　　　(计入当期财务费用的部分)

　　　在建工程　　　　　　　　　(计入当期在建工程成本的部分)

2. 连续编制财务报表的年度,根据以前年度债券发行方所提的利息费用可资本化的部分与相应的购买方所提的利息收益部分作如下调整:

借:期初未分配利润

　　贷:在建工程

如果工程已经完工,则需要贷记"固定资产——原价"并按固定资产内部交易来处理,此处不再赘述。

(四)对于上述分录涉及的"持有至到期投资"均应抄转其账面余额,而不是账面价值。

【例5-17】某母公司于2009年1月1日以1 000万元(不考虑交易费用)购入其子公司折价发行的5年期公司债券,该债券面值为1 250万元,票面年利率为4.72%、每年年末付息一次,到期还本。该债券的实际利率为10%,母、子公司均采用实际利率法核算上述债券业务,各年确认的投资收益及利息费用如表5-1所示。

表5-1　　　　母、子公司投资收益及利息费用计算表　　　　单位:万元

| 年份 | 年初摊余成本 | 实际利率收益(费用) | 现金流入(流出) | 年末摊余成本 |
|---|---|---|---|---|
| 2009 | 1 000 | 100 | 59 | 1 041 |
| 2010 | 1 041 | 104 | 59 | 1 086 |
| 2011 | 1 086 | 109 | 59 | 1 136 |
| 2012 | 1 136 | 114 * | 59 | 1 191 |
| 2013 | 1 191 | 118 * * | 1 309 | 0 |

* 数字四舍五入取整。

* * 数字考虑了计算过程中出现的尾数。

则2009年末合并抵销分录包括:

(1)抵销母、子公司内部债券交易的账面余额:

借:应付债券——面值　　　　　　　　　　1 250

　　　　　——利息调整　　　　　　　　　209

贷:持有至到期投资——成本　1 250

——利息调整　209

(2)抵销母、子公司确认的投资收益与利息费用:

借:投资收益　100

贷:财务费用　100

2010 年的合并抵销分录包括:

(1)抵销母、子公司内部债券交易的账面余额:

借:应付债券——面值　1 250

——利息调整　164

贷:持有至到期投资——成本　1 250

——利息调整　164

(2)抵销母、子公司确认的投资收益与利息费用:

借:投资收益　104

贷:财务费用　104

(3)抵销母、子公司以前年度确认的投资收益及利息费用:

借:期初未分配利润——利息调整(母公司)　100

贷:期初未分配利润——利息调整(子公司)　100

2011 年的合并抵销分录包括:

(1)抵销母、子公司内部债券交易的账面余额:

借:应付债券——面值　1 250

——利息调整　114

贷:持有至到期投资——成本　1 250

——利息调整　114

(2)抵销债券的利息收益与利息费用:

借:投资收益　109

贷:财务费用　109

(3)抵销母、子公司以前年度确认的投资收益及利息费用:

借:期初未分配利润——利息调整(母公司)　204

贷:期初未分配利润——利息调整(子公司)　204

2012 年的合并抵销分录包括:

(1)抵销母、子公司内部债券交易的账面余额:

借:应付债券——面值　1 250

——利息调整　59

贷:持有至到期投资——成本　1 250

——利息调整　59

(2)抵销债券的利息收益与利息费用:

借:投资收益　114

贷:财务费用　114

(3)抵销母、子公司以前年度确认的投资收益及利息费用:

借:期初未分配利润——利息调整(母公司) 313

贷:期初未分配利润——利息调整(子公司) 313

2013 年的合并抵销分录包括:

(1)抵销债券的利息收益与利息费用:

借:投资收益 118

贷:财务费用 118

(2)抵销母、子公司以前年度确认的投资收益及利息费用:

借:期初未分配利润——利息调整(母公司) 427

贷:期初未分配利润——利息调整(子公司) 427

2014 及以后年度的合并抵销分录为:

借:期初未分配利润——利息调整(母公司) 545

贷:期初未分配利润——利息调整(子公司) 545

### 四、集团内部其他债权债务项目的抵销

如果存在其他企业集团内部的债权债务交易,应根据具体情况做如下的抵销分录:

借:内部债务

贷:内部债权

## 本章小结

企业集团内部交易事项是指企业集团内部母公司与其所属的子公司之间以及各子公司之间发生的除了股权投资之外的商品购销、内部租赁、各种往来交易事项,属于集团成员企业间的关联交易。站在集团的角度,企业集团内部交易会导致对应项目的重复确认,一般会产生未实现内部损益。为了能够合理准确地反映企业集团的资产、负债、所有者权益、收入、费用、利润的情况,需要在编制合并财务报表时,将重复确认的对应项目和未实现内部损益予以抵销。

本章主要介绍了企业集团内部交易及各种内部交易的抵销处理、介绍了集团成员企业与联营企业或者合营企业之间的内部交易未实现损益的抵销处理。本章分为四节,第一节介绍了企业内部交易以及内部交易的抵销处理的基本原理,介绍了在我国企业会计准则中,对集团成员企业与联营企业或者合营企业的内部交易未实现损益抵销的相关规定;第二至四节分别介绍了内部存货交易、内部非流动资产交易、内部债权债务的抵销处理。

## 关键术语

企业集团内部交易　未实现内部损益　联营企业　合营企业　顺流交易　逆流交易

## 本章重点

企业集团内部存货交易的抵销原则，企业集团内部存货交易、内部固定资产、内部无形资产交易、内部债权债务的抵销处理等。

## 本章难点

企业内部交易对合并财务报表的影响，连续编制合并财务报表的情况下对期初未分配利润的调整，集团成员企业对联营企业或者合营企业的内部交易未实现损益的抵销处理等。

## 思考题

1. 什么是企业集团内部交易？其具体影响有哪些？为何要对其加以抵销？

2. 企业集团内部交易包括哪几类？

3. 企业集团内部存货交易应当如何进行抵销？

4. 企业集团内部固定资产交易应当区分为哪几类？应当如何进行抵销？

5. 在连续编制合并财务报表的情况下，为什么需要对期初未分配利润进行调整？调整时需要考虑哪些因素？

6. 企业集团内部资产交易产生的资产减值准备如何抵销？

7. 是否还存在其他应抵销的企业集团内部交易，它们是什么？我国企业会计准则中对此是如何规定的？

# 第六章　外币交易会计与外币财务报表折算

**学习目标**

通过本章的教学，了解外币及外汇的概念、外汇汇率及其标价方法、外汇汇率的种类、记账本位币的确定，理解外币交易会计核算的基本方法，以及我国企业会计准则规定的外币交易在交易日、资产负债表日以及结算日的账务处理。了解外币财务报表折算的基本方法，掌握我国企业会计准则规定的外币财务报表的折算方法。

## 第一节　外币会计概述

### 一、外币与外币会计业务

（一）外币与外汇

金融学上的外币，亦称“外国货币”，是指本国货币以外的其他国家或地区的货币。它通常用于企业因贸易、投资等经济活动所引起的对外结算的业务中。

金融学上的外币与外汇是两个不同的概念，外汇是外币资产的总称。国际货币基金组织（International Monetary Fund，简称 IMF）对外汇的解释：外汇是货币行政管理当局以银行存款、财政部国库券、长短期政府债券等形式所保有的在国际收支逆差时可以使用的债权。我国外汇管理暂行条例对外汇的解释：外汇是指以外币表示的用于国际结算的支付手段，包括可用于国际支付的特殊债券和其他外币资产。我国外汇管理暂行条例规定的外汇具体包括：（1）外国货币，包括纸币、铸币等；（2）外币有价证券，包括政府公债、国库券、公司债券、股票、息票等；（3）外汇收支凭证，包括票据、银行存款凭证、邮政储蓄凭证等；（4）其他外汇资金。

会计上的外币是针对记账本位币而言的，会计上是以企业经营所处的主要经济环境中的货币作为记账本位币，非记账本位币就是会计上的外币。也就是说，如果会计上选择了某一外国货币作为记账本位币，那么本国货币就成为会计上的外币。

（二）记账本位币的选择

对于发生多种货币计价核算的会计主体，必然要选择统一的货币作为会计计量的货币，并以该货币表述和处理经济业务。这种作为会计计量基本尺度的货币即“记账本位币”。我国外币折算准则规定，企业的记账本位币，是指企业经营所处的主要经济环境中的货币，通常这一货币是企业主要收、支现金的经济环境中的货币。

企业在外币交易中，可能涉及许多不同种类的外币，但是，会计处理往往必须统一成一种货币进行。记账本位币就是这被选择用来作为企业统一记账基础的货币。记账本位币的确定,应有利于真实地反映企业的主要经济业务,并使外币折算对会计结果的影响最小。

在我国,企业通常应选择人民币作为记账本位币。业务收支以人民币以外的货币为主的单位,以及从事境外经营的企业,可以选择其中的一种货币作为记账本位币。

1. 境内经营企业记账本位币的确定

当企业业务收支以人民币以外的货币为主时,可以根据下列原则,确定其中一种货币作为记账本位币。但是,编报的财务报表应当折算为人民币。

(1)该货币主要影响商品和劳务的销售价格,通常以该货币进行商品和劳务的计价和结算,所谓该货币主要影响商品和劳务的销售价格,可以理解为企业在销售其产品或劳务时,以某种货币作为标价,并以这种货币的汇率作为价格的折算基础。例如,某企业的产品主要销往欧洲,产品以欧元定价,并通常以欧元结算,则可选用欧元作为该企业的记账本位币。

(2)该货币主要影响商品和劳务所需人工、材料和其他费用,通常以该货币进行计价和结算,即企业因生产产品或提供劳务所发生的料、工、费用某种货币进行计价,并以这种货币的汇率作为折算基础进行结算。

(3)融资活动获得的货币以及保存从经营活动中收取款项所使用的货币,即确定记账本位币应考虑融资活动获得的货币,例如初始投资获得的资本金、股票发行获得的认购款、银行贷款、借款等所获得的货币。同时还应考虑"保存从经营活动中收取款项所使用的货币",例如货款收入、劳务收入等所获得的货币。

在确定记账本位币时,应综合考虑上述三种因素,有时三种因素影响产生的结果不同,则要以主要因素为准确定记账本位币。

2. 境外经营企业记账本位币的确定

境外经营是指企业在境外的子公司、合营企业、联营企业、分支机构。如果企业在境内的子公司、合营企业、联营企业、分支机构,采用与企业不同的记账本位币,也视同境外经营。

企业在确定境外经营记账本位币时,除遵循上述境内经营企业确定记账本位币的一般性原则外,同时还应当考虑下列因素:

(1)境外经营对其所从事的活动是否拥有很强的自主性。企业境外机构所从事的经营活动独立于境内的总公司或母公司的经营业务可以视为其境外经营有较强的"自主性",境外经营的记账本位币的确定应选择其自身所处经济环境中主要使用的货币;如果企业境外机构所从事的经营活动依附于境内的总公司或母公司的经营业务,仅仅是境内总公司或母公司的经营业务在境外的扩展,则可以认为这种境外经营"自主性"较弱,其记账本位币的确定应选择与境内总公司或母公司相同的记账本位币。

(2)境外经营活动中与企业的交易是否在境外经营活动中占有较大比重。所谓"在境外经营活动中占有较大比重"是指境外经营日常交易的大部分发生在与境内总公司或母公司之间。这种情况下,境内总公司或母公司记账本位币就成为境外经营所处的经济环境的主要货币,其记账本位币就应与总公司或母公司记账本位币一致。

(3)境外经营活动产生的现金流量是否直接影响企业的现金流量,是否可以随时汇回。如果境外经营活动产生的现金流量直接影响境内企业的现金流量并且可以随时汇回,就可以将境外经营视为境内交易的延伸,并选择与境内企业相同的记账本位币。

(4)境外经营活动产生的现金流量是否足以偿还其现有债务和可预期的债务。如果境外经营活动所需要的资金主要来自其自身经营活动或经营性筹资,并有足够的现金偿还将到期的债务,表明境外经营的独立性较强,受经营地的经济环境的影响也较大,并主要使用当地货币,因而应选择经营地的货币作为其记账本位币。

3. 记账本位币的变更

依据我国企业会计准则规定,企业记账本位币一经确定,不得随意变更,除非企业经营所处的主要经济环境发生重大变化。

企业因经营所处的主要经济环境发生重大变化,确需变更记账本位币的,应当采用变更当日的即期汇率将所有项目折算为变更后的记账本位币计价的金额。

(三)外币会计业务

外币会计业务包括外币交易会计和外币财务报表折算。外币交易会计是指企业以非记账本位币进行收付、结算等会计业务。尽管外币交易本身是以非记账本位币计量的,但会计上计量和记录这些交易时必须将其表述为记账本位币。外币财务报表折算是指为满足特定的目的,将一种货币单位表述的财务报表折算成所要求的另一种货币单位表述的财务报表。如按我国企业会计准则和有关法规,企业向有关部门报送的财务报表必须按人民币编制,对于以非人民币作为记账本位币的企业就要以人民币重新表述财务报表。另外,我国跨国经营的控股公司为编制合并财务报表,需要将其国外子公司外币表示的财务报表按人民币进行重新表述。

## 二、外币会计的产生和发展

会计是对企业经济活动的反映,因此会计的产生和发展是与经济发展密切相关的,外币会计也不例外。

(一)外币会计的产生

随着跨国经济活动的不断发展与深化,企业跨国进行投资,甚至建立独立的经营管理部门,有组织、系统地进行国际商业经营和生产加工,并在全球市场开展筹集资金等活动,此时企业对外币业务的会计核算出现了强烈的需求。为了对企业的国际商业、投资、筹资等活动进行严格管理和控制,并能及时准确地提供财务会计信息,由此,外币会计应运而生,并初步形成了专门的规则和方法。1939 年美国会计程序委员会(Committee on Accounting Procedure,简称 CAP)发布了第 4 号会计研究公告《国外经营活动与外汇》,对跨国经营中的外币业务的会计处理进行了规范,之后,于 1953 年美国 CAP 发布了第 43 号会计研究公告,对外币折算的会计规范作了一些修改。1965 年,美国会计原则委员会(Accounting Principles Board,简称 APB)发布的第 6 号意见书《会计研究公告的地位》,对外币会计的一些处理规范进行了修订。这些会计规范的出台与修订为外币会计的产生提供了权威性的支持,促进了外币会计的进一步发展。

(二)外币会计的发展

1975 年,美国财务会计准则委员(Financial Accounting Standards Board,简称 FASB)发布了《财务会计准则公告第 8 号——外币交易和外币报表会计》。1981 年,FASB 发布了《财务会计准则公告第 52 号——外币折算》,这一公告被公认为权威性的外币会计理论基础和处理准则。1983 年,国际会计准则委员会(International Accounting Standards Committee,简称 IASC)发布了《国际会计准则第 21 号——外汇汇率变动影响的会计处理》,对外币业务的会计处理作出了相关规定。1994 年 1 月 1 日,我国实行新的外汇管理体制后,我国财政部发布了《关于外汇管理体制改革后企业外币业务会计处理的规定》,对企业外币业务的会计处理进行了规范。2006 年 2 月 15 日财政部又发布了《企业会计准则第 19 号——外币折算》(以下简称“外币折算准则”),对我国企业外币业务的会计处理进行了全面的规范。

## 三、汇率及汇兑损益

(一)汇率

汇率,亦称“汇价”或“外汇牌价”,是指一国货币兑换成另一国货币时的比价或比率,或以一国货币所表示的另一国货币的价格。

1. 汇率的标价

汇率的标价,是以外国货币表示本国货币的价格或以本国货币表示外国货币的价格,可用以下两种方式加以表述。

(1)直接标价法

直接标价法,是以一定单位的外币为标准折合成一定数额的本国货币的标价方法。其特点是:外币数额固定不变,本国货币的数额随着汇率的高低变化而变化,本国货币币值的大小与汇率的高低成反比。目前,世界上大多数国家汇率的标价均采用直接标价法,我国也采用这种方法。

(2)间接标价法

间接标价法,是以一定单位的本国货币为标准折合成一定数额的外国货币的标价方法。其特点是:本国货币数额固定不变,外国货币的数额随着汇率的高低变化而变化,本国货币币值的大小与汇率的高低成正比。通常英国、美国采用这种方法,但美国对英国采用直接标价法。

2. 汇率的种类

汇率按照不同的标准,具有不同的分类,以下介绍三种主要的汇率分类。

(1)固定汇率和浮动汇率

①固定汇率

固定汇率,是指某一国家的货币与别国货币的兑换比率是基本不变的,或者是指因某种限制而在一定幅度内进行波动的汇率。固定汇率一般是由政府规定的,将汇率变动规定在一定幅度之内,超出幅度,则实行政府干预。第二次世界大战后,固定汇率曾风靡全球,但从 20 世纪 70 年代以后,国际市场上受美元危机的影响,固定汇率制逐步趋于崩溃。

②浮动汇率

浮动汇率，是指某一国货币与另一国货币的兑换比率是根据外币市场的供求关系决定且涨落不受限制的汇率。浮动汇率又分为自由汇率制与管理浮动制。自由汇率制完全由市场供求情况决定，国家不进行干预。在管理浮动制下，政府可根据本国经济发展的需要，采取各种方式干预外汇市场，使汇率不致发生剧烈波动。目前，国际市场上现行的汇率制度大多为浮动汇率制。

(2)银行挂牌汇率和外汇市场汇率

①银行挂牌汇率

银行挂牌汇率，是由银行挂牌公布进行外汇兑换的汇率，分为买入价、卖出价和中间价。买入价是银行买进外币时所依据的汇率，卖出价是银行卖出外币时所依据的汇率，中间价即为买入价与卖出价的平均价。

②外汇市场汇率

外汇市场汇率，是在外汇市场上挂牌的外汇买卖汇率，一般也分为买入价、卖出价和中间价。

(3)即期汇率和即期汇率的近似汇率

①即期汇率

即期汇率，通常是指中国人民银行公布的当日人民币外汇牌价的中间价。

②即期汇率的近似汇率

即期汇率的近似汇率，是指按照系统合理的方法确定的、与交易发生日即期汇率近似的汇率，通常以当期平均汇率或加权平均汇率等作为即期汇率的近似汇率。

(二)汇兑损益

1. 汇兑损益的概念

汇兑损益，亦称“汇兑差额”，是指企业发生的外币业务在折合为记账本位币记账时，由于业务发生的时间不同，所采用的汇率不同而产生的记账本位币的差额，或者是不同货币兑换，由于两种货币采用的汇率不同而产生的折合为记账本位币的差额。它给企业带来收益或者损失，也是衡量企业外汇风险的一个指标。

2. 汇兑损益的类别

根据汇兑损益产生的业务类型不同，汇兑损益可以分为以下四种常见类别。

(1)交易汇兑损益

交易汇兑损益，是指在发生以外币计价或结算的购销业务中，因收回或偿付外币债权债务而产生的汇兑损益。

(2)兑换汇兑损益

兑换汇兑损益，是指在发生外币与记账本位币或一种外币与另一种外币进行兑换时产生的汇兑损益。

(3)资产负债表日调整外币汇兑损益

资产负债表日调整外币汇兑损益，是指在资产负债表日将所有外币货币资金、外币债权债务和外币性投资等账户按资产负债表日的汇率进行调整而产生的汇兑损益。

(4)外币财务报表折算汇兑损益

外币财务报表折算汇兑损益,是指在资产负债表日,为了编制合并财务报表或为了重新表述会计记录和财务报表金额,而把外币计量单位的金额转化为记账本位币计量单位的金额的过程中产生的汇兑损益。

## 第二节　外币交易的会计处理

### 一、外币交易的会计核算方法

外币交易,是指企业以外币计价或者结算的交易。外币交易包括:(1)买入或者卖出以外币计价的商品或者劳务;(2)借入或者借出外币资金;(3)其他以外币计价或者结算的交易。对于企业已发生的外币交易,会计上应处理的主要问题有:(1)交易发生时按哪一种汇率折算为记账本位币予以记录;(2)资产负债表日外币账户余额应如何记录与调整;(3)汇兑差额的计算与账务处理;(4)结算日外币债权与债务应如何计算与记录。

企业发生的外币交易的会计核算方法有外币统账制和外币分账制两种,企业可根据实际情况加以选择。

(一)外币统账制

外币统账制,是指企业在发生外币交易时,即将外币折算为记账本位币登记入账。采用外币统账制进行外币交易的会计核算,将外币折算为记账本位币时,有即期汇率法和即期汇率的近似汇率法两种方法可供选择。

1. 即期汇率法

这种方法是对每笔外币交易均按业务发生当天的即期汇率折算为记账本位币。除了外币兑换业务外,平时不确认汇兑损益,资产负债表日再将各外币账户的外币余额按资产负债表日的即期汇率折合为记账本位币金额,折合后的记账本位币金额与账面记账本位币金额的差额,确认为汇兑损益。

2. 即期汇率的近似汇率法

这种方法是对每笔外币交易均在发生时按即期汇率的近似汇率折合为记账本位币。除了外币兑换业务外,平时不确认汇兑损益,资产负债表日再将各外币账户的外币余额按资产负债表日的即期汇率折合为记账本位币金额,并将其与账面记账本位币金额的差额确认为汇兑损益。

(二)外币分账制

外币分账制,是指企业在发生外币交易时,直接按照原币记账,不需要按一定的汇率折算成记账本位币,资产负债表日再将所有原币的发生额按资产负债表日的即期汇率折算为记账本位币,并确认汇兑损益。采用这种方法,需要按币种分设账户,分币种核算损益。这种方法减少了日常会计核算的工作量,又可及时、准确地反映外币业务情况,一般适用于外币业务繁多的企业。

目前,我国绝大多数企业采用外币统账制,而外币交易频繁、外币币种较多的金融企业一般采用外币分账制。本章主要介绍外币统账制的会计处理。

## 二、外币交易会计处理的基本方法

企业发生以外币计价的购销业务时，就会产生相应的外币应收、应付款项，形成债权债务，债权债务随后将进行结算。也就是说企业外币交易的会计处理包括两个过程：前一过程是把外币购销额折算为本位币金额，后一过程是为清偿债务或收回债权的外币资金结算的记录。对这两个过程的会计处理主要有两种观点，即单一交易观点和两项交易观点。

(一)单一交易观点

单一交易观点，亦称"一笔业务交易观点"，是指企业将发生的购销交易以及以后的账款结算视为一项交易的两个阶段。在这种观点下，汇率变动的影响应作为原入账销售收入或原采购成本的调整，即按记账本位币计量的销售收入和购货成本，最终取决于结算日的汇率。

这种方法的要点是：(1)在交易发生日，按交易发生日的即期汇率或即期汇率的近似汇率将交易发生的外币金额折合为记账本位币入账；(2)在资产负债表日，如果交易尚未结算，应按资产负债表日的即期汇率将交易发生额折算为记账本位币金额，并对有关外币资产、负债、收入、成本账户进行调整；(3)在交易结算日，应按结算日即期汇率将交易发生额折算为记账本位币金额，并对有关外币资产、负债、收入、成本账户进行调整。

【例6-1】中国某公司的记账本位币为人民币，2009年12月15日该公司以赊销方式向美国某公司出口商品一批，买卖双方约定货款以美元结算，共计100 000美元，当天的汇率为USD1 = CNY6.8；12月31日的汇率为USD1 = CNY6.7；结算日为2010年2月16日，当天汇率为USD1 = CNY6.6。不考虑相关税费的影响。

按照单一交易观点，其账务处理程序如下：

①2009年12月15日，按交易日即期汇率反映出口商品销售，编制会计分录如下：

借：应收账款——美元　　　　680 000(100 000 × 6.8)

　贷：主营业务收入　　　　　　680 000

②2009年12月31日，按资产负债表日即期汇率调整原入账的销售收入和应收账款，编制会计分录如下：

借：主营业务收入　　　　　10 000

　贷：应收账款——美元　　　　10 000[100 000 × (6.8 - 6.7)]

③2010年2月16日结算时，先按当日即期汇率调整销售收入和应收账款账户，并反映将收讫的款项存入银行的情况，编制会计分录如下：

借：主营业务收入　　　　　10 000

　贷：应收账款——美元　　　　10 000[100 000 × (6.7 - 6.6)]

同时：

借：银行存款——美元　　　　660 000(100 000 × 6.6)

　贷：应收账款——美元　　　　660 000

由以上会计分录可见，在单一交易观点下，外币交易汇兑损益作为销售收入调整处理。若将上例改为进口业务，即上例中的中国某公司从美国某公司进口商品一批，发生的外汇交易损益则作为调整购货成本处理，其账务处理程序如下：

①2009 年 12 月 15 日，购货业务按交易日即期汇率入账，编制会计分录如下：

借：库存商品　　680 000

　贷：应付账款——美元　　680 000（100 000 ×6.8）

②2009 年 12 月 31 日，按资产负债表日即期汇率调整原已入账的库存商品成本，编制会计分录如下：

借：应付账款——美元　　10 000［100 000 ×（6.8 －6.7）］

　贷：库存商品　　10 000

③2010 年 2 月 16 日结算时，先按当日即期汇率调整库存商品成本和应付账款账户，并反映结算应付账款的情况，编制会计分录如下：

借：应付账款——美元　　10 000［100 000 ×（6.7 －6.6）］

　贷：库存商品　　10 000

同时：

借：应付账款——美元　　660 000（100 000 ×6.6）

　贷：银行存款——美元　　660 000

（二）两项交易观点

两项交易观点，亦称“两笔业务交易观点”，是指对企业发生的购销交易以及以后的账款结算视为两项交易。在这种观点下，销售收入或采购成本均按照交易发生日的即期汇率或即期汇率的近似汇率确定，而与结算日的汇率无关。在交易中形成的外币债权债务将承受汇率变动风险，即确认的销售收入或采购成本取决于交易日的即期汇率或即期汇率的近似汇率。

在两项交易观点下，对结算日前的资产负债表日的汇率变动产生的汇兑损益有两种处理方法：第一种方法是作为已实现的损益，列入当期利润表；第二种方法是作为未实现损益予以递延处理，列入资产负债表，待到结算日再作为已实现的汇兑损益转入当期损益。

1. 将汇兑损益作已实现损益处理

【例 6 －2】沿用【例 6 －1】中的出口业务资料，按照两项交易观点，其账务处理程序如下：

①2009 年 12 月 15 日，按交易日即期汇率反映出口商品销售，编制会计分录如下：

借：应收账款——美元　　680 000（100 000 ×6.8）

　贷：主营业务收入　　680 000

②2009 年 12 月 31 日，按资产负债表日即期汇率调整应收美元账款金额并确认未结算交易损益，编制会计分录如下：

借：财务费用——汇兑差额　　10 000［100 000 ×（6.8 －6.7）］

　贷：应收账款——美元　　10 000

③2010 年 2 月 16 日结算时，先按当日即期汇率调整应收美元账款，确认汇兑损益，并反映将收讫的款项存入银行，编制会计分录如下：

借：财务费用——汇兑差额　　10 000［100 000 ×（6.7 －6.6）］

　　贷:应收账款——美元　　　　　　　　10 000

同时:

借:银行存款——美元　　　　　　660 000(100 000 ×6.6)

　　贷:应收账款——美元　　　　　　　　660 000

2. 将汇兑损益予以递延处理

【例6-3】沿用【例6-1】中的出口业务资料,按照两项交易观点,其账务处理程序如下:

①2009 年 12 月 15 日,按交易日即期汇率反映出口商品销售,编制会计分录如下:

借:应收账款——美元　　　　　　680 000(100 000 ×6.8)

　　贷:主营业务收入　　　　　　　　　680 000

②2009 年 12 月 31 日,按资产负债表日即期汇率调整应收美元账款金额并确认未结算交易损益,编制会计分录如下:

借:递延收益　　　　　　　　　　10 000[100 000 ×(6.8-6.7)]

　　贷:应收账款——美元　　　　　　　　10 000

③2010 年 2 月 16 日结算时,先按当日即期汇率调整应收美元账款,确认汇兑损益,并反映将收讫的款项存入银行,编制会计分录如下:

借:递延收益　　　　　　　　　　10 000[100 000 ×(6.7-6.6)]

　　贷:应收账款——美元　　　　　　　　10 000

同时:

借:银行存款——美元　　　　　　660 000(100 000 ×6.6)

　　贷:应收账款——美元　　　　　　　　660 000

同时,将递延汇兑损益结转为已实现的汇兑损益,作账务处理:

借:财务费用——汇兑差额　　　　　　　　　20 000

　　贷:递延收益　　　　　　　　　　　　　　20 000

目前,两项交易观点已为大多数国家的会计准则所采用。我国采用两项交易观点的第一种方法。

## 三、我国外币交易的会计处理

### (一)我国外币交易会计处理的基本原则

1. 企业外币交易发生时会计处理的基本原则

(1)外币账户采用复式记账

所谓复式记账,是指反映外币交易时,在将外币折算为记账本位币记账的同时,还要在账簿上用交易的结算货币(原币)予以记录。企业需要设置的外币账户包括外币现金、外币银行存款以及以外币结算的债权(如应收账款、应收票据、预付账款等)和债务(如短期借款、长期借款、应付账款、应付票据、应付职工薪酬、应付股利、预收账款等)。

(2)初始确认采用即期汇率或即期汇率的近似汇率折算

外币交易发生后应当在初始确认时,采用交易发生日的即期汇率将外币金额折算为记账本位币,也可以采用按照系统合理的方法确定的、与交易日即期汇率近似的汇率折算。

2. 资产负债表日期末调整的基本原则

我国外币折算准则规定，企业在资产负债表日，应当按照下列规定对外币货币性项目和外币非货币性项目进行处理。

(1)外币货币性项目按资产负债表日的即期汇率调整

外币货币性项目，是指企业持有的货币资金和将以固定金额或可确定的金额收取的资产或者偿付的负债。货币性项目分为货币性资产和货币性负债。货币性资产包括库存现金、银行存款、应收账款、其他应收款和长期应收款等。货币性负债包括短期借款、应付账款、其他应付款、长期借款、应付债券和长期应付款等。

我国外币折算准则规定，外币货币性项目，采用资产负债表日即期汇率折算。因资产负债表日即期汇率与初始确认或者前一资产负债表日即期汇率不同而产生的汇兑损益，计入当期损益。

(2)以历史成本计量的外币非货币性项目不需调整

外币非货币性项目，是指货币性项目以外的项目，包括存货、长期股权投资、固定资产和无形资产等。

我国外币折算准则规定，以历史成本计量的外币非货币性项目，仍采用交易发生日的即期汇率折算，不改变其记账本位币金额。

(3)可变现净值以外币确定的存货按资产负债表日的即期汇率调整

对于以成本与可变现净值孰低计量的存货，如果其可变现净值以外币确定，则在确定存货的期末价值时，应先将可变现净值折算为记账本位币，再与以记账本位币反映的存货成本进行比较。

(4)以公允价值计量的外币非货币性项目按公允价值确定日的即期汇率调整

以公允价值计量的外币非货币性项目，如交易性金融资产(股票、基金等)，采用公允价值确定日的即期汇率折算，折算后的记账本位币金额与原记账本位币金额的差额作为公允价值变动(含汇率变动)处理，计入当期损益。

(5)外币实收资本(或股本)项目不需调整

企业收到投资者以外币投入的资本，应当采用交易发生日的即期汇率折算，不得采用合同约定汇率和即期汇率的近似汇率折算，外币投入资本与相应的货币性项目的记账本位币金额之间不产生外币资本折算差额。

(二)外币购销业务的会计处理

1. 外币采购业务的会计处理

企业从国外或境外购进原材料、商品或引进设备时，应按交易发生日的即期汇率或即期汇率的近似汇率将实际支付的外币或应付的外币折算为记账本位币金额，以确定购入货物的入账价值和发生的应付账款的入账价值。进行会计处理时，按折算后的记账本位币金额，借记“原材料”等账户，贷记“银行存款——××外币”或“应收账款——××外币”等账户，同时还应按照外币的金额登记外币银行存款账户或外币应付账款账户。如果涉及用记账本位币支付进口关税和增值税的，还应将关税计入进口货物的采购成本，将增值税计入“应交税费——应交增值税”账户的借方。

【例 6-4】国内某公司的记账本位币为人民币，属于增值税一般纳税企业。2009 年 4 月 10 日，从国外购入某原材料，共计 500 000 欧元，当日的即期汇率为 EUR1 = CNY10，按照规定计算应缴纳的进口关税为 500 000 元人民币，支付的进口增值税为 850 000 元人民币，货款尚未支付，进口关税及增值税已用银行存款支付。该公司编制会计分录如下：

借：原材料　　5 500 000（500 000 × 10 + 500 000）

　应交税费——应交增值税（进项税额）　　850 000

　贷：应付账款——欧元　　5 000 000（500 000 × 10）

　　银行存款　　1 350 000（500 000 + 850 000）

2. 外币销售业务的会计处理

企业向国外或境外出口商品时，应当按即期汇率或即期汇率的近似汇率将实际收到的外币或应收的外币折算为记账本位币金额，以确定销售收入的入账价值和应收账款的入账价值。进行账务处理时，按折算后的记账本位币金额，借记“银行存款——× ×外币”或“应付账款——× ×外币”账户，贷记“主营业务收入”账户。

【例 6-5】国内甲公司的记账本位币为人民币。2009 年 6 月 5 日，向国外乙公司出口销售商品一批，根据销售合同，货款共计 1 000 000 美元，当日的即期汇率为 USD1 = CNY6.7。假定不考虑增值税等相关税费，货款尚未收到。甲公司编制会计分录如下：

借：应收账款——美元　　6 700 000（1 000 000 × 6.7）

　贷：主营业务收入　　6 700 000（1 000 000 × 6.7）

（三）外币兑换业务的会计处理

外币兑换业务包括企业卖出外币、购入外币和用一种外币兑换成另一种外币等三种情况。

1. 企业将外币兑换成记账本位币

企业将持有的外币兑换成记账本位币时，按当日的外币买入价折算应从银行收取的记账本位币金额，同时按即期汇率或即期汇率的近似汇率将卖出的外币折算为记账本位币金额。将实际收到的记账本位币金额与卖出的外币按照即期汇率或即期汇率的近似汇率折算为记账本位币金额之间的差额，作为当期汇兑损益处理。在进行账务处理时，按实际收到的记账本位币金额，借记“银行存款——记账本位币”账户；按卖出的外币折算为记账本位币金额，贷记“银行存款——× ×外币”账户；按两者的差额，借记“财务费用——汇兑差额”账户。

【例 6-6】中华公司记账本位币为人民币，2009 年 10 月 5 日该公司将 80 000 美元到银行兑换为人民币，银行当日的美元买入价为 USD1 = CNY6.75，即期汇率为 USD1 = CNY6.85。中华公司编制会计分录如下：

借：银行存款——人民币　　540 000（80 000 × 6.75）

　财务费用——汇兑差额　　8 000

　贷：银行存款——美元　　548 000（80 000 × 6.85）

企业根据上述会计分录登记入账时，应当在银行存款美元账户作双重记录，一方面记录 80 000 美元的减少，另一方面记录 548 000 元人民币的减少。

2. 企业以记账本位币兑换外币

企业以记账本位币兑换外币时，按当日的外币卖出价折算应向银行支付的记账本位币金额，同时按即期汇率或即期汇率的近似汇率将买入的外币折算为记账本位币金额，将实际支付的记账本位币金额与买入的外币按照即期汇率或即期汇率的近似汇率折算为记账本位币金额之间的差额，作为当期汇兑损益处理。在进行账务处理时，按买入的外币折算为记账本位币的金额，借记“银行存款——××外币”账户；按实际支付的记账本位币金额，贷记“银行存款——记账本位币”账户；按两者的差额，借记“财务费用——汇兑差额”账户。

【例6-7】中华公司记账本位币为人民币，2009年10月26日该公司从银行购入60 000美元。当日银行美元卖出价为USD1 = CNY6.82，即期汇率为USD1 = CNY6.72。中华公司编制会计分录如下：

借：银行存款——美元　　　　　　403 200（60 000 × 6.72）

　　财务费用——汇兑差额　　　　　6 000

　　贷：银行存款——人民币　　　　　409 200（60 000 × 6.82）

根据上述会计分录登记入账时，应当在银行存款美元账户作双重记录，一方面记录60 000美元的增加，另一方面记录403 200元人民币的增加。

3. 企业将一种外币兑换成另一种外币

企业有时因外币支付币种的需要，将一种外币向银行兑换为另一种外币。企业将一种外币兑换为另一种外币业务，实际上是卖出外币业务与买入外币业务的合并，其会计处理的程序及方法如下：

（1）按银行当日的外币买入价折算卖出外币（即换出的外币）实际应收的记账本位币金额；

（2）根据卖出外币（即换出的外币）实际应收的记账本位币金额和换入外币当日的银行卖出价，计算可换入外币的原币数额；

（3）将可换入外币的原币数额按该外币即期汇率或即期汇率的近似汇率折算为记账本位币金额，并登记入账；

（4）将换出外币的原币数额按该外币即期汇率或即期汇率的近似汇率折算为记账本位币金额，并登记入账；

（5）将换出外币按即期汇率或即期汇率的近似汇率折算为记账本位币金额与换入外币按即期汇率或即期汇率的近似汇率折算为记账本位币金额之间的差额，作为当期汇兑损益处理。

【例6-8】中华公司记账本位币为人民币，2009年11月10日将100 000美元向中国银行兑换港币。当日美元的银行买入价为USD1 = CNY7.20，港币的银行卖出价为HKD1 = CNY0.968。中国人民银行当日公布的汇率为USD1 = CNY7.40，HKD1 = CNY0.959。中华公司编制会计分录如下：

换出美元应收取的人民币金额 = 100 000 × 7.20 = 720 000（元）

换入港币的金额 = 720 000 ÷ 0.968 = 743 802（元）

换出美元按即期汇率折算为人民币金额 = 100 000 × 7.40 = 740 000（元）

换入港币按即期汇率折算为人民币金额 = 743 802 × 0.959 = 713 306(元)

汇兑损失 = 740 000 − 713 306 = 26 694(元)

借:银行存款——港币　　713 306(743 802 × 0.959)

　财务费用——汇兑差额　　26 694

　贷:银行存款——美元　　740 000(100 000 × 7.40)

(四)外币借贷业务的会计处理

企业从银行借入外币时,将所借外币按即期汇率或即期汇率的近似汇率折算为记账本位币金额,借记“银行存款——××外币”账户,贷记“短期借款——××外币”、“长期借款——××外币”等账户;企业归还外币借款时,将所还外币按即期汇率或即期汇率的近似汇率折算为记账本位币金额,借记“短期借款——××外币”、“长期借款——××外币”等账户,贷记“银行存款——××外币”账户。

应当指出,企业发生外币借贷业务,不论是在借入时还是归还外币借款时,都不确认汇兑损益,至于由于借入时与归还时采用的汇率不同而产生的折算差额,将在会计期末予以调整,并确定相应的汇兑损益。

【例6-9】海信公司记账本位币为人民币,2009年7月1日从银行借入一年期贷款100 000美元,年利率为5%,借款当天的即期汇率为USD1 = CNY6.8;2009年12月31日的即期汇率为USD1 = CNY6.7;2010年6月30日偿还贷款本金,还款当天的即期汇率为USD1 = CNY6.9。海信公司编制会计分录如下:

①2009年7月1日,将借入的外币按当天的即期汇率折合为人民币入账,编制会计分录如下:

借:银行存款——美元　　680 000(100 000 × 6.8)

　贷:短期借款——美元　　680 000(100 000 × 6.8)

②2009年12月31日,计提2009年下半年应付利息,编制会计分录如下:

应付利息 = 100 000 × 5% × 6 ÷ 12 × 6.7 = 16 750(元)

借:财务费用——利息支出　　16 750

　贷:应付利息　　16 750

③2009年12月31日,计算由于汇率变化所形成的汇兑损益,编制会计分录如下:

借:短期借款——美元　　10 000[100 000 × (6.8 − 6.7)]

　贷:财务费用——汇兑差额　　10 000

④2010年6月30日,计算利息

借款利息总额 = 100 000 × 5% × 6.9 = 34 500(元),其中:

2010年上半年的应付利息 = 100 000 × 5% × 6 ÷ 12 × 6.9 = 17 250(元)

2010年上半年应付利息中由于汇率变化所形成的汇兑损益 = 100 000 × 5% × 6 ÷ 12 × (6.9 − 6.7) = 500(元)

根据以上计算结果,编制会计分录如下:

借:应付利息　　16 750

　财务费用——利息支出　　17 250

　　　　——汇兑差额　　500

贷:银行存款——美元 34 500

⑤2010 年 6 月 30 日,计算由于汇率变动所形成的汇兑差额,编制会计分录如下:

借:财务费用——汇兑差额 20 000

贷:短期借款——美元 20 000[100 000×(6.9-6.7)]

(6)2010 年 6 月 30 日归还外币贷款本金,编制会计分录如下:

借:短期借款——美元 690 000(100 000×6.9)

贷:银行存款——美元 690 000(100 000×6.9)

(五)接受外币资本业务的会计处理

企业收到投资者以外币投入的资本,无论是否有合同约定汇率,均不得采用合同约定汇率和即期汇率的近似汇率折算,而是采用交易日即期汇率折算。这样,外币投入资本与相应的货币性项目的记账本位币金额相等,不产生外币资本折算差额。

【例 6-10】甲公司的记账本位币为人民币。2009 年 12 月 12 日,甲公司与某外商签订投资合同,当日收到外商投入资本 2 000 000 美元。当日的即期汇率为 USD1 = CNY6.6,投资合同约定的汇率为 USD1 = CNY6.7。甲公司编制会计分录如下:

借:银行存款 13 200 000(2 000 000×6.6)

贷:实收资本 13 200 000

【知识链接】

根据《关于外商投资的公司审批登记管理法律适用若干问题的执行意见》(工商外企字[2006]81 号)的规定,外商投资公司的注册资本只能采用收到出资当日的即期汇率,不再使用合同汇率,也不使用即期汇率的近似汇率,与其相对应的资产类科目也不使用即期汇率的近似汇率。这样,外币投入资本不会产生汇兑差额,在期末资产类科目仍分为货币性项目和非货币性项目进行处理。

(六)资产负债表日调整或结算日的会计处理

资产负债表日,企业应当分外币货币性项目和外币非货币性项目进行处理。

1.外币货币性项目在资产负债表日调整或结算日的会计处理

资产负债表日或结算日,企业应以当日即期汇率折算外币货币性项目,该项目因当日即期汇率不同于初始入账时或前一资产负债表日即期汇率而产生的汇率差额计入当期损益。

【例 6-11】甲公司的记账本位币为人民币,2009 年 12 月 10 日,向国外乙公司出口销售商品一批,根据销售合同,货款共计 1 000 000 美元,当日的即期汇率为 USD1 = CNY6.8。2009 年 12 月 31 日的即期汇率为 USD1 = CNY6.9。2009 年 12 月 31 日该应收账款尚未收到。甲公司编制会计分录如下:

借:应收账款——美元 100 000[1 000 000×(6.9-6.8)]

贷:财务费用——汇兑差额 100 000

假定于 2010 年 1 月 10 日收到上述货款,兑换成人民币后直接存入银行,当日银行的美元买入价为 USD1 = CNY7。编制会计分录如下:

借:银行存款——人民币 7 000 000(1 000 000×7)

贷:应收账款——美元 6 900 000

财务费用——汇兑差额　　　　　　　　100 000

2. 以历史成本计量的外币非货币性项目不需调整

资产负债表日，以历史成本计量的外币非货币性项目，仍采用交易发生日的即期汇率折算，不改变其记账本位币金额。

【例 6-12】甲公司记账本位币为人民币，2009 年 12 月 5 日以 100 000 美元购入一台机器设备，已按当日即期汇率 USD1 = CNY6.5 折算为人民币并记入“固定资产”账户。2009 年 12 月 31 日的即期汇率为 USD1 = CNY6.6。在 2009 年 12 月 31 日，由于“固定资产”属于非货币性项目，因此，资产负债表日不需要再按照当日即期汇率进行调整。

3. 可变现净值以外币确定的存货按资产负债表日的即期汇率调整

对于以成本与可变现净值孰低计量的存货，如果其可变现净值以外币确定，则在确定存货的期末价值时，应先将可变现净值折算为记账本位币，再与以记账本位币反映的存货成本进行比较。

【例 6-13】A 公司以人民币为记账本位币，2009 年 12 月 10 日，以 5 000 美元/台的价格从美国某供货商处购入国际最新型号的乙器材 12 台（该器材在国内市场尚无供应），并于当日支付了相应货款（假定该公司有美元存款）。至 2009 年 12 月 31 日，A 公司已经售出乙器材 2 台，库存尚有 10 台，国内市场仍无乙器材供应，其在国际市场的价格已降至 4 800 美元/台。12 月 10 日的即期汇率是 USD1 = CNY6.5，12 月 31 日的即期汇率是 USD1 = CNY6.4。假定不考虑增值税等相关税费。

A 公司 12 月 31 日对乙器材应计提的存货跌价准备 $=10\times5\,000\times6.5-10\times4\,800\times6.4=17\,800$（元人民币）

A 公司编制会计分录如下：

借：资产减值损失　　　　　　　　　　　17 800

　　贷：存货跌价准备　　　　　　　　　　　　17 800

4. 以公允价值计量的外币非货币性项目按公允价值确定日的即期汇率调整

以公允价值计量的外币非货币性项目，如交易性金融资产（股票、基金等），采用公允价值确定日的即期汇率折算，折算后的记账本位币金额与原记账本位币金额的差额作为公允价值变动（含汇率变动）处理，计入当期损益。

【例 6-14】甲公司的记账本位币为人民币，2009 年 12 月 5 日以每股 2.5 港元的价格购入乙公司的 H 股 100 000 股作为交易性金融资产，当日汇率为 HKD1 = CNY0.95，款项已支付。2009 年 12 月 31 日，当月购入的乙公司 H 股的市价变为每股 3 港元，当日汇率为 HKD1 = CNY0.97。假定不考虑相关税费的影响。

甲公司持有乙公司 H 股的公允价值变动 $=100\,000\times3\times0.97-100\,000\times2.5\times0.95=53\,500$（元人民币）

2009 年 12 月 31 日，甲公司编制会计分录如下：

借：交易性金融资产——公允价值变动　　　　53 500

　　贷：公允价值变动损益　　　　　　　　　　53 500

这 53 500 元人民币既包含甲公司所购乙公司 H 股公允价值变动的影响，又包含人民币与港元之间汇率变动的影响。

## 第三节　外币财务报表折算

### 一、外币财务报表折算的意义

外币财务报表折算，是指为反映一个企业集团的整体财务状况和经营成果，在编制合并财务报表时，将纳入合并范围的子公司的非母公司记账本位币反映的财务报表折算成以母公司的记账本位币表述的财务报表，以及为了特定目的将一种货币表述的财务报表折算为另一种货币表述的财务报表。如一些独立经营以本国货币为记账本位币的外国公司，为满足所在国政府管理部门及各利害关系人使用财务报表的需要，也要根据规定进行外币财务报表的折算，编制以所在国货币表示的财务报表。另外，企业在经营中，若在国际资本市场上进行融资，为满足国外投资者的需要，也应按其要求将财务报表进行折算，编制以境外投资者所在国货币表示的财务报表。

外币财务报表折算的核心问题包括两个方面：(1)选择外币财务报表的折算标准，即外币财务报表中的各项目按何汇率进行折算；(2)处理外币财务报表折算差额，即外币财务报表折算差额是计入当期损益，还是计入资产负债表的所有者权益。

### 二、外币财务报表折算的主要方法

外币财务报表采用的折算方法主要有流动与非流动项目法、货币与非货币性项目法、现行汇率法和时态法。

(一)流动与非流动项目法

这种方法是将资产负债表项目按其流动性划分为流动项目和非流动项目两类。

流动项目包括流动资产和流动负债，流动资产项目主要有库存现金、银行存款、应收账款和存货等；流动负债项目主要有应付账款、应付票据、短期借款等。

非流动项目是指除了流动项目以外的资产、负债项目，主要有长期股权投资、固定资产、无形资产、长期借款、应付债券以及所有者权益的实收资本(或股本)、资本公积等。

采用流动与非流动项目法对外币财务报表折算的要点如下：(1)对于流动资产和流动负债项目按资产负债表日的即期汇率折算；(2)对于非流动资产和非流动负债以及所有者权益的实收资本(或股本)、资本公积等项目按发生时的历史汇率折算；(3)对于利润表项目，除了折旧费和摊销费用按其相关资产取得时的历史汇率折算外，其他收入和费用项目均按财务报告期内的平均汇率折算；(4)外币财务报表在折算过程中形成的折算损益应确认为当期损益。

(二)货币性与非货币性项目法

这种方法是将资产负债表项目划分为货币性项目和非货币性项目两类。

货币性项目，是指货币性资产和负债。货币性资产主要有库存现金、银行存款、应收账款、应收票据等；货币性负债主要有应付账款、应付票据、短期借款和长期借款等。

非货币性项目，是指除了货币性项目以外的资产、负债和所有者权益项目。

采用货币性与非货币性项目法对外币财务报表折算的要点：(1)对于货币性项目，按资产负债表日的即期汇率折算;(2)对于非货币性项目,按发生时的历史汇率折算;(3)对于利润表项目,除了折旧费和摊销费用按其相关资产取得时的历史汇率折算外,其他收入和费用项目均按财务报告期内的平均汇率折算;(4)外币财务报表在折算过程中形成的折算损益应确认为当期损益。

(三)时态法

时态法,亦称"时间量度法",是指针对资产负债表项目的计量方法和时间的不同,而选择不同汇率进行折算的一种方法。这种方法的基本思路是,既然外币财务报表折算是一个计量过程,那么就不能改变被计量项目的属性,而只能改变计量单位。这样,无论在历史成本计量模式下还是在现行成本计量模式下,由于现金总是按照资产负债表日实际持有的金额计量的,应收款和应付款也是按资产负债表日可望在未来收回或偿付的货币金额计量的,它们的外币计量日期都是资产负债表日,因而都要按资产负债表日的即期汇率进行折算,其他资产、负债项目则按其计价日期的历史汇率折算。

采用时态法对外币财务报表折算的要点:(1)对于库存现金、银行存款、应收和应付项目,不论是按历史成本,还是按现行成本计价,均按资产负债表日的即期汇率折算。(2)对于其他资产负债项目,如果是以历史成本计价,则按历史汇率折算;如果是以现行成本计价,则按资产负债表日的即期汇率折算。(3)对于所有者权益项目,按发生时的历史汇率折算。(4)对于利润表项目,除了折旧费和摊销费按历史汇率折算外,其他项目均按财务报告期内的平均汇率折算。(5)外币财务报表在折算过程中形成的折算损益均应确认为当期损益。

(四)现行汇率法

现行汇率法,是指对外币资产负债表中的所有资产和负债项目均按资产负债表日的即期汇率折算。

采用现行汇率法对外币财务报表折算的要点:(1)对于所有的资产、负债项目均按资产负债表日的即期汇率折算;(2)对于收入和费用项目均按平均汇率折算;(3)对于实收资本、资本公积等所有者权益项目按发生时的历史汇率折算;(4)外币财务报表在折算过程中形成的折算损益均直接计入资产负债表的所有者权益。

对于上述四种外币财务报表的折算方法的比较如表6-1所示。

表6-1　外币财务报表折算方法比较表

| 资产负债表项目 | 流动与非流动项目法 | 货币性与非货币性项目法 | 时态法 | 现行汇率法 |
|---|---|---|---|---|
| 库存现金 | C | C | C | C |
| 应收账款 | C | C | C | C |
| 存货 | | | | |
| 按成本 | C | H | H | C |
| 按可变现净值 | C | H | C | C |
| 对外投资 | | | | |
| 按成本 | H | H | H | C |

续表

| 资产负债表项目 | 流动与非流动项目法 | 货币性与非货币性项目法 | 时态法 | 现行汇率法 |
|---|---|---|---|---|
| 按公允价值 | H | H | C | C |
| 固定资产 | H | H | H | C |
| 无形资产 | H | H | H | C |
| 应付账款 | C | C | C | C |
| 长期借款 | H | C | C | C |
| 股本 | H | H | H | H |
| 资本公积 | H | H | H | H |
| 未分配利润 | ※ | ※ | ※ | ※ |

注:C——现行汇率;H——历史汇率;※轧算的数字。

### 三、外币财务报表折算的一般原则

企业的子公司、合营企业、联营企业和分支机构如果采用与企业相同的记账本位币,即使是设在境外,其财务报表也不存在折算问题。但是,如果企业境外经营的记账本位币不同于企业的记账本位币,在将企业的境外经营通过合并财务报表、权益法核算等纳入到企业的财务报表中时,需要将企业境外经营的财务报表折算为以企业记账本位币反映的财务报表。

在对企业境外经营财务报表进行折算前,应当调整境外经营的会计期间和会计政策,使之与企业会计期间和会计政策相一致,根据调整后的会计政策及会计期间编制相应货币(记账本位币以外的货币)的财务报表,然后再按照以下方法对境外经营财务报表进行折算。

根据我国外币折算准则的规定,企业对境外经营的财务报表进行折算时,应当遵循下列一般原则:(1)资产负债表中的资产和负债项目,采用资产负债表日的即期汇率折算,所有者权益项目除"未分配利润"项目外,其他项目采用发生时的即期汇率折算;(2)利润表中的收入和费用项目,采用交易发生日的即期汇率折算,也可以采用按照系统合理的方法确定的、与交易发生日即期汇率近似的汇率折算;(3)按照上述规定折算产生的外币财务报表折算差额,在资产负债表中所有者权益项目下单独列示。

### 四、外币财务报表折算举例

【例6-15】甲公司的记账本位币为人民币,该公司在法国有一子公司乙公司,乙公司确定的记账本位币为欧元。根据合同约定,甲公司拥有乙公司70%的股权,并能够对乙公司的财务和经营政策实施控制。2009年12月31日,甲公司准备编制合并财务报表,需要先将乙公司的欧元财务报表折算为人民币表述。乙公司有关资料如下:

2009年12月31日的汇率为1欧元=11元人民币,2009年的平均汇率为1欧元=10元人民币,实收资本、资本公积发生日的即期汇率为1欧元=8元人民币,2008年12月31日的累计盈余公积为140万欧元,折算为人民币1 190万元,累计未分配利润为100万欧元,折算为人民币 900 万元,乙公司在 2009 年年末提取盈余公积 160 万欧元。

乙公司相关利润表、资产负债表、所有者权益变动表的欧元表示的报表和折算为人民币的报表分别如表 6-2、表 6-3、表 6-4 所示。

表 6-2　　利润表

编制单位:乙公司　　2009 年　　单位:万元

| 项目 | 欧元 | 折算汇率 | 人民币 |
|---|---|---|---|
| 一、营业收入 | 3 000 | 10 | 30 000 |
| 减:营业成本 | 1 800 | 10 | 18 000 |
| 管理费用 | 200 | 10 | 2 000 |
| 财务费用 | 100 | 10 | 1 000 |
| 二、营业利润 | 900 | – | 9 000 |
| 加:营业外收入 | 100 | 10 | 1 000 |
| 三、利润总额 | 1 000 | – | 10 000 |
| 减:所得税费用 | 300 | 10 | 3 000 |
| 四、净利润 | 700 | – | 7 000 |

表 6-3　　所有者权益变动表

编制单位:乙公司　　2009 年　　单位:万元

| 项目 | 实收资本 | | | 盈余公积 | | | 未分配利润 | | 外币报表折算差额 | 所有者权益合计 |
|---|---|---|---|---|---|---|---|---|---|---|
| | 欧元 | 折算汇率 | 人民币 | 欧元 | 折算汇率 | 人民币 | 欧元 | 人民币 | | 人民币 |
| 一、本年年初余额 | 6 000 | 8 | 48 000 | 140 | | 1 190 | 100 | 900 | | 50 090 |
| 二、本年增减变动金额 | | | | | | | | | | |
| (一)净利润 | | | | | | | 700 | 7 000 | | 7 000 |
| (二)直接计入所有者权益的利得和损失 | | | | | | | | | | 19 250 |
| 其中:外币报表折算差额 | | | | | | | | | 19 250 | 19 250 |
| (三)利润分配 | | | | | | | | | | |
| 提取盈余公积 | | | | 160 | 10 | 1 600 | －160 | －1 600 | | |
| 三、本年年末余额 | 6 000 | 8 | 48 000 | 300 | | 2 790 | 640 | 6 300 | 19 250 | 76 340 |

当期计提的盈余公积采用当期平均汇率折算，期初盈余公积为以前年度计提的盈余公积按相应年度平均汇率折算后的累计金额，期初未分配利润记账本位币金额为以前年度未分配利润记账本位币的累积金额。

表 6-4　　资产负债表

编制单位：乙公司　　2009 年 12 月 31 日　　单位：万元

| 资产 | 欧元 | 折算汇率 | 人民币 | 负债和所有者权益 | 欧元 | 折算汇率 | 人民币 |
|---|---|---|---|---|---|---|---|
| 流动资产： | | | | 流动负债： | | | |
| 货币资金 | 1 000 | 11 | 11 000 | 应付账款 | 360 | 11 | 3 960 |
| 应收账款 | 1 800 | 11 | 19 800 | 应付职工薪酬 | 800 | 11 | 8 800 |
| 存货 | 1 500 | 11 | 16 500 | | | | |
| 流动资产合计 | 4 300 | | 47 300 | 流动负债合计 | 1 160 | | 12 760 |
| 非流动资产： | | | | 非流动负债： | | | |
| 长期应收款 | 1 000 | 11 | 11 000 | 长期借款 | 1 200 | 11 | 13 200 |
| 固定资产 | 3 000 | 11 | 33 000 | 非流动负债合计 | 1 200 | | 13 200 |
| 无形资产 | 1 000 | 11 | 11 000 | 负债合计 | 2 360 | | 25 960 |
| 非流动资产合计 | 5 000 | | 55 000 | 所有者权益： | | | |
| | | | | 实收资本 | 6 000 | 8 | 48 000 |
| | | | | 盈余公积 | 300 | | 2 790 |
| | | | | 未分配利润 | 640 | | 6 300 |
| | | | | 外币报表折算差额 | | | 19 250 |
| | | | | 所有者权益合计 | 6 940 | | 76 340 |
| 资产总计 | 9 300 | | 102 300 | 负债和所有者权益总计 | 9 300 | | 102 300 |

外币财务报表折算差额为以甲公司记账本位币反映的资产总计减去负债合计后的差额减去以甲公司记账本位币反映的实收资本、盈余公积和未分配利润后的余额。

## 五、恶性通货膨胀经济中外币财务报表的折算

（一）恶性通货膨胀经济的判定

当一个国家经济环境显示出（但不局限于）以下特征时，应当判定该国处于恶性通货膨胀：（1）三年累计通货膨胀率接近或超过 100%；（2）利率、工资和物价与物价指数挂钩；（3）一般公众不是以当地货币，而是以相对稳定的外币为单位作为衡量货币金额的基础；（4）一般公众倾向于以非货币性资产或相对稳定的外币来保存自己的财富，持有的当地货币立即用于投资以保持购买力；（5）即使信用期限很短，赊销、赊购交易仍按补偿信

用期预计购买力损失的价格成交。

（二）恶性通货膨胀经济中境外经营财务报表的折算

前述外币财务报表折算方法在境外经营所处的经济环境比较正常、没有严重恶性通货膨胀的情况下是适用的，当企业境外经营处于恶性通货膨胀的经济环境时，根据我国外币折算准则的规定，此时的外币财务报表折算应当按照下列规定进行折算：(1)对资产负债表项目运用一般物价指数予以重述；(2)对利润表项目运用一般物价指数变动予以重述；(3)按照资产负债表日的即期汇率进行折算。即采取先消除恶性通货膨胀的影响再进行折算的办法。

1.资产负债表项目的重述

在对资产负债表项目进行重述时，由于货币资金、应收账款、其他应收款等货币性项目已经以资产负债表日的计量单位表述，因此不需要对其进行重述；通过协议与物价变动挂钩的资产和负债，应根据协议约定进行调整；非货币性项目中，有些是以资产负债表日的计量单位列示的，如存货如果已经以可变现净值列示，资产负债表日就不需要进行重述。其他非货币性项目，如固定资产、对外投资、无形资产等，应自购置日起以一般物价指数变动予以重述。

2.利润表项目的重述

在对利润表项目进行重述时，所有项目金额都需要自其初始确认之日起，以一般物价指数变动进行重述，以使利润表的所有项目都以资产负债表日的计量单位表述。由于上述重述而产生的差额计入当期净利润。

对资产负债表和利润表项目进行重述后，再按照资产负债表日的即期汇率将资产负债表和利润表折算为记账本位币报表。

在境外经营不再处于恶性通货膨胀经济中时，应当停止重述，按照停止之日的价格水平重述的财务报表进行折算。

### 六、境外经营的处置

企业可能通过出售、清算、放弃全部或部分权益等方式处置其在境外经营中的权益。企业在处置境外经营时，应当将资产负债表中所有者权益项目下列示的、与境外经营相关的外币财务报表折算差额自所有者权益项目转入处置当期损益；部分处置境外经营的，应当按处置的比例计算处置部分的外币财务报表折算差额，转入处置当期损益。

## 本章小结

本章重点讲解了以下几个问题：

1.记账本位币的概念及确定方法。记账本位币是指企业经营所处的主要经济环境中的货币。企业在确定记账本位币时，需要根据实际情况进行判断。企业选择的记账本位币一经确定，不得随意改变。只有企业经营所处的主要经济环境发生了重大变化，才能变更记账本位币。

2.外币交易的会计处理。外币交易的会计处理主要涉及两个环节，一是在交易日对外币交易进行初始确认，将外币金额折算为记账本位币金额；二是在资产负债表日或结算日对相关外币项目按照资产负债表日或结算日的汇率进行折算,因汇率变动产生的差额记入当期损益。企业发生外币交易的,应当在初始确认时采用交易日的即期汇率或即期汇率的近似汇率将外币金额折算为记账本位币金额。在资产负债表日或结算日,企业应当分别对外币货币性项目和外币非货币性项目进行处理。对于外币货币性项目,资产负债表日或结算日,因汇率变动而产生的汇兑差额计入当期损益,同时调增或调减外币货币性项目的记账本位币金额。对于以历史成本计量的外币非货币性项目,已在交易发生日按当日即期汇率折算,资产负债表日不应改变其原记账本位币金额,不产生汇兑差额。对于以公允价值计量的股票、基金等非货币性项目,如果期末的公允价值以外币反映,则应当先将该外币按照公允价值确定当日的即期汇率折算为记账本位币金额,再与原记账本位币金额进行比较,其差额作为公允价值变动损益,计入当期损益。

3. 外币财务报表折算。外币财务报表的折算方法主要有流动与非流动项目法、货币性与非货币性项目法、时态法和现行汇率法。按我国外币折算准则规定,企业外币资产负债表折算时将资产负债表中的资产和负债项目,采用资产负债表日的即期汇率折算;所有者权益项目除"未分配利润"项目外,其他项目采用发生时的即期汇率折算;外币利润表折算时将利润表中的收入和费用项目,采用交易发生日的即期汇率折算,也可以采用按照系统合理的方法确定的、与交易发生日即期汇率相似的汇率折算。折算所产生的外币财务报表折算差额,在资产负债表中所有者权益项目下单独列示。

4. 恶性通货膨胀经济中境外经营财务报表的折算和境外经营处置的会计处理。对处于恶性通货膨胀经济中的境外经营财务报表,企业应当对资产负债表项目运用一般物价指数予以重述,对利润表项目运用一般物价指数变动予以重述,再按照最近资产负债表日的即期汇率进行折算。在境外经营不再处于恶性通货膨胀经济中时,应当停止重述,按照停止之日的价格水平重述的财务报表进行折算。企业在处置境外经营时,将财务报表中已列入所有者权益的外币财务报表折算差额中与该境外经营相关部分,自所有者权益项目中转入处置当期损益;如果是部分处置境外经营,应当按处置的比例计算处置部分的外币财务报表折算差额,转入处置当期损益。

## 关键术语

外币　外汇　汇率　直接标价法　间接标价法　记账本位币　即期汇率　汇兑差额　即期汇率的近似汇率　单一交易观点　两项交易观点　货币性项目　非货币性项目

## 本章重点

外币交易的账务处理和外币财务报表的折算等。

## 本章难点

资产负债表日外币货币性项目和外币非货币性项目账户的调整、汇兑差额的计算,以及外币财务报表的折算等。

## 思考题

1. 外币与外汇有何关系？
2. 什么是记账本位币？企业选定记账本位币应考虑哪些因素？
3. 如何确定即期汇率和即期汇率的近似汇率？
4. 什么是外币交易？外币交易包括哪些内容？
5. 简述单一交易观点和两项交易观点的区别。
6. 简述外币货币性项目和外币非货币性项目的会计核算方法。
7. 外币财务报表通常有哪四种折算方法？
8. 试简述外币财务报表折算的一般原则。
9. 境外经营恶性通货膨胀经济通常判断的特征有哪些？
10. 对处于恶性通货膨胀中的境外经营的资产负债表和利润表项目应如何折算？

# 第七章　物价变动会计

## 学习目标

通过本章教学，了解物价变动会计产生的社会经济条件，物价变动会计产生和发展的几个阶段，以及物价变动会计的几种模式。在认识物价变动会计对传统财务会计理论与方法发展的基础上，掌握不变购买力会计和现行成本会计的程序与方法，并能按照其各自的特定程序，运用特有方法进行不变购买力会计和现行成本会计的核算与报告。

## 第一节　物价变动会计概述

### 一、物价变动对传统财务会计信息的影响

会计作为人们用来管理经济实务的一种管理活动，其所提供的财务会计信息长期以来一直是建立在历史成本原则和币值稳定不变假设基础之上的。另外，在币值稳定不变的前提下，企业会计人员以历史成本为基础对企业的财务状况和经营成果进行对外报告，向企业外部利害关系人提供决策有用的财务会计信息。如果不出现物价变动，货币本身价值相对稳定，那么，以历史成本为基础的会计信息就能如实地反映一个企业的财务状况和经营成果。然而，在现实世界，物价变动是一种普遍的经常遇见的经济现象。在物价急剧变动的情况下，如出现通货膨胀或者通货紧缩，则货币本身的价值亦发生剧烈变动，这时，如果仍按照历史成本基础提供会计信息，那么财务会计报表所列的资产、负债、所有者权益以及收入与费用等就难以反映企业真实的财务状况和经营成果。这样，错误会计信息就失去了可靠性，据以做出的判断和决策将会给决策者带来重大损失。在发生严重物价变动时，按照传统的基于历史成本原则和币值稳定不变假设提供的财务会计信息存在以下六个方面的主要缺陷。

（一）不能真实地反映企业现时的财务状况和经营成果

由于传统财务会计是根据历史成本原则和币值不变假设进行核算的，企业资产按购入时的成本计价入账后，无特殊规定一律不准调整其账面价值。因此，在发生严重物价变动的情况下，传统财务会计提供的资产负债表所反映的资产价值是购置该项资产时的价格，而不反映严重物价变动经济条件下该项资产的现时价格；资产负债表所列的资产总额也不能反映以现时价格表示的企业拥有的经济资源规模和现时的经营能力。由此推论，企业按资产负债表资产总额减除负债总额计算的所有者权益也不反映企业所有者（或股东）现时拥有的权益。同理，由于传统财务会计提供的企业利润表所反映的是企业在一定会计期间的全部收入和成本费用及其相抵后的经营成果，而在发生严重物价变动的情

况下,传统财务会计的利润表中的收入是本期的现时收入,与其相配比的费用成本中所耗用的资产有相当部分是在前期购买按历史成本计价的,因而,配比后所确定的利润是在所耗资产未按物价变动后的现时价格获得补偿的高估数额,这就使其利润表所反映的经营成果和企业的盈利能力受到歪曲。如果剔除其中物价变动的影响,往往会看到一个大不相同的情况,甚至会对企业的盈利能力得出一个完全不同的结论。

(二)企业经营过程中消耗的资产得不到应有的补偿,企业的生产经营能力受到削弱

企业资产的数额是其拥有的生产规模和经营能力的具体体现。企业要维护其生产规模和经营能力,必须不断足额补充其在经营过程中耗用的资产。但是在物价变动的情况下,企业按传统财务会计的历史成本原则计提的已耗资产的补偿资金并不能满足所耗资产的重置。因而在严重物价变动情况下按照传统财务会计提供的财务会计信息进行经营管理必然会使企业的生产规模逐渐萎缩,生产经营能力不断削弱。

(三)失实的财务会计信息无法正确反映企业产权资本的维护

获取利润是企业投资者投资的主要目的,保证投入资本得到维护是投资者不断获利的前提。要保证投资者产权资本的维护,首先必须能够真实了解企业经营过程中所有者产权资本发生的变动。所有者产权资本的变动是受企业经营过程中资产、负债、收入、成本费用等要素的变动及对这些变动的确定与计量所制约的。在持续经营的情况下,上述要素的变动数额是按照划分收益性支出与资本性支出原则和权责发生制原则分期计量确定的。而在物价变动的情况下,不同会计期间的单位货币价值和相同资产的价格均存在较大差异。由于在传统财务会计中并不考虑和计算物价变动及其影响,因此,亦不可能反映企业所有者产权资本的实际维护情况。尤其是在发生严重物价变动时期对企业所耗资产按远远低于现时价格的历史成本核算,必然会虚增收益,甚至出现虚盈实亏的现象。以此计算的经营成果进行股利或利润分配也一定会使企业所有者产权资本受到侵蚀。

(四)失实的财务会计信息难以满足企业管理层的经营管理决策的需要

企业内部管理者要加强企业的计划管理,做好对企业经营活动的考核、评价、预测和控制,必须依靠真实可靠的会计信息。失真的会计信息会给人以误导,作出错误的判断,带来多方面不应有的损失。如前所述,在发生严重物价变动的情况下,按已耗资产的历史成本回收和积累资产重置资金,将不能保证企业已耗资产的重置更新;按含有资产价格上涨因素形成的现时收入和历史成本计算的费用配比确定的虚增收益很难对企业的经营业绩和盈利能力作出客观正确的考核与评价;按虚增的收益进行财务成果的分配必然不能保证资本的维护,使业主权益遭受侵蚀。总之,依据失实的会计信息作出判断会给企业管理者的经营决策带来一系列重大失误。

(五)失实的财务会计信息难以满足企业债权人和投资者决策的需要

企业债权人必须了解企业资金的流动性和偿债能力,以便作出正确的信贷决策和保证债务的及时收回。企业的现时投资者必须掌握企业的真实财务状况和经营成果,以了解其投入资本是否得到有效运用和维护,是否获得收益。企业潜在的投资者也需要了解企业真实的财务状况和盈利能力,以为其投资决策提供可靠的依据。但由于严重物价变动的影响,使传统财务会计报表提供的会计信息不能如实反映企业现时的财务状况和盈利能力,据以作出的经济决策往往会导致失误。这样就必然会影响企业及时获得所需资

金,影响资本市场的正常运转。

(六)失实的财务会计信息难以满足政府部门对国民经济进行宏观调控和对企业进行微观管理的需要

市场经济的正常运转和发展需要政府部门的宏观调控。为保证对国民经济宏观调控的有效进行和对企业经济活动的有效监督与管理,政府部门必须掌握各企业、各部门以至整个国民经济运作的真实正确的财务会计信息。但是由于严重物价变动的影响使传统财务会计的信息失实,因而难以满足政府部门对国民经济进行宏观调控和对企业进行微观指导与监督的实际需要。

## 二、物价变动会计的产生和发展

(一)物价变动会计的产生

物价变动对传统财务会计形成了强大冲击,它降低了传统财务会计信息的客观性、相关性和可比性。人们在探索如何在物价变动情况下进行会计核算,获得真实有用的财务会计信息。最早对物价变动进行探讨的是美国的学者。Livingston Midldleditch 于 1918 年在 The Journal of Accountancy 第 25 期上发表了《财务报表应否反映货币价值的变化》一文,首次提出了物价变动会计的问题。1936 年,Henry W. Sweeney 出版了《稳定币值会计》(Stabilized Accounting),阐述了应当使用等值美元(Common-size Dollar)来调整财务报表的观点。1940 年,美国著名会计学家 Paton 和 Littleton 出版了《公司会计准则导论》,提出按照货币购买力编制"等值美元"来补充财务会计报表的意见。但是,这些学术成果和观点一直未得到重视和采纳。

第二次世界大战后,西方资本主义国家的物价普遍上涨,会计理论与实务面临着巨大挑战,这就促使会计学界进一步研究物价变动对会计的影响问题。1963 年,美国注册会计师协会(American Institute of Certified Public Accountants,简称 AICPA)所属的会计程序委员会(Committee on Accounting Procedure,简称 CAP)发表了第 6 号会计研究公告《报告物价水平的变动的财务影响》,建议按照一般物价水平调整和报告不变价格美元的会计信息。自此,对物价变动的会计规范正式提上了相关会计准则制定机构的日常工作,也开创了物价变动会计的新纪元。

(二)物价变动会计的发展

1969 年,美国会计原则委员会(Accounting Principles Board,简称 APB)发布了第 3 号意见书《反映一般物价水平变动的财务报表》,鼓励把根据一般物价水平变动重编的财务报表作为历史美元财务报表的补充。美国证券交易委员会(Securities and Exchange Commission,简称 SEC)于 1976 年发布了第 190 号《会计系列文集》,要求大公司揭示重置成本资料。这一要求促使美国财务会计准则委员会(Financial Accounting Standards Board,简称 FASB)在 1974 年发表的《按一般购买力单位编制财务报告》的征求意见稿的基础上,于 1979 年 9 月颁布了《财务会计准则公告第 33 号——物价变动与财务报告》,提供了按现行成本/稳值货币单位补充揭示信息的指南。FASB 在颁布财务会计准则公告第 33 号时规定,对这一准则实施 5 年之后将进行一次重新评估。1987 年,FASB 颁布了财务会计准则公告第 89 号取代了财务会计准则公告第 33 号,将关于物价调整的补充资料从强制性披露改为自愿性披露。这一改变的主要原因是美国经济在20世纪80年代以来通货膨胀率明显下降。

1981年11月,国际会计准则委员会(International Accounting Standards Committee,简称IASC)针对许多国家通货膨胀的情况,颁布了《国际会计准则第15号——反映价格变动影响的资料》。8年后,即1989年7月,针对严重物价变动的情况,该委员会又颁布了《国际会计准则第29号——恶性通货膨胀经济中的财务报告》。

我国自20世纪80年代初起,物价也在持续剧烈地变动,不少年份的通货膨胀率达到两位数。中国会计学会在1991年1月专门召开了物价变动会计的研讨会。会议指出,研究我国物价变动会计、探讨建立我国物价变动会计模式的新路子是我国经济体制改革中摆在会计理论和实务工作者面前的一项艰巨任务。但在我国财政部2006年2月15日颁布的企业会计准则体系中并没有一项专门的针对物价变动的会计准则,仅在《企业会计准则第19号——外币折算》中对恶性通货膨胀经济环境中的外币财务报表折算进行了规范。

### 三、物价变动会计中的重要术语

物价变动会计是企业处于严重物价变动经济环境下为提高企业财务会计信息质量而采取的一种特殊的专门会计,因而对与物价变动会计相关的重要术语的掌握是学习和掌握物价变动会计的基础,以下对这些重要术语予以专门介绍。

(一)名义货币

名义货币,是指在现时流通中货币单位虽然不变但其单位货币所含价值量不断改变的货币。

(二)等值货币

等值货币,是指单位货币不同时期所含价值量相等的货币。

(三)财务资本

财务资本,是指以货币数量,即与其相当的购买力表示的资本。

(四)实物资本

实物资本,是指将资本看做所有者投入企业的实物生产能力或经营能力,或获得该项能力所拥有的资源或资金,它反映企业所拥有的一定生产能力或经营能力,以与其相当的实物量的现时购买力的货币数量表示。

(五)资本维护

资本维护,是指为保证生产的持续不断进行,已消耗的生产资料应在实物上得到恰当的替换,在价值上得到足额的补偿,即已耗资本应得到足额的回收。

(六)财务资本维护

财务资本维护,是指维护企业资本所拥有的购买力规模。

(七)实物资本维护

实物资本维护,是指维护企业资本所拥有的生产经营能力的规模。

(八)购买力损益

购买力损益是指,在物价变动的条件下,企业持有货币性资产遭到货币购买力下降

(或上升)的损失(或利得),持有货币性负债和权益会带来货币购买力下降(或上升)的利得(或损失)。

(九)货币性项目

货币性项目,是指企业持有的货币资金和将以固定或可确定的金额收取的资产或偿付的负债。

(十)非货币性项目

非货币性项目,是指货币性项目以外的项目。

(十一)现时重置成本

现时重置成本,是指在当前市场条件下,按现时价格购置与现有资产相同或相似的资产需要支付的现金及现金等价物的金额。

(十二)现时再生产成本

现时再生产成本,是指在当前价格水平下,重新生产同样资产所需要支付的现金及现金等价物的金额。

(十三)持有资产收益

持有资产收益,是指在物价变动的情况下,持有资产的现行成本与历史成本之差。

## 四、物价变动会计的模式

在物价变动会计的研究和实践中,由于不同国家或地区的政治、经济、法律和其他社会环境的不同,物价变动的情况不同,因而在物价变动会计中所采用的计量单位、计量属性、会计方法、会计程序及其相互结合的方式不同,从而使得所研究和应用的物价变动会计形成四种不同模式:不变购买力会计、现行成本会计、现行成本/等值货币会计和变现价值会计。

(一)不变购买力会计

不变购买力会计,是指在会计期末根据一般物价水平的变动,将以不同时期名义货币为计量单位,历史成本和一般物价水平不变为计量属性的财务报表各项会计数据,换算成为以期末名义货币为等值货币作计量单位,以历史成本和一般物价水平变动为计量属性的各项会计数据,用以编制不变购买力财务报表作为传统财务报表的补充资料,反映和消除一般物价水平变动对传统财务会计信息影响的一种物价变动会计模式。

(二)现行成本会计

现行成本会计,是指以名义货币为计量单位和以资产的现行成本与个别物价指数变动为计量属性,提供企业财务状况和经营成果,以反映和消除物价变动中个别物价指数变动对传统财务会计信息质量影响的一种物价变动会计模式。

(三)现行成本/等值货币会计

现行成本/等值货币会计,是一种以不变购买力会计和现行成本会计两种模式相结合,以克服各自缺点和全面反映通货膨胀影响的一种会计模式。这种物价变动会计模式是先按现行成本会计模式提供一套以名义货币为计量单位和以现行成本与个别物价水平变动为计量属性的会计数据,再将此数据换算成按一般物价水平变动为计量属性和以期末名义货币为等值货币计量的会计数据,从而全面反映和消除物价变动影响的一种会计模式。其所应用的会计程序和方法是前述两种物价变动会计模式的结合,因而较现行成本会计的程序和方法更为复杂。

(四)变现价值会计

变现价值会计,是以名义货币为计量单位和以企业正常经营过程中资产的变现价值为计量属性,通过各会计期间扣除投资因素影响后的期末和期初净资产变现价值的变动,确定企业利润的一种物价变动会计模式。

资产的变现价值,是指企业资产按现时销售价格计价销售后所能获得的收入净额,也就是将企业资产按现时销售价格销售后可能收入的现金扣除其拆除、运输等处置费用后的净额。这种物价变动会计模式彻底废除了传统财务会计的基本做法,改变了传统财务会计以取得成本作为资产的计量标准,也改变了以收入和成本费用配比确定利润的原则,因此是对传统财务会计以资产取得时的历史成本为计量基础的会计模式的一种彻底改变。不过这种物价变动会计模式只是西方会计学家对物价变动会计研究设计的一种新的模式,并未付诸施行。

上述四种物价变动会计模式中应用较为广泛的是不变购买力会计和现行成本会计,限于教学时数和本书篇幅,本教材只对不变购买力会计和现行成本会计作较详细的介绍。

## 第二节　不变购买力会计

### 一、不变购买力会计的特点

不变购买力会计是物价变动会计发展的初级阶段,它的主要特点是按照一般物价水平调整传统财务会计报表中的数据,而不考虑企业各类资产价值的实际变化。在日常的会计核算方面,无须设置特别账户,也无须进行特有的或者单独的会计账务处理,只是到会计期末在传统财务会计报表的基础上,根据一般物价指数变动的幅度及其对传统财务会计报表数据的影响进行换算调整,从而编制出以等值货币来计量的财务会计报表作为传统财务会计报表的补充,以反映和消除物价变动对传统会计信息的影响。

### 二、不变购买力会计的程序和方法

一定的会计程序和会计方法的结合构成了一定的会计模式,也由此体现了这一会计模式的特点。不变购买力会计主要是在报告期末依据一般物价指数对传统财务会计报表的会计数据进行换算调整,通过编制不变购买力会计报表提供反映和消除一般物价水平变动对传统财务会计影响的必要财务会计信息。因此,其会计程序和会计方法主要包括:划分货币性项目和非货币性项目,按一般物价指数变动调整传统财务会计报表各项数据,计算货币性项目的购买力净损益,编制不变购买力会计报表。

(一)划分货币性和非货币性项目

编制不变购买力会计报表,首先必须将企业的会计要素划分为货币性项目和非货币性项目。这是因为在物价变动的情况下,货币性项目和非货币性项目的账面余额受货币购买力变化的影响不同,所以需要采用不同的会计处理方法。

1. 货币性项目

货币性项目的主要特点是一般物价水平发生变动时，其金额不变但其购买力（实际所能购买的资产）将发生变动。货币性项目具体包括货币性资产、货币性负债和货币性业主权益等。常见资产负债表项目的货币性项目和非货币性项目具体分类如表 7-1 所示。

表 7-1　　常见资产负债表项目

| 资产 | 货币性 | 非货币性 | 负债和所有者权益 | 货币性 | 非货币性 |
|---|---|---|---|---|---|
| 货币资金 | √ | | 短期借款 | √ | |
| 交易性金融资产 | | √ | 应付票据 | √ | |
| 应收票据 | √ | | 应付账款 | √ | |
| 应收账款 | √ | | 应付职工薪酬 | √ | |
| 应收利息 | √ | | 应交税费 | √ | |
| 应收股利 | √ | | 应付利息 | √ | |
| 其他应收款 | √ | | 应付股利 | √ | |
| 存货 | | √ | 其他应付款 | √ | |
| 持有至到期投资 | √ | | 长期借款 | √ | |
| 长期股权投资 | | √ | 应付债券 | √ | |
| 固定资产 | | √ | 实收资本（或股本） | | √ |
| 在建工程 | | √ | 资本公积 | | √ |
| 无形资产 | | √ | 盈余公积 | | √ |
| 开发支出 | | √ | 未分配利润 | | √ |
| 长期待摊费用 | | √ | | | |

货币性项目的具体特点体现在两个方面。一是金额固定不变，如 10 万元的现金无论在物价发生怎样变动的情况下，仍然是 10 万元。物价变动并不改变其账面价值，所以不需要按照一般物价指数进行调整。二是在物价变动的情况下，货币性项目会发生购买力损益。通货膨胀时期，物价上涨，货币贬值，持有货币性资产会产生货币购买力变动损失。如原来 100 万元能买到 100 吨煤，而现在只能买到 80 吨。货币性负债的情况和资产相反，如在物价上涨的情况下，期初 5 万元的负债相当于期末的 8 万元，而债务人只需归还 5 万元，从而产生 3 万元的货币购买力收益。反之，在通货紧缩时期，货币性资产会产生货币购买力变动收益，而货币性负债则会产生货币购买力损失。

当一般物价指数增长（物价上涨）时，货币性资产项目的调整产生变动损失，而货币性负债项目的调整产生变动收益；当一般物价指数下降（物价降低）时，货币性资产项目的调整产生变动收益，而货币性负债项目的调整产生变动损失。

2. 非货币性项目

非货币性项目的主要特点是一般物价水平发生变动时，其名义货币数量随之发生变动，但其购买力（实际对应的资产）却恒定不变。

非货币性项目的具体特点体现在两个方面。一是在物价变动时期，非货币性项目的账面金额与其实际现实价值会产生差异，所以应按一般物价指数变动的幅度进行调整。二是在物价变动的情况下，非货币性项目不会发生购买力变动损益，因为以实物形式存在的项目不存在购买力的问题。

（二）按一般物价指数调整非货币性项目金额

传统财务会计报表是按历史成本反映非货币性项目金额的，因此在不变购买力会计中期末需按本期一般物价指数进行调整。对于利润表中的收入、费用，由于其发生频繁，为了简化工作量，一般采用本年平均物价指数进行调整。对于资产负债表中的非货币性项目，因其反映企业年末的财务状况，故采用年末一般物价指数进行调整。

1. 资产负债表非货币性项目的调整

非货币性项目调整系数 = 本期末物价指数 ÷ 该项目取得或形成时的物价指数

非货币性项目调整后的期末余额 = 该项目调整前的期末余额 × 该项目调整系数

对长期股权投资、固定资产、在建工程、无形资产等项目应按期末的一般物价指数进行调整。调整系数即为期末一般物价指数与购买资产当时一般物价指数之比。

对存货的调整可按每笔业务发生当时的一般物价指数调整，但在实际操作中通常是采用先进先出法按一定时期的物价指数进行调整。

资产负债表上的“未分配利润”项目不直接调整，而是通过调整后的资产、负债、除“未分配利润”项目之外的所有者权益类各项目合计金额“倒挤”出来的。

“未分配利润”调整后金额 = 调整后资产项目合计数 - 调整后负债项目合计数 - 调整后“未分配利润”项目之外的权益类各项目合计数。

2. 利润表中的项目调整

收入、费用项目可按本年平均物价指数进行调整，折旧费用、摊销费用的调整应按固定资产、无形资产取得时的一般物价指数进行换算调整。

（三）计算货币性项目的购买力净损益

在物价变动的情况下，企业的货币性项目会发生购买力的净损益，进而会对企业当年的利润产生影响，因此在不变购买力会计中需对其进行调整。由于货币性项目的金额随着企业每笔业务的发生而发生变动，因此调整过程中需对年初金额、本年增加额、本年减少额分别按不同的指数进行调整。其中：年初金额按上年末的指数调整；本年增加额、本年减少额均假设是均衡发生的，故按本年平均的物价指数调整；在年末发生的业务，如利润分配，其金额即为年末的货币价值，调整系数为 1。

(四)编制不变购买力会计报表

不变购买力会计报表是在物价变动情况下,以等值货币为计量单位,以历史成本和一般物价水平变动为计量属性,综合反映企业因一般物价水平变动影响而形成的财务状况和经营成果的财务会计报表。不变购买力会计报表包括不变购买力会计资产负债表和不变购买力会计利润表。编制不变购买力会计报表就是在前面各步骤的基础上,根据各项目调整以后的金额编制不变购买力会计资产负债表和不变购买力会计利润表。编制不变购买力会计报表是不变购买力会计的最后程序。通过编制的不变购买力会计报表与传统财务会计报表的各相关项目相互比较,即可反映和消除一般物价水平变动对企业传统财务会计信息的影响,满足广大报表使用者的需要。

### 三、不变购买力会计应用举例

【例 7－1】甲公司 2009 年所处的经济环境发生了严重的通货膨胀,为消除物价变动对传统财务会计信息的影响,因而采用不变购买力会计模式。

(1)2009 年甲公司传统财务会计资产负债表和利润表如表 7-2、表 7-3 所示。

表 7-2　甲公司资产负债表

2009 年 12 月 31 日　单位:元

| 项目 | 2009 年 1 月 1 日 | 2009 年 12 月 31 日 |
|---|---|---|
| 货币资金 | 1 120 000 | 1 820 000 |
| 存货 | 1 400 000 | 1 680 000 |
| 固定资产 | | |
| 其中:固定资产原值 | 840 000 | 840 000 |
| 累计折旧 | 0 | 56 000 |
| 固定资产净值 | 840 000 | 784 000 |
| 无形资产 | 2 520 000 | 2 520 000 |
| 资产总计 | 5 880 000 | 6 804 000 |
| 短期借款 | 560 000 | 1 120 000 |
| 长期借款 | 3 640 000 | 3 640 000 |
| 负债合计 | 4 200 000 | 4 760 000 |
| 股本 | 1 680 000 | 1 680 000 |
| 未分配利润 | 0 | 364 000 |
| 所有者权益合计 | 1 680 000 | 2 044 000 |
| 负债和所有者权益总计 | 5 880 000 | 6 804 000 |

表 7-3　　甲公司利润表

2009 年度　　单位:元

| 项目 | 金额 | 金额 |
| --- | --- | --- |
| 一、营业收入 | | 4 480 000 |
| 减:营业成本 | | 2 632 000 |
| 期初存货 | 1 400 000 | |
| 本期进货 | 2 912 000 | |
| 期末存货 | 1 680 000 | |
| 二、营业毛利 | | 1 848 000 |
| 减:管理费用 | | 952 000 |
| 减:折旧费用 | | 56 000 |
| 三、利润总额 | | 840 000 |
| 减:所得税费用 | | 420 000 |
| 四、净利润 | | 420 000 |

(2)甲公司有关经济业务资料和有关换算资料如下:

①2009 年 1 月 1 日购进一项设备作为固定资产,其入账价值为 840 000 元,当日交付使用,预计使用 15 年,无残值,采用直线法计提折旧,购进一项非专利技术,入账价值为 2 520 000元,由于其使用寿命无法合理确定,因而会计上对该项非专利技术不摊销。

②2009 年 1 月 1 日购进存货 7 000 000 元,其余存货为年内后期均匀购进。

③付出存货成本采用先进先出法计价。

④长短期借款均为年初借入,年终尚未归还。

⑤年内全部销售收入和销售费用、管理费用均为年内均匀发生。

(3)有关年内物价资料如下:

①2009 年 1 月 1 日一般物价指数为 100;

②2009 年 12 月 31 日一般物价指数为 180;

③2009 年全年平均一般物价指数为 150;

④期末存货购进期间一般物价指数为 160。

1. 资产负债表货币性项目数据的换算调整

货币性项目数据的换算调整,在以期末名义货币为等值货币时,各货币性项目期末数均保持原值,不需再进行换算。各货币性项目期初数需根据一般物价水平的变动进行换算。由于各货币性项目年初数均为当年 1 月 1 日发生,故基期一般物价指数均用年初一般物价指数。

(1)“货币资金”项目

“货币资金”项目期初数换算后金额 = 1 120 000 × 180 ÷ 100 = 2 016 000(元)

(2)“短期借款”项目

“短期借款”项目期初数换算后金额 =560 000 ×180 ÷100 =1 008 000(元)

(3)“长期借款”项目

“长期借款”项目期初数换算后金额 =3 640 000 ×180 ÷100 =6 552 000(元)

2. 资产负债表非货币性项目数据的换算调整

(1)“存货”项目的换算调整

“存货”项目期初数的换算后金额 =1 400 000 ×180 ÷100 =2 520 000(元)

“存货”项目期末数的换算后金额 =1 680 000 ×180 ÷160 =1 890 000(元)

(2)“固定资产”项目的换算调整

“固定资产原值”项目期初数的换算金额 =840 000 ×180 ÷100 =1 512 000(元)

“累计折旧”项目期初数的换算调整 =0

“固定资产净值”项目期初数的换算调整 =1 512 000 -0 =1 512 000(元)

“固定资产原值”项目期末数的换算金额 =840 000 ×180 ÷100 =1 512 000(元)

“累计折旧”项目期末数的换算调整 =56 000 ×180 ÷100 =100 800(元)

“固定资产净值”项目期末数的换算调整 =1 512 000 -100 800 =1 411 200(元)

说明:“固定资产原值”项目期末数据换算时所用的基期一般物价指数应为其取得时的一般物价指数。由于该会计期间固定资产未发生增减,故其换算结果应与期初数相同。

(3)“无形资产”项目的换算调整

“无形资产”项目期初数的换算调整 =2 520 000 ×180 ÷100 =4 536 000(元)

“无形资产”项目期末数的换算调整 =2 520 000 ×180 ÷100 =4 536 000(元)

说明:由于无形资产不摊销,期末数计算时采用与期初数计算时相同的基期一般物价指数。

(4)“股本”项目的换算调整

“股本”项目期初数换算后金额 =1 680 000 ×180 ÷100 =3 024 000(元)

“股本”项目期末数换算后金额 =1 680 000 ×180 ÷100 =3 024 000(元)

说明:“股本”项目期末数换算后金额因股本项目为历史成本,故与年初数的计算相同。

(5)“未分配利润”项目的换算调整

“未分配利润”项目是在各项目的金额换算后,依据资产总计与负债和所有者权益总计相等的平衡原理计算的结果,所以“未分配利润”项目期末数 =(1 820 000 +1 890 000 +1 411 200 +4 536 000) -(1 120 000 +3 640 000) -3 024 000 =1 873 200(元)。

3. 采用不变购买力会计模式对传统财务会计利润表各项目数据换算调整

(1)“营业收入”项目的调整换算

“营业收入”项目金额的调整换算后的金额 =4 480 000 ×180 ÷150 =5 376 000(元)

(2)“营业成本”项目的换算调整

“营业成本”项目中“期初存货”项目金额换算后的金额 =1 400 000 ×180 ÷100 =2 520 000(元)

“营业成本”项目中“本期进货”项目金额换算后的金额 =2 912 000 ×180 ÷150 =

3 494 400(元)

“营业成本”项目中“期末存货”项目金额换算后的金额 = 1 680 000 × 180 ÷ 160 = 1 890 000(元)

“营业成本”项目金额换算后金额 = 2 520 000 + 3 494 400 − 1 890 000 = 4 124 400(元)

(3)“管理费用”项目金额的换算调整

“管理费用”项目金额换算后的金额 = 952 000 × 180 ÷ 150 = 1 142 400(元)

(4)“折旧费用”项目金额的换算

“折旧费用”项目金额换算后的金额 = 56 000 × 180 ÷ 100 = 100 800(元)

(5)“所得税费用”项目金额的换算

“所得税费用”项目金额换算后的金额 = 420 000 × 180 ÷ 150 = 504 000(元)

4. 编制甲公司购买力损益计算表如表 7-4 所示。

表 7-4 甲公司购买力损益计算表

2009 年度 单位:元

| 项目 | 2009 年 1 月 1 日 | | | 2009 年 12 月 31 日 |
|---|---|---|---|---|
| | 按名义货币表示的历史成本 | 换算系数 | 按年末等值货币表示的历史成本 | 按年末等值货币表示的历史成本 |
| 货币资金 | 1 120 000 | 180/100 | 2 016 000 | 1 820 000 |
| 短期借款 | −560 000 | 180/100 | −1 008 000 | −1 120 000 |
| 长期借款 | −3 640 000 | 180/100 | −6 552 000 | −3 640 000 |
| 货币性项目净额 | −3 080 000 | | | −2 940 000(1) |
| 期初货币性项目净额 | −3 080 000 | 180/100 | −5 544 000 | −5 544 000(2) |
| 2009.1.1 ~ 12.31 货币性项目增减 | | | | |
| 加:营业收入 | 4 480 000 | 180/150 | | 5 376 000(3) |
| 减:本期进货 | 2 912 000 | 180/150 | | 3 494 400 |
| 管理费用 | 952 000 | 180/150 | | 1 142 400 |
| 所得税费用 | 420 000 | 180/150 | | 504 000 |
| 货币性项目减少合计 | 4 284 000 | | | 5 140 800(4) |
| 期末应当持有的货币性项目净额 | | | | −5 308 800(5) |
| 货币性项目购买力损益 | | | | 2 368 800(6) |

5. 编制甲公司不变购买力会计资产负债表如表 7-5 所示。

表 7-5

**甲公司资产负债表**

（以等值货币为计量单位）

2009 年 12 月 31 日　　单位:元

| 项目 | 2009 年 1 月 1 日 | 2009 年 12 月 31 日 |
|---|---|---|
| 货币资金 | 2 016 000 | 1 820 000 |
| 存货 | 2 520 000 | 1 890 000 |
| 固定资产 | | |
| 其中:固定资产原值 | 1 512 000 | 1 512 000 |
| 累计折旧 | 0 | 100 800 |
| 固定资产净值 | 1 512 000 | 1 411 200 |
| 无形资产 | 4 536 000 | 4 536 000 |
| 资产总计 | 10 584 000 | 9 657 200 |
| 短期借款 | 1 008 000 | 1 120 000 |
| 长期借款 | 6 552 000 | 3 640 000 |
| 负债合计 | 7 560 000 | 4 760 000 |
| 股本 | 3 024 000 | 3 024 000 |
| 未分配利润 | 0 | 1 873 200 |
| 所有者权益合计 | 3 024 000 | 4 897 200 |
| 负债和所有者权益总计 | 10 584 000 | 9 657 200 |

6. 编制甲公司不变购买力会计利润表如表 7-6 所示。

表 7-6

**甲公司利润表**

（以等值货币为计量单位）

2009 年度　　单位:元

| 项目 | 金额 | 金额 |
|---|---|---|
| 一、营业收入 | | 5 376 000 |
| 减:营业成本 | | 4 124 400 |
| 期初存货 | 2 520 000 | |
| 本期进货 | 3 494 400 | |
| 期末存货 | 1 890 000 | |
| 二、营业毛利 | | 1 251 600 |
| 减:管理费用 | | 1 142 400 |
| 减:折旧费用 | | 100 800 |
| 三、利润总额 | | 8 400 |
| 减:所得税费用 | | 504 000 |
| 四、净利润(不含购买力损益) | | -495 600 |
| 加:货币性项目净额购买力收益(减损失) | | 2 368 800 |
| 五、等值货币净利润 | | 1 873 200 |

## 四、不变购买力会计的优缺点

不变购买力会计是物价变动会计发展的初级阶段，对于传统的财务会计模式来说，它无疑是一个重大的变革和巨大的进步。不变购买力会计对于保证财务会计目标的实现具有不可忽视的优点，但也存在着不足。

(一)不变购买力会计的优点

不变购买力会计的优点主要体现在以下三个方面。

1. 简便易行

不变购买力会计不改变传统历史成本会计的程序和方法，仅仅通过一般物价指数对历史成本财务会计报表进行调整，方法简便；同时，物价指数可取自官方公布数据，简便易行。

2. 增强了财务报表数据的可比性

对于特定企业来说，因其按照一般物价指数调整了财务会计报表的各项数据，因而统一了同一财务报表中不同时点形成的数据的计量单位。如果将这种方法连续应用于相邻会计期间，将会提高各期财务报表数据之间的可比性。如果相关企业都采用这一会计模式，则会因采用的指数相同，而有助于增强企业之间财务会计信息的可比性。

3. 易于监督

由于采用不变购买力会计的所有企业依据相同的物价指数(一般由政府相关部门公布)进行调整，使调整后的财务报表具有客观性和可验证性，从而便于进行审计等方面的监督。

(二)不变购买力会计的缺点

由于不变购买力会计在调整传统财务会计报表各项会计数据所依据的一般物价指数和有关资料存在局限性，因而使它不可避免地存在一些明显的缺点。

1. 不能确切反映企业真实的财务状况和经营成果

不变购买力会计是按照一般物价指数调整财务会计报表中的数据，没有考虑企业各类资产价值的实际变化。从实际情况看，不变购买力会计中个别物价变动之间变动的差异可能会很大。因而，财务会计报表即使按照一般物价指数作了调整，仍无法确切反映企业的财务状况和经营成果。

2. 易于造成误解

不变购买力会计所揭示的购买力损益，只是一种计算上的差额，并不意味着企业的股东因此可以分享相应的股利，也不意味着企业因此而积累了更多的盈余能用来扩大经营规模。如果企业承担着巨额负债，将会出现这样的情况：一方面，在历史成本会计模式下，将沉重的利息支出计入了历史成本经营费用；另一方面，在不变购买力会计下，又会出现巨额的购买力利得。这些很可能给人以错觉，导致决策失误。

# 第三节　现行成本会计

## 一、现行成本会计的特点

相对于不变购买力会计，现行成本会计具有以下三个方面的特点。

（一）资产按现行成本计价

在现行成本会计下，对企业所持有的资产和生产经营过程中所消耗的资产，均以现行成本作为计价基础。所谓现行成本，亦称“重置成本”，是指重新购置在品种规格或者使用效率和使用年限等方面与现有资产完全等同的资产所需的成本。它既可以按照具体资产的重置成本确定，也可以按资产的个别物价指数和分类物价指数确定，显然，前者比后者更加符合实际。但是，要获得每一项具体资产的重置成本往往比较困难，所花费的代价也往往过高，因此，实务中常用个别物价指数或分类物价指数对资产的历史成本进行调整以求得现行成本。

（二）利润确定要遵循资本维护原则

现行成本会计不仅改变了资产计价基础，而且还改变了利润确定的程序。利润不再是收入与费用（以历史成本确定的）配比的结果，而是收入与费用（以现行成本确定的）配比的差额。现行成本与历史成本之间的差异，则作为“持有资产损益（简称持产损益）”处理。对于持产损益，在财务资本维护和实物资本维护不同的观念下，对现行成本会计利润的计算和会计处理不同。

在财务资本维护的观念下，对资产置存期间产生的持有资产损益作为一种未实现的持有资产损益确认。当该项资产销售或领用，结转本期销售成本或有关费用从销售收入中抵补后，其在物价变动中资产价格增加的部分，便是由未实现持有资产损益转化为已实现持有资产损益的数额。企业对于未实现持有资产损益和已实现持有资产损益均作为现行成本营业利润的组成部分，在利润表中分别列示，最终成为净利润的一个组成部分，未对其进行分配时则包含在资产负债表中所有者权益的“未分配利润”项目中。以上计算的营业利润是在保证所耗资产按现行成本购买力回收为基础的，因此是以财务资本维护观念为前提的现行成本收益。

在实物资本维护的观念下，将因物价变动而使资产现时价格增加的部分视为未来重置该项所耗资产必须发生的追加成本，是不可缺少的维护耗用实物资本的变动数额，不构成本期企业的损益，只是该项置存资产在物价变动中资金来源的所有者权益数额的相应变动，因此在核算中是将此部分增加的价格作为企业资本维护的准备金直接在资产负债表的所有者权益项目下反映，而不计入利润表中。所以在实物资本维护观念下，利润的计算不包括因物价变动置存资产的虚增价格所形成的持有资产损益。根据这一原则计算的利润，称为“实物资本维护的现行成本会计利润”，简称“现行成本利润”。因为在财务资本维护观念下累计的持有资产损益是以历史成本为起点累计计算的虚增货币数额，所以从根本上讲，在财务资本维护观念下的营业利润还是一种历史成本利润。

（三）需要建立现行成本会计账户体系

在现行成本会计模式下，由于采用了不同于传统财务会计和不变购买力会计的计量属性，因此，在日常会计核算中，需要设置专门的账户体系，按现行价格反映资产价值的变动，以便利于期末按现行成本编制财务会计报表及反映本期营业利润与因持有资产价格变动所形成的持有损益。但由于现行成本资料的取得往往需要较长的时间和可观的费用，因此，基于成本效益原则，一般在历史成本会计基础上于年末一次重估现行成本，进而确认现行成本变动额，并重编现行成本会计报表。

1.“持产损益”账户

为反映持有资产因物价变动而形成的持产利得或损失，需专门设置“持产损益”账户。“持产损益”账户在不同的资本维护观念下性质不同，用途亦不同。

（1）财务资本维护观念下的“持产损益”账户

在财务资本维护观念下，“持产损益”属于损益类科目，核算企业持有资产由于物价变动影响而获得的收益或遭受的损失。为区别该项损益是否实现，可按“未实现”和“已实现”设置明细科目，也可直接设置“未实现持产损益”和“已实现持产损益”科目。对于在物价变动中置存资产增加的价格记入“未实现持产损益”科目的贷方，减少的价格记入该科目借方；当所置存资产售出或领用结转销售成本，或计提折旧、有关费用从本期收入抵补后，将置存资产收益实现的数额借记“未实现持产损益”科目、贷记“已实现持产损益”科目。对已实现的置存资产损失作与此相反的账务处理。该科目余额一般在贷方，表示在物价变动条件下企业各类置存资产的累计收益；如科目余额在借方，则表示各类置存资产的累计损失。期末根据“未实现持产损益”和“已实现持产损益”科目余额调整传统财务会计的“本年利润”科目余额，用以核算在财务资本维护观念下的现行成本会计财务成果。

（2）实物资本维护观念下的“持产损益”科目

在实物资本维护观念下的“持产损益”科目反映在物价变动条件下按个别物价水平变动的现行成本重置所持资产需要追加成本的准备资金，是所有者权益类科目。当物价变动使企业置存资产的价格上升时，将其较原账面增加的金额记入该科目贷方；价格降低时，将较原账面价格降低的部分记入该科目借方；其余额一般在贷方，表示在物价变动条件下要维护企业实物资本的生产规模所需的资本维护准备金的数额。作为所有者权益类科目，“持产损益”科目，可不作“未实现”和“已实现”部分的区分。

2.“增补折旧费”账户

为反映在物价变动条件下，固定资产因价格变动需补足按现时价格变动前原固定资产账面价格所提折旧不足部分而设置了“增补折旧费”账户等。

在物价变动的条件下，各报告期末为反映按期末现行成本应计提的固定资产折旧，均需按期末现行成本和上个报告期末物价变动前的现行成本的差额补提固定资产折旧费，以保证所耗的在用固定资产的资本维护。在固定资产使用的过程中，各报告期均是依照传统财务会计的做法按固定资产现行成本的账面期初原值计提当期折旧费用，以满足固定资产的重置和该项所耗资本的维护。在物价变动固定资产价格不断上涨的情况下，按各报告期固定资产账面期初现行成本计提的折旧累计额必然不足以保证按固定资产期末现行成本计算的对所耗固定资产的重置。为保证该项资本的维护,必须按期末固定资产的现行成本提足折旧。为此就需在期末将按固定资产期末现行成本计算的应提取累计折旧额与所提累计折旧的差额予以补提,这一补提的差额就是增补折旧费。增补折旧费是为弥补以前各期所提折旧费不足的一项支出,是累计折旧的一部分,但不完全属于本期费用。为保证本期收入与费用的配比正确,增补折旧费不记入本期折旧费,而需单独设置“增补折旧费”科目核算。“增补折旧费”是损益类科目。当期末增补折旧费时,记入该科目的借方和“累计折旧”科目的贷方。该科目余额在借方,反映增补折旧费的累计额,亦反映物价变动对企业财务成果的一个影响因素。期末将该科目余额调整传统财务会计的“本年利润”科目,用以核算现行成本会计的财务成果。

## 二、现行成本会计的程序和方法

现行成本会计的基本程序和方法一般包括如下四个步骤:(1)划分货币性项目与非货币性项目;(2)确定和反映企业各项资产的现行成本;(3)计算企业持有资产损益;(4)按现行成本重编会计报表。

### (一)划分货币性项目与非货币性项目

划分货币性项目与非货币性项目的方法与不变购买力会计的划分方法相同。货币性项目的金额不随时间的变动而变动,其历史成本与现行成本是相同的;非货币性项目的实物数量固定,其价格是变动的,需要随时(一般在期末)以现行成本来表示它变动的价格。

### (二)确定企业资产现行成本

确定企业资产现行成本的依据主要有:(1)外购资产主要是企业资产的现行市场牌价和卖方的报价;(2)自制资产主要是资产的再生产成本等;(3)如果采用上述方法不能直接确定各项资产的现行成本,则可根据各项资产的历史成本及个别物价指数估算。

### (三)计算持产损益

现行成本会计模式下计算持产损益的过程如下:未出售的非货币性项目的现行成本与历史成本之差,是未实现的持产损益;已出售的非货币性项目、折旧费的现行成本与历史成本之差,则是已实现的持产损益。

### (四)编制现行成本会计报表

现行成本会计报表是于报告期末以名义货币为计量单位,以资产的现行成本和个别物价水平变动为计量属性编制的,反映物价变动条件下个别物价水平变动影响下形成的企业财务状况和经营成果的财务会计报表。现行成本会计报表包括现行成本会计资产负债表和现行成本会计利润表。编制现行成本会计报表是于报告期末依据所另行建立的现行成本会计账户体系的日常核算资料或依据所设置的特有专门账户并结合传统财务会计报表的有关资料编制现行成本会计的资产负债表和利润表。通过编制现行成本会计报表作为传统财务会计报表的补充资料,与传统财务会计有关会计信息进行对照、比较与分析,可以反映和消除个别物价水平变动对传统财务会计信息的影响,向财务报表使用者提供更为有用相关的信息。

### 三、现行成本会计应用举例

【例 7－2】2009 年，A 公司所处的经济环境发生严重通货膨胀，物价持续大幅度上升，该公司 2009 年的财务会计信息披露采用现行成本会计模式以消除物价波动带来的影响，该公司 2009 年度发生以下经济业务：

（1）购进甲商品 10 000 件，进货单价为 10 元，商品验收入库，货款共 100 000 元，全部以银行存款付讫。

（2）销售甲商品 9 000 件，销售单价 20 元，计 180 000 元，货款送存银行。经查甲商品账面单价为 10 元，全年现行成本平均单价为 16 元，销售当日结转甲商品销售成本。

（3）期末甲商品结存 1 000 件，账面单价为 10 元，现行成本单价为 18 元，期末按现行成本对甲商品进行账面调整。

要求：根据以上资料，对 A 公司上述经济业务采用现行成本会计模式编制相应的会计分录，其中对资产持有损益采用财务资本维护观念。

（1）采购甲商品时，编制会计分录如下：

借：库存商品——甲商品　　　　100 000

　　贷：银行存款　　　　　　　　100 000

（2）销售甲商品时，编制会计分录如下：

①确认销售收入。

借：银行存款　　　　　　　　180 000

　　贷：主营业务收入　　　　　　180 000

②按现行成本结转甲商品销售成本，编制会计分录如下：

借：主营业务成本　　　　　　144 000

　　贷：库存商品——甲商品　　　　144 000

借：库存商品——甲商品　　　　54 000

　　贷：已实现持产损益　　　　　　54 000

（3）期末按现行成本调整库存甲商品成本时，编制会计分录如下：

借：库存商品——甲商品　　　　8 000

　　贷：未实现持产损益　　　　　　8 000

【例 7－3】丙公司 2009 年 1 月 1 日购进设备一台，原值 90 000 元，预计使用期限为 3 年，净残值为 0，其现行成本每年末增加 3 000 元。丙公司每年末按年限平均法计提折旧并增补折旧费用。

要求：根据以上资料，采用财务资本维护观念对丙公司上述经济业务用现行成本会计模式进行账务处理。

（1）计算结果如表 7-7 所示：

表 7-7 单位:元

| 项目 | 第一年 | 第二年 | 第三年 |
|---|---|---|---|
| 历史成本 | 90 000 | 90 000 | 90 000 |
| 年末按历史成本计提的年折旧额 | 30 000 | 30 000 | 30 000 |
| 年末现行成本(历史成本 +3 000 × n) | 93 000 | 96 000 | 99 000 |
| 按年末现行成本计提的年折旧额 | 31 000 | 32 000 | 33 000 |
| 按年末现行成本计提的累计折旧额 | 31 000 | 64 000 | 99 000 |
| 年内增补的折旧费 | – | 1 000 | 2 000 |
| 年内增加的未实现持产收益 | 3 000 | 3 000 | 3 000 |
| 年内转入的已实现持产收益 | 1 000 | 3 000 | 5 000 |

(2)编制有关会计分录如下:

①第一年应编制的会计分录:

年初购进固定资产时:

借:固定资产 90 000

　　贷:银行存款 90 000

年末按现行成本调整固定资产账面原值,增加固定资产账面金额 3 000 元:

借:固定资产 3 000

　　贷:未实现持产损益 3 000

按现行成本计提当年折旧 31 000 元:

借:管理费用——折旧费 31 000

　　贷:累计折旧 31 000

所提折旧中已实现持产收益 =31 000 - 30 000 + 0 = 1 000(元)

借:未实现持产损益 1 000

　　贷:已实现持产损益 1 000

②第二年年末应编制的会计分录:

年末按现行成本调整固定资产账面原值,增加固定资产账面金额 3 000 元:

借:固定资产 3 000

　　贷:未实现持产损益 3 000

按当年现行成本计提折旧 32 000 元:

借:管理费用 32 000

　　贷:累计折旧 32 000

计提增补折旧费 1 000 元:

借:增补折旧费 1 000

贷:累计折旧　　1 000

本期已实现持有资产收益 = 32 000 - 30 000 + 1 000 = 3 000(元)

借:未实现持产损益　　3 000

贷:已实现持产损益　　3 000

③第三年年末应编制的会计分录:

年末按现行成本调整固定资产账面原值,增加固定资产账面金额 3 000 元:

借:固定资产　　3 000

贷:未实现持产损益　　3 000

按现行成本计提当年折旧 33 000 元:

借:管理费用　　33 000

贷:累计折旧　　33 000

计提增补折旧费 2 000 元:

借:增补折旧费　　2 000

贷:累计折旧　　2 000

本期已实现持有资产收益 = 33 000 - 30 000 + 2 000 = 5 000(元)

借:未实现持产损益　　5 000

贷:已实现持产损益　　5 000

【例 7 - 4】乙公司 2009 年所处的经济环境发生了严重的通货膨胀,为消除物价变动对传统财务会计信息的影响,因而采用现行成本会计模式。

(1)乙公司按历史成本编制的 2009 年资产负债表和利润表如表 7-8、表 7-9 所示。

表 7-8　　乙公司资产负债表

2009 年 12 月 31 日　　单位:元

| 资产 | 金额 | 负债和所有者权益 | 金额 |
|---|---|---|---|
| 货币资金 | 482 000 | 应付账款 | 200 000 |
| 应收账款 | 100 000 | 长期借款 | 400 000 |
| 存货 | 250 000 | 负债合计 | 600 000 |
| 固定资产 | 400 000 | 股本 | 500 000 |
| | | 未分配利润 | 132 000 |
| | | 所有者权益合计 | 632 000 |
| 资产总计 | 1 232 000 | 负债和所有者权益总计 | 1 232 000 |

表 7-9　　乙公司利润表

2009 年度　　单位:元

| 项目 | 金额 | 金额 |
|---|---|---|
| 一、营业收入 | | 1 000 000 |
| 减:营业成本 | | 400 000 |
| 期初存货 | 150 000 | |
| 本期购进 | 500 000 | |
| 期末存货 | 250 000 | |
| 二、营业毛利 | | 600 000 |
| 减:管理费用 | | 240 000 |
| 减:折旧费用 | | 100 000 |
| 三、利润总额 | | 260 000 |
| 减:所得税费用 | | 78 000 |
| 四、净利润 | | 182 000 |

(2)乙公司有关现行成本资料如下:

①已销存货本年内的平均成本为 440 000 元;

②年末存货现行成本为 260 000 元;

③固定资产年末完全重置成本 550 000 元,该固定资产采用直线法计提折旧,预计使用年限为 5 年,无净残值;

④2009 年 12 月 31 日乙公司宣告并发放现金股利 50 000 元。

1. 划分货币性项目和非货币性项目

乙公司资产负债表的资产中货币资金、应收账款属于货币性资产项目,存货、固定资产属于非货币性资产项目。其中的货币性资产项目不需要调整。

2. 以现行成本调整各非货币性资产项目余额并计算持产损益

(1)资产负债表项目调整,如表 7-10 所示:

表 7-10　　资产负债表项目调整表　　单位:元

| 非货币性项目 | 历史成本 | 现行成本 |
|---|---|---|
| 存货 | 250 000 | 260 000 |
| 固定资产 | 400 000 | 440 000 |

(2)财务资本维护观念下利润表项目调整,如表 7-11 所示:

表 7-11　　利润表项目调整　　单位:元

| 项目 | 历史成本 | 现行成本 |
|---|---|---|
| 营业成本 | 400 000 | 440 000 |
| 折旧费 | 100 000* | 110 000 |

* 此处折旧费按照期末固定资产现行成本计提,采用直线法折旧。本年度为开业第一年。

(3)计算持产损益

①财务资本维护观念下持产损益的计算如表 7-12 所示:

表 7-12　　单位:元

| | |
|---|---|
| 未实现持产损益 | 50 000 |
| 年末存货 | 260 000 - 250 000 = 10 000 |
| 固定资产 | 440 000 - 400 000 = 40 000 |
| 已实现持产损益 | 50 000 |
| 营业成本 | 440 000 - 400 000 = 40 000 |
| 折旧费 | 110 000 - 100 000 = 10 000 |

②实物资本维护观念下持产损益的计算如表 7-13 所示:

表 7-13　　单位:元

| | |
|---|---|
| 持产损益 | 100 000 |
| 年末存货 | 260 000 - 250 000 = 10 000 |
| 固定资产 | 440 000 - 400 000 = 40 000 |
| 营业成本 | 440 000 - 400 000 = 40 000 |
| 折旧费 | 110 000 - 100 000 = 10 000 |

(4)编制财务资本维护观念下的现行成本会计报表,如表 7-14、表 7-15 所示。

表 7-14　　乙公司资产负债表

2009 年 12 月 31 日　　单位:元

| 资产 | 金额 | 负债和所有者权益 | 金额 |
|---|---|---|---|
| 货币资金 | 482 000 | 应付账款 | 200 000 |
| 应收账款 | 100 000 | 长期借款 | 400 000 |
| 存货 | 260 000 | 负债合计 | 600 000 |
| 固定资产 | 440 000 | 股本 | 500 000 |
| | | 未分配利润<br>已实现持产损益<br>未实现持产损益 | 182 000<br>50 000<br>50 000 |
| | | 所有者权益合计 | 682 000 |
| 资产总计 | 1 282 000 | 负债和所有者权益总计 | 1 282 000 |

表 7-15　　乙公司利润表

2009 年度　　单位:元

| 项目 | 金 额 |
|---|---|
| 一、营业收入 | 1 000 000 |
| 减:营业成本 | 440 000 |
| 二、营业毛利 | 560 000 |
| 减:管理费用 | 240 000 |
| 减:折旧费用 | 110 000 |
| 三、利润总额(不含持产损益) | 210 000 |
| 加:已实现持产损益 | 50 000 |
| 加:未实现持产损益 | 50 000 |
| 四、利润总额(含持产损益) | 310 000 |
| 减:所得税费用 | 78 000 |
| 四、净利润 | 232 000 |

(5)编制实物资本维护观念下的现行成本会计报表,如表 7-16、表 7-17 所示。

表 7-16　　乙公司资产负债表

2009 年 12 月 31 日　　单位:元

| 资产 | 金额 | 负债和所有者权益 | 金额 |
|---|---|---|---|
| 货币资金 | 482 000 | 应付账款 | 200 000 |
| 应收账款 | 100 000 | 长期借款 | 400 000 |
| 存货 | 260 000 | 负债合计 | 600 000 |
| 固定资产 | 440 000 | 股本 | 500 000 |
| | | 未分配利润<br>持产损益 | 82 000<br>100 000 |
| | | 所有者权益合计 | 682 000 |
| 资产总计 | 1 282 000 | 负债和所有者权益总计 | 1 282 000 |

表 7-17　　乙公司利润表

2009 年度　　单位:元

| 项目 | 金额 |
|---|---|
| 一、营业收入 | 1 000 000 |
| 减:营业成本 | 440 000 |
| 二、营业毛利 | 560 000 |
| 减:管理费用 | 240 000 |
| 减:折旧费用 | 110 000 |
| 三、利润总额 | 210 000 |
| 减:所得税费用 | 78 000 |
| 四、净利润 | 132 000 |

## 四、现行成本会计的优缺点

现行成本会计是在总结了不变购买力会计的经验后进一步发展形成的一种物价变动会计模式,因而它有着更为显著的优点,但也存在着一定的不足。

(一)现行成本会计的优点

现行成本会计的优点主要表现在以下三个方面:

1. 可以客观地评价企业管理人员的工作业绩

在现行成本会计下,利润被区分为营业利润和资产持有利润。营业利润的大小取决于经营管理水平,而资产持有利润的大小则取决于物价变动因素以及企业管理人员的应变能力。这种划分有助于对企业管理人员的成绩作出客观的评价。

2. 可以维护企业的产权资本和实际生产经营能力

现行成本会计以现行重置成本弥补生产经营中所耗用的材料物资和机器设备为前提,从而可以保证产权资本的回收和重置已消耗的同类资产所需要的资金,维护企业的实际生产经营能力。

3. 能够提供较真实的经营利润

在现行成本会计下,资产以现行重置成本计价,从而解决了在历史成本会计下,由于资产购置年代不同而在计价上存在较大差异的不合理现象;同时,收入的计算以现行收入与以现行成本为基础重新计算的资产实际付出和消耗额配比而得,从而避免了在历史成本会计下产生的虚假利润。

(二)现行成本会计的缺点

现行成本会计的缺点主要表现在以下三个方面:

1. 资产的现行成本难以准确界定

严格地说,现行成本会计对资产购进、售出和储存的核算均应以现行成本为基础。但要想准确地确定资产的现行成本,往往需要大量的物价资料,由此可能导致大量的人力、物力、财力的消耗,这对于企业来说是一个不小的负担。如果采用直接估价或者按照物价部门公布的分类物价指数进行调整,又会增加人的主观因素的影响,从而影响会计信息的可靠性。

2. 没有考虑一般物价水平的变化

在现行成本会计下,企业各期资产的现行成本或重置成本只是反映了资产在不同时期的现行价值,而没有考虑到一般物价水平的变化。因此,在进行多期比较时,无法反映企业的财务状况和经营成果的真实变动情况。另外,不计列一般物价水平影响的货币性项目购买力损益,未必能真正反映和消除物价变动对会计信息的影响。

3. 应用成本较高

在现行成本会计下,取得必要的物价变动资料必然要花费一定的人力、物力和财力,从而增加企业的负担。另外,现行成本的变动可能导致投保额、所得税、财产税的变动,使得审计的难度和成本增加,这些都给现行成本会计的实施带来了很大难度。

## 本章小结

本章重点讲解了以下几个问题:

1. 物价变动对传统财务会计信息的影响。物价变动使传统财务会计信息失真,依据失真的传统财务会计信息管理企业,使企业所消耗资金不能得到应有补偿,企业经营业绩不能得到正确评价,所有者正当权益不能得到合理维护。同时依据失真的传统财务会计信息,企业的投资人和债权人难以对企业的投资和融资作出正确的决策,政府的主管部门也难以对宏观经济进行有效的管理。

2. 物价变动会计模式。将一定的计量单位和计量属性、一定的会计程序和一定的会计方法相互结合成一种固定的用以进行会计核算的程式称为会计模式。在对反映和消除物价变动对传统财务会计信息影响的不断研究实践和不断总结发展的过程中,先后产生了不变购买力会计、现行成本会计、现行成本/等值货币会计和变现价值会计等四种会计模式。本教材仅对不变购买力会计和现行成本会计这两种物价变动会计模式作较深入地介绍。

3. 不变购买力会计的程序和方法。不变购买力会计的程序和方法是:(1)划分货币性项目和非货币性项目;(2)按一般物价水平变动换算调整传统财务会计报表各项会计数据;(3)计算货币性项目的购买力损益;(4)编制不变购买力会计报表。

4. 现行成本会计的程序和方法。现行成本会计的基本程序和方法一般包括如下四个步骤:(1)划分货币性项目与非货币性项目;(2)确定和反映企业各项资产的现行成本;(3)计算企业持有资产损益;(4)按现行成本重编会计报表。

## 关键术语

物价指数　名义货币　等值货币　财务资本　实物资本　资本维护　购买力损益　不变购买力会计　货币性项目　非货币性项目　现行成本会计　持有资产收益

## 本章重点

物价变动会计的计量单位和计量属性,物价变动会计的模式,不变购买力会计等值货币的确定,划分货币性项目和非货币性项目,货币性项目和非货币性项目金额调整的计算,货币性项目购买力损益的计算,不变购买力会计资产负债表和利润表的编制,现行成本会计账户体系,“持产损益”、“未实现持产损益”、“已实现持产损益”、“增补折旧费”等科目及其核算内容,现行成本会计资产负债表和利润表的编制等。

## 本章难点

货币性项目和非货币性项目金额调整的计算,货币性项目购买力损益的计算、现行成本会计下存货和固定资产按现行成本调整账面价值的账务处理等。

## 思考题

1. 物价变动会计的模式有哪几种？各有何特点？
2. 不变购买力会计有哪些主要特征？
3. 不变购买力会计为何要划分货币性项目和非货币性项目？
4. 货币性项目和非货币性项目的区别主要有哪些？
5. 不变购买力会计有何优缺点？
6. 什么是货币性项目购买力损益？在不变购买力会计中为什么要计算货币性项目购买力损益？
7. 现行成本会计有哪些主要特征？
8. 现行成本会计有何优缺点？
9. 财务资本维护观念下的“持产损益”科目是何性质？如何使用？
10. 实物资本维护观念下的“持产损益”科目是何性质？如何使用？

# 第八章　租赁会计

## 学习目标

通过本章教学，了解租赁及其相关概念、租赁的特点及分类，了解租赁会计的产生与发展，理解租赁会计核算中的基本概念的内涵，掌握经营租赁和融资租赁的账务处理，以及特殊的租赁方式——售后租回的账务处理。

## 第一节　租赁会计概述

### 一、租赁与租赁会计的概念

租赁是现代企业融资的一种重要手段，现代租赁在我国兴起的时间虽然不长，但其发展很快，越来越多的企业通过租赁的形式获得了相关资产的使用权。在制造业、建筑业、航空业等使用高价值长期资产的行业已经得到了较为普遍的运用。

（一）租赁的概念

租赁，是指在约定的期间内，出租人将资产使用权让与承租人，以获取租金的协议。租赁的主要特征是，在租赁期内转移资产的使用权，而不是转移资产的所有权，这种转移是有偿的，取得使用权以支付租金为代价。

（二）租赁会计的概念

租赁会计是对企业租赁业务活动进行全面核算与反映的一种专门会计。它以租赁业务过程中租赁各方的资产、负债、收益、费用等要素为核算对象，研究租赁活动中资金运动及其增减变化和结果，从而提供与租赁业务有关的财务会计信息。因此，租赁会计是运用会计学的基本理论和基本方法，以货币作为计量单位，对企业租赁活动进行综合、全面、连续和系统地反映、监督和管理的一种专门会计。

### 二、租赁会计的产生和发展

（一）租赁会计的产生

租赁业务的飞速发展对财务会计信息产生了新的要求。会计要提供企业租赁业务的有关信息资料，就必须具有明确表述租赁业务活动的会计处理及其表达式。为此，会计界不断制定、修正此类业务的会计准则，进而形成和发展了租赁会计。第二次世界大战以后，美国的租赁业务向着多样化、复杂化方向发展，依据传统的会计方法处理存在着许多问题。因此美国会计师为建立公认的租赁会计处理准则，自 1949 年来多次发表会计研究公报、意见书、声明书等。1949 年，美国注册会计师协会（American Institute of Certified

Public Accountants,简称 AICPA)所属的会计程序委员会(Committee on Accounting Procedure,简称 CAP)首次发布了第 38 号《会计研究公告》——规定在财务报表中如何列示或说明租赁业务引起的资产、负债增减变动。1953 年,美国会计程序委员会发表了第 43 号公告,说明承租人财务报表如何列示长期租赁问题。1949 年和 1966 年,美国注册会计师协会所属会计原则委员会(Accounting Principles Board,简称 APB)先后发布了有关租赁会计的第 5 号和第 7 号意见书。1976 年,美国财务会计准则委员会(Financial Accounting Standards Board,简称 FASB)发表了《财务会计准则公告第 13 号——租赁会计》,这一公告被公认为权威性的租赁会计理论基础和处理准则。

(二)租赁会计的发展

1982 年,国际会计准则委员会(International Accounting Standards Committee,简称 IASC)发表了《国际会计准则第 17 号——租赁会计》,对租赁业务的会计处理作出了规定。

20 世纪 80 年代以来,我国开办了租赁企业,这些企业经营的租赁业务在经济生活中日益发挥着重要作用,因此对于租赁会计的探讨和研究十分必要。我国对于租赁会计的研究同样始于 20 世纪 80 年代。1982 年,财政部发布了《关于租赁费用的账务处理的暂行规定》。1985 年,财政部先后颁布了《关于国营工业企业租赁固定资产有关会计处理问题的规定》和《关于国营工业企业租赁费用财务处理的规定》两个文件。文件的有关规定从我国企业融资租赁固定资产管理的实际出发,同时兼容了国际通用的租赁会计核算原则。1993 年 7 月,企业会计准则、企业财务通则和新的分行业会计制度实施,在对租赁会计处理问题上,分别体现在各行业会计制度有关融资租入固定资产的规定和《金融企业会计制度》的有关规定中。2001 年 1 月 18 日,财政部印发了《企业会计准则——租赁》,并规定所有企业从 2001 年 1 月 1 日开始执行。该准则对租赁的分类、租赁会计术语、会计处理等方面都作了更详细、具体的说明。为进一步规范承租人与出租人的会计核算与会计信息披露,提高会计信息的可靠性和相关性,2006 年 2 月 15 日财政部又发布了《企业会计准则第 21 号——租赁》(以下简称"租赁准则"),对 2001 年发布的租赁会计准则进行了全面的修订。

## 三、租赁会计中的重要术语

根据我国租赁准则的规定,对与租赁会计核算相关的重要术语的掌握是处理租赁会计业务的基础,以下对这些重要术语予以专门介绍。

(一)租赁期

租赁期,是指租赁协议规定的不可撤销的租赁期间。如果承租人有权选择续租该资产,并且在租赁开始日就可以合理确定承租人将会行使这种选择权,不论是否再支付租金,续租期也包括在租赁期之内。

(二)融资租赁

融资租赁,是指实质上转移了与资产所有权有关的全部风险和报酬的租赁,其所有权最终可能转移,也可能不转移。

（三）经营租赁

经营租赁，是指除融资租赁以外的其他租赁。

（四）售后租回

售后租回，是指企业将自制或外购资产出售，然后再向购买方租回使用的一种经济行为。

（五）租赁开始日

租赁开始日，是指租赁协议日与租赁各方就主要条款作出承诺日中的较早者。

（六）租赁期开始日

租赁期开始日，是指承租人有权行使其使用租赁资产权利的日期，表明租赁行为的开始。

（七）担保余值

担保余值，就承租人而言，是指由承租人或与其有关的第三方担保的资产余值；就出租人而言，是指就承租人而言的担保余值加上与承租人和出租人均无关、但在财务上有能力担保的第三方担保的资产余值。其中，资产余值是指在租赁开始日估计的租赁期届满时租赁资产的公允价值。为了促使承租人谨慎地使用租赁资产，尽量减少出租人自身的风险和损失，租赁协议有时要求承租人或与其有关的第三方对租赁资产的余值进行担保，此时的担保余值是针对承租人而言的。除此以外，担保人还可能是与承租人和出租人均无关，但在财务上有能力担保的第三方，如担保公司，此时的担保余值是针对出租人而言的。

（八）未担保余值

未担保余值，指租赁资产余值中扣除就出租人而言的担保余值以后的资产余值。对出租人而言，如果租赁资产余值中包含未担保余值，表明这部分余值的风险和报酬并没有转移，其风险应由出租人承担。

（九）最低租赁付款额

最低租赁付款额，是指在租赁期内，承租人应支付或可能被要求支付的款项（不包括或有租金和履约成本），加上由承租人或与其有关的第三方担保的资产余值。

承租人有购买租赁资产选择权，所订立的购买价款预计将远低于行使选择权时租赁资产的公允价值，因而在租赁开始日就可以合理确定承租人将会行使这种选择权的，购买价款应计入最低租赁付款额。

（十）或有租金

或有租金，是指金额不固定、以时间长短以外的其他因素（如销售量、使用量、物价指数等）为依据计算的租金。

（十一）履约成本

履约成本，是指租赁期内为租赁资产支付的各种使用费用，如技术咨询和服务费、人员培训费、维修费、保险费等。

（十二）最低租赁收款额

最低租赁收款额，是指最低租赁付款额加上独立于承租人和出租人的第三方对出租人担保的资产余值。

（十三）租赁内含利率

租赁内含利率是指在租赁开始日，使最低租赁收款额的现值与未担保余值的现值之和等于租赁资产公允价值与出租人的初始直接费用之和的折现率。

（十四）初始直接费用

初始直接费用，是指在租赁谈判和签订租赁协议的过程中发生的可直接归属于租赁项目的费用。

### 四、租赁的分类

承租人和出租人应在租赁开始日将租赁分为融资租赁和经营租赁。满足下列标准之一的，即应认定为融资租赁：（1）在租赁期届满时，租赁资产的所有权转移给承租人。如果在租赁协议中已经约定，或根据其他条件在租赁开始日就可以合理地判断，租赁期届满时出租人会将资产的所有权转移给承租人。（2）承租人有购买租赁资产的选择权，所订立的购买价款预计将远低于行使选择权时租赁资产的公允价值，因而在租赁开始日就可以合理确定承租人将会行使这种选择权。（3）即使资产的所有权不转移，但租赁期占租赁资产使用寿命的大部分。其中"大部分"，通常掌握在租赁期占租赁开始日租赁资产使用寿命的75%以上（含75%）。（4）承租人在租赁开始日的最低租赁付款额现值，几乎相当于租赁开始日租赁资产公允价值；出租人在租赁开始日的最低租赁收款额现值，几乎相当于租赁开始日租赁资产公允价值。其中"几乎相当于"，通常掌握在90%以上（含90%）。（5）租赁资产性质特殊，如果不作较大改造或修整，只有承租人才能使用。这条标准是指租赁资产是由出租人根据承租人对资产型号、规格等方面的特殊要求专门购买或建造的，具有专购、专用性质。这些租赁资产如果不作较大的重新改制，其他企业通常难以使用。这种情况下，该项租赁也应认定为融资租赁。

除融资租赁以外的租赁为经营租赁。

## 第二节　经营租赁的会计处理

### 一、经营租赁中承租人的会计处理

（一）承租人租金的会计处理

在经营租赁下，承租人不必将租赁资产资本化，只需将支付或应付的租金按一定的方法计入相关资产成本或当期损益。

我国租赁准则规定，承租人应将经营租赁的租金在租赁期内各个期间按直线法计入相关资产成本或当期损益；其他方法更为系统合理的，也可以采用其他方法。一般情况下，采用直线法将承租人支付的经营租赁租金确认为费用较为合理，但在某些特殊情况下，则应采用比直线法更系统合理的方法，比如根据租赁资产的使用量来确认租金费用。例如，某企业以经营租赁方式租入一台载重货运汽车，根据货运汽车的行驶里程来确认当期应分摊的租金费用就比按直线法确认更为合理。

承租人确认的租金费用，借记"在建工程"、"销售费用"、"管理费用"、"制造费用"等科目,贷记“银行存款”等科目。

【例8-1】甲公司于2009年1月1日以经营租赁方式向乙公司租用办公楼中的一套办公室,租期为2年,每年租金为18万元,共计支付租金36万元。乙公司要求在租赁期开始日支付租金总金额的50%,余下的分别在2009年年底和2010年年底各支付25%。租期届满,乙公司收回出租办公室。甲公司的账务处理如下:

①2009年1月1日甲公司支付总租金的50%,编制会计分录如下:

借:长期待摊费用　　180 000
　贷:银行存款　　180 000

②2009年12月31日甲公司确认当年租金费用及支付总租金的25%,编制会计分录如下:

借:管理费用　　180 000
　贷:银行存款　　90 000
　　长期待摊费用　　90 000

③2010年12月31日甲公司确认当年租金费用及支付总租金的25%,编制会计分录如下:

借:管理费用　　180 000
　贷:银行存款　　90 000
　　长期待摊费用　　90 000

(二)承租人初始直接费用的会计处理

对于承租人在经营租赁中发生的初始直接费用,应计入当期损益,其账务处理为:借记“管理费用”等科目,贷记“银行存款”等科目。

【例8-2】沿用【例8-1】资料,甲公司在租赁谈判和签订租赁协议的过程中发生的可直接归属于租赁项目的费用为5 000元,以银行存款支付。甲公司编制会计分录如下:

借:管理费用　　5 000
　贷:银行存款　　5 000

(三)承租人或有租金的会计处理

在经营租赁下,承租人发生的或有租金在实际发生时计入当期损益。其账务处理为:借记“财务费用”、“销售费用”等科目,贷记“银行存款”等科目。

【例8-3】沿用【例8-1】资料,假设根据租赁合同的规定,除了规定的固定租金外,甲公司还要根据一般物价指数变动向乙公司支付额外租金以补偿物价变动的影响。2009年1月1日的一般物价指数为100,2009年12月31日的一般物价指数为110,2010年12月31日的一般物价指数为120。2009年12月31日甲公司以银行存款向乙公司支付额外租金18 000元,2010年12月31日甲公司以银行存款向乙公司支付额外租金36 000元。

①2009年12月31日支付额外租金,甲公司编制会计分录如下:

借:财务费用　　18 000
　贷:银行存款　　18 000

②2010年12月31日支付额外租金,甲公司编制会计分录如下:

借:财务费用　　36 000

贷:银行存款 36 000

## 二、经营租赁中出租人的会计处理

(一)出租人租金的会计处理

在一般情况下,出租人应采用直线法将收到或应收的租金在租赁期内确认为收益,但在某些特殊情况下,则应采用比直线法更系统合理的方法。比如根据租赁资产的使用量来确认租赁收益的方法。例如,某企业以经营租赁方式租出一台载重货运汽车,根据货运汽车的行驶里程来确认当期应确认的租金费用就比按直线法确认更为合理。出租人应当根据应确认的收益,借记"银行存款"等科目,贷记"租赁收入"、"其他业务收入"等科目。

【例8-4】沿用【例8-1】资料,乙公司的账务处理如下:

①2009年1月1日乙公司收到总租金的50%,编制会计分录如下:

借:银行存款 180 000

贷:预收账款(或其他应收款) 180 000

②2009年12月31日乙公司确认当年租金收益及收到总租金的25%,编制会计分录如下:

借:银行存款 90 000

预收账款(或其他应收款) 90 000

贷:租赁收入(或其他业务收入) 180 000

③2010年12月31日乙公司确认当年租金收益及收到总租金的25%,编制会计分录如下:

借:银行存款 90 000

预收账款(或其他应收款) 90 000

贷:租赁收入(或其他业务收入) 180 000

(二)出租人初始直接费用的会计处理

出租人发生的初始直接费用,应计入当期损益,其账务处理为:借记"管理费用"等科目,贷记"银行存款"等科目。

【例8-5】沿用【例8-1】资料,乙公司在租赁谈判和签订租赁协议的过程中发生的可直接归属于租赁项目的费用为3 000元,以银行存款支付。乙公司编制会计分录如下:

借:管理费用 3 000

贷:银行存款 3 000

(三)出租人或有租金的会计处理

在经营租赁下,出租人收到的或应收的或有租金在实际发生时计入当期收益,其账务处理为:借记"银行存款"等科目,贷记"租赁收入"、"其他业务收入"等科目。

【例8-6】沿用【例8-3】资料,2009年12月31日乙公司收到甲公司以银行存款支付的额外租金18 000元,2010年12月31日乙公司收到甲公司以银行存款支付的额外租金36 000元。

①2009年12月31日支付额外租金,乙公司编制会计分录如下:

借:银行存款 18 000

贷:租赁收入(或其他业务收入)　　18 000

②2010 年 12 月 31 日支付额外租金,乙公司编制会计分录如下:

借:银行存款　　36 000

贷:租赁收入(或其他业务收入)　　36 000

(四)出租人对租赁资产计提折旧或摊销的会计处理

对于经营租赁资产中的固定资产或无形资产,出租人应采用对类似应折旧资产通常所采用的折旧政策计提折旧;对于其他经营租赁资产如专利权等无形资产,应采用合理的方法进行摊销。

【例 8-7】沿用【例 8-1】资料,乙公司出租给甲公司的办公室原值为 1 000 万元,预计使用寿命为 50 年,无净残值,乙公司对类似固定资产采用年限平均法计提折旧。

①2009 年 12 月 31 日乙公司对该出租的办公室计提折旧,编制会计分录如下:

借:其他业务成本　　200 000

贷:累计折旧　　200 000

②2010 年 12 月 31 日乙公司对该出租的办公室计提折旧,编制会计分录如下:

借:其他业务成本　　200 000

贷:累计折旧　　200 000

## 第三节　融资租赁的会计处理

### 一、融资租赁中承租人的会计处理

(一)融资租赁租入资产入账价值的确定

在租赁期开始日,承租人应将租赁开始日租赁资产的公允价值与最低租赁付款额现值两者中较低者作为租入资产的入账价值,将最低租赁付款额作为长期应付款的入账价值,其差额作为未确认融资费用。

承租人在计算最低租赁付款额的现值时,如果知悉出租人的租赁内含利率,应采用出租人的租赁内含利率作为折现率;否则,应采用租赁合同规定的利率作为折现率。如果出租人的租赁内含利率和租赁合同规定的利率均无法知悉,应采用同期银行贷款利率作为折现率。

另外,融资租赁中承租人发生的初始直接费用,应计入租入资产价值。

【例 8-8】2007 年 12 月 28 日,A 公司与 B 公司签订了一份租赁合同。

租赁合同主要条款如下:

(1)租赁标的物:程控生产线。

(2)租赁期开始日:租赁物运抵 A 公司生产车间之日(2008 年 1 月 1 日)。

(3)租赁期:从租赁期开始日算起 36 个月(即 2008 年 1 月 1 日~2010 年 12 月 31 日)。

(4)租金支付方式:自租赁期开始日起每年年末支付租金 1 000 000 元。

(5)该生产线在 2008 年 1 月 1 日的公允价值为 2 600 000 元。

(6)租赁合同规定的利率为8%(年利率)。

(7)该生产线为全新设备,估计使用年限为5年。

(8)2009年和2010年两年,A公司每年按该生产线所生产的产品——微波炉的年销售收入的1%向B公司支付经营分享收入。

A公司其他有关资料如下:

(1)采用年限平均法计提固定资产折旧。

(2)2009年、2010年分别实现微波炉销售收入10 000 000元和15 000 000元。

(3)2010年12月31日,将该生产线退还B公司。

(4)A公司在租赁谈判和签订租赁合同过程中发生可归属于租赁项目的手续费、差旅费10 000元,以银行存款支付。

A公司在租赁期开始日的账务处理如下:

①判断租赁类型

本例中租赁期(3年)占租赁资产尚可使用年限(5年)的60%(小于75%),没有满足融资租赁判定的第3条标准;另外,最低租赁付款额的现值为2 577 100元(计算过程见后)大于租赁资产公允价值的90%,即2 340 000元(2 600 000×90%),满足融资租赁判定的第4条标准,因此,A公司应将该项租赁认定为融资租赁。

②计算租赁开始日最低租赁付款额的现值,确定租赁资产的入账价值

本例中A公司不知道出租人的租赁内含利率,因此应选择租赁合同规定的利率8%作为最低租赁付款额的折现率。

最低租赁付款额 = 1 000 000×3 = 3 000 000(元)

查表得知:(P/A,3,8%) = 2.5771

最低租赁付款额的现值 = 1 000 000×2.5771 = 2 577 100(元)

由于最低租赁付款额的现值小于租赁资产公允价值2 600 000元,因此根据孰低原则,租赁资产的入账价值应为最低租赁付款额现值2 577 100元。

③计算未确认融资费用

未确认融资费用 = 最低租赁付款额 - 最低租赁付款额现值 = 3 000 000 - 2 577 100 = 422 900(元)

④2008年1月1日,A公司编制会计分录如下:

借:固定资产——融资租入固定资产　　2 587 100
　未确认融资费用　　422 900
　贷:长期应付款——应付融资租赁款　　3 000 000
　　银行存款　　10 000

(二)未确认融资费用分摊的会计处理

在融资租赁下,承租人向出租人支付的租金中,包含了本金和利息两部分。承租人支付租金时,一方面应减少长期应付款,另一方面应同时将未确认的融资费用按一定的方法确认为当期融资费用。在先付租金(即每期期初等额支付租金)的情况下,租赁期第一期支付的租金不含利息,只需减少长期应付款,不必确认当期融资费用。在分摊未确认的融资费用时,按租赁准则的规定,承租人应采用实际利率法。

在采用实际利率法分摊未确认融资费用的情况下，根据租赁开始日租赁资产和负债的入账价值基础不同，融资费用分摊率的选择也不同；未确认融资费用的分摊率的确定具体分为下列几种情况：(1)以出租人的租赁内含利率为折现率将最低租赁付款额折现，且以该现值作为租赁资产入账价值的，应将租赁内含利率作为未确认融资费用的分摊率；(2)以合同规定利率为折现率将最低租赁付款额折现，且以该现值作为租赁资产入账价值的，应将合同规定利率作为未确认融资费用的分摊率；(3)以银行同期贷款利率为折现率将最低租赁付款额折现，且以该现值作为租赁资产入账价值的，应将银行同期贷款利率作为未确认融资费用的分摊率；(4)以租赁资产公允价值为入账价值的，应重新计算分摊率。该分摊率是使最低租赁付款额的现值等于租赁资产公允价值的折现率。

承租人每期支付租金时，按支付的租金金额，借记“长期应付款——应付融资租赁款”科目，贷记“银行存款”科目。同时，每期确认租金费用时，借记“财务费用”等科目，贷记“未确认融资费用”科目。

存在优惠购买选择权的，在租赁期届满时，未确认融资费用应全部摊销完毕，并且租赁负债也应减少至优惠购买金额。在承租人或与其有关的第三方对租赁资产提供了担保的情况下，在租赁期届满时，未确认融资费用应全部摊销完毕，并且租赁负债应减少至担保余值。

【例 8－9】沿用【例 8－8】资料，A 公司在租赁期内对未确认融资费用分摊的账务处理如下：

①确定未确认融资费用分摊率

由于租赁资产的入账价值为其最低租赁付款额的现值，因此该折现率就是其未确认融资费用的分摊率，即 8%。

②在租赁期内采用实际利率法分摊未确认融资费用，如表 8-1 所示。

表 8-1　　未确认融资费用分摊表　　单位：元

| 日期 | 租金① | 确认的融资费用<br>②＝期初④×8% | 应付本金减少额<br>③＝①－② | 应付本金余额<br>④＝期初④－③ |
|---|---|---|---|---|
| 2008.1.1 | | | | 2 577 100 |
| 2008.12.31 | 1 000 000 | 206 168 | 793 832 | 1 783 268 |
| 2009.12.31 | 1 000 000 | 142 661.44 | 857 338.56 | 925 929.44 |
| 2010.12.31 | 1 000 000 | 74 070.56* | 925 929.44** | 0 |
| 合 计 | 3 000 000 | 422 900 | 2 577 100 | |

*、**作尾数调整，74 070.56＝1 000 000－925 929.44，925 929.44＝925 929.44－0。

③A 公司编制会计分录如下：

2008 年 1 月 1 日，支付第一期租金并分摊未确认融资费用的会计分录如下：

借：长期应付款——应付融资租赁款　　1 000 000

　贷：银行存款　　1 000 000

借：财务费用　　206 168

贷:未确认融资费用 206 168

2009 年 12 月 31 日,支付第二期租金并分摊未确认融资费用的会计分录如下:

借:长期应付款——应付融资租赁款 1 000 000

贷:银行存款 1 000 000

借:财务费用 142 661.44

贷:未确认融资费用 142 661.44

2010 年 12 月 31 日,支付第三期租金并分摊未确认融资费用的会计分录如下:

借:长期应付款——应付融资租赁款 1 000 000

贷:银行存款 1 000 000

借:财务费用 74 070.56

贷:未确认融资费用 74 070.56

(三)租赁资产计提折旧的会计处理

融资租赁中,承租人应对融资租入的固定资产计提折旧。

1. 折旧政策

对于融资租入的固定资产,承租人应采用与自有应折旧固定资产相一致的折旧政策。如果承租人或与其有关的第三方对租赁资产余值提供了担保,则应计折旧总额为租赁期开始日融资租入固定资产的入账价值扣除担保余值后的余额;如果承租人或与其有关的第三方未对租赁资产余值提供担保,则应计折旧总额为租赁期开始日融资租入固定资产的入账价值。

2. 折旧期间

确定租赁资产的折旧期间应视租赁合同的规定而论。如果能够合理确定租赁期届满时承租人将会取得租赁资产所有权,即可认为承租人拥有该项资产的全部使用寿命,因此应以租赁期开始日租赁资产的寿命作为折旧期间;如果无法合理确定租赁期届满后承租人是否能够取得租赁资产的所有权,应以租赁期与租赁资产寿命两者中较短者作为折旧期间。

【例 8 - 10】沿用【例 8 - 8】资料,A 公司对融资租入的固定资产计提折旧的账务处理如下:

该例中不存在担保余值问题,所以应计折旧总额为固定资产的入账价值。根据合同规定,由于 A 公司无法合理确定在租赁期届满时能够取得租赁资产的所有权,因此,应在租赁期与租赁资产尚可使用年限两者中的较短的期间内计提折旧,所以本例中应按 3 年计提折旧。同时,2008 年 1 月当月增加的固定资产不提折旧,所以本租赁合同应按 35 个月计提折旧,即 2008 年应按 11 个月,其他 2 年分别按 12 个月计提折旧。A 公司每个月应计提的折旧额 = 2 587 100 ÷ 35 = 73 917.14(元),A 公司每月计提折旧时编制会计分录如下:

借:制造费用 73 917.14

贷:累计折旧 73 917.14

(四)履约成本的会计处理

融资租赁中,承租人发生的履约成本通常应计入当期损益。

【例 8-11】沿用【例 8-8】资料,假定 A 公司 2008 年发生该融资租入固定资产的保险费、维护费 6 000 元,已用银行存款支付。A 公司编制会计分录如下:

借:制造费用　　6 000

　贷:银行存款　　6 000

(五)或有租金的会计处理

融资租赁中,承租人发生的或有租金在实际发生时计入当期损益,其账务处理为:借记"销售费用"、"财务费用"等科目,贷记"银行存款"等科目。

【例 8-12】沿用【例 8-8】资料,2009 年与 2010 年 A 公司以银行存款分别向 B 公司支付经营分享收入 100 000 元和 150 000 元。A 公司的账务处理如下:

(1)2009 年 12 月 31 日,A 公司编制会计分录如下:

借:销售费用　　100 000

　贷:银行存款　　100 000

(2)2010 年 12 月 31 日,A 公司编制会计分录如下:

借:销售费用　　150 000

　贷:银行存款　　150 000

(六)租赁期届满时的会计处理

租赁期届满时,承租人对租赁资产的处理通常有三种情况:返还、优惠续租和留购。

1. 返还租赁资产

租赁期届满,承租人向出租人返还租赁资产时,通常借记"长期应付款——应付融资租赁款"、"累计折旧"科目,贷记"固定资产——融资租入固定资产"科目。

【例 8-13】沿用【例 8-8】资料,2010 年 12 月 31 日,A 公司将该融资租入的固定资产退还给 B 公司。A 公司编制会计分录如下:

借:累计折旧　　2 577 100

　贷:固定资产——融资租入固定资产　　2 577 100

2. 优惠续租租赁资产

承租人行使优惠续租选择权,应视同该项租赁一直存在而作出相应的账务处理。如果租赁期届满时没有续租,根据租赁合同规定须向出租人支付违约金时,借记"营业外支出"科目,贷记"银行存款"等科目。

3. 留购租赁资产

在承租人享有优惠购买选择权的情况下,支付购买价款时,借记"长期应付款——应付融资租赁款"科目,贷记"银行存款"等科目;同时,将固定资产从"融资租入固定资产"明细科目转入有关明细科目。

## 二、融资租赁中出租人的会计处理

(一)租赁期开始日的会计处理

在租赁期开始日,出租人将应收融资租赁款、未担保余值之和与其现值的差额确认为未实现融资收益,在将来收到租金的各期内确认为租赁收入。出租人发生的初始直接费用,应包括在应收融资租赁款的初始计量中,并减少租赁期内确认的收益金额。[①]

【例 8－14】沿用【例 8－8】资料,并假设程控生产线账面价值为 2 600 000 元。出租人(乙公司)为签订该项租赁合同发生初始直接费用 100 000 元,已用银行存款支付。

①判断租赁类型

本例中租赁期(3 年)占租赁资产可使用年限(5 年)的 60%,没有满足融资租赁判定的第 3 条标准;另外,最低租赁收款额的现值为 2 700 000 元(计算过程见后),大于租赁资产公允价值的 90%,即 2 340 000 元(2 600 000×90%),满足融资租赁判定的第 4 条标准,因此,B 公司应将该租赁认定为融资租赁。

②计算租赁内含利率

由于本例中不存在与承租人和出租人均无关、但在财务上有能力担保的第三方对出租人担保的资产余值,因此最低租赁收款额等于最低租赁付款额,即最低租赁收款额 = 1 000 000×3 = 3 000 000(元),因此有 1 000 000×(P/A,3,R) = 2 600 000 + 100 000 = 2 700 000,经查表计算得 R = 5.46%,即租赁内含利率为 5.46%。

③计算未实现融资收益

未实现融资收益 = 3 000 000 － 2 700 000 = 300 000(元)

④2008 年 1 月 1 日,B 公司编制会计分录如下:

借:长期应收款——应收融资租赁款　　3 000 000
　贷:银行存款　　100 000
　　融资租赁资产　　2 600 000
　　未实现融资收益　　300 000

(二)未实现融资收益分配的会计处理

根据租赁准则的规定,未实现融资收益应在租赁期内各个期间进行分配,确认为各期的租赁收入。分配时,出租人应采用实际利率法计算当期应确认的租赁收入。出租人每期收到租金时,按收到的租金金额,借记"银行存款"科目,贷记"长期应收款——应收融资租赁款"科目。同时,每期确认租赁收入时,借记"未实现融资收益"科目,贷记"租赁收入"科目。

【例 8－15】沿用【例 8－14】资料,B 公司在租赁期内对未实现融资收益的账务处理如下:

①在租赁期内采用实际利率法分配未实现融资收益,如表 8-2 所示。

---

① 这是我国租赁准则及《企业会计准则讲解(2008)》对融资租赁中出租人初始直接费用的处理原则,笔者认为这是错误的,融资租赁中出租人初始直接费用没有债务人,因此不可能收回,因而不能计入应收融资租赁款,应直接调整未实现融资收益。

表 8-2　　未实现融资收益分配表　　单位:元

| 日期 | 年租金① | 确认的融资收入<br>② = 期初④ ×5.46% | 租赁投资净额减少额<br>③ = ① - ② | 租赁投资净额余额<br>④ = 期初④ - ③ |
|---|---|---|---|---|
| 2008 年 1 月 1 日 | | | | 2 700 000 |
| 2008 年 12 月 31 日 | 1 000 000 | 147 420 | 852 580 | 1 847 420 |
| 2009 年 12 月 31 日 | 1 000 000 | 100 869.13 | 899 130.87 | 948 289.13 |
| 2010 年 12 月 31 日 | 1 000 000 | 51 710.87* | 948 289.13** | 0 |
| 合计 | 3 000 000 | 300 000 | 2 700 000 | |

*、** 作尾数调整,51 710.87 = 1 000 000 - 948 289.13,948 289.13 = 948 289.13 - 0。

②B 公司编制会计分录如下:

2008 年 12 月 31 日收到第一期租金并分配未实现融资收益的会计分录如下:

借:银行存款　　1 000 000

　　贷:长期应收款——应收融资租赁款　　1 000 000

借:未实现融资收益　　147 420

　　贷:租赁收入　　147 420

2009 年 12 月 31 日收到第二期租金并分配未实现融资收益的会计分录如下:

借:银行存款　　1 000 000

　　贷:长期应收款——应收融资租赁款　　1 000 000

借:未实现融资收益　　100 869.13

　　贷:租赁收入　　100 869.13

2010 年 12 月 31 日收到第三期租金并分配未实现融资收益的会计分录如下:

借:银行存款　　1 000 000

　　贷:长期应收款——应收融资租赁款　　1 000 000

借:未实现融资收益　　51 710.87

　　贷:租赁收入　　51 710.87

(三)未担保余值发生变动时的会计处理

根据谨慎性原则的要求,在未担保余值发生减少和已确认损失的未担保余值得以恢复的情况下,均应重新计算租赁内含利率,以后各期根据修正后的租赁投资净额和重新计算的租赁内含利率确定应确认的租赁收入。在未担保余值增加时,不作任何调整。

未担保余值发生变动时应作如下会计处理:(1)期末,出租人的未担保余值的预计可收回金额低于其账面价值的差额,借记"资产减值损失"科目,贷记"未担保余值减值准备"科目。同时,将未担保余值减少额与由此所产生的租赁投资净额的减少额的差额,借记"未实现融资收益"科目,贷记"资产减值损失"科目。(2)如果已确认损失的未担保余值得以恢复,应在原已确认的损失金额内转回,借记"未担保余值减值准备"科目,贷记"资产减值损失"科目。同时,将未担保余值恢复额与由此所产生的租赁投资净额的增加额的差额,借记"资产减值损失"科目,贷记"未实现融资收益"科目。

（四）或有租金的处理

出租人在融资租赁下收到的或有租金应计入当期损益，其账务处理为：借记“银行存款”等科目，贷记“租赁收入”等科目。

【例8－16】沿用【例8－8】资料，2009年与2010年B公司收到A公司支付的经营分享收入100 000元和150 000元，并存入银行。B公司的账务处理如下：

（1）2009年12月31日，B公司编制会计分录如下：

借：银行存款　　100 000

　贷：租赁收入　　100 000

（2）2010年12月31日，B公司编制会计分录如下：

借：银行存款　　150 000

　贷：租赁收入　　150 000

（五）租赁期届满时的处理

租赁期届满时出租人应区别以下三种情况分别进行会计处理。

1. 租赁期届满时，承租人将租赁资产交还出租人

这时有可能出现以下三种情况：

（1）对资产余值全部担保的。出租人收到承租人交还的租赁资产时，应借记“融资租赁资产”科目，贷记“长期应收款——应收融资租赁款”科目。如果收回租赁资产的价值低于担保余值，则应向承租人收取价值损失补偿金，借记“其他应收款”科目，贷记“营业外收入”科目。

（2）对资产余值部分担保的。出租人收到承租人交还的租赁资产时，借记“融资租赁资产”科目，贷记“长期应收款——应收融资租赁款”、“未担保余值”等科目。如果收回租赁资产的价值扣除未担保余值后的余额低于担保余值，则应向承租人收取价值损失补偿金，借记“其他应收款”科目，贷记“营业外收入”科目。

（3）对资产余值全部未担保的。出租人收到承租人交还的租赁资产时，借记“融资租赁资产”科目，贷记“未担保余值”科目。

2. 承租人优惠续租租赁资产

（1）如果承租人行使优惠续租选择权，则出租人应视同该项租赁一直存在而作出相应的账务处理，如继续分配未实现融资收益等。

（2）如果租赁期届满时承租人没有续租，根据租赁合同规定应向承租人收取违约金时，并将其确认为营业外收入。同时，将收回的租赁资产按上述规定进行处理。

3. 承租人留购租赁资产

租赁期届满时，如果承租人行使优惠购买选择权取得租赁资产的所有权，出租人应按收到的承租人支付的购买资产的价款，借记“银行存款”等账户，贷记“长期应收款——应收融资租赁款”账户；如果根据租赁合同承租人无偿取得租赁资产的所有权，出租人只需在备查簿中做备查登记。

## 第四节　售后租回的会计处理

售后租回交易发生后，无论是承租人还是出租人，均应首先按照租赁准则的规定，将

售后租回交易认定为融资租赁或经营租赁。对于出租人而言，售后租回交易（无论是经营租赁还是融资租赁）同前述经营租赁和融资租赁的会计处理没有什么区别。对于承租人而言，由于其既是资产的承租人同时又是资产的出售者，售后租回交易同经营租赁和融资租赁的会计处理有所不同。

## 一、售后租回交易形成经营租赁

企业售后租回交易被认定为经营租赁的，应当分情况处理：(1)在有确凿证据表明售后租回交易是按照公允价值达成的，售价与资产账面价值的差额应当计入当期损益。(2)如果售后租回交易不是按照公允价值达成的，且售价低于公允价值的，售价与账面价值的差额，应计入当期损益；但若该损失将由低于市价的未来租赁付款额补偿时，应将其予以递延（计入递延收益），并按与确认租金费用相一致的方法在租赁期内进行分摊。(3)如果售后租回交易不是按照公允价值达成的，且售价大于公允价值，其大于公允价值的部分应计入递延收益，并在租赁期内分摊。

在有确凿证据表明售后租回交易是按照公允价值达成或售价低于公允价值且未来租赁付款额不低于市价的情况下，实质上相当于一项正常的销售，售价与资产账面价值的差额，应当计入当期损益。

【例8－17】2009年1月1日，A公司将公允价值为31 000 000元的全新办公用房一套，按31 000 000元的价格售给B公司，并立即签订了一份租赁合同，从B公司租回该办公用房，租期为3年。办公用房原账面价值为30 000 000元，预计使用年限为25年。租赁合同规定，第一年年末支付租金500 000元，第二年年末支付租金750 000元，第三年年末支付租金750 000元。租赁期满后B公司收回办公用房使用权（假设有确凿证据表明该售后租回交易是按照公允价值达成的）。A公司对该售后租回交易的账务处理如下：

(1)判断租赁类型

根据资料分析，该项租赁属于经营租赁。

(2)A公司编制会计分录如下：

①2009年1月1日，结转出售固定资产的成本，A公司会计分录如下：

借：固定资产清理　　　　30 000 000

　　贷：固定资产——办公用房　　　　30 000 000

②2009年1月1日，向B公司出售办公用房，A公司会计分录如下：

借：银行存款　　　　31 000 000

　　贷：固定资产清理　　　　30 000 000

　　　　营业外收入　　　　1 000 000

A公司的其他与该售后租回交易有关的会计分录与前述经营租赁的会计处理一致，此处不再赘述。

【例8－18】2009年1月1日，A公司将公允价值为33 000 000元的全新办公用房一套，按32 000 000元的价格售给B公司，并立即签订了一份租赁合同，从B公司租回该办公用房，租期为3年。办公用房原账面价值为30 000 000元，预计使用年限为25年。租赁合同规定，第一年年末支付租金500 000元，第二年年末支付租金750 000元，第三年年末支付租金750 000元。如果市场上租用同等条件的办公用房需第一年年末支付租金500 000元,第二年年末支付租金750 000元,第三年年末支付租金750 000元。租赁期满后B公司收回办公用房使用权。A公司对该售后租回交易的账务处理如下:

(1)判断租赁类型

根据资料分析,该项租赁属于经营租赁。

(2)A公司编制会计分录如下:

①2009年1月1日,结转出售固定资产的成本,A公司会计分录如下:

借:固定资产清理　　30 000 000

　贷:固定资产——办公用房　　30 000 000

②2009年1月1日,向B公司出售办公用房,A公司会计分录如下:

借:银行存款　　32 000 000

　贷:固定资产清理　　30 000 000

　　营业外收入　　2 000 000

A公司的其他与该售后租回交易有关的会计分录与前述经营租赁的会计处理一致,此处不再赘述。

【例8-19】2009年1月1日,A公司将公允价值为32 000 000元的全新办公用房一套,按31 000 000元的价格售给B公司,并立即签订了一份租赁合同,从B公司租回该办公用房,租期为3年。办公用房原账面价值为32 000 000元,预计使用年限为25年。租赁合同规定,第一年年末支付租金500 000元,第二年年末支付租金750 000元,第三年年末支付租金750 000元。如果市场上租用同等条件的办公用房需每年年末支付租金1 000 000元。租赁期满后B公司收回办公用房使用权。A公司对该售后租回交易的账务处理如下:

(1)判断租赁类型

根据资料分析,该项租赁属于经营租赁。

(2)计算未实现售后租回损益

未实现售后租回损益 = 售价 - 资产的账面价值 = 31 000 000 - 32 000 000 = -1 000 000(元)

(3)在租赁期内按租金支付比例分摊未实现售后租回收益,如表8-3所示。

表8-3　　未实现售后租回收益分摊表　　单位:元

| 日期 | 售价 | 账面价值 | 支付的租金 | 租金支付比例 | 摊销额 | 未实现售后租回损益余额 |
|---|---|---|---|---|---|---|
| 2009年1月1日 | 31 000 000 | 32 000 000 | | | | -1 000 000 |
| 2009年12月31日 | | | 500 000 | 25% | 250 000 | -750 000 |
| 2010年12月31日 | | | 750 000 | 37.5% | 375 000 | -375 000 |
| 2011年12月31日 | | | 750 000 | 37.5% | 375 000 | 0 |
| 合计 | | | 2 000 000 | 100% | 1 000 000 | |

(4)A公司编制会计分录如下:

①2009年1月1日,结转出售固定资产的成本,A公司会计分录如下:

借:固定资产清理　　32 000 000

　贷:固定资产——办公用房　　32 000 000

②2009年1月1日,向B公司出售办公用房,A公司会计分录如下:

借:银行存款　　31 000 000

　递延收益——未实现售后租回损益　　1 000 000

　贷:固定资产清理　　32 000 000

③2009年12月31日,分摊未实现售后租回损益,A公司会计分录如下:

借:管理费用　　250 000

　贷:递延收益——未实现售后租回损益　　250 000

④2010年12月31日,分摊未实现售后租回损益,A公司会计分录如下:

借:管理费用　　375 000

　贷:递延收益——未实现售后租回损益　　375 000

⑤2011年12月31日,分摊未实现售后租回损益,A公司会计分录如下:

借:管理费用　　375 000

　贷:递延收益——未实现售后租回损益　　375 000

A公司的其他与该售后租回交易有关的会计分录与前述经营租赁的会计处理一致,此处不再赘述。

【例8-20】2009年1月1日,A公司将公允价值为31 000 000元的全新办公用房一套,按32 000 000元的价格售给B公司,并立即签订了一份租赁合同,从B公司租回该办公用房,租期为3年。办公用房原账面价值为31 000 000元,预计使用年限为25年。租赁合同规定,第一年年末支付租金500 000元,第二年年末支付租金750 000元,第三年年末支付租金750 000元。租赁期满后B公司收回办公用房使用权。A公司对该售后租回交易的账务处理如下:

(1)判断租赁类型

根据资料分析,该项租赁属于经营租赁。

(2)计算未实现售后租回损益

未实现售后租回损益=售价-资产的公允价值=32 000 000-31 000 000=1 000 000(元)

(3)在租赁期内按租金支付比例分摊未实现售后租回收益,如表8-4所示。

表8-4　　未实现售后租回收益分摊表　　单位:元

| 日期 | 售价 | 公允价值 | 支付的租金 | 租金支付比例 | 摊销额 | 未实现售后租回损益余额 |
|---|---|---|---|---|---|---|
| 2009年1月1日 | 32 000 000 | 31 000000 | | | | 1 000 000 |
| 2009年12月31日 | | | 500 000 | 25% | 250 000 | 750 000 |
| 2010年12月31日 | | | 750 000 | 37.5% | 375 000 | 375 000 |
| 2011年12月31日 | | | 750 000 | 37.5% | 375 000 | 0 |
| 合计 | | | 2 000 000 | 100% | 1 000 000 | |

(4)A 公司编制会计分录如下:

①2009 年 1 月 1 日,结转出售固定资产的成本,A 公司会计分录如下:

借:固定资产清理　　31 000 000

　贷:固定资产——办公用房　　31 000 000

②2009 年 1 月 1 日,向 B 公司出售办公用房,A 公司会计分录如下:

借:银行存款　　32 000 000

　贷:固定资产清理　　31 000 000

　　递延收益——未实现售后租回损益　　1 000 000

③2009 年 12 月 31 日,分摊未实现售后租回损益,A 公司会计分录如下:

借:递延收益——未实现售后租回损益　　250 000

　贷:管理费用　　250 000

④2010 年 12 月 31 日,分摊未实现售后租回损益,A 公司会计分录如下:

借:递延收益——未实现售后租回损益　　375 000

　贷:管理费用　　375 000

⑤2011 年 12 月 31 日,分摊未实现售后租回损益,A 公司会计分录如下:

借:递延收益——未实现售后租回损益　　375 000

　贷:管理费用　　375 000

A 公司的其他与该售后租回交易有关的会计分录与前述经营租赁的会计处理一致,此处不再赘述。

## 二、售后租回交易形成融资租赁

企业售后租回交易被认定为融资租赁的,对卖主(承租人)而言,与资产所有权有关的全部报酬和风险并未转移,并且售后租回交易的租金和资产的售价往往是以一揽子方式进行谈判的,应视为一项交易,出售资产的损益应与资产的金额相联系。

因此,无论卖主(承租人)所发生的销售收入高于还是低于出售前资产的账面价值,所产生的收益或损失都不应立即确认为当期损益,而应将其作为融资费用递延并按资产的折旧进度进行分摊,作为折旧费用的调整。

承租人对售后租回交易中售价与资产账面价值的差额应通过“递延收益——未实现售后租回损益”科目进行核算,分摊时,按既定比例减少未实现售后租回损益,同时相应增加或减少折旧费用。

【例 8-21】2009 年 1 月 1 日,甲公司将一台生产所需的塑钢机按 1 100 000 元的价格销售给乙公司。该机器的公允价值为 1 100 000 元,账面原价为 1 200 000 元,已提折旧 300 000 元。同时又签订了一份融资租赁协议将机器租回。甲公司的账务处理如下:

①2009 年 1 月 1 日,结转出售固定资产的成本,甲公司会计分录如下:

借:固定资产清理　　900 000

　累计折旧　　300 000

　贷:固定资产——塑钢机　　1 200 000

②2009 年 1 月 1 日,向乙公司出售塑钢机,甲公司会计分录如下:

借:银行存款　　　　　　　　　　　　　　　　1 100 000
　　贷:固定资产清理　　　　　　　　　　　　　　900 000
　　　　递延收益——未实现售后租回损益　　　　　200 000

③2009 年 12 月 31 日,甲公司确认本年度应分摊的未实现售后租回损益的会计分录如下:

假设甲公司按年限平均法计提折旧,且从 2009 年 1 月 1 日开始计提,以 5 年为摊销期,则每年的分摊率为 20%,每年应摊销未实现售后租回损益 = 200 000 × 20% = 40 000(元)。

借:递延收益——未实现售后租回损益　　　　40 000
　　贷:制造费用　　　　　　　　　　　　　　　40 000

甲公司的其他与该售后租回交易有关的会计分录与前述融资租赁的会计处理一致,此处不再赘述。

## 本章小结

本章重点讲解了以下几个问题:

1. 租赁会计的相关概念。学习租赁会计首先要明确与租赁会计相关的概念,包括租赁、租赁期、租赁开始日、租赁期开始日、租赁内含利率、担保余值、未担保余值、最低租赁付款额、最低租赁收款额等,进而为正确判断租赁业务性质、进行经营租赁业务与融资租赁业务会计分类与会计处理奠定基础。

2. 经营租赁会计处理。在经营租赁会计处理中,承租人不必将经营租入的租赁资产资本化,通常只需将支付或应付的租金按直线法计入相关资产成本或当期损益。经营租赁中出租人仍然保留与租出租赁资产所有权有关的主要风险和报酬,因此,出租人将出租资产作为自有资产在资产负债表中列示。在一般情况下,出租人应采用直线法将收到的租金在租赁期内确认为收益。

3. 融资租赁会计处理。在融资租赁会计处理中,特别要注意承租人应当将租赁开始日租赁资产公允价值与最低租赁付款额现值两者中较低者作为租入资产的入账价值,承租人对其已发生的初始直接费用应当计入租入资产价值,承租人对未确认的融资费用应当采用实际利率法确认当期的融资费用;出租人应将最低租赁收款额计入应收融资租赁款,出租人对未实现的融资收益应当采用实际利率法确认为当期的融资收入。

4. 售后租回会计处理。对企业的售后租回业务要认清该业务的性质,正确区分售后租回属于经营租赁还是融资租赁。售后租回被认定为经营租赁的,应当分情况处理:(1)在有确凿证据表明售后租回交易是按照公允价值达成的,售价与资产账面价值的差额应当计入当期损益。(2)如果售后租回交易不是按照公允价值达成的,且售价低于公允价值的,售价与账面价值的差额,应计入当期损益;但若该损失将由低于市价的未来租赁付款额补偿时,应将其予以递延(计入递延收益),并按与确认租金费用相一致的方法在租赁期内进行分摊。(3)如果售后租回交易不是按照公允价值达成的,且售价大于公允价值,其大于公允价值的部分应计入递延收益,并在租赁期内分摊。

## 关键术语

租赁　租赁开始日　租赁期开始日　融资租赁　经营租赁　售后租回　资产余值　担保余值　未担保余值　初始直接费用　最低租赁付款额　最低租赁收款额　或有租金　履约成本　租赁内含利率

## 本章重点

经营租赁和融资租赁的判断标准,经营租赁中承租人和出租人的账务处理,融资租赁中承租人和出租人的账务处理,售后租回业务中出租人(销售方)的账务处理等。

## 本章难点

融资租赁中承租人的未确认融资费用的分摊率的确定,融资租赁中出租人未担保余值发生减值后的账务处理,售后租回交易形成经营租赁的其售价与资产的账面价值的差额的账务处理等。

## 思考题

1. 最低租赁付款额和最低租赁收款额有何关系?

2. 经营租赁与融资租赁的划分标准是什么?

3. 融资租赁中,出租人和承租人对初始直接费用的处理有何区别?

4. 什么是租赁内含利率?

5. 在融资租赁中,出租人对于未担保资产余值每年年度终了,要进行复核,如果未担保资产余值增加时,该如何处理? 如果已确认损失的未担保余值得以恢复的,能不能转回已确认的损失?

6. 承租人融资租入的固定资产的折旧期间应如何确定? 未确认融资费用的分摊率如何确定?

7. 或有租金和履约成本应当如何进行账务处理?

8. 售后租回形成融资租赁或经营租赁,承租人(销售方)的会计处理的区别主要体现在哪些方面?

# 第九章　股份支付

## 学习目标

通过本章教学，了解股份支付及其相关概念、股份支付的特征及分类，了解典型的股份支付交易环节，理解股份支付会计核算中的基本概念的内涵，掌握以现金结算的股份支付和以权益结算的股份支付的账务处理。

## 第一节　股份支付概述

### 一、股份支付的概念及其特征

（一）股份支付的概念

股份支付，是指企业为获取职工和其他方提供服务而授予权益工具或者承担以权益工具为基础确定的负债的交易。股份支付基本概念所指的权益工具是指企业自身权益工具，包括企业本身、企业的母公司或同集团其他会计主体的权益工具。

（二）股份支付的特征

股份支付具有以下三个方面的特征。

1. 股份支付是企业与职工或其他方之间发生的交易

以股份为基础的支付可能发生在企业与股东之间、合并交易中的合并方与被合并方之间或者企业与其职工之间，其中，只有发生在企业与其职工或向企业提供服务的其他方之间的交易，才可能符合股份支付准则对股份支付的定义。

2. 股份支付是以获取职工或其他方服务为目的的交易

企业在股份支付交易中意在获取其职工或其他方提供的服务（费用）或取得这些服务的权利（资产）。企业获取这些服务或权利的目的在于激励企业职工更好地从事生产经营以达到业绩条件而不是转手获利等。

3. 股份支付交易的对价或其定价与企业自身权益工具未来的价值密切相关

股份支付交易与企业和其职工间其他类型交易的最大不同，是交易对价或其定价与企业自身权益工具未来的价值密切相关。在股份支付中，企业要么向职工支付其自身权益工具，要么向职工支付一笔现金，而其金额高低取决于行权时企业自身权益工具的公允价值。

## 二、股份支付会计的产生和发展

(一)股份支付会计的产生

长期以来,股份支付被公司治理专家认为是解决委托代理问题的有效激励措施。这种激励机制通过让高管人员分享剩余收入,协调经营者和所有者之间的利益关系,从而激励高管人员创造优秀业绩。根据《商业周刊》2002 年 5 月 6 日"公司治理危机"特别报道中的调查,20 世纪 90 年代,美国上市公司高管人员的平均报酬是在册员工的 411 倍;在过去 10 年里,普通员工的薪资增长了 36%,但 CEO 的报酬却增长了 340%,平均报酬已达到 1 100 万美元,其中相当一部分报酬是通过抛售股份所获的收益。

经济学家认为公司对员工授予股份支付与向员工发放工资奖金类似,实际上都是公司利益向员工的转移,只不过前者是以给予股票等权益工具或以股票为基础的现金的方式转移利益,后者是以直接发放现金的方式转移利益。以股份为基础的支付实际上增加了公司成本,但如何进行会计核算是一个存在广泛争议的会计热点问题,继而引发了会计理论界和世界各国会计准则制定机构及国际会计准则委员会(International Accounting Standards Committee,简称 IASC)等的广泛关注。

1972 年 10 月,美国会计原则委员会(Accounting Principles Board,简称 APB)发布了第 25 号意见书《向职工发行股票的会计处理》及其解释公告。该意见书规定,发行股票期权公司的报酬支出等于会计计量日(即期权授予日)股票市价高于规定认股价的差额。采用这种方法确认股票期权成本,只有在行权价格低于股票授予日的市场价格时,内在价值才会大于零,才能将两者之间的差额确认为费用支出,并在服务期内分期摊销,待授予人行权后再将期权转为股本。由于股票价格会随着时间的推移而变动,而内在价值也会随之变动,因此在每个会计期末必须对递延报酬成本进行调整,直到服务期满。APB 第 25 号意见书的发布开创了股份支付会计规范的新时代。

(二)股份支付会计的发展

由于 APB 第 25 号意见书对股份支付采取的是授予日内在价值法。这种方法虽然具有简单、易操作的特点,但存在很大的局限性,受到了大量的批评。1995 年,美国财务会计准则委员会(Financial Accounting Standards Board,简称 FASB)发表了《财务会计准则公告第 123 号——以股份为基础的支付》。该公告鼓励企业按公允价值法计算股票期权费用(同时仍允许企业沿用内在价值法核算期权成本,但要求在财务报告的会计附注中提供扩充的注释),即在授予日按股票期权的公允价值确认递延报酬成本,并将递延报酬成本在服务期内分期摊销。采用这种方法确认股票期权成本,期权的时间价值能够得以计量,即使是平价期权或虚值期权,也确认费用。公允价值在授予日一经确定就不用再调整,会计期末也不必对报酬成本进行再处理。采用公允价值法往往要确认一大笔费用,这在一定程度上会对企业利润造成不利影响。2004 年,FASB 发布了修订后的财务会计准则公告第 123 号,要求企业按照公允价值法处理包括股票期权在内的所有以股份为基础的支付,并要求企业自 2004 年 12 月 15 日起在财务报告中报告以股票期权等基于股权的补偿成本。2005 年 4 月 14 日,美国证券交易委员会(Securities and Exchange Commission,简称 SEC)宣布,将修订后的财务会计准则公告第 123 号延迟至 2005 年 6 月 15 日之后的第一个会计年度实施。

1998 年,IASC 发布了《国际会计准则第 37 号——准备、或有负债和或有资产》。该准则指出:股票期权只是企业与经理人之间达成的一种合约,行权以前并没有发生现金和股票的实际收付,不能纳入企业的会计核算,不应确认或有资产和或有负债,也无须在财务报告中披露。2004 年 2 月 19 日,国际会计准则理事会(International Accounting Standards Board,简称 IASB)发布了《国际财务报告准则第 2 号——以股份为基础的支付》,要求将企业所有以股权为基础的支付(包括雇员股票期权)都作为费用处理。2005 年 2 月 8 日,欧盟委员会批准欧洲采用国际财务报告准则第 2 号,并将其生效日追溯调整至 2005 年 1 月 1 日。

近年来,随着我国经济体制改革的不断深化,职工期权激励等股份支付活动逐渐增多,特别在公司法和证券法修改后,2005 年 12 月 31 日,中国证监会发布了《上市公司股权激励管理办法(试行)》;2006 年 9 月 30 日,国务院国有资产监督管理委员会和财政部发布《国有控股上市公司(境内)实施股权激励试行办法》。这些规定的出台,为企业实施股权激励创造了条件,市场迫切需要规范股份支付活动的会计准则。为满足企业对股份支付业务进行处理的需要,财政部在 2006 年 2 月 15 日发布了《企业会计准则第 11 号——股份支付》(以下简称"股份支付准则"),以规范我国企业实施的职工期权激励计划的会计处理和相关信息的披露要求。

### 三、股份支付的分类

我国股份支付准则按照股份支付的方式和工具类型,将股份支付分为以现金结算的股份支付和以权益结算的股份支付两种基本类型。

(一)以现金结算的股份支付

以现金结算的股份支付,是指企业为获取员工或其他方服务而承担以股份或其他权益工具为基础计算确定的交付现金或其他资产义务的交易。以现金结算的股份支付最常用的工具有两类:模拟股票和现金股票增值权。股票增值权和模拟股票,是用现金支付模拟的股权激励机制,即与股票挂钩,但用现金支付。除不需实际行权和持有股票之外,现金股票增值权的运作原理与股票期权是一样的,都是一种增值权形式的与股票价值挂钩的薪酬工具。除不需实际授予股票和持有股票之外,模拟股票的运作原理与限制性股票是一样的。

(二)以权益结算的股份支付

以权益结算的股份支付,是指企业为获取服务而以股份或其他权益工具作为对价进行结算的交易。以权益结算的股份支付最常用的工具有两类:限制性股票和股票期权。限制性股票是指职工或其他方按照股份支付协议规定的条款和条件,从企业获得一定数量的本企业股票。企业授予职工一定数量的股票,在一个确定的等待期内或在满足特定业绩指标之前,职工出售股票要受到持续服务期限条款或业绩条件的限制。股票期权是指企业授予职工或其他方在未来一定期限内以预先确定的价格和条件购买本企业一定数量股票的权利。值得注意的是,这里所指的权益工具是企业自身权益工具。

## 四、典型股份支付的四个主要环节

以薪酬性股票期权为例，典型的股份支付通常涉及四个主要环节：授予，可行权，行权和出售。四个环节如图 9－1 所示：

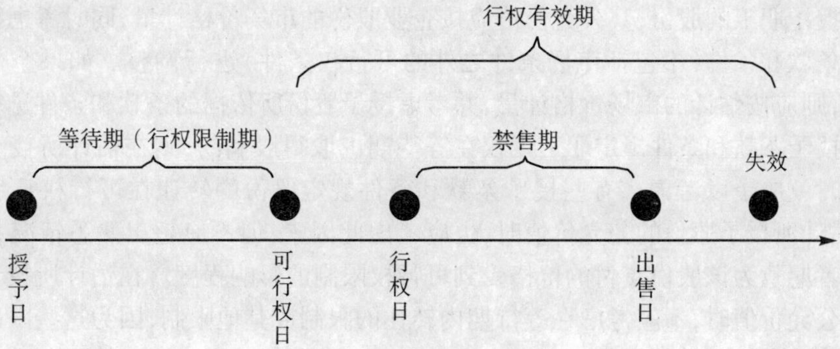


图 9－1　典型的股份支付交易环节示意图

（一）授予日

授予日，是指股份支付协议获得批准的日期。其中“获得批准”，是指企业与职工或其他方就股份支付的协议条款和条件已达成一致，该协议获得股东大会或类似机构的批准。这里的“达成一致”是指，双方在对该计划或协议内容充分形成一致理解的基础上，均接受其条款和条件。如果按照相关法规的规定，在提交股东大会或类似机构之前存在必要程序或要求，则应履行该程序或满足该要求。

（二）可行权日

可行权日，是指可行权条件得到满足、职工或其他方具有从企业取得权益工具或现金权利的日期。有的股份支付协议是一次性可行权，有的则是分批可行权。一次性可行权和分批可行权类似根据购买合同一次性付款还是分期付款一样。只有已经可行权的股票期权，才是职工真正拥有的“财产”，才能去择机行权。从授予日至可行权日的时段，是可行权条件得到满足的期间，因此称为“等待期”，又称“行权限制期”。

（三）行权日

行权日，是指职工和其他方行使权利、获取现金或权益工具的日期。例如，持有股票期权的职工行使了以特定价格购买一定数量本公司股票的权利，该日期即为行权日。行权是按期权的约定价格实际购买股票，一般是在可行权日之后到期权到期日之前的可选择时段内行权。

（四）出售日

出售日，是指股票的持有人将行使期权所取得的期权股票出售的日期。按照我国相关法规规定，用于期权激励的股份支付协议，应在行权日与出售日之间设立禁售期，其中国有控股上市公司的禁售期不得低于 2 年。

## 五、股份支付中权益工具公允价值的确定

权益工具公允价值的确定是股份支付中一个核心的问题。权益工具公允价值的确定

既适用于接受职工服务并授予股份或期权的情况，也适用于从职工之外的其他方取得服务的情况。以下主要介绍股份支付中常见的股份和股票期权两类权益工具公允价值的确定。

（一）股份

对于授予职工的股份，其公允价值应按企业股份的市场价格计量，同时考虑授予股份所依据的条款和条件（不包括市场条件之外的可行权条件）进行调整。如果企业股份未公开交易，则应按估计的市场价格计量，并考虑授予股份所依据的条款和条件进行调整。

有些授予条款和条件规定职工无权在等待期内取得股利的，则在估计所授予股份的公允价值时就应予以考虑。有些授予条款和条件规定股份的转让在可行权日后受到限制，则在估计所授予股份的公允价值时，也应考虑此因素，但不应超出熟悉情况并自愿的市场参与者愿意为该股份支付的价格受到可行权限制的影响程度。在估计所授予股份在授予日的公允价值时，不应考虑在等待期内转让的限制或其他限制，因为这些限制是可行权条件中的非市场条件规定的。

（二）股票期权

对于授予职工的股票期权，因其通常受到一些不同于交易期权的条款和条件的限制，因而在许多情况下难以获得其市场价格。如果不存在条款和条件相似的交易期权，就应通过期权定价模型来估计所授予的期权的公允价值。

在选择适用的期权定价模型时，企业应考虑熟悉情况和自愿的市场参与者将会考虑的因素。对于一些企业来说，这将限制“布莱克——斯科尔斯——默顿”期权定价公式的适用性。因为该公式未考虑在期权到期日之前行权的可能性，故无法充分反映预计提前行权对授予职工的期权在授予日公允价值的影响。类似地，该公式也未考虑在期权期限内企业股价预计波动率和该模型其他输入变量发生变动的可能性。

对于期限相对较短的期权以及那些在授予日后很短时间内就行权的期权来说，一般不用考虑上面的限制因素。在此类情况下，采用“布莱克——斯科尔斯——默顿”公式能得出与采用其他期权定价模型基本相同的公允价值结果。所有适用于估计授予职工期权的定价模型至少应考虑以下因素：(1)期权的行权价格；(2)期权期限；(3)基础股份的现行价格；(4)股价的预计波动率；(5)股份的预计股利；(6)期权期限内的无风险利率。

此外，企业选择的期权定价模型还应考虑熟悉情况和自愿的市场参与者在确定期权价格时会考虑的其他因素，但不包括那些在确定期权公允价值时不考虑的可行权条件和再授予特征因素。确定授予职工的股票期权的公允价值，还需要考虑提早行权的可能性。有时，因为期权不能自由转让，或因为职工必须在终止劳动合同关系前行使所有可行权期权，在这种情况下必须考虑预计提前行权的影响。

在估计授予的期权（或其他权益工具）的公允价值时，不应考虑熟悉情况和自愿的市场参与者在确定股票期权（或其他权益工具）价格时不会考虑的因素。例如，对于授予职工的股票期权，那些仅从单个职工的角度影响期权价值的因素，并不影响熟悉情况和自愿的市场参与者确定期权的价格。

## 第二节　以现金结算的股份支付

以现金结算的股份支付的会计处理必须以完整、有效的股份支付协议为基础。以现金结算的股份支付,应当按照企业承担的以股份或其他权益工具为基础计算确定的负债的公允价值计量。以现金结算的股份支付的会计处理分为存在等待期和不存在等待期两种情况。

### 一、不存在等待期的以现金结算的股份支付的会计处理

(一)授予日的会计处理

不存在等待期的以现金结算的股份支付,即授予后立即可行权的股份支付,应当在授予日以企业承担负债的公允价值计入相关资产的成本或当期费用,相应增加负债应付职工薪酬(股份支付)。

【例9－1】甲上市公司由于2009年效益大幅度上升,2010年4月25日股东大会决议通过,并报经相关主管部门批准,奖励公司100名行政部门中层以上岗位每位员工相当于普通股10 000股股票的现金。该上市公司股票2010年4月25日的市场价格为5元/股。2010年4月30日,该上市公司股票的市场价格为5.5元/股。2010年5月15日办理结算,该日该上市公司股票的市场价格为6元/股,将现金6 000 000划入职工个人账户。

借:管理费用　　5 000 000

　　贷:应付职工薪酬——股份支付　　5 000 000

(二)结算前资产负债表日的会计处理

对于授予后立即可行权的以现金结算的股份支付(例如授予虚拟股票或业绩股票的股份支付),企业应当在结算前的每个资产负债表日对负债的公允价值重新计量,将其变动计入当期损益(公允价值变动损益)。

【例9－2】沿用【例9－1】的资料,2010年4月30日甲上市公司编制会计分录如下:

借:公允价值变动损益　　500 000

　　贷:应付职工薪酬——股份支付　　500 000

(三)行权日的会计处理

对于授予后立即可行权的现金结算的股份支付(例如授予虚拟股票或业绩股票的股份支付),企业应当在行权日(结算日)对负债的公允价值重新计量,将其变动计入当期损益(公允价值变动损益)。实际结算时减少负债(应付职工薪酬),同时减少货币资金(银行存款)。

【例9－3】沿用【例9－1】的资料,2010年5月15日甲上市公司编制会计分录如下:

借:公允价值变动损益　　500 000

　　贷:应付职工薪酬——股份支付　　500 000

借:应付职工薪酬——股份支付　　6 000 000

　　贷:银行存款　　6 000 000

## 二、存在等待期的以现金结算的股份支付的会计处理

### (一)可行权条件

以现金结算的股份支付在授予后通常不可以立即行权,一般需要在职工或其他方履行一定期限的服务或在企业达到一定业绩条件之后才可行权。股份支付中通常涉及可行权条件,具体包括服务期限条件和业绩条件。在满足这些条件之前,职工无法获得股份。业绩条件是指企业达到特定业绩目标职工才可行权的条件,具体包括市场条件和非市场条件。

1. 市场条件

一般而言,市场条件是指行权价格、可行权条件以及行权可能性与权益工具的市场价格相关的业绩条件,如股份支付协议中关于股价至少上升至何种水平才可行权的规定。

2. 非市场条件

非市场条件是指除市场条件之外的其他业绩条件,如股份支付协议中关于达到最低盈利目标或销售目标才可行权的规定。

等待期长度确定后,业绩条件为非市场条件的,如果后续信息表明需要调整等待期长度,应对前期确定的等待期长度进行修改;业绩条件为市场条件的,不应因此改变等待期长度。

### (二)授予日的会计处理

存在等待期的以现金结算的股份支付在授予日不需要进行会计处理。

### (三)等待期内资产负债表日的会计处理

企业应当在等待期内的每个资产负债表日,以对可行权情况的最佳估计为基础,按照企业承担负债的公允价值,将当期取得的服务计入相关资产成本或当期费用,同时计入负债。

【例 9－4】2009 年 1 月 1 日甲上市公司授予 50 名中层以上行政管理人员每人 10 000 份现金股票增值权,行权条件是要求这些管理人员自 2009 年 1 月 1 日必须在该公司服务 3 年,服务期满时,可自 2011 年 12 月 31 日根据股价的增长幅度获得现金,该增值权在 2013 年 12 月 31 日行使结束。

甲上市公司估计,该增值权在负债结束之前的每一资产负债表日和结算日的公允价值与行权时每份增值权现金支出额如表 9-1 所示。

表 9-1

| 年份 | 公允价值(元) | 支付现金(元) |
| --- | --- | --- |
| 2009 年 | 6 | |
| 2010 年 | 9 | |
| 2011 年 | 12 | 10 |
| 2012 年 | 15 | 13 |
| 2013 年 | | 16 |

第一年有5名管理人员离开公司,预计以后的两年内还有10人离开公司。第二年有3名管理人员离开公司,预计以后的一年内还有4人离开公司。第三年有5名管理人员离开公司。第三年有10人行权,第四年有15人行权,第五年有12人行权。

(1)等待期内每个资产负债表日企业取得的职工服务计入成本费用以及结算日行权支付现金的情况如表9-2所示(单位:元)。

表9-2

| 年份 | 期末负债① | 支付现金② | 当期费用③=本期①-上期①+本期② |
|---|---|---|---|
| 2009 | (50-15)×10 000×6×1÷3=700 000 | | 700 000 |
| 2010 | (50-12)×10 000×9×2÷3=2 280 000 | | 1 580 000 |
| 2011 | (50-13-10)×10 000×12=3 240 000 | 10×10 000×10=1 000 000 | 1 960 000 |
| 2012 | (50-13-10-15)×10 000×15=1 800 000 | 15×10 000×13=1 950 000 | 510 000 |
| 2013 | 0 | 12×10 000×16=1 920 000 | 120 000 |
| 总额 | | 4 870 000 | 4 870 000 |

(2)2009年1月1日,授予日不作会计处理。

(3)等待期内每个资产负债表日的账务处理如下:

①2009年12月31日编制会计分录如下:

借:管理费用　　700 000

　贷:应付职工薪酬——股份支付　　700 000

②2010年12月31日编制会计分录如下:

借:管理费用　　1 580 000

　贷:应付职工薪酬——股份支付　　1 580 000

③2011年12月31日编制会计分录如下:

借:管理费用　　1 960 000

　贷:应付职工薪酬——股份支付　　1 960 000

(四)可行权日后的会计处理

企业应当在可行权日后的资产负债表日对负债的公允价值重新计量,将其变动计入当期损益(公允价值变动损益)。实际结算时减少负债(应付职工薪酬),同时减少货币资金(银行存款)。

【例9-5】沿用【例9-4】资料,甲上市公司在可行权日后的账务处理如下:

①2011年12月31日编制会计分录如下:

借:应付职工薪酬——股份支付　　1 000 000

　贷:银行存款　　1 000 000

②2012 年 12 月 31 日编制会计分录如下：

借：公允价值变动损益　　510 000

　　贷：应付职工薪酬——股份支付　　510 000

借：应付职工薪酬——股份支付　　1 950 000

　　贷：银行存款　　1 950 000

③2013 年 12 月 31 日编制会计分录如下：

借：公允价值变动损益　　120 000

　　贷：应付职工薪酬——股份支付　　120 000

借：应付职工薪酬——股份支付　　1 920 000

　　贷：银行存款　　1 920 000

## 第三节　以权益结算的股份支付

以权益结算的股份支付的会计处理必须以完整、有效的股份支付协议为基础。以权益结算的股份支付，企业应当按股份支付授予日权益工具的公允价值计量。以权益结算的股份支付的会计处理分为存在等待期和不存在等待期两种情况。

### 一、不存在等待期的以权益结算的股份支付的会计处理

(一)授予日的会计处理

不存在等待期的以权益结算的股份支付，即授予后立即可行权的股份支付，应当在授予日按股份支付授予日权益工具的公允价值计量，计入相关资产的成本或当期费用，相应增加所有者权益(资本公积——其他资本公积)。

【例 9－6】乙上市公司由于 2009 年效益大幅度上升，2010 年 1 月 10 日股东大会决议通过，并报经相关主管部门批准，以增发的股票奖励公司 80 名中层以上行政管理人员，每人奖励普通股 5 000 股，共计 400 000 股。该企业股票当日的市场价格为 10 元/股。2010 年 1 月 20 日，办理相关过户登记手续，将股票支付给职工。当天该上市公司股票的市场价格为 5.5 元/股。2010 年 1 月 10 日，股份授予日编制会计分录如下：

借：生产成本　　4 000 000

　　贷：资本公积——其他资本公积　　4 000 000

(二)行权日的会计处理

对于授予后立即可行权的以权益结算的股份支付(如限制性股票和股票期权)，在授予日至行权日(结算日)不需对已确认的成本费用和所有者权益总额进行调整。企业仅需在行权日根据行权情况，确认股本和资本公积(股本溢价)，同时结转授予日确认的资本公积(其他资本公积)。

【例 9－7】沿用【例 9－6】的资料，2010 年 1 月 20 日乙上市公司编制会计分录如下：

借：资本公积——其他资本公积　　4 000 000

　　贷：股本　　400 000

　　　　资本公积——股本溢价　　3 600 000

## 二、存在等待期的以权益结算的股份支付的会计处理

（一）可行权条件

以权益结算的股份支付在授予后通常不可以立即行权，一般需要在职工或其他方履行一定期限的服务或在企业达到一定业绩条件之后才可行权。股份支付中通常涉及可行权条件，具体包括服务期限条件和业绩条件。在满足这些条件之前，职工无法获得股份。业绩条件是指企业达到特定业绩目标职工才可行权的条件，具体包括市场条件和非市场条件。

1. 市场条件

一般而言，市场条件是指行权价格、可行权条件以及行权可能性与权益工具的市场价格相关的业绩条件，如股份支付协议中关于股价至少上升至何种水平才可行权的规定。

2. 非市场条件

非市场条件是指除市场条件之外的其他业绩条件，如股份支付协议中关于达到最低盈利目标或销售目标才可行权的规定。

等待期长度确定后，业绩条件为非市场条件的，如果后续信息表明需要调整等待期长度，应对前期确定的等待期长度进行修改；业绩条件为市场条件的，不应因此改变等待期长度。

（二）授予日的会计处理

存在等待期的以权益结算的股份支付在授予日不需要进行会计处理。

（三）等待期内资产负债表日的会计处理

1. 换取职工服务的以权益结算的股份支付的会计处理

对于换取职工服务的以权益结算的股份支付，企业应该在等待期内的每个资产负债表日，以对可行权权益工具数量的最佳估计为基础，按照权益工具授予日的公允价值，将当期取得的服务计入相关资产成本或当期费用，同时计入资本公积中的其他资本公积。

在等待期内每个资产负债表日，企业应当根据最新取得的可行权职工人数变动等后续信息作出最佳估计，修正预计可行权的权益工具数量。在可行权日，最终预计可行权权益工具的数量应当与实际可行权数量一致。根据上述权益工具的公允价值和预计可行权的权益工具数量，计算截至当期累计应确认的成本费用金额，再减去前期累计已确认金额，作为当期应确认的成本费用金额。

【例9－8】2009年1月1日丙上市公司对100名中层以上行政管理人员授予每人10 000份股票期权，行权条件是要求这些管理人员自2009年1月1日必须在该公司服务3年，服务期满时，才能以每股5元购买丙上市公司增发的面值1元的股票10 000股，2012年12月31日行权结束。公司估计该股票期权在授予日的公允价值是12元。第一年有10名管理人员离开公司，公司预计三年内离开公司的管理人员的比例为30%。第二年有7名管理人员离开公司，公司将管理人员离开公司的比例预计为25%。第三年有6名管理人员离开公司。2012年12月31日，丙上市公司77名管理人员全部行权。

（1）等待期内每个资产负债表日股票期权费用的计算如表9-3所示：

表 9-3

| 日期 | 当期费用(元) | 累计费用(元) |
|---|---|---|
| 2009 年 12 月 31 日 | 100 × (1 − 30%) × 10 000 × 12 × 1 ÷ 3 = 2 800 000 | 2 800 000 |
| 2010 年 12 月 31 日 | 100 × (1 − 25%) × 10 000 × 12 × 2 ÷ 3 − 2 800 000 = 3 200 000 | 6 000 000 |
| 2011 年 12 月 31 日 | (100 − 23) × 10 000 × 12 − 6 000 000 = 3 240 000 | 9 240 000 |

(2)2009 年 1 月 1 日,授予日不作会计处理。

(3)等待期内每个资产负债表日的账务处理如下:

①2009 年 12 月 31 日编制会计分录如下:

借:管理费用　　2 800 000

　贷:资本公积——其他资本公积　　2 800 000

②2010 年 12 月 31 日编制会计分录如下:

借:管理费用　　3 200 000

　贷:资本公积——其他资本公积　　3 200 000

③2011 年 12 月 31 日编制会计分录如下:

借:管理费用　　3 240 000

　贷:资本公积——其他资本公积　　3 240 000

2. 换取其他方服务的以权益结算的股份支付的会计处理

对于换取其他方服务的以权益结算的股份支付,如果其他方服务的公允价值能够可靠计量的,应当按照其他方服务在取得日的公允价值,计入相关成本或费用,相应增加所有者权益;如果其他方服务的公允价值不能可靠计量但权益工具公允价值能够可靠计量的,应当按照权益工具在服务取得日的公允价值,计入相关成本或费用,相应增加所有者权益。

(四)可行权日后的会计处理

对于以权益结算的股份支付,企业在可行权日之后不再对已确认的相关成本或费用和所有者权益总额进行调整,因此不需进行会计处理。

(五)行权日的会计处理

在行权日,企业根据实际行权的权益工具数量,计算确定应转入实收资本或股本的金额,将其转入实收资本或股本。

【例 9－9】沿用【例 9－8】资料,丙上市公司在 2012 年 12 月 31 日职工行权时编制会计分录如下:

借:银行存款　　5 000 000

　资本公积——其他资本公积　　9 240 000

　贷:股本　　770 000

　　资本公积——股本溢价　　13 470 000

### 三、回购股份进行职工期权激励的会计处理

企业以回购股份形式奖励本企业职工的,属于以权益结算的股份支付的一种特殊形

式,其与前述通过增发股票满足职工行权要求的会计处理的差别主要在于需要通过"库存股"核算回购股票及其最后的行权。

(一)确认成本费用的会计处理

存在等待期的以回购股份形式奖励本企业职工,企业应在等待期内每个资产负债表日按照权益工具在授予日的公允价值,将取得的职工服务计入成本费用,同时增加资本公积(其他资本公积)。

【例 9-10】2009 年 1 月 1 日丁上市公司对 20 名高级管理人员授予每人 1 000 000 份股票期权,行权条件是要求这些高级管理人员自 2009 年 1 月 1 日必须在该公司服务 3 年,服务期满时,公司将奖励其面值 1 元的股票 1 000 000 股,2012 年 12 月 31 日行权结束。公司估计该股票期权在授予日的公允价值是 21 元。第一年有 1 名高级管理人员离开公司,公司预计三年内将有 5 名高级管理人员离开公司。第二年有 2 名高级管理人员离开公司,公司预计最后一年还将有 1 名高级管理人员离开公司。第三年有 2 名高级管理人员离开公司。为了奖励职工,丁上市公司 2011 年 12 月 1 日以每股 30 元的价格从二级市场购入本公司的股票 18 000 000 股。2012 年 12 月 31 日,丁上市公司 15 名高级管理人员每人从公司获得 1 000 000 股股票奖励。

(1)等待期内每个资产负债表日股票期权费用的计算如表 9-4 所示:

表 9-4

| 日期 | 当期费用(元) | 累计费用(元) |
| --- | --- | --- |
| 2009 年 12 月 31 日 | (20-5)×1 000 000×21×1÷3=105 000 000 | 105 000 000 |
| 2010 年 12 月 31 日 | (20-4)×1 000 000×21×2÷3-105 000 000=119 000 000 | 224 000 000 |
| 2011 年 12 月 31 日 | (20-5)×1 000 000×21-224 000 000=91 000 000 | 315 000 000 |

(2)2009 年 1 月 1 日,授予日不作会计处理。

(3)等待期内每个资产负债表日的账务处理如下:

①2009 年 12 月 31 日编制会计分录如下:

借:管理费用　　105 000 000

　贷:资本公积——其他资本公积　　105 000 000

②2010 年 12 月 31 日编制会计分录如下:

借:管理费用　　119 000 000

　贷:资本公积——其他资本公积　　119 000 000

③2011 年 12 月 31 日编制会计分录如下:

借:管理费用　　91 000 000

　贷:资本公积——其他资本公积　　91 000 000

(二)回购股份的会计处理

企业回购股份时,应当按照回购股份的全部支出作为库存股处理,借记"库存股"科目,贷记"银行存款"科目,同时进行备查登记。

【例 9－11】沿用【例 9－10】,丁上市公司 2011 年 12 月 1 日以每股 30 元的价格从二级市场购入本公司的股票 18 000 000 股时,编制会计分录如下:

借:库存股　　540 000 000

　贷:银行存款　　540 000 000

(三)职工行权时的会计处理

企业应于职工行权时,转销交付职工的库存股成本和等待期内资本公积(其他资本公积)累计金额,同时,按照其差额调整资本公积(股本溢价)。如果以回购股份形式奖励本企业职工,职工还需支付一定的价款,则企业收到价款时还应借记"银行存款"科目。

【例 9－12】沿用【例 9－11】,2012 年 12 月 31 日,丁上市公司 15 名高级管理人员行权时,编制会计分录如下:

借:资本公积——其他资本公积　　315 000 000

　贷:库存股　　15 000 000

　　资本公积——股本溢价　　300 000 000

## 本章小结

本章重点讲解了以下几个问题:

1. 股份支付的概念及特征。股份支付,是指企业为获取职工或其他方提供服务而授予权益工具或者承担以权益工具为基础确定的负债的交易。股份支付具有以下三个方面的特征:(1)股份支付是企业与职工或其他方之间发生的交易;(2)股份支付是以获取职工或其他方服务为目的的交易;(3)股份支付交易的对价或其定价与企业自身权益工具未来的价值密切相关。

2. 以现金结算的股份支付,是指企业为获取服务而承担以股份或其他权益工具为基础计算确定的交付现金或其他资产义务的交易。以现金结算的股份支付,应当按照企业承担的以股份或其他权益工具为基础计算确定的负债的公允价值计量。授予后立即可行权的以现金结算的股份支付,应当在授予日以企业承担负债的公允价值计入相关资产的成本或当期费用,相应增加负债应付职工薪酬。完成等待期内的服务或达到规定业绩条件以后才可行权的以现金结算的股份支付,在等待期内的每个资产负债表日,应当以对可行权情况的最佳估计为基础,按照企业承担负债的公允价值金额,将当期取得的服务计入成本或费用和相应的负债。在资产负债表日,后续信息表明企业当期承担债务的公允价值与以前估计不同的,应当进行调整,并在可行权日调整至实际可行权水平。企业应当在相关负债结算前的每个资产负债表日以及结算日,对负债的公允价值重新计量,其变动计入当期损益(公允价值变动损益)。

3. 以权益结算的股份支付。以权益结算的股份支付,是指企业为获取服务而以股份或其他权益工具作为对价进行结算的交易。对于换取职工服务的股份支付,企业应当按股份支付授予日权益工具的公允价值计量。企业应该在等待期内的每个资产负债表日,以对可行权权益工具数量的最佳估计为基础,按照权益工具授予日的公允价值,将当期取得的服务计入相关资产成本或当期费用,同时计入资本公积中的其他资本公积。在资产负债表日,后续信息表明可行权权益工具的数量与以前估计不同的,应当进行调整,并在可行权日调整至实际可行权的权益工具数量。对于授予后立即可行权的换取职工服务的以权益结算的股份支付,应当在授予日按照权益工具的公允价值计入相关资产成本或当期费用,同时计入资本公积中的其他资本公积(在实际行权时转入"资本公积——资本溢价")。对于换取其他方服务的股份支付,如果其他方服务的公允价值能够可靠计量的,应当按照其他方服务在取得日的公允价值,计入相关成本或费用,相应增加所有者权益;如果其他方服务的公允价值不能可靠计量但权益工具公允价值能够可靠计量的,应当按照权益工具在服务取得日的公允价值,计入相关成本或费用,相应增加所有者权益。企业在可行权日之后不再对已确认的相关成本或费用和所有者权益总额进行调整。在行权日,企业根据实际行权的权益工具数量,计算确定应转入实收资本或股本的金额,将其转入实收资本或股本。

## 关键术语

股份支付　以现金结算的股份支付　以权益结算的股份支付　授予日　可行权日　行权日　股票期权　库存股

## 本章重点

典型的股份支付交易环节,以现金结算的股份支付的账务处理,以权益结算的股份支付的账务处理等。

## 本章难点

权益工具公允价值的确定,存在等待期的以现金结算的股份支付在等待期内的资产负债表日的账务处理,存在等待期的以现金结算的股份支付在可行权日至行权日的账务处理,存在等待期的以权益结算的股份支付在等待期内的资产负债表日的账务处理等。

## 思考题

1. 什么是股份支付?股份支付有哪几种类型?

2. 典型的股份支付交易通常涉及哪些环节?

3. 什么是授予日?什么是可行权日?什么是等待期?等待期如何确定?

4. 什么是以现金结算的股份支付?其账务处理有何特点?

5. 什么是以权益结算的股份支付?其账务处理有何特点?

6. 存在等待期的以权益结算的股份支付换取职工服务的,在等待期内的资产负债表日,如何进行会计处理?

7. 以现金结算的股份支付,若授予后立即可行权,如何确定其成本费用?

8. 存在等待期的以现金结算的股份支付在可行权日至行权日之间的负债的公允价值变动如何进行账务处理?

# 第十章　套期保值会计

## 学习目标

通过本章的教学，使学生了解套期保值的目的和原理，熟悉套期保值的概念及类别，套期有效性的相关规定，套期会计的应用条件，掌握套期工具与被套期项目的确定，套期保值会计的概念，套期的确认和计量，套期保值会计的处理方法等。

## 第一节　套期保值会计概述

随着国内金融资本市场的发展和完善，套期保值对很多企业来说已不再陌生。在当前的市场经济条件下，企业利用期货市场规避经营风险已经成为衡量企业稳定经营的重要标准。利用期货市场进行套期保值操作，能有效地转移和分散其面临的现货市场价格波动风险，锁定生产经营成本，实现预期利润。

### 一、套期保值的含义

（一）套期保值的概念

套期保值是指为了避免现货市场上的价格风险而在期货市场上采取与现货市场上方向相反的买卖行为，就是在远期市场买入（卖出）和现货市场数量相当、但交易方向相反的远期合约，以期在未来某一时间通过卖出（买入）远期合约来补偿现货市场价格变动所带来的实际价格风险。

国际会计准则认为套期是指定一个或多个套期工具，以使其公允价值的变化，全部或部分地抵销被套期项目的公允价值或现金流量变化。

我国《企业会计准则第 24 号——套期保值》规定的套期是指企业为规避外汇风险、利率风险、商品价格风险、股票价格风险、信用风险等，指定一项或一项以上套期工具，使套期工具公允价值或现金流量变动，预期抵销被套期项目全部或部分公允价值或现金流量变动。衍生工具和某些非衍生工具被用作套期避险的工具。

套期保值中规避的外汇风险，亦称汇率风险，是指因汇率变化而产生的利润和财富方面的风险；利率风险是指企业借出或借入资金时，由于利率变动导致企业实际收到或支付的利息高于或者低于预期值的不确定性；信用风险是指不还债或者逾期还债所产生的风险；商品价格风险、股票价格风险是针对商品、股票价格变化的不确定性的风险。

（二）套期保值的形式

套期保值有两种形式，即空头套期保值和多头套期保值。

所谓空头套期保值，就是在现货市场上买进而在期货市场上卖出的交易行为，其目的在于保护没有通过远期合同销售出去的商品或金融证券的存货价值，或者是为了保护预期生产或远期购买合同的价值。

所谓多头套期保值，是指在现货市场上卖出而在期货市场上买进的交易行为，其目的在于防止在固定价格下通过远期合同销售产品而引起的风险。

（三）套期保值的过程

1. 投资者要确定自己在现货市场上的位置，也就是搞清楚自己在现货市场上有什么风险。

2. 投资者根据自己在现货市场上的风险所在来建立期货头寸（例如面临价格下跌风险，在期货市场上就采取空头）。

3. 对冲掉自己在期货市场上的位置。所谓对冲就是在期货市场上进行一个与现有未平仓部位相反的交易。对冲时所交易的期货合约的品种、合约月份和合约数量，应与被对冲的合约完全一致。

（四）套期保值的方法

1. 生产者的卖期保值

不论是向市场提供农副产品的农民，还是向市场提供铜、锡、铅、石油等基础原材料的企业，作为社会商品的供应者，为了保证其已经生产出来准备提供给市场或尚在生产过程中将来要向市场出售商品的合理的经济利润，以防止正式出售时价格的可能下跌而遭受损失，可采用卖期保值的交易方式来减小价格风险，即在期货市场以卖主的身份售出数量相等的期货作为保值手段。

2. 经营者的卖期保值

对于经营者来说，他所面临的市场风险是商品收购后尚未转售出去时，商品价格下跌，这将会使他的经营利润减少甚至发生亏损。为回避此类市场风险，经营者可采用卖期保值方式来进行价格保险。

3. 加工者的综合套期保值

对于加工者来说，市场风险来自买和卖两个方面。他既担心原材料价格上涨，又担心成品价格下跌，更怕原材料价格上涨、成品价格下跌局面的出现。只要该加工者所需的材料及加工后的成品都可进入期货市场进行交易，那么他就可以利用期货市场进行综合套期保值，即对购进的原材料进行买期保值，对其产品进行卖期保值，就可解除他的后顾之忧，锁牢其加工利润，从而专门进行加工生产。

## 二、套期保值的目的

期货市场基本的经济功能之一就是提供价格风险的管理机制。为了避免价格风险，最常用的手段便是套期保值。期货交易存在的基本目的是将生产者和用户某项商品的风险转移给投机商（期货交易商）。当现货商利用期货市场来抵销现货市场中价格的反向运动时，这个过程就是套期保值。

套期保值的基本做法就是在现货市场与远期市场对同一种类的商品同时进行数量相等但方向相反的买卖活动，即在买进或卖出实物的同时，在交易市场卖出或买进同等数量的远期合约，经过一段时间，当价格变动使现货买卖上出现盈亏时，可由远期交易上的亏盈抵销或弥补。从而在“现”与“期”之间、“近期”与“远期”之间建立一种对冲机制,以使价格风险降低到最低限度。在从生产、加工、贮存到销售的全过程中,商品价格总是不断发生波动,且变动趋势难以预测,因此,在商品生产和流通过程的每一个环节上都可能出现因价格波动而带来的风险。所以,不论对处于哪一环节的经济活动的参与者来说,套期保值都是一种能够有效地保护其自身经济利益的方法。

## 三、套期保值的意义

企业生产经营决策正确与否的关键在于能否正确地把握市场供求状态,特别是能否正确掌握市场下一步的变动趋势。通过期货市场进行套期保值,获取未来市场的供求信息,提高企业生产经营决策的科学合理性,规避市场价格风险,在增进企业经济效益方面发挥着重要的作用。套期保值的意义主要体现在以下几个方面:

1. 有利于企业回避价格风险

市场经济在其运行过程中不可避免地存在着商品价格波动的风险,影响企业生产和经营的正常运行,使企业的生产和经营无法事先确定成本,锁住利润。而商品价格波动风险不像一般商业风险可以通过向保险公司投保的方式转移出来,如何转移商品价格风险就成为企业在市场竞争中必须解决的问题。套期保值交易为企业解决上述问题提供了很好的途径。

2. 有利于促进价格波动收敛,发现真实价格和形成权威价格

由于众多的保值买家和卖家,他们以回避价格波动带来的风险为目的参与期货交易,既带来快捷、准确的信息,又带来了对市场的分析与判断。集中交易、公开竞价和合约的转让,促使价格发现和形成真实的权威价格。

3. 有社会保险的效应,促进国民经济平稳发展

作为一种普遍的经济活动,社会性的套期保值能使某些短期行为转换为长期行为,个别企业行为转换为社会行为,因而使社会经济运行增加了一种时间趋前(套期保值)、空间扩展(跨市套利)的调节力量。

## 四、套期保值的基本原理

期货交易过程中期货价格与现货价格尽管变动幅度不会完全一致,但变动的趋势基本一致,即当特定商品的现货价格趋于上涨时,其期货价格也趋于上涨,反之亦然。这是因为期货市场与现货市场虽然是两个各自分开的不同市场,但对于特定的商品来说,其期货价格与现货价格主要的影响因素是相同的。这样,引起现货市场价格的涨跌,就同样会影响到期货市场价格同向的涨跌。套期保值者就可以通过在期货市场上做与现货市场相反的交易来达到保值的功能,使价格稳定在一个目标水平上。

现货价格与期货价格不仅变动的趋势相同,而且,到合约期满时,两者将大致相等或合二为一。这是因为,期货价格通常高于现货价格,在期货价格中包含有贮藏该项商品直至交割日为止的一切费用,当合约接近于交割日时,这些费用会逐渐减少甚至完全消失,这样,两者价格的决定因素实际上已经几乎相同了。这就是期货市场与现货市场的市场走势趋同性原理。

正是上述经济原理的作用,使得套期保值能够起到为商品生产经营者最大限度地降低价格风险的作用,保障生产、加工、经营活动的稳定进行。当然,期货市场毕竟是不同于现货市场的独立市场,它还会受一些其他因素的影响,因而,期货价格的波动时间与波动幅度不一定与现货价格完全一致,加之期货市场上有规定的交易单位,两个市场操作的数量往往不尽相等,这些就意味着套期保值者在冲销盈亏时,有可能获得额外的利润或亏损,从而使他的交易行为仍然具有一定的风险。因此,在从事套期保值交易时,要关注可能会影响套期保值效果的因素,如基差(某一特定地点的同一商品现货价格在同一时刻与期货合约价格之间的差额)、质量标准差异、交易数量差异等,使套期保值交易能达到满意的效果,能为企业的生产经营提供有效的服务。

## 五、套期保值的原则

由于商品价格受经济因素和非经济因素的影响,价格会不断发生波动,且价格变动趋势总是难以正确预测,因此存在着价格风险。而套期保值则是把期货市场当做转移价格风险的场所,利用期货合约作为将来在现货市场上买卖商品的临时替代物,对未来需要售出的商品或将来需要买进的商品价格进行保险的交易活动。在进行套期保值时,应遵循以下几个原则:

(一)交易方向相反

交易方向相反原则是指在做套期保值交易时,套期保值者必须同时或先后在现货市场上和仓单市场上采取相反的买卖行动,即进行反向操作,在两个市场上处于相反的买卖位置。

只有遵循交易方向相反原则,交易者才能取得在一个市场上亏损的同时在另一个市场上盈利的结果,从而才能用一个市场上的盈利去弥补另一个市场上的亏损,达到套期保值的目的。如果违反了交易方向相反原则,所做的仓单交易就不能称作套期保值交易,不仅达不到规避价格风险的目的,反而增加了价格风险,其结果是要么同时在两个市场上亏损,要么同时在两个市场上盈利。比如,对于现货市场上的买方来说,如果他同时也是仓单市场的买方,那么,在价格上涨的情况下,他在两个市场上都会出现盈利,在价格下跌的情况下,在两个市场上都会出现亏损。

(二)商品种类相同

商品种类相同原则是指在做套期保值交易时,所选择的仓单商品必须和套期保值者将在现货市场中买进或卖出的现货商品在种类上相同。只有商品种类相同,仓单价格和现货价格之间才有可能形成密切的关系,才能在价格走势上保持大致相同的趋势,从而在两个市场上同时采取反向买卖行动才能取得效果。在做套期保值交易时,必须遵循商品种类相同原则,否则,所做的套期保值交易不仅不能达到规避价格风险的目的,反而会增加价格波动的风险。然而,套期保值者会发现,在期货市场上并不一定存在与需要保值的现货一致的品种。在实践中,人们会在期货市场上寻找与现货在功能上比较相近的品质,以其作为替代品进行套期保值。两个品种在功能上的相互替代性越强,套期保值效果越好。这一方法被称为"交叉套期保值交易"。

（三）商品数量相等

商品数量相等原则是指在做套期保值交易时，所选用的仓单合约上所载的商品的数量必须与交易者将要在现货市场上买进或卖出的商品数量相等。

套期保值交易之所以必须坚持商品数量相等的原则，是因为只有保持两个市场上买卖商品的数量相等，才能使一个市场上的盈利额与另一个市场上的亏损额相等或最接近。当然，结束套期保值时，两个市场上盈利额或亏损额的大小，还取决于当时的基差与开始做套期保值时的基差是否相等。在基差不变的情况下，两个市场上的亏损额和盈利额就取决于商品数量，只有当两个市场上买卖的数量相等时，两个市场的亏损额和盈利额才会相等，进而才能用盈利额正好弥补亏损额，达到完全规避价格风险的目的。如果两个市场上买卖的商品数量不相等，两个市场的亏损额和盈利额很有可能不相等。

对于商品期货而言，数量相等的原则比较易于理解和实现。比如，对铜而言，假定一张合约代表 5 吨铜，如果经营商打算对 500 吨现货铜进行卖期保值，就需要在期货市场上构建 100 张空头合约，保持期货总量与现货总量相等。然而，在股指期货中，由于投资者的股票组合与期货指数的构成通常并不一样，期货市场总值与现货需要保值的总量就不一定相等。这样，就使得进行套期保值交易时，有时很难使所买卖的仓单商品数量等于现货市场上买卖的现货商品数量，这就给做套期保值交易带来一定困难，并在一定程度上影响套期保值交易效果。

（四）月份相同或相近

月份相同或相近原则是指在做套期保值交易时，所选用的仓单合约的交收月份最好与交易者将来在现货市场上实际买进或卖出现货商品的时间相同或相近。

在选用仓单合约时，之所以必须遵循交收月份相同或相近原则，是因为两个市场上出现的亏损额和盈利额都受到两个市场上价格变动幅度的影响，只有使所选用的仓单合约的交收月份和交易者决定在现货市场上实际买进或卖出现货商品的时间相同或相近，才能使仓单价格和现货价格之间的联系更加紧密，增强套期保值效果。因为，随着仓单合约交收期的到来，仓单价格和现货价格会趋向一致。比如，在 2 月末，期货市场上正在交易的某一股指期货合约的 5 个交割月份合约分别为 3、4、6、9 及 12 月。如投资者选择套期保值期 1 个月，则选择 3 月份到期的合约比较好；如果选择 2 个月，则选择 4 月份合约。采用相同或相近的交割月份能够使现货和期货在套期保值结束时价格趋于基本一致，提高套期保值的效果。

套期保值交易中必须遵循的四大操作原则是任何套期保值交易者都必须同时兼顾的，忽略其中任何一个都有可能影响套期保值交易的效果。

## 六、套期保值的类别

套期保值按照套期关系（即套期工具和被套期项目之间的关系）可以分为公允价值套期、现金流量套期和境外经营净投资套期三类。

（一）公允价值套期

公允价值套期，是指对已确认资产或负债、尚未确认的确定承诺（或该资产或负债、尚未确认的确定承诺中可辨认部分）的公允价值变动风险进行的套期。该类价值变动源于某类特定的风险,且将影响企业的损益。比如发行方和持有方对因利率变动而引起的固定利率债务公允价值变动风险的套期;或对以企业的报告货币表示的以固定价格买卖资产的确定承诺进行的套期,都属于公允价值套期。

例如,甲公司2009年12月16日从乙公司进口商品,货款总计100 000美元。合同约定于2010年1月15日以美元结算。为规避美元汇率升值的风险,当日,甲公司与银行签订了买入金额为100 000美元、期限为31天的远期合约。

(二)现金流量套期

现金流量套期,是指对被套期项目的现金流量变动风险进行的套期。现金流量套期中的被套期项目可以是已确认的资产或负债,也可以是将来很可能发生的预期交易。预期交易指的是尚未承诺但预期会发生的交易。该类现金流量变动源于与已确认资产或负债(如浮动利率、债券的全部或部分未来利息支付)、很可能发生的预期交易(如预期的购买或出售)有关的某类特定风险,且将影响企业的损益。

例如,丙公司于2009年12月25日以10%的利率签订了一笔为期2年的1 000万美元的借款协议,每半年付息一次。为规避美元利率下降的风险,丙公司同时签订了一项名义本金为1 000万美元期限2年的利率互换协议。互换协议规定每半年收取10%固定利息的同时支付LIBOR[①]+0.5的利息。

(三)境外经营净投资套期

境外经营净投资,是指企业在境外经营净资产中的权益份额。境外经营净投资套期是针对境外经营净投资的外汇风险所作的套期。

例如,丁公司是国内企业,拥有一家国外子公司,净投资额为外币1 000万元。2009年10月1日,丁公司与某金融机构签订了一项6个月期限的远期合同,将卖出外币800万元,汇率为1外币=1.68人民币。

## 七、套期会计方法的必要性

套期会计是一种特殊的会计处理方法,其核心是在同一会计期间对称地确认套期工具的利得(或损失)与被套期项目的损失(或利得),以体现套期保值效益。套期会计要求在资产负债表中将用于套期的金融工具确认为资产或负债,并以公允价值进行计量。套期工具作为避险工具,其产生的损益能与被套期项目上产生的损益实现对冲的效果。套期工具代表着一定的权利和义务,符合资产与负债的定义,应确认为资产或负债,在财务报表中进行报告。

若不实施套期会计,金融工具合约及其带来的损益情况和签订这些合约的避险意图与结果在会计上就得不到反映;实施套期会计的目的就是要在财务报表中将管理者进行避险策略及其取得的效果公正客观地反映出来。

---

① LIBOR:London Interbank Offered Rate的缩写,即同业拆放利率。

## 第二节 套期工具与被套期项目

### 一、套期关系

套期关系是指套期工具和被套期项目之间的关系。套期活动涉及“套期工具”和“被套期项目”两个要素。通过套期活动,在套期工具与被套期项目之间形成套期关系,使套期工具公允价值或未来现金流的变动方向与被套期项目相反,进而有效地抵销特定风险导致的被套期项目价值变动可能带来的损失。

### 二、套期工具

(一)套期工具的概念

套期工具是企业为进行套期而指定的、其公允价值或现金流量变动预期可抵销被套期项目的公允价值或现金流量变动的衍生工具,对外汇风险进行套期还可以将非衍生金融资产或非衍生金融负债指定为套期工具。

(二)套期工具的确定

衍生金融工具可以作为套期工具,如远期合同、期货合同、互换和期权,以及具有远期合同、期货合同、互换和期权中一种和一种以上特征的工具。比如,企业为规避库存铜品价格下跌的风险,可以通过卖出一定数量铜品的期货合同加以实现,其中卖出铜品的期货合同即是套期工具。

衍生金融工具如无法有效降低被套期项目的风险,则不能作为套期工具。比如,对于利率上下限期权或由一项发行的期权和一项购入的期权组成的期权,其实质相当于企业发行一项期权的(即企业收取了净期权费),不能将其指定为套期工具。

我国套期保值会计准则对套期工具做了如下规定:

1. 企业在确定套期关系时,应当将套期工具整体或其一定比例(不含套期工具剩余期限内的某一时段)进行指定,但下列情况除外:

(1)对于期权,企业可以将期权的内在价值和时间价值分开,只就内在价值变动将期权指定为套期工具;

(2)对于远期合同,企业可以将远期合同的利息和即期价格分开,只就即期价格变动将远期合同指定为套期工具。

2. 企业通常可将单项衍生工具指定为对一种风险进行套期,但同时满足下列条件的,可以指定单项衍生工具对一种以上的风险进行套期:

(1)各项被套期风险可以清晰辨认;

(2)套期有效性可以证明;

(3)可以确保该衍生工具与不同风险头寸之间存在具体指定关系。

其中,头寸是一种市场约定,承诺买卖外汇合约的最初部位,买进外汇合约者是多头,处于盼涨部位;卖出外汇合约者为空头,处于盼跌部位。头寸可指投资者拥有或借用的资金数量。

比如,某企业的记账本位币是人民币,发行了一期5年期美元浮动利率债券。为规避该金融负债的外汇风险和利率风险,该企业与某金融企业签订一项交叉货币互换合同并将其指定为套期工具,同时将美元浮动利率债券指定为被套期项目。执行此项合同后,该企业将从金融企业定期收到浮动利率美元利息,以支付债券持有者,并按固定利率支付人民币利息给金融企业。在此例中,该企业将浮动利率美元利息转化成了固定利率人民币利息,从而规避了美元对人民币汇率变动风险及美元利率变动风险。

3. 企业可以两项或两项以上衍生工具的组合或该组合的一定比例指定为套期工具。

4. 对于外汇风险套期,企业可以将两项以上非衍生工具的组合或该组合的一定比例,或将衍生工具和非衍生工具的组合或该组合的一定比例指定为套期工具。

此外,在运用套期会计方法时,只有涉及报告主体(企业集团或集团内的各企业或提供分部信息的各分部)以外的合同方的工具(符合条件的衍生金融工具或非衍生金融资产或非衍生金融负债)才能作为套期工具。因为在这种情况下报告主体才会有真正面临特定风险的项目。如果合同方都在主体内部,即套期工具及相关套期指定并不涉及集团外的主体,则不能运用套期会计方法进行处理。

## 三、被套期项目

(一)被套期项目的概念

被套期项目是指使企业面临公允价值或现金流量变动风险,且被指定为套期对象的下列项目:

1. 单项已确认资产、负债、确定承诺、很可能发生的预期交易,或境外经营净投资;

2. 一组具有类似风险特征的已确认资产、负债、确定承诺、很可能发生的预期交易,或境外经营净投资;

3. 分担同一被套期利率风险的金融资产或金融负债组合的一部分(仅适用于利率风险公允价值组合套期)。

其中,确定承诺,是指在未来某特定日期或期间,以约定价格交换特定数量资源、具有法律约束力的协议。预期交易,是指尚未承担但预期会发生的交易。

被套期项目主要包括使企业面临风险损失的资产、负债、尚未确认的确定承诺或很可能发生的预期交易。库存商品、持有至到期投资、可供出售金融资产、贷款、长期借款、预期销售、预期商品购买、对境外经营净投资等项目使企业面临公允价值或现金流量风险变动的,均可被指定为被套期项目。

(二)被套期项目的确定

我国套期保值会计准则对被套期项目作了如下规定:

1. 被套期风险是信用风险或外汇风险的,持有至到期投资可以指定为被套期项目。被套期风险是利率风险或提前还款风险的,持有至到期投资不能指定为被套期项目。

2. 企业集团内部交易形成的货币性项目的汇兑收益或损失,不能在合并财务报表中全额抵销的,该货币性项目的外汇风险可以在合并财务报表中指定为被套期项目。

企业集团内部很可能发生的预期交易,按照进行此项交易的主体的记账本位币以外的货币标价(即按外币标价),且相关的外汇风险将影响合并利润或损失的,该外汇风险可以在合并财务报表中指定为被套期项目。

3. 对于与金融资产或金融负债现金流量或公允价值的一部分相关的风险，其套期有效性可以计量的，企业可以就该风险将金融资产或金融负债指定为被套期项目。

4. 在金融资产或金融负债组合的利率风险公允价值套期中，可以将某货币金额（如人民币、美元或欧元金额）的资产或负债指定为被套期项目。

5. 企业可以将金融资产或金融负债现金流量的全部指定为被套期项目。但金融资产或金融负债现金流量的一部分被指定为被套期项目的，被指定部分的现金流量应当少于该金融资产或金融负债现金流量总额。

6. 非金融资产或非金融负债指定为被套期项目的，被套期风险应当是该非金融资产或非金融负债相关的全部风险或外汇风险。

7. 对具有类似风险特征的资产或负债组合进行套期时，该组合中的各单项资产或单项负债应当同时承担被套期风险，且该组合内各单项资产或单项负债由被套期风险引起的公允价值变动，应当预期与该组合由被套期风险引起的公允价值整体变动基本成比例。比如，当被套期组合整体因被套期风险形成的公允价值变动10%时，该组合中各单项金融资产或单项金融负债因被套期风险形成的公允价值变动通常应限制在9%～11%的较小范围内。

此外，在运用套期会计方法时，只有涉及报告主体以外的主体的资产、负债、确定承诺或很可能发生的预期交易才能作为被套期项目。

## 四、套期有效性

套期有效性反映了套期工具抵销被套期项目公允价值或现金流量变动的程度，体现了套期保值的效应。套期工具和被套期项目的套期关系只有两者在整个报告期内的价值变动大部分能够抵销的情况下，才能认为该套期项目预期避险的目标，是一种有效的套期；否则，这种套期就是一种无效套期或不完全有效的套期。

我国套期保值会计准则规定，套期同时满足下列条件的，企业应当认定其为高度有效：

第一，在套期开始及以后期间，该套期预期会高度有效地抵销套期指定期间被套期风险引起的公允价值或现金流量变动；

第二，该套期的实际抵销结果在80%至125%的范围内。

常见的套期有效性评价方法主要有：

1. 主要条款比较法

主要条款比较法，是通过比较套期工具和被套期项目的主要条款，以确定套期是否有效的方法。如果套期工具和被套期项目的所有主要条款均能准确地匹配，可认定因被套期风险引起的套期工具和被套期项目公允价值或现金流量变动可以相互抵销。套期工具和被套期项目的“主要条款”包括：名义金额或本金、到期期限、内含变量、定价日期、商品数量、货币单位等。

2. 比率分析法

比率分析法，是通过比较被套期风险引起的套期工具和被套期项目公允价值或现金流量变动比率,以确定套期是否有效的方法。运用比率分析法时,企业可以根据自身风险管理政策的特点选择以累积变动数(即自套期开始以来的累积变动数)为基础比较,或以单个期间变动数为基础比较。如果上述比率在80%至125%的范围内,可以认定套期是高度有效的。

3. 回归分析法

回归分析法是在掌握一定数量观察数据基础上,利用数理统计方法建立自变量和因变量之间回归关系函数的方法。将此方法运用到套期有效性评价中,需要分析套期工具和被套期项目价值变动之间是否具有高度相关性,进而判断套期是否有效。运用回归分析法,自变量反映被套期项目公允价值变动或预计未来现金流量现值变动,因变量反映套期工具公允价值变动。

企业至少应当在编制中期或年度财务报告时对套期有效性进行评价。

## 第三节　套期保值会计处理

### 一、套期会计方法的概念

套期会计方法是指将套期工具和被套期项目公允价值变动的抵销结果计入当期损益的方法。与套期工具相对应,被套期项目的账面价值调整为公允价值,价值变动形成的未实现损益也在损益中确认。由于两者都在相同会计期间损益中确认公允价值变动,对损益的影响是两者公允价值变动额相抵后的差额。例如,某企业拟对6个月之后很可能发生的贵金属销售进行现金流量套期,为规避相关贵金属价格下跌的风险,该企业可以现在买入相同数量的该种贵金属期货合同,并指定为套期工具。资产负债表日(假定预期贵金属销售尚未发生),期货合同的公允价值上涨了100万元,对应的贵金属预期销售价格的现值下降了100万元。假定上述套期符合运用套期会计方法的条件,该企业可以将期货合同的公允价值变动计入所有者权益(其他资本公积),待预期销售交易实际发生时,再转出调整销售收入。

套期会计的主要目的是解决套期工具和被套期项目之间在确认时间和计量属性上的不匹配,适当调整常规会计程序,对称地确认套期工具和被套期项目公允价值和现金流量变动形成的损益。

### 二、套期会计方法的应用条件

公允价值套期、现金流量套期或境外经营净投资套期同时满足下列条件的,才能运用套期会计方法进行处理。

为了保证会计信息的可比性和透明性,防止管理当局进行盈余管理活动,套期活动必须在符合一定条件的情况下,才能按照套期会计处理。当且仅当符合以下条件时,套期关系才能按套期会计进行核算:

1. 在套期开始时,企业对套期关系有正式指定,并准备了关于套期关系、套期活动的风险管理目标和套期策略正式书面文件。该份文件应至少包括套期工具、被套期项目、被套期风险的性质以及套期有效性评价方法等内容。

2. 在抵销公允价值或可归属于被套期风险的现金流量的变动方面，该套期预期高度有效，且符合企业最初为该套关系所确定的风险管理策略。

3. 对预期交易现金流量套期，套期中的预期交易必须是很可能会发生的，且必须存在最终可能影响报告净利润的现金流量变动风险。

4. 套期的有效性能够可靠地计量，也就是说，被套期项目的公允价值或现金流量、套期工具的公允价值可以可靠地计量；在套期开始和整个期间内，企业可以预期被套期项目的公允价值或现金流量变动几乎全部可以由套期工具的公允价值或现金流量变动抵销，且实际效果在80% ~125%的范围内。套期有效性是指套期工具的公允价值或现金流量变动能够抵销被套期风险引起的被套期项目公允价值或现金流量变动的程度。

5. 套期应持续地对套期有效性进行评价，并确保套期在套期关系被指定的会计期间内套期高度有效。

## 三、套期的确认和计量

（一）公允价值套期的确认和计量

1. 公允价值套期满足运用套期会计方法条件的，应当按照下列规定处理：

（1）套期工具为衍生工具的，套期工具公允价值变动形成的利得或损失应当计入当期损益；套期工具为非衍生工具的，套期工具账面价值因汇率变动形成的利得或损失应当计入当期损益。

（2）被套期项目因被套期风险形成的利得或损失应当计入当期损益，同时调整被套期项目的账面价值。被套期项目为按成本与可变现净值孰低进行后续计量的存货、按摊余成本进行后续计量的金融资产或可供出售金融资产的，也按此规定处理。

2. 对于金融资产或金融负债组合一部分的利率风险公允价值套期，为符合上述第1条（2）的要求，对被套期项目形成的利得或损失可按下列方法处理：

（1）被套期项目在重新定价期间内是资产的，在资产负债表中资产项下单列项目反映（列在金融资产后），待终止确认时转销；

（2）被套期项目在重新定价期间内是负债的，在资产负债表中负债项下单列项目反映（列在金融负债后），待终止确认时转销。

3. 满足下列条件之一的，不应当再按照上述第1条规定处理：

（1）套期工具已到期、被出售、合同终止或已行使。套期工具展期或被另一项套期工具替换时，展期或替换是企业正式书面文件所载明的套期策略组成部分的，不作为已到期或合同终止处理。

（2）该套期不再满足运用套期会计方法的条件。

（3）企业撤销了对套期关系的指定。

4. 被套期项目是以摊余成本计量的金融工具的，按照上述第1条（2）对被套期项目账面价值所作的调整，应当按照调整日重新计算的实际利率在调整日至到期日的期间内进行摊销，计入当期损益。对利率风险组合的公允价值套期，在资产负债表中单列的相关项目，按照调整日重新计算的实际利率在调整日至相关的重新定价期间结束日的期间内摊销。采用实际利率法进行摊销不切实可行的,可以采用直线法进行摊销。

上述调整金额应当于金融工具到期日前摊销完毕;对于利率风险组合的公允价值套期,应当于相关重新定价期间结束日前摊销完毕。

5. 被套期项目为尚未确认的确定承诺的,该确定承诺因被套期风险引起的公允价值变动累计额应当确认为一项资产或负债,相关的利得或损失应当计入当期损益。

6. 在购买资产或承担负债的确定承诺的公允价值套期中,该确定承诺因被套期风险引起的公允价值变动累计额(已确认为资产或负债),应当调整履行该确定承诺所取得的资产或承担的负债的初始确认金额。

(二)现金流量套期的确认和计量

1. 现金流量套期满足运用套期会计方法条件的,应当按照下列规定处理:

(1)套期工具利得或损失中属于有效套期的部分,应当直接确认为所有者权益,并单列项目反映。该有效套期部分的金额,按照下列两项的绝对额中较低者确定:

①套期工具自套期开始的累计利得或损失;

②被套期项目自套期开始的预计未来现金流量现值的累计变动额。

(2)套期工具利得或损失中属于无效套期的部分(即扣除直接确认为所有者权益后的其他利得或损失),应当计入当期损益。

(3)在风险管理策略的正式书面文件中,载明了在评价套期有效性时将排除套期工具的某部分利得或损失或相关现金流量影响的,被排除的该部分利得或损失的处理适用《企业会计准则第 22 号——金融工具确认和计量》。对确定承诺的外汇风险进行的套期,可以作为现金流量套期或公允价值套期处理。

2. 被套期项目为预期交易,且该预期交易使企业随后确认一项金融资产或一项金融负债的,原直接确认为所有者权益的相关利得或损失,应当在该金融资产或金融负债影响企业损益的相同期间转出,计入当期损益。但是,企业预期原直接在所有者权益中确认的净损失全部或部分在未来会计期间不能弥补时,应当将不能弥补的部分转出,计入当期损益。

3. 被套期项目为预期交易,且该预期交易使企业随后确认一项非金融资产或一项非金融负债的,企业可以选择下列方法处理:

(1)原直接在所有者权益中确认的相关利得或损失,应当在该非金融资产或非金融负债影响企业损益的相同期间转出,计入当期损益。但是,企业预期原直接在所有者权益中确认的净损失全部或部分在未来会计期间不能弥补时,将不能弥补的部分转出,计入当期损益。

(2)将原直接在所有者权益中确认的相关利得或损失转出,计入该非金融资产或非金融负债的初始确认金额。非金融资产或非金融负债的预期交易形成了一项确定承诺时,该确定承诺满足运用本准则规定的套期会计方法条件的,也应当选择上述两种方法之一处理。企业选择了上述两种处理方法之一作为会计政策后,应当一致地运用于相关的所有预期交易套期,不得随意变更。

4. 对于不属于上述第 2、3 条涉及的现金流量套期,原直接计入所有者权益中的套期工具利得或损失,应当在被套期预期交易影响损益的相同期间转出,计入当期损益。

5. 在下列情况下,企业不应当再按照上述第 1 至 4 条的规定处理:

(1)套期工具已到期、被出售、合同终止或已行使。在套期有效期间直接计入所有者权益中的套期工具利得或损失不应当转出,直至预期交易实际发生时,再按照上述第 2、3、4 条的规定处理。套期工具展期或被另一项套期工具替换,且展期或替换是企业正式书面文件所载明套期策略组成部分的,不作为已到期或合同终止处理。

(2)该套期不再满足运用本准则规定的套期会计方法的条件。在套期有效期间直接计入所有者权益中的套期工具利得或损失不应当转出,直至预期交易实际发生时,再按照第 2、3、4 条规定处理。

(3)预期交易预计不会发生。在套期有效期间直接计入所有者权益中的套期工具利得或损失应当转出,计入当期损益。

(4)企业撤销了对套期关系的指定。对于预期交易套期,在套期有效期间直接计入所有者权益中的套期工具利得或损失不应当转出,直至预期交易实际发生或预计不会发生。预期交易实际发生的,应当按照第 2、3、4 条的规定处理;预期交易预计不会发生的,原直接计入所有者权益中的套期工具利得或损失应当转出,计入当期损益。

(三)对境外经营净投资的套期,应当按照类似于现金流量套期会计的规定处理

1. 套期工具形成的利得或损失中属于有效套期的部分,应当直接确认为所有者权益,并单列项目反映。处置境外经营时,上述在所有者权益中单列项目反映的套期工具利得或损失应当转出,计入当期损益。

2. 套期工具形成的利得或损失中属于无效套期的部分,应当计入当期损益。

## 四、套期保值业务的会计处理

(一)会计科目设置

为了核算套期保值业务,企业应设置以下相关会计科目。

1. "套期工具"科目

"套期工具"科目核算企业开展套期保值业务(包括公允价值套期、现金流量套期和境外经营净投资套期)套期工具公允价值变动形成的资产或负债。该科目可按套期工具类别进行明细核算。将已确认的衍生金融工具或金融负债指定为套期工具的,按其账面价值借记或贷记"套期工具"科目,同时贷记或借记"衍生金融工具"等科目。资产负债表日,对于有效套期,按套期工具产生的利得,借记"套期工具"科目,贷记"套期损益"等科目;套期工具产生损失作相反的会计分录。金融资产或金融负债不再作为套期工具核算的,按套期工具形成的资产或负债,借记或贷记有关科目,同时贷记或借记"套期工具"科目。"套期工具"科目的期末借方余额反映企业套期工具形成资产的公允价值,贷方余额反映企业套期工具形成负债的公允价值。

2. "被套期项目"科目

该科目核算企业开展套期保值业务被套期项目公允价值变动形成的资产或负债。将已确认的资产或负债指定为被套期项目,应按其账面价值借记或贷记"被套期项目"科目,同时贷记或借记"库存商品"、"长期借款"、"持有至到期投资"等科目。已计提跌价准备或减值准备的被套期项目,还应同时结转跌价准备或减值准备。资产负债表日,对于

有效套期,应按被套期项目产生的利得,借记“被套期项目”科目,贷记“套期损益”科目;被套期项目产生损失,作相反的会计分录。资产或负债不再作为被套期项目核算的,应按被套期项目形成的资产或负债,借记或贷记有关科目,同时贷记或借记“被套期项目”科目。该科目可按被套期项目类别进行明细核算。

“被套期项目”科目借方余额反映企业被套期项目形成资产的公允价值,贷方余额反映企业被套期项目形成负债的公允价值。

3.“套期损益”科目

该科目核算有效套期关系中套期工具和被套期项目的公允价值变动。套期工具和被套期项目产生利得记入该科目的贷方,产生损失记入该科目的借方。期末,“套期损益”科目余额转入“本年利润”科目,结转后该科目无余额。

(二)公允价值套期会计核算

公允价值套期的会计核算方法是:套期工具的公允价值变动形成的利得和损失立即计入当期损益;被套期项目因被套期风险形成的利得或损失立即计入当期损益,并同时调整被套期项目的账面价值,或者,如果被套期项目是未确认的确定承诺,且该确定承诺与购买资产或承担负债有关,则因被套期风险引起的公允价值变动累计额已确认的资产或负债,应用来调整履行该确定承诺所取得的资产或承担的负债的初始确认金额。

【例10-1】甲公司于2008年4月1日购入10 000股普通股股票,每股100元,作为可供出售金融资产管理。编制会计分录如下:

借:可供出售金融资产　　1 000 000

　贷:其他货币资金　　1 000 000

12月31日,股票价格涨至125元。编制会计分录如下:

借:可供出售金融资产　　250 000

　贷:资本公积　　250 000

甲公司为规避股票风险,锁定股票投资收益,于2009年1月2日以80 000元购入该股票的看跌期权,并将该期权指定为股票投资的套期工具。该期权的行权价格与指定当日股价相同,为每股125元,行权日期为2010年12月31日。指定当日甲公司应编制如下分录:

借:被套期项目——可供出售金融资产　　1 250 000

　贷:可供出售金融资产　　1 250 000

同时:

借:套期工具——卖出期权(时间价值)　　8 000

　贷:其他货币资金　　8 000

2009年12月31日,股票价格降至120元,期权的时间价值为40 000元,则甲公司做如下会计分录:

借:套期损益　　50 000

　贷:被套期项目——可供出售金融资产　　50 000

借:套期工具——卖出期权(内在价值)　　50 000

　贷:套期损益　　50 000

借:套期损益　　　　　　　　　　　　　　　40 000

　贷:套期工具——卖出期权(时间价值)　　　　　40 000

假定2010年12月31日,股票的市场价格降至105元,期权时间价值为0,甲公司按约定的行权价格将股票卖出,则行权日应做如下会计分录:

借:套期损益　　　　　　　　　　　　　　　150 000

　贷:被套期项目——可供出售金融资产　　　　　150 000

借:套期工具——卖出期权(内在价值)　　　　150 000

　贷:套期损益　　　　　　　　　　　　　　　150 000

借:套期损益　　　　　　　　　　　　　　　40 000

　贷:套期工具——卖出期权(时间价值)　　　　　40 000

借:其他货币资金　　　　　　　　　　　　1 250 000

　贷:套期工具——卖出期权　　　　　　　　　　200 000

　　被套期项目——可供出售金融资产　　　　　1 050 000

借:资本公积——其他资本公积　　　　　　　250 000

　贷:套期损益　　　　　　　　　　　　　　　250 000

公允价值套期中的被套期项目,可以是已确认的资产、负债,尚未确认的确定承诺套期,或该资产或负债、尚未确认的确定承诺中的可辨认部分。下面举例说明对已确认的资产、负债或尚未确认的确定承诺进行公允价值套期的处理方法。

1. 公允价值套期——资产套期

(1)套期完全有效。如果套期是完全有效的话,被套期项目公允价值的减少或增加就可以通过套期工具公允价值的增加或减少完全抵销。

【例10-2】乙公司决定为一批存货进行套期,以规避存货价格变动风险。该批存货的成本为120 000元,当前售价为160 000元。2009年11月1日,通过签订3个月期的远期合同,出售160 000元的同种存货,以锁定该存货在三个月后的价格。2009年12月31日,因存货价格下跌了10 000元,远期合约获利10 000元。2010年1月31日,存货价格又下跌6 000元,远期合约获利6 000元。2009年11月1日远期合同价值为零。根据上述经济业务,编制会计分录如下:

①2009年11月1日,签订远期合约。

借:被套期项目——库存商品　　　　　　　　120 000

　贷:库存商品　　　　　　　　　　　　　　　120 000

②2009年12月31日,套期工具和被套期项目的公允价值变动损益均计入当期损益,并按照损益金额调整两者的账面价值。

借:套期损益　　　　　　　　　　　　　　　10 000

　贷:被套期项目——库存商品　　　　　　　　　10 000

借:套期工具——远期合同　　　　　　　　　10 000

　贷:套期损益　　　　　　　　　　　　　　　10 000

③2010年1月31日,远期合同到期,进行净额结算,存货按144 000元售出,收款存入银行。

借：套期损益　　6 000
　　贷：被套期项目——库存商品　　6 000
借：套期工具——远期合同　　6 000
　　贷：套期损益　　6 000
借：银行存款　　16 000
　　贷：套期工具——远期合同　　16 000
借：银行存款　　144 000
　　贷：主营业务收入　　144 000
借：主营业务成本　　104 000
　　贷：被套期项目——库存商品　　104 000

乙公司如果2009年11月1日出售该批存货可获得毛利20 000元。经过使用衍生金融工具套期，3个月以后出售该批存货仍然可获得20 000元的毛利，该套期完全有效。

(2)套期存在无效性。套期工具无效套期部分的价值计入当期损益。其他处理与套期完全有效的情形相同。

承上例，假设存货第一次跌价10 000元，远期合同增值9 200元；第二次存货价格下跌6 000元，远期合同增值4 800元。根据上述经济业务，编制会计分录如下：

①2009年11月1日，签订远期合约。

借：被套期项目——库存商品　　120 000
　　贷：库存商品　　120 000

②2009年12月31日。

借：套期损益　　10 000
　　贷：被套期项目——库存商品　　10 000
借：套期工具——远期合同　　9 200
　　贷：套期损益　　9 200

③2010年1月31日，远期合约到期，进行净额结算，存货按144 000元售出，收款存入银行。

借：套期损益　　6 000
　　贷：被套期项目——库存商品　　6 000
借：套期工具——远期合同　　4 800
　　贷：套期损益　　4 800
借：银行存款　　14 000
　　贷：套期工具——远期合同　　14 000
借：其他货币资金　　144 000
　　贷：主营业务收入　　144 000
借：主营业务成本　　104 000
　　贷：被套期项目——库存商品　　104 000

乙公司在第一年年末有无效套期部分800(10 000－9 200)元，第二年远期结算和出售货物时又有无效套期部分1 200(6 000－4 800)元，均在当期损益中确认。

2. 公允价值套期——负债套期

【例10－3】丙公司于2009年1月1日发行面值1 000 000元,5年期,固定利率8%的公司债券。为避免市场利率下降的风险,丙公司同日签订了5年期利率互换合同,将固定利率负债转换为浮动利率负债:

丙公司将从签约对方收到按1 000 000元,固定利率8%计算的金额。

丙公司向签约对方按LIBOR利率作为利率互换市场利率支付金额。最初,即2009年1月2日的市场利率为6.8%。

互换结算日与利息支付日相同,为每年的12月31日。在每一个支付日(即结算日),丙公司与签约对方计算市场利率和固定利率之间的差额,确定互换的价值。如果利率下降,对丙公司而言,则互换的价值上升,丙公司获得利得;同时,丙公司在固定利率债券上遭受损失。

2009年年末,丙公司支付公司债券利息。当日的市场利率出现严重下降。因此互换合同的价值上升。即:丙公司将收到80 000元固定利息,同时按LIBOR利率支付利息68 000元。12 000元为丙公司在第一个付息日收到的差额。利率互换的市场价值增长40 000元。编制会计分录如下:

①2009年1月1日,发行公司债券。

借:银行存款　　1 000 000

　　贷:应付债券　　1 000 000

②同日,签订互换合同。

借:应付债券　　1 000 000

　　贷:被套期项目——应付债券　　1 000 000

由于利率合同价值为零,因此无须记录,但需在备查登记簿中记录签订该项利率互换合同。

③2009年12月31日,向投资人支付债券利息。

借:财务费用——互换交易费　　80 000

　　贷:银行存款　　80 000

利率互换需要核算互换交易费。互换交易费是指互换日支付利息时,利息支出额较大的一方向另一方支付的利息差额。

④2009年12月31日,收到互换合同第一年的差额12 000元。

借:银行存款　　12 000

　　贷:财务费用——互换交易费　　12 000

⑤2009年12月31日,记录互换合同升值。

借:套期工具——利率互换合同　　40 000

　　贷:套期损益——利率互换合同利得　　40 000

同时,记录公司债券公允价值上升。

借:套期损益——债券公允价值损失　　40 000

　　贷:被套期项目——应付债券　　40 000

通过签订利率互换合同,丙公司在互换资产上获利40 000元,减少财务费用、增加资产;同时,该公司在债券上则损失 40 000 元,增加财务费用、增加负债。

3. 公允价值套期——确定承诺套期

【例 10－4】确定承诺是指在未来某特定日期或期间,以约定价格交换特定数量资源、具有法律约束力的协议。我国会计准则将对未确认的确定承诺的套期作为公允价值套期进行会计处理,该确定承诺因被套期风险引起的公允价值变动累计额应确认为一项资产或负债,相关的利得或损失计入当期损益。如果该确定承诺与购买资产或承担负债有关,因被套期风险引起的公允价值变动累计额应用来调整履行该确定承诺所取得的资产或承担的负债的初始确认金额。

公司 2009 年 12 月 1 日与国外 A 供货商协议在 2010 年 1 月 31 日购买金额为 FC①270 000 的设备,货款将于当日支付。同日,丁公司签订了 60 天后购买 TC②240 000 的期汇合同。有关汇率如下:

2009 年 12 月 1 日,60 天远期汇率:LC0.6125＝TC1, LC0.5454＝FC1;

2009 年 12 月 31 日,30 天远期汇率:LC0.5983＝TC1,LC0.5317＝FC1;

2010 年 1 月 31 日,即期汇率:LC0.57777＝TC1,LC0.5137＝ FC1。

丙公司以期汇合同对要买入的设备进行套期保值,以 2009 年 12 月 1 日 60 天远期汇率计算,FC270 000 大体等于 TC240 000,期汇合同的结算和确定承诺的实现在同一日,近年来 LC 对 TC 的价值变动与 LC 对 FC 的价值变动高度相关。

①2009 年 12 月 1 日,这时的期汇合同公允价值为零,不做分录。

②2009 年 12 月 31 日,结账日记录期末汇率变动产生的影响,按 2009 年 12 月 31 日 30 天远期汇率计算,丙公司买入的 TC240 000 的 LC 等值为 LC143 592(240 000×0.5983),按 2009 年 12 月 1 日汇率计算为 LC147 000(LC0.6125×240 000),差额 3 408(147 000－143 592)视同一种损失。购买设备的确定承诺,按 2009 年 12 月 1 日计算的 LC 等值多出 LC3 699[(LC0.5454－LC0.5317)×270 000],视同一种利得。编制会计分录如下:

借:套期损益——期汇合同损失　　　　3 408

　　贷:套期工具——期汇合同　　　　　3 408

借:被套期项目——确定承诺　　　　　3 699

　　贷:套期损益——确定承诺利得　　　　3 699

③2010 年 1 月 31 日,首先记录汇率变动产生的影响。期汇合同的损失金额为 LC4 944[(LC0.5983－LC0.57777)×240 000],确定承诺的利得为 LC4 860[(LC0.5317－LC0.5137)×270 000]。编制会计分录如下:

借:套期损益——期汇合同损失　　　　4 944

　　贷:套期工具——期汇合同　　　　　4 944

借:被套期项目——确定承诺　　　　　4 860

　　贷:套期损益——确定承诺利得　　　　4 860

---

① FC:外国货币

② TC:第三国货币

记录购入的设备和支付的款项。

借:固定资产　　　　　　　　　　147 528(270 000 × LC0.5454)

　　贷:银行存款　　　　　　　　　　138 699(270 000 × LC0.5137)

　　　　被套期项目——确定承诺　　　　8 559(4 860 +3 699)

记录期汇合同进行净额结算。

借:套期工具——期汇合同　　　　　　8 352(3 408 +4 944)

　　贷:银行存款　　　　　　　　　　　8 352

当套期工具已到期、被出售、合同终止或已行使;或者,套期不再满足规定的采用套期会计方法的条件;或者,企业撤销了对套期关系的指定,则停止按公允价值套期会计处理方法对套期工具、被套期项目进行会计确认和计量。

(三)现金流量套期会计核算

我国企业会计准则规定现金流量套期的会计处理方法是:

1.套期工具利得或损失中属于有效套期的部分,直接确认为所有者权益,无效套期部分应立即计入当期损益。

2.当被套期项目是很可能发生的预期交易时,需视预期交易的结果进行会计处理:

(1)如果预期交易使企业随后确认一项金融资产或一项金融负债的,原已计入所有者权益的相关利得或损失,在该金融资产或金融负债影响企业损益的相同期间转出,计入当期损益。

(2)如果预期交易使企业随后确认一项非金融资产或一项非金融负债的,原已计入所有者权益的相关利得或损失,企业可以选择下面任一方法进行会计处理:在该非金融资产或非金融负债影响企业损益的相同期间转出,计入当期损益;或者,将原已计入所有者权益的相关利得或损失转出,计入该非金融资产或非金融负债的初始确认金额。需要注意的是,企业选择上述两种处理方法之一作为会计政策后,应一致地运用于相关的所有预期交易套期,不得随意变更。

(3)其他情形的现金流量套期,原已计入所有者权益的相关利得或损失,在被套期预期交易影响企业损益的相同期间转出,计入当期损益。

IASB 在 IAS39 中规定现金流量套期的会计核算方法是:有效套期的那部分套期工具利得或损失,通过权益变动表直接在权益中确认,无效部分的套期工具利得或损失按照正常会计进行处理;在预期交易发生或确定承诺实现时,会导致资产或负债的确认,这时应将以前在所有者权益中确认的利得或损失转出,计入该资产或负债初始购置成本或者其他账面金额。对于现金流量套期会计,美国和国际会计准则委员会的主要区别表现在对预期获得的资产和负债的会计处理上。FASB 要求套期工具上的利得或损失在资产或负债发生时也作为权益反映在其他综合收益中,在资产或负债影响损益时(如确认折旧费用、利息收入或利息费用以及销售成本),原来的利得或损失才计入损益。这两种不同的会计处理所导致的结果是:两个准则对利润表的影响是一致的,但对于资产负债表,在 IAS39 中的规定上是以净额列报的,而在 SFAS133 中的规定是以总额列报的。

【例 10 -5】2009 年 9 月,某公司拟于 2010 年 1 月购入 1 000 吨矿石。公司担心到购买时市场价格上涨,于是公司为该预期采购购入履约价格 1 550 元、2010 年 1 月交割的

1 000吨矿石的期货合约。2009 年 12 月 31 日，2010 年 1 月交割的矿石价格为 1 575 元。2010 年 1 月，公司按市场价格每吨 1 575 元购入 1 000 吨矿石。

在本例中，公司拥有按照 1 550 元的价格购入矿石的权利和义务。该期货合约的标的物为矿石价格。如果在矿石价格高于 1 550 元，期货合约价值升高，因为公司可以按照 1 550 元的价格购入矿石。

对上述交易，编制会计分录如下：

①2009 年 9 月，签约日无会计分录。

②2009 年 12 月 31 日。

借：套期工具——期货合约　　25 000

　　贷：资本公积——其他资本公积　　25 000

③2010 年 1 月。

借：原材料　　1 575 000

　　贷：银行存款　　1 575 000

④同时，期货合约到期，进行净额交割。

借：银行存款　　25 000

　　贷：套期工具——期货合约　　25 000

此时，预期交易的结果对损益没有影响，因此，原已计入所有者权益的相关利得或损失暂不结转。

⑤延续上例，假设该矿石被加工成产成品出售。产成品成本 1 700 000 元，售价 2 000 000元，编制会计分录如下：

借：银行存款　　2 000 000

　　贷：主营业务收入　　2 000 000

借：主营业务成本　　1 700 000

　　贷：库存商品　　1 700 000

此时，对很可能发生的预期交易进行套期保值交易对企业损益产生影响。假如企业选择在该批被套期铁矿石影响企业损益的相同期间转出并计入当期损益，则对原已计入所有者权益的相关利得或损失，编制会计分录如下：

⑥借：资本公积——其他资本公积　　25 000

　　贷：主营业务成本　　25 000

【例 10－6】乙公司决定用衍生工具对 100 000 吨商品的预期销售进行套期。公司计划在期末出售这批商品。期初时，公司签订衍生工具合同，为预期销售套期，其公允价值为零。衍生工具的名义数量也是 100 000 吨，其标的物的等级和相应的价格也与公司拥有的商品相同。衍生工具的结算和商品的出售在期末的最后一天发生。

套期开始时，该公司商品的预计售价总金额是 2 200 000 元。期末，衍生工具的公允价值增加 50 000 元，同时商品的预计售价减少 50 000 元。

①期初，签订衍生工具合约。

由于没有发生成本，不做分录。

②期末，套期工具的公允价值变动，编制会计分录如下：

借:套期工具　　　　　　　　　　　　　　　　50 000

　　贷:资本公积——其他资本公积　　　　　　　　　　50 000

③确认销售收入。

借:银行存款　　　　　　　　　　　　　　　2 150 000

　　贷:主营业务收入　　　　　　　　　　　　　　2 150 000

④衍生工具进行净额结算。

借:银行存款　　　　　　　　　　　　　　　　50 000

　　贷:套期工具　　　　　　　　　　　　　　　　　50 000

借:资本公积——其他资本公积　　　　　　　　　50 000

　　贷:主营业务收入　　　　　　　　　　　　　　　50 000

该公司若在期初出售该批商品会收到2 200 000元现金流入,通过签订衍生工具合同,在期末公司仍然收到了2 200 000元的现金流入。

(四)境外经营净投资套期的会计处理

境外经营净投资套期会计核算与现金流量套期相似。

1. 有效套期部分的套期工具利得或损失,应直接确认为所有者权益,直到对该净投资额进行处置时,再将其转出,计入当期损益。

2. 无效套期部分,套期工具利得或损失立即计入利润表。

【例10-7】庚公司于2009年11月1日持有欧元计价的境外经营净投资8 000 000美元。该净境外经营主体的功能货币是欧元。公司预计将在3个月后收回投资,因此签订了3个月期的远期合同,于3个月后出售等值的欧元。2009年12月31日,因欧元贬值,投资缩水500 000美元,远期增值600 000美元。2010年1月31日,欧元再次贬值,投资缩水300 000美元,远期增值360 000美元。

①11月1日,签订远期合约。编制会计分录如下:

借:被套期项目——境外经营净投资　　　　　8 000 000

　　贷:长期股权投资　　　　　　　　　　　　　8 000 000

外汇远期合同的公允价值为零,不作账务处理。

②境外经营净投资的汇兑损益应当递延并计入所有者权益,直至投资被处置。2009年12月31日,调整套期工具的账面价值,调整额,即汇兑损益计入所有者权益。被套期项目也作相同处理。编制会计分录如下:

借:套期工具——外汇远期合约　　　　　　　600 000

　　贷:资本公积——其他资本公积　　　　　　　　600 000

借:资本公积　　　　　　　　　　　　　　　500 000

　　贷:被套期项目——境外经营净投资　　　　　　500 000

③2010年1月31日,收回投资。编制会计分录如下:

借:套期工具——外汇远期合约　　　　　　　360 000

　　贷:资本公积——其他资本公积　　　　　　　　360 000

借:资本公积　　　　　　　　　　　　　　　300 000

　　贷:被套期项目——境外经营净投资　　　　　　300 000

借:银行存款 960 000

　　贷:套期工具——外汇远期合约 960 000

借:银行存款 7 200 000

　　贷:被套期项目——境外经营净投资 7 200 000

借:资本公积——其他资本公积 800 000

　　贷:资本公积 800 000

【例 10-8】美国 B 公司拥有一英国公司 S 公司 40% 的股权,该股权以等于公允价值的账面价值收购。S 公司的功能货币为英镑。2008 年 12 月 31 日,B 公司对 S 公司投资的账户余额为 1 280 000 美元,等于 S 公司净资产 2 000 000 英镑乘以 $ 1.60 的期末现行汇率之积的 40%。当天,B 公司对 S 公司的投资无折算调整余额。为对 S 公司的净投资进行套期保值,B 公司于 2009 年 1 月 1 日,当即期汇率为 $ 1.60 时,借入年息为 12% 的 800 000 英镑。该借款以英镑标价,本息于 2010 年 1 月 1 日付清。

①B 公司借入英镑对该权益投资的汇率风险套期保值。权益投资的任何折算损失或利得,将全部或部分地被借款的折算利得或损失所抵销。2009 年 1 月 1 日,记录英镑借款(800 000 × $ 1.60 即期汇率),编制会计分录如下:

借:银行存款 1 280 000

　　贷:套期工具——长期借款 1 280 000

②2009 年 12 月 1 日,S 公司宣告并发放股利 100 000 英镑。B 公司以即期汇率 $ 1.75记录收入的股利(100 000 ×40% ×1.75 即期汇率),编制会计分录如下:

借:银行存款 70 000

　　贷:被套期项目——长期股权投资(境外投资) 70 000

③2010 年,S 公司列报净利润 400 000 英镑。当年折算 S 公司收入和费用项目的加权平均汇率为 $ 1.70,且 2009 年 12 月 31 日的现行汇率为 $ 1.80。关于 S 公司净资产的变化汇总如下表所示:

| | 英镑 | 汇率 | 美元 |
|---|---|---|---|
| 净资产(2009 年 1 月 1 日) | 2 000 000 | × $ 1.60 | 3 200 000 |
| 加:净利润(2009 年) | 400 000 | × $ 1.70 | 680 000 |
| 减:股利 | (100 000) | × $ 1.75 | (175 000) |
| 权益调整——变化 | —— | | 435 000 |
| 净资产(2009 年 12 月 31 日) | 2 300 000 | × $ 1.80 | 4 140 000 |

2009 年 12 月 31 日,B 公司记录 S 公司净利润中占有的份额(400 000 × 加权平均汇率 $ 1.70 × 股权比例 40% )以及折算调整数的 40%( $ 435 000 ×40% )。编制会计分录如下:

借:被套期项目——长期股权投资 446 000

　　贷:投资收益 272 000

　　　　资本公积——其他资本公积 174 000

④B 公司将借款及权益投资调整 2009 年 12 月 31 日的现行汇率,并计提了借款利息,将以英镑标价的借款调整至年末的现行汇率[800 000 ×( \$1.80 - \$1.60)]。编制会计分录如下:

借:资本公积——其他资本公积　　160 000

　贷:套期工具——长期借款　　160 000

⑤记录利息费用(以加权平均汇率)及年末现行汇率下以英镑标价的应付利息。

| | |
|---|---|
| 应计利息(800 000 ×12% 利率 ×1 年 × \$ 1.80 现行汇率) | \$ 172 800 |
| 减:利息费用(800 000 ×12% 利率 ×1 年 × \$ 1.70 加权平均汇率) | \$ 163 200 |
| 汇兑损失 | \$ 9 600 |

⑥2010 年 1 月 1 日,B 公司以 \$ 1.80 的即期汇率偿付借款和利息。记录偿付以英镑标价的借款和利率,当时的即期汇率为 \$ 1.80。编制会计分录如下:

借:套期工具——长期借款(利息)　　172 800

　　　　——长期借款　　1 440 000

　贷:银行存款　　1 612 800

通过套期保值,B 公司对 S 公司的投资因汇率变动的影响部分地通过英镑借款抵销了。B 公司 2009 年 12 月 31 日资产负债表的股东权益部分折算余额的权益调整为贷方的 14 000 美元(折算的权益投资贷方 174 000 美元减去借方 160 000 美元以英镑标价的借款的调整)。

对境外经营净投资的套期保值不适用于被投资方是以美元为功能货币(与我国的"记账本位币"实质上是相同的)的国外实体。因为对这些投资的套期保值实为投机。若美元为被投资方公司的功能货币,则使用美元对外币财务报表进行重新计量产生的损益计入净损益。因此,套期保值境外经营净投资产生的损益应作为计算当期净利润的项目,即套期保值产生的损益将抵销重新计量产生的损益。

对国外实体的净投资可以是套期关系中的被套期项目,而权益法投资及合并子公司中的投资不可能是被套期项目。因为权益法确认的是投资者在被投资者应计利润中所占的份额而不是净利润的公允价值变动,因而,权益法投资不可能是公允价值套期中的被套期项目。如果其作为被套期项目,则权益法投资不仅要就公允价值变动,还要就应计利润进行双重调整——由于公允价值的变动包括应计利润,从而导致重复计算。由于同样的原因,在合并子公司中的投资也不可能是公允价值套期中的被套期项目,因为合并报表在净利润中确认母公司占子公司应计净利润中的份额,而非净利润的公允价值变动。对国外子公司净投资的套期则不同,因为它是外币风险套期,不是投资价值变动的公允价值套期,因而不存在双重计算。

## 本章小结

套期是指企业为规避外汇风险、利率风险、商品价格风险、股票价格风险、信用风险等,指定一项或一项以上套期工具,使套期工具公允价值或现金流量变动,预期抵销被套期项目全部或部分公允价值或现金流量变动。衍生工具和某些非衍生工具被用作套期避险的工具。

套期保值按照套期关系（即套期工具和套期项目之间的关系）可以分为公允价值套期、现金流量套期和境外经营净投资套期三类。

套期会计是一种特殊的会计处理方法，其核心是在同一会计期间对称地确认套期工具的利得（或损失）与被套期项目的损失（或利得），以体现套期保值效益。套期会计要求在资产负债表中将用于套期的金融工具确认为资产或负债，并以公允价值进行计量。套期工具作为避险工具，其产生的损益能与被套期项目上产生的损益实现对冲的效果。套期工具代表着一定的权利和义务，符合资产与负债的定义，应确认为资产或负债，在财务报表中进行报告。

套期活动涉及“套期工具”和“被套期项目”两个要素。通过套期活动，在套期工具与被套期项目之间形成套期关系，使套期工具公允价值或未来现金流的变动方向与被套期项目相反，进而有效地抵销特定风险导致的被套期项目价值变动可能带来的损失。

套期工具是企业为进行套期而指定的、其公允价值或现金流量变动预期可抵销被套期项目的公允价值或现金流量变动的衍生工具，被套期项目主要包括使企业面临风险损失的资产、负债、尚未确认的确定承诺或很可能发生的预期交易。套期有效性反映了套期工具抵销被套期项目公允价值或现金流量变动的程度，体现了套期保值的效应。

套期会计方法是指将套期工具和被套期项目公允价值变动的抵销结果计入当期损益的方法。与套期工具相对应，被套期项目的账面价值调整为公允价值，价值变动形成的未实现损益也在损益中确认。由于两者都在相同会计期间损益中确认公允价值变动，对损益的影响是两者公允价值变动额相抵后的差额。

套期会计的确认和计量包括公允价值套期的确认和计量、现金流量套期的确认和计量及对境外经营净投资套期的确认和计量类似于现金流量套期。

为了核算套期保值业务企业应设置“套期工具”、“被套期项目”和“套期损益”等会计科目。

公允价值套期的会计处理，现金流量套期的会计处理，对境外经营净投资套期的会计处理。

## 关键术语

套期保值　套期工具　被套期项目　套期关系　套期有效性　套期会计　公允价值套期　现金流量套期　境外经营净投资套期

## 本章重点

套期保值的目的、套期工具与被套期项目、套期业务的确认和计量、公允价值套期的会计处理、现金流量套期的会计处理、对境外经营净投资套期的会计处理。

## 本章难点

套期工具与被套期项目的确定，公允价值套期的确认、计量及会计处理，现金流量套期的确认、计量及会计处理，对外经营净投资套期的确认、计量及会计处理。

## 思考题

1. 套期保值的目的是什么?
2. 套期保值应遵循哪些原则?
3. 套期保值有何意义?
4. 套期保值的基本原理是什么?
5. 套期保值有哪几种形式?
6. 套期保值如何进行分类?
7. 如何确定套期工具?
8. 如何确定被套期项目?
9. 如何评价套期有效性?
10. 简述套期会计的应用条件。
11. 套期会计的目的是什么?
12. 公允价值套期确认和计量的原则是什么?
13. 现金流量套期确认和计量的原则是什么?

# 第十一章 企业清算与重整会计

**学习目标**

通过本章的教学，使学生了解企业解散、破产、重整的原因及形式，熟悉企业解散、破产、重整的基本程序，区分解散清算与破产清算的主要异同，掌握解散清算、破产清算及破产重整的会计处理。

## 第一节 清算会计概述

### 一、企业清算及其原因

企业清算是指企业按照章程规定解散、破产或者因其他原因终止经营时，为结束债权、债务和其他各种经济关系，保护债权人、投资者等利益相关者的合法权益，由专门的工作机构依法对企业财产进行清查、估价、变现，清理债权、债务，分配剩余财产的行为。从我国现行法律法规对企业清算的规定来看，企业清算的直接原因都是企业终止引起的。但是，引起企业终止的原因却是多样的，而不同原因引起的企业终止，在管理人的设立、清算的程序和清算的内容上都有所不同。

企业财务通则第五十九条规定："企业被责令关闭、依法破产、经营期满后而终止经营的，或者经投资者决议解散的，应当按照法律、法规和企业章程的规定实施清算。"

企业清算的原因主要有：

（一）企业解散

合资、合作、联营企业在经营期满，不再继续经营而解散；合作企业的一方或多方违反合同、章程而提前终止合作关系解散。无论何种形式的解散，都需要进行清算。

（二）企业合并与兼并

因产业结构调整、产业布局变化而出现的兼并、合并等事项，均会造成两个或两个以上企业合并为一个企业，对被合并的企业应当在财务上进行清算，或者一个企业兼并其他企业，应当对被兼并的企业进行清算。

（三）企业破产

企业不能清偿到期债务，或者企业法人已解散但未清算或者未清算完毕，资产不足以清偿债务的，债权人或者依法负有清算责任的人向人民法院申请破产清算。因不能清偿到期债务，并且资产不足以清偿全部债务或者明显缺乏清偿能力的，企业也可以主动向人民法院申请破产清算。

(四)其他原因清算

企业因自然灾害、战争等不可抗力遭受损失,无法经营下去,应进行清算;企业因违法经营,造成环境污染或危害社会公众利益,被停业、撤销,应当进行清算。

## 二、企业清算的类型

(一)按原因的不同,企业清算分为解散清算和破产清算

解散清算按经营期限是否届满,分为按期自动解散清算和提前被迫解散清算。还可按企业法人地位终止的程度,分为完全解散清算和非完全解散清算。破产清算按判断的不同标准,分为事实上的破产和法律上的破产。

(二)按意愿的不同,企业清算包括自愿清算和强制清算

自愿清算是企业或其投资者自愿终止企业而进行的清算。强制清算是由法院以法律裁决形式宣告企业终止或者政府主管机关以行政决定形式,强制要求企业终止而进行的清算。

(三)按程序的不同,企业清算又可以分为普通清算和特别清算

普通清算是指企业自行确定的清算人按照法律规定的一般程序处理清算事务,法院和债权人不直接干预的清算。特别清算是指不能由企业自行组织,而由法院出面直接干预并进行监督的清算。

## 三、企业清算会计

清算会计是指引起企业终止的事实发生后,对清算管理人接管的财产,依照法定的程序,运用会计的专门方法,进行全面的清理与核算,收回债权、清偿债务、分配剩余财产,提供清算信息,完成偿债程序,以保障债权人、债务人、投资人合法权益的一种管理活动。企业清算会计是财务会计的一个分支。

(一)清算会计的特点

1.清算会计目标

持续经营条件下的会计目标是向投资者、债权人、政府有关部门等提供企业现实的财务状况、经营成果和资金的变动情况。企业清算状态下的会计目标是提供清算企业债务偿还和清算财产处理的会计信息。

2.清算会计主体和持续经营假设

持续经营假设条件下的会计主体是企业自身。进入清算后,属于普通清算的企业,仍是独立的主体,清算组只是一个代理机构,其业务活动是一种代理行为;在破产清算中,企业被宣告破产后失去了法人资格,会计主体的地位已不存在。同时,由于企业进入清算,持续经营假设也已不再成立,而代之以终止经营假设,并在此基础上,采取了与持续经营假设不同的会计处理方法、计量基础和财务报告形式等。

3.清算会计核算对象

持续经营条件下的会计核算对象是企业生产经营过程中的资金及其运动,包括资金的筹集、投放,生产经营过程中的成本、费用、销售、盈利等情况。清算会计对象是企业在清算过程债权的收回、债务的清偿、财产的处理、各项损益和费用的发生以及剩余财产的

分配等资金运动情况。

4. 清算会计计量基础和核算原则

持续经营条件下会计核算的历史成本计价、配比和权责发生制原则在企业清算状态下已不适用,取而代之的是以清算价值(或变现价值)为计量基础,以清算价格、收付实现制为核算基础,即以实际收付款项为标准确认损益。

5. 清算会计财务报表

为了全面系统地反映清算过程和结果,清算会计的财务报表包括清算资产负债表、清算利润表和债务清偿表。

清算资产负债表,是反映清算企业在清算报告日的资产、负债和所有者权益的报表;清算利润表,是反映清算企业在清算期间发生的清算损益和费用的报表;债务清偿表,是反映清算企业债务清偿情况的报表。

(二)清算会计要素和会计等式

1. 清算会计要素

清算会计主要有三大要素:清算资产、清算负债和清算损益。

(1)清算资产。清算资产是清算管理人接管确认的,能以货币计量并能为管理人提供偿债资金来源和清算收益的经济资源。清算资产具体包括:现金、银行存款、应收票据、应收款、材料、在产品、产成品、投资、固定资产、在建工程、无形资产等。其中,应收款包括原企业的应收账款和其他应收款,材料包括原企业的原材料、燃料、包装物、低值易耗品、材料成本差异等,在产品包括原企业未完工的在产品、自制半成品等,投资包括原企业的短期投资和长期投资,固定资产包括原企业的各种固定资产,无形资产以有转让价值的无形资产记账。资产的账面价值以净值或实际成本记账,固定资产也不再计提折旧。

(2)清算负债。清算负债是指能以货币计量的由清算接管人确认,需以清算资产偿还的债务。清算负债的具体核算科目有:借款、应付票据、其他应付款、应付职工薪酬、应交税费、应付利润、其他应交款、应付债券等。其中,借款包括短期借款和长期借款。

清算负债划分为:有担保的债务和破产债务两类。

(3)清算损益。清算损益是指清算管理人接管的由原企业转化而来的以破产财产清偿全部负债及清算费用后的余额。具体讲,包括清算收益、清算费用和土地转让收益三个项目。

此外,在解散清算情况下,企业只要不具备破产条件,一般情况下,原企业的债务都可以得到清偿,并有剩余财产可供分配。因此,解散清算会计要素还应包括实收资本(或股本)。

2. 清算会计等式

在解散清算与破产清算两种不同情况下,会计等式也有所不同。

(1)破产清算会计等式:

清算资产 = 清算负债 + 清算净损益

(2)解散清算会计等式:

清算资产 = 清算负债 + 清算资本 + 清算损益

根据这一等式,解散清算的“清算损益”中,不包括原企业投资者的原始资本。企业进入解散清算,剩余财产的分配就有可靠的标准和依据。在清偿全部债务后,无论是投入资本能够全部返还还是部分返还,还有部分权益可供分配,能顺利地进行清算。

(三)清算财产变价

清算财产的变价,是指将清算财产中的非现金财产,转变为现金财产的行为或过程。清算财产的变价,要达到保护债权人利益和尽量减少企业财产流失的目的。对于货币资金以外的清算财产,通常采用以下几种变价处理方法:

1. 账面价值法

账面价值法是指以财产的账面价值为标准对清算财产作价的方法。该方法适用于账面价值与实际价值接近的财产。

2. 重估价值法

重估价值法是指以财产的现行市场价格为依据来对清算财产作价的方法。该方法适用于账面价值与实际价值相差很大,或企业合同、章程、投资各方协议中规定企业解散时应按重估价值作价的财产。

3. 变现收入法

变现收入法是指以清算财产出售或处理时的成交价格为依据对清算财产作价的方法。该方法适用于价值较小、数量零星的清算财产。

4. 拍卖作价法

拍卖作价法是指通过拍卖对清算财产作价的方法。破产企业财产的作价通常采用此法。

5. 收益现值法

收益现值法是指以财产的收益现值为依据对清算财产作价的方法。该方法适用于清算企业的整体财产或某些特殊的资产,如无形资产等。

(四)清算损益的确认和计量

企业在清算过程中会发生清算损益、清算费用和土地转让收益。

清算损益是清算收益减去清算损失和清算费用加上土地转让收益后的余额。

清算收益或损失是清算期内企业在处置清算财产过程中取得的变卖收入超过资产的账面价值所发生的收益和重新确认债务中发生的负债的减少金额。

清算费用是清算期间发生的各种清算费用。

土地转让收益是有偿转让土地使用权而取得的收入减去由此收入支付的职工安置费等支付后的净收益。

清算净损益 = 清算收益 - 清算损失 - 清算费用 + 土地转让净收益

## 第二节 解散清算及其会计处理

解散清算又称普通清算,是指清算结束后企业的债权人和所有者可以得到财产,按法律规定的一般程序进行,法院和债权人不干预的企业清算。

## 一、解散清算的一般程序

在解散清算的情况下，企业终止经营，清算组变卖企业所有的财产，清偿所有的债务，并将剩余财产在所有者之间进行分配。

（一）确定清算人，成立清算组

企业终止时，应当按照有关法律和企业章程的规定确定清算人，由清算人依法管理企业的各项资产。

（二）发布清算公告

清算人应当在清算事项确定之日起 10 日内通知债权人，并依法在报纸等媒体上进行公告，要求债权人申报其债权。

（三）清理财产，编制资产负债表和财产清单

清算人对清算企业拥有的债权要组织收回，确实不能收回的坏账要予以核销。在清查过程中发现被不正当处理的财产，要依法收回。对不能直接以实物方式或者以权利方式偿付债权人或分配给投资者的财产，要组织变现，然后编制资产负债表和财产清单。

（四）处理未了结业务

在清算已经发生的业务，清算人认为继续执行不会给企业带来损失，且在清算期间能够完成的，可以继续执行。否则，清算人可以终止合同，并将对方列入企业的债权人范围。

（五）清缴所欠税款

清算所欠税款和清算所得应缴的所得税，清算人应当在支付清算费用、拖欠职工的工资、医疗和伤残补助、抚恤费用、欠缴的基本社会保险费和住房公积金、经济补偿金后的剩余财产中支付。

（六）清偿债务

企业清算财产在支付清算费用、拖欠职工的工资、医疗和伤残补助、抚恤费用、欠缴的基本社会保险费、住房公积金、经济补偿金、所欠税款后，用于偿还其他债务。

（七）分配剩余财产

企业清算终了，清算净收益归投资者所有，按照投资者出资比例或者合同、章程规定进行剩余财产的分配。如果是国有企业，子公司实施清算所得净收益，投资者按比例分享的份额扣除其对子公司投资的差额，作为投资收益（损失）处理；对母公司实施的清算，所得净收益全部上缴主管财政机关。

（八）提出清算报告，造具清算的各种财务账册，办理注销登记，公告企业终止

## 二、解散清算会计核算

（一）解散清算会计核算程序

企业解散清算会计核算程序包括以下几个方面：

1. 全面清查财产，编制清算开始日的财务报表；
2. 核算财产物资的处置，收回债权、清偿债务；
3. 核算清算费用；
4. 计算清算损益，编制清算利润表和清算结束日的资产负债表；

5. 归还各类所有者权益,结平各科目。

(二)解散清算会计科目设置

企业进入清算,需设置"清算费用"和"清算损益"两个会计科目。

1. "清算费用"科目

该科目核算清算期间发生的各项费用,包括清算人员的薪金、审计费、资产评估费、律师费、公告费、咨询费、诉讼费及其他清算费用,清算结束后,余额转入"清算损益"科目。

2. "清算损益"科目

该科目核算被清算企业在财产物资的处置、债权的收回、债务的清偿中发生的损益。

(三)解散清算会计核算举例

【例 11-1】设甲公司由 A、B 两个股东投资,A 股东的股本占 40%,B 股东的股本占 60%。经营期满,经 A、B 股东协商,于 2009 年 9 月 1 日解散公司,并于 9 月 30 日进行清算。该公司成立清算组进行财产清查,按清查结果编制了终止日的资产负债表和财产目录清单(略)。假设该公司资产均未提取减值准备。公司编制的清算日科目余额表见表 11-1。

表 11-1　　清算日科目余额表　　单位:元

| 会计科目 | 借方 | 会计科目 | 贷方 |
|---|---|---|---|
| 库存现金 | 29 500 | 短期借款 | 365 000 |
| 银行存款 | 2 555 500 | 应付账款 | 280 000 |
| 应收票据 | 45 000 | 应付职工薪酬 | 139 000 |
| 应收账款 | 301 000 | 应交税费 | |
| 其他应收款 | 80 000 | 其中:各种税金 | 77 720 |
| 原材料 | 170 000 | 教育费附加 | 2 280 |
| 库存商品 | 390 000 | 实收资本 | |
| 低值易耗品 | 41 000 | 其中:A 股东 | 688 000 |
| 固定资产原值 | 1 274 000 | B 股东 | 1 032 000 |
| 累计折旧 | (294 000) | 资本公积 | 410 000 |
| 无形资产 | 45 400 | 盈余公积 | 535 000 |
| 累计摊销 | (8 400) | 未分配利润 | 1 100 000 |

(一)根据财产清查结果进行会计处理

1. 收回债权

(1)收回应收账款,并将无法收回的应收账款 10 000 元核销,列为坏账损失。编制会计分录如下:

借:银行存款　　291 000

　清算损益　　10 000

　贷:应收账款　　301 000

(2)收回其他应收款,编制会计分录如下:

借:银行存款　　80 000

　贷:其他应收款　　80 000

(3)将面值 45 000 元的应收票据进行贴现(不附追索权),贴现利息 450 元,贴现款 44 550 元存入银行。编制会计分录如下:

借:银行存款　　44 550

　清算损益　　450

　贷:应收票据　　45 000

2. 处置存货

(1)原材料盘盈 30 000 元,库存商品盘亏 40 000 元。编制会计分录如下:

借:原材料　　30 000

　清算损益　　10 000

　贷:库存商品　　40 000

(2)处置原材料、库存商品、低值易耗品,获得收入 859 400 元(其中,应交增值税 124 870元),款项存入银行。编制会计分录如下:

借:银行存款　　859 400

　贷:原材料　　200 000

　　库存商品　　350 000

　　低值易耗品　　41 000

　　清算损益　　143 530

　　应交税费　　124 870

3. 处置固定资产

(1)盘亏设备一台,原值 160 000 元,已提折旧 48 000 元。编制会计分录如下:

借:累计折旧　　48 000

　清算损益　　112 000

　贷:固定资产　　160 000

(2)处置各项固定资产,收到价款 1 220 000 元,应交营业税 61 000 元。编制会计分录如下:

借:银行存款　　1 220 000

　累计折旧　　246 000

　贷:固定资产　　1 114 000

　　清算损益　　291 000

　　应交税费　　61 000

4. 处置无形资产

处置无形资产,收到价款 32 000 元,应交营业税 1 600 元。编制会计分录如下:

借:银行存款　　32 000

　累计摊销　　8 400

　清算损益　　6 600

贷:无形资产　　45 400
　　应交税费　　1 600

5. 清算收入应交城市维护建设税 13 124 元,教育费附加 5 624 元。编制会计分录如下:

借:清算损益　　18 748
　贷:应交税费——应交城市维护建设税　　13 124
　　　　　　——教育费附加　　5 624

6. 处置债务

(1)以银行存款归还银行借款 365 000 元,支付借款利息 5 500 元。编制会计分录如下:

借:短期借款　　365 000
　　清算损益　　5 500
　贷:银行存款　　370 500

(2)以银行存款偿付应付账款 260 000 元,核销无法支付的应付账款 20 000 元。编制会计分录如下:

借:应付账款　　280 000
　贷:清算损益　　20 000
　　　银行存款　　260 000

(3)从银行提现支付应付职工薪酬。编制会计分录如下:

借:库存现金　　139 000
　贷:银行存款　　139 000
借:应付职工薪酬　　139 000
　贷:库存现金　　139 000

7. 以银行存款支付各种应交税费 278 314 元,教育费附加 7 904 元。编制会计分录如下:

借:应交税费　　286 218
　贷:银行存款　　286 218

8. 处理清算费用

(1)支付各项清算费用 106 000 元,其中以库存现金支付 29 500 元,其余以银行存款支付。编制会计分录如下:

借:清算费用　　106 000
　贷:银行存款　　76 500
　　　库存现金　　29 500

(2)将清算费用转入"清算损益"科目。编制会计分录如下:

借:清算损益　　106 000
　贷:清算费用　　106 000

(二)计算清算损益并编制清算利润表和清算结束日资产负债表

1. 计算并上交所得税。

甲公司"清算收益"科目贷方余额 185 232 元(见清算利润表),按 25% 计算并上交所

得税 46 308 元。编制会计分录如下:

借:清算损益 46 308

　贷:应交税费——应交所得税 46 308

借:应交税费——应交所得税 46 308

　贷:银行存款 46 308

2. 结转清算净收益。编制会计分录如下:

借:清算收益 138 924

　贷:利润分配——未分配利润 138 924

(三)根据上述结果编制甲公司清算利润表(见表 11-2)和清算结束日资产负债表(见表 11-3)

表 11-2 清算利润表

编制单位:甲公司 2009 年 9 月 1 日 ~9 月 30 日 单位:元

| 项目 | 本期数 | 累计数 |
|---|---|---|
| 一、清算收益 | 454 530 | 454 530 |
| 其中:1. 核销的应付账款收益 | 20 000 | 20 000 |
| 2. 处置存货净收益 | 143 530 | 143 530 |
| 3. 处置固定资产净收益 | 291 000 | 291 000 |
| | | |
| 二、清算损失 | 269 298 | 269 298 |
| 其中:1. 坏账损失 | 10 000 | 10 000 |
| 2. 存货盘亏 | 10 000 | 10 000 |
| 3. 固定资产盘亏 | 112 000 | 112 000 |
| 4. 应收票据贴现利息 | 450 | 450 |
| 5. 处置无形资产损失 | 6 600 | 6 600 |
| 6. 城建税和教育费附加 | 18 748 | 18 748 |
| 7. 短期借款利息 | 5 500 | 5 500 |
| 8. 结转的清算费用 | 106 000 | 106 000 |
| | | |
| 三、清算净收益 | 185 232 | 185 232 |
| 减:所得税费用 | 46 308 | 46 308 |
| 四、税后净收益 | 138 924 | 138 924 |

表 11-3　　　　　　　　　　　　资产负债表

编制单位:甲公司　　　　　　　　2009 年 9 月 30 日　　　　　　　　　　　　单位:元

| 资产 | 金额 | 负债及所有者权益 | 金额 |
|---|---|---|---|
| 银行存款 | 3 903 924 | 实收资本 | 1 720 000 |
| | | 资本公积 | 410 000 |
| | | 盈余公积 | 535 000 |
| | | 未分配利润 | 1 238 924 |
| | | 其中:清算损益 | 138 924 |
| 资产总计 | 3 903 924 | 负债及所有者权益总计 | 3 903 924 |

(四)归还 A、B 股东资本和分配剩余财产并结平各科目

按比例计算股东 A、B 应收回的投资额及分配的剩余财产如下:

股东 A:688 000 + (410 000 + 535 000 + 1 238 924) ×40% = 1 561 569.6(元)

股东 B:1 032 000 + (410 000 + 535 000 + 1 238 924) ×60% = 2 342 354.4(元)

根据以上结果,以银行存款支付股东 A、B 的投资款及财产。编制会计分录如下:

借:实收资本　　　　　　　　　　1 720 000
　　资本公积　　　　　　　　　　　410 000
　　盈余公积　　　　　　　　　　　535 000
　　未分配利润　　　　　　　　　1 238 924
　　贷:银行存款　　　　　　　　　　　　3 903 924

至此,甲公司所有科目已结平,企业解散清算结束。

## 第三节　破产清算及其会计处理

破产清算又称特别清算,是指清算的结果是资不抵债,需要按破产法进行破产处理,所有者一般不能分得财产。

一、破产清算的一般程序

管理人在人民法院指挥和监督之下全面接管债务人企业并负责债务人财产的管理、处分、分配、清算及其特定情况下的重整和和解。管理人对法院负责,并受债权人会议和债权人委员会的监督。

根据企业破产法的规定,企业法人不能清偿到期债务,并且资产不足以清偿全部债务或者明显缺乏清偿能力的,债务人可以申请破产清算;债务人不能清偿到期债务的,债权人可以申请破产清算;企业法人已解散但未清算或者未清算完毕,资产不足以清偿债务的,依法负有清算责任的人应当申请破产清算。依法破产清算的基本程序大致可分为三个阶段:一是破产申请阶段;二是重整、和解阶段;三是破产清算阶段。现就破产清算阶段的主要操作程序概括如下:

（一）指定管理人

对破产申请，人民法院裁定受理后，应当同时指定管理人。管理人可以由有关部门、机构的人员组成的清算组或者依法设立的律师事务所、会计师事务所、破产清算事务所等社会中介机构担任。根据债务人的实际情况，人民法院也可以在征询有关社会中介机构的意见后，指定该机构具备相关专业知识并取得执业资格的人员担任管理人。债权人会议认为管理人不能依法、公正执行职务或者有其他不能胜任职务情形的，可以申请人民法院予以更换。

（二）债权申报

债权人应当自人民法院发布受理破产申请公告之日起，最短不得少于 30 日，最长不得超过 3 个月内，向管理人申报债权。未到期的债权，在破产申请受理时视为到期，附利息的债权自破产申请受理时起停止计息。附条件、附期限的债权和诉讼、仲裁未决的债权，债权人可以申报。

管理人收到债权申报材料后，应当登记造册，经审查后编制债权表。债务人所欠职工的工资和医疗、伤残补助、抚恤费用，所欠的应当划入职工个人科目的基本养老保险、基本医疗保险费用，以及法律、行政法规规定应当支付给职工的补偿金，不必申报，由管理人调查后列出清单并予以公示。

（三）债权人会议

依法申报债权的债权人为债权人会议成员，有权参加债权人会议，享有表决权。债权人会议应当有债务人的职工和工会的代表参加，对有关事项发表意见。第一次债权人会议由人民法院召集，自债权申报期限届满之日起 15 日内召开。

债权人会议行使的职权包括：核查债权；申请人民法院更换管理人，审查管理人的费用和报酬；监督管理人；决定继续或者停止债务人的经营；通过债务人财产的管理方案；通过破产财产的变价方案；通过破产财产的分配方案等。

（四）破产宣告

债务人不能执行或者不执行重整计划或者和解协议的，人民法院经管理人或者和解债权人请求，应当裁定终止执行重整计划或者和解协议，并宣告债务人破产，同时予以公告。

债务人被宣告破产后，债务人财产称为破产财产，包括破产申请受理时属于债务人的全部财产，以及破产申请受理后至破产程序终结前债务人取得的财产。在人民法院受理破产申请前一年内，涉及债务人财产的下列行为，管理人有权请求人民法院予以撤销：

1. 无偿转让财产的；
2. 以明显不合理的价格进行交易的；
3. 对没有财产担保的债务提供财产担保的；
4. 对未到期的债务提前清偿的；
5. 放弃债权的。

在人民法院受理破产申请后，债务人的出资人尚未完全履行出资义务的，管理人应当要求该出资人缴纳所认缴的出资，而不受出资期限的限制。债务人的董事、监事和高级管理人员利用职权从企业获取的非正常收入和侵占的企业财产，管理人应当追回。

（五）破产财产的变价

管理人应当及时拟订破产财产变价方案，提交债权人会议讨论。按照债权人会议通过的或者人民法院裁定的破产财产变价方案，适时变价出售破产财产。除债权人会议另有决议的以外，变价出售破产财产应当通过拍卖进行。破产企业可以全部或者部分变价出售。企业变价出售时，可以将其中的无形资产和其他财产单独变价出售。按照国家规定不能拍卖或者限制转让的财产，应当按照国家规定的方式处理。在实践中，破产财产的变卖底价，应当参照资产评估结果确定。

管理人实施下列行为，应当及时报告债权人委员会，未设立债权人委员会的，应当及时报告人民法院：

1. 涉及土地、房屋等不动产权益的转让；
2. 探矿权、采矿权、知识产权等财产权的转让；
3. 全部库存或者营业的转让；
4. 借款；
5. 设定财产担保；
6. 债权和有价证券的转让；
7. 履行债务人和对方当事人均未履行完毕的合同；
8. 放弃权利；
9. 担保物的取回；
10. 对债权人利益有重大影响的其他财产处分行为。

（六）破产财产的分配

破产财产分配方案由管理人拟订，提交债权人会议讨论通过后，由管理人提请人民法院裁定认可。经人民法院裁定认可后，由管理人执行。

破产财产在优先清偿破产费用和共益费用后，依照下列顺序清偿：

1. 破产企业所欠职工的工资和医疗、伤残补助、抚恤费用，所欠的应当划入职工个人科目的基本养老保险、基本医疗保险费用，以及法律、行政法规规定应当支付给职工的补偿金，破产企业的董事、监事和高级管理人员的工资按照该企业职工的平均工资计算。
2. 破产人欠缴的除前项规定以外的社会保险费用和破产人所欠税款。
3. 普通破产债权。

对破产人的特定财产享有担保权的权利人（即债权人），对该特定财产享有优先受偿的权利。其行使优先受偿权利未能完全受偿的，未受偿的债权或者放弃优先受偿权利的债权，作为普通债权。破产财产不足以清偿同一顺序的清偿要求的，按照比例分配。

（七）破产程序的终结

破产人无财产可供分配的，管理人应当请求人民法院裁定终结破产程序。管理人在最后分配完结后，应当及时向人民法院提交破产财产分配报告，并提请人民法院裁定终结破产程序。人民法院应当自收到管理人终结破产程序的请求之日起 15 日内作出是否终结破产程序的裁定。裁定终结的，应当予以公告。破产人的保证人和其他连带债务人，在破产程序终结后，对债权人依照破产清算程序未受清偿的债权，依法继续承担清偿责任。

（八）办理注销登记

管理人应当自破产程序终结之日起 10 日内，持人民法院破产终结的裁定，向破产人原登记机关办理注销登记。除存在诉讼或者仲裁未决情况外，管理人于办理注销登记完毕的次日终止执行职务。

## 二、破产清算会计核算

（一）破产清算会计核算程序

企业破产清算会计核算程序包括以下几个方面：

1. 确定破产清算日，接管破产企业的会计档案；
2. 编制破产清算日的会计科目余额表，开立新账，进行相关转账的账务处理；
3. 接管破产企业的财产，组织财产清查，进行财产清查的账务处理；
4. 核算破产企业的财产，对破产财产进行重新估价和变现；
5. 确认债权，清偿债务；
6. 进行破产费用和破产损益的核算，确定清算净损益；
7. 了结其他未了的债权、债务；
8. 编制破产清算终结日的清算财务报表，写出财务报告；
9. 移交会计档案。

清算结束后，管理人应当将接受的会计账册等连同在清算期间形成的会计档案一并移交破产企业的主管业务部门或者人民法院，由主管部门或人民法院指定有关单位保存。管理人应向破产企业的原登记机关办理注销登记并解散管理人和召开债权人会议。至此，破产企业的破产清算宣告结束。

（二）破产清算会计科目设置

破产清算会计科目中“清算费用”、“清算损益”科目的设置与解散清算相同。另专门设置“土地转让收益”科目核算转让土地使用权取得的收入和职工安置费的支付。

财务会计科目与清算会计科目对应关系见表 11-4。

**表 11-4　　财务会计科目与清算会计科目对应关系表**

| 财务会计科目 | 清算会计科目 |
| --- | --- |
| 库存现金、应收票据、在建工程、无形资产、应付利润、应付票据、应付债权、其他应交款、应付职工薪酬 | 现金、应收票据、在建工程、无形资产、应付利润、应付票据、应付债权、其他应交款、应付职工薪酬 |
| 银行存款、其他货币资金（在途货币资金除外） | 银行存款 |
| 产成品、分期收款发出商品 | 产成品 |
| 固定资产、累计折旧 | 固定资产 |
| 应交税费的期初进项税额 | 应交税费 |
| 应收账款、预付账款、预收账款所属明细科目的借方余额，其他货币资金中的“在途货币资金” | 应收款 |
| 库存商品 | 库存商品 |

续表

| 财务会计科目 | 清算会计科目 |
| --- | --- |
| 材料采购、原材料、包装物、低值易耗品、委托加工材料、材料成本差异 | 材料 |
| 自制半成品、生产成本、制造费用 | 半成品 |
| 交易性金融资产、可供出售金融资产、持有至到期投资、长期股权投资 | 投资 |
| 短期借款、长期借款 | 借款 |
| 应付账款、预付账款、预收账款科目所属明细科目贷方余额,其他应付款、长期应付款、专项应付款 | 应付款 |
| 实收资本、资本公积、盈余公积、利润分配、坏账准备、固定资产清理、递延税款、待处理财产损溢 | 清算损益 |

(三)破产清算会计核算举例

1. 由管理人接管破产企业会计档案,结转清算会计科目期初余额

【例 11-2】国有企业乙被人民法院宣告 2009 年 1 月 10 日破产。管理人已接管该企业。破产企业财务会计档案与企业编制的清算日科目余额表(见表 11-5)、资产负债表(略)、利润表(略)等已移交管理人,管理人据此开立新账,结转期初余额并编制清算日的资产负债表。

表 11-5　　清算日乙企业提供的科目余额表　　单位:元

| 会计科目 | 借方 | 会计科目 | 贷方 |
| --- | --- | --- | --- |
| 现金 | 30 000 | 短期借款 | 500 000 |
| 银行存款 | 250 000 | 应付账款 | 1 500 000 |
| 短期投资 | 100 000 | 应付职工薪酬 | 300 000 |
| 应收票据 | 50 000 | 应交税费 | 20 000 |
| 应收账款 | 600 000 | 应付利润 | 45 000 |
| 坏账准备 | (150 000) | 长期借款 | 280 000 |
| 原材料 | 220 000 | 长期应付款 | 20 000 |
| 库存商品 | 450 000 | 实收资本 | 1 000 000 |
| 生产成本 | 340 000 | 资本公积 | 115 000 |
| 长期待摊费用 | 40 000 | 盈余公积 | 0 |
| 长期投资 | 100 000 | 本年利润 | (5 000) |
| 固定资产 | 700 000 | 利润分配 | (1 372 000) |
| 累计折旧 | (340 000) | | |
| 固定资产清理 | 50 000 | | |
| 无形资产 | 3 000 | | |
| 合计 | 2 403 000 | 合计 | 2 403 000 |

依据财务会计科目与清算会计科目的对应关系,管理人编制清算日的科目余额汇总表见表11-6。

表11-6　　清算日科目余额汇总表　　单位:元

| 会计科目 | 借方余额 | 会计科目 | 贷方余额 |
|---|---|---|---|
| 现金 | 30 000 | 借款 | 780 000 |
| 银行存款 | 250 000 | 应付款 | 1 520 000 |
| 应收票据 | 50 000 | 应付职工薪酬 | 300 000 |
| 应收款 | 600 000 | 应交税费 | 20 000 |
| 材料 | 220 000 | 应付利润 | 45 000 |
| 半成品 | 340 000 | 土地转让收益 | |
| 库存商品 | 450 000 | 清算损益 | −162 000 |
| 投资 | 200 000 | | |
| 固定资产 | 360 000 | | |
| 无形资产 | 3 000 | | |
| 清算费用 | | | |
| 职工安置费 | | | |
| 合计 | 2 503 000 | 合计 | 2 503 000 |

清算日管理人编制的清算资产负债表和利润表略。

2. 破产财产的确认与评估

破产财产是指破产企业在破产程序终结前拥有的全部财产以及应当由破产企业行使的其他权利。其范围具体包括:

(1)宣布破产时破产企业经营管理的全部财产;

(2)破产企业在破产宣告后至破产程序终结前所取得的财产,包括债权人放弃优先受偿的权利,破产财产转让价值超过其账面净值的差额部分;

(3)应当由破产企业行使的其他权利等。

企业的一些特殊财产是否作为破产财产,要视不同的情况而定:

(1)担保财产,依法生效的担保或抵押标的不属于破产财产;担保物的价款超过其所担保的债务数额的,超过部分属于破产财产。

(2)公益福利性设施,职工住房、学校、托儿所、医院等福利性设施,原则上不属于破产财产;但无须续办或整体出让的,可计入破产财产。

(3)职工的集资款,属于借款性质的视为破产企业所欠职工工资处理,利息按中国人民银行同期存款利率计算;属于投资性质的视为破产财产,依法处理。

(4)党、团、工会等组织占用的破产企业财产,属于破产财产。

(5)破产企业在人民法院受理破产案件前6个月至破产宣告日止的期间内,隐匿、私分或者无偿转让的财产,非正常压价出售的财产,对原来没有担保的债务提供担保,对未到期的债务提前清偿,以及放弃自己的债权等行为,被认为是没有法律效力的,管理人有权向人民法院申请追回财产,并入破产财产。

正确地确认破产财产,是破产清算的一项重要的基础工作。它直接决定清偿的程度,关系着债权人的利益。管理人接管破产企业后,应组织企业留守人员和管理人的工作人员,对破产企业的全部财产清点、登记造册,查明企业实有财产总额。破产企业内属于他人的财产,由该财产的权利人通过管理人取回。

【例 11－3】管理人进行破产财产评估,估算出破产财产预计变现价值。续前例,管理人经过全面财产清查,发现下列账实不符的事项:亏损汽车一部,原值 38 000,已提折旧 20 000 元。亏损在产品成本为 15 000 元。根据以上清查结果,编制会计分录如下:

借:清算损益　　18 000

　贷:固定资产　　18 000

借:清算损益　　15 000

　贷:半成品　　15 000

管理人进行破产财产全面清查后,固定资产的余额为 342 000 元,半成品的余额为 325 000 元。

在破产程序进行中,破产财产的账面价值不能体现财产价值,必须对其进行重新评估,以便在处理、分配破产财产时提供参考。处理破产财产前,管理人应委托具有相应评估资质的资产评估机构对破产财产进行评估。涉及房产和土地使用权价格评估的,应由房地产管理部门认可的具有土地或房产估价资质的机构进行评估。破产财产市场价格明确,债权人无异议的,经法院同意可以不评估,但国有资产必须评估。管理人对破产财产应当重新估价,已经折旧完毕的固定资产,应对其残值重新估价,残次变质财产应当变价计算,不需要变价的,按原值计价。该企业财产评估结果见表 11-7。

表 11-7　　财产评估结果表　　单位:元

| 项目 | 账面值 | 预计可实现净值 | 增加值 | 项目 | 账面值 | 确认值 | 增加值 |
|---|---|---|---|---|---|---|---|
| 现金 | 30 000 | | | 借款 | 780 000 | | |
| 银行存款 | 250 000 | | | 应付款 | 1 520 000 | | |
| 应收票据 | 50 000 | | | 应付职工薪酬 | 300 000 | | |
| 应收款 | 600 000 | | | 应交税费 | 20 000 | | |
| 材料 | 220 000 | | | 应付利润 | 45 000 | | |
| 半成品 | 325 000 | | | 土地转让收益 | | | |
| 库存商品 | 450 000 | | | 清算损益 | －195 000 | | |
| 投资 | 200 000 | | | | | | |
| 固定资产 | 342 000 | | | | | | |
| 无形资产 | 3 000 | | | | | | |
| 清算费用 | | | | | | | |
| 职工安置费 | | | | | | | |
| 合计 | 2 470 000 | | | 合计 | 2470 000 | | |

破产财产评估的作用是向法院和债权人提供管理人接管破产企业时财务状况以及预计资产变现情况的信息，便于普通债权人了解其债权的可清偿程度。

3. 处置破产财产

破产清算主要工作之一就是处置破产财产，同时在破产清算期间，也会发生一些零星销售行为，如尚未执行完的合同。管理人拟定的破产财产变价方案在提交债权人会议讨论通过的或者人民法院裁定的变价方案，适时变价出售破产财产。按照我国破产法的规定，破产财产的变现首先按照债权人会议决议的方式进行。实践中，变现破产财产可以采取拍卖、招标出售、标价零售三种，其中，拍卖是变现破产财产的通常和主要方式。

(1)收回应收款等债权。收回应收款，包括收回应收票据、应收账款和其他应收款等各种债权。收回款项的形式可以是货币资金或实物。

【例 11－4】乙企业管理人收回应收票据 48 000 元，账面金额为 50 000 元，余款确定无法收回；收回应收账款 400 000 元，账面金额为 600 000 元，余额 200 000 元确定已无法收回，该应收账款已计提坏账准备 150 000 元，转入清算损益期初余额。根据该经济业务，编制会计分录如下：

借：银行存款　　48 000
　　清算损益　　2 000
　　贷：应收票据　　50 000
借：清算损益　　150 000
　　贷：应收款　　150 000
借：银行存款　　400 000
　　清算损益　　50 000
　　贷：应收款　　450 000

收回款项的形式如果是实物，则编制会计分录如下：

借：产成品、材料(按实物预计可变现金额)
　　清算损益(按实物预计可变现金额小于应收款的差额)
　　贷：应收款、应收票据(按应收金额)
　　　　清算损益(按实物预计可变现金额大于应收款的差额)

(2)变卖材料、库存商品等存货。管理人变卖破产财产中的材料、库存商品等存货时，编制会计分录如下：

借：银行存款、现金(按变卖收入和销项税额之和)
　　清算损益
　　贷：材料、产成品、半成品(按账面金额)
　　　　应交税费——应交增值税(销项税额)
　　　　清算损益

【例 11－5】乙企业管理人出售材料，账面价值为 220 000 元，售价为 300 000 元，收取增值税销项税额 51 000 元；出售半成品的账面价值为 325 000 元，售价为 200 000 元，取得增值税销项税额 34 000 元；出售库存商品的账面价值为 410 000 元，售价为 300 000 元，取得增值税销项税额 51 000 元。编制会计分录如下：

借:银行存款　　351 000
　贷:材料　　220 000
　　应交税费——应交增值税(销项税额)　　51 000
　　清算损益　　80 000

借:银行存款　　234 000
　清算损益　　125 000
　贷:半成品　　325 000
　　应交税费——应交增值税(销项税额)　　34 000

借:银行存款　　351 000
　清算损益　　110 000
　贷:产成品　　410 000
　　应交税费——应交增值税(销项税额)　　51 000

(3)处置固定资产以及在建工程。管理人变卖机器设备、房屋等固定资产时,编制会计分录如下:

借:银行存款、现金(按实际变价收入金额)
　清算损益
　贷:固定资产、在建工程(按账面价值)
　　清算损益

转让固定资产、在建工程的收入应交纳的有关税费,编制会计分录如下:

借:清算损益
　贷:应交税费

【例11-6】乙企业管理人将账面价值为342 000元的固定资产售出,处置收入为200 000元,应交营业税10 000元。管理人编制会计分录如下:

借:银行存款　　200 000
　清算损益　　142 000
　贷:固定资产——抵押固定资产　　342 000

转让固定资产、在建工程的收入应交纳的有关税费,编制会计分录如下:

借:清算损益　　10 000
　贷:应交税费——应交营业税　　10 000

或用一个会计分录表示:

借:银行存款　　200 000
　清算损益　　152 000
　贷:固定资产——抵押固定资产　　342 000
　　应交税费——应交营业税　　10 000

有担保的破产企业债权人,在抵押的固定资产处置时,该笔借款应首先受偿,变现金额超过债务金额的部分列入破产财产用于清偿破产债权。所得款项不足清偿债务的,未清偿部分应作为破产债权,按清偿程序予以清偿。担保债权在破产法中,也称为“别除权”。

【例 11－7】乙企业原借款中有 100 000 元为以固定资产作抵押的长期借款。编制会计分录如下：

借：借款　　100 000
　贷：银行存款　　100 000

用作担保的固定资产优先清偿担保债权后的余额 100 000 元转入破产财产。

(4)转让无形资产。转让商标权、专利权等无形资产时，编制会计分录如下：

借：银行存款、现金(应按实际变卖收入金额)
　清算损益
　贷：无形资产(按账面价值)

转让无形资产应交纳的有关税费，编制会计分录如下：

借：清算损益
　贷：应交税费

【例 11－8】管理人转让乙企业一项专利权，账面价值 3 000 元，实际转让收入 4 000 元，营业税为 200 元。编制会计分录如下：

借：银行存款　　4 000
　贷：无形资产　　3 000
　　清算损益　　1 000
借：清算损益　　200
　贷：应交税费——应交营业税　　200

或用一个会计分录表示：

借：银行存款　　4 000
　贷：无形资产　　3 000
　　应交税费——应交营业税　　200
　　清算损益　　800

(5)转让对外投资。管理人转让原破产企业的对外投资时，编制会计分录如下：

借：银行存款、现金(按实际转让取得的收入金额)
　清算损益
　贷：投资(按账面价值)
　　清算损益

对于清算期收回的投资收益，应按实际取得款项金额编制会计分录：

借：银行存款
　贷：清算损益(按成本法核算投资)、投资(按权益法核算投资)

【例 11－9】乙企业管理人将账面价值为 200 000 元的投资转让，转让收入为 180 000 元。编制会计分录如下：

借：银行存款　　180 000
　清算损益　　20 000
　贷：投资　　200 000

(6)清算期间正常销售和其他业务收入。企业被人民法院宣告破产之后，作为企业法人，丧失了民事主体资格。对于清算期间发生的正常的主营业务和其他业务收入，以及相应的业务成本等，不再通过持续经营企业使用的会计科目核算。此时破产企业取得的收益不再是为了企业持续经营目的，而是为了偿还企业负债。

【例 11－10】乙企业破产管理人按原企业签订的购销合同，向某公司销售产成品，取得销售收入 60 000 元，增值税销项税额 10 200 元。该批产成品成本为 40 000 元。编制会计分录如下：

借：银行存款　　70 200

　贷：清算损益　　60 000

　　应交税费——应交增值税（销项税额）　　10 200

结转销售收入的销售成本，编制会计分录如下：

借：清算损益　　40 000

　贷：产成品　　40 000

4. 处置破产费用和共益债务

（1）破产费用和共益债务的含义和内容

破产费用，是指破产事务中人民法院受理破产案件所收取的案件受理、处理费用以及管理人在处理破产案件中所开支的费用与收取报酬的总和，是在破产程序进程中出现的常规性和程序性支出。破产费用主要包括：①破产案件的诉讼费用；②管理、变价和分配债务人财产的费用；③管理人执行职务的费用、报酬和聘用工作人员的费用。

共益债务，是指在破产程序中，为使债权人共同受益而产生的债务。在人民法院受理破产申请后所发生的下列债务为共益债务，主要包括：①因管理人或者债务人请求对方当事人履行双方均未履行完毕的合同所产生的债务；②债务人财产受无因管理所产生的债务；③因债务人不当得利所产生的债务；④债务人继续营业而应支付的劳动报酬和社会保险费用以及由此产生的其他债务；⑤管理人或者相关人员执行职务致人损害所产生的债务；⑥债务人财产致人损害所产生的债务。

破产费用与共益债务既有联系又有区别。相同之处在于都是为债权人的共同利益而发生，因此在债务人财产中优先拨付；不同之处在于破产费用是为破产程序顺利进行，为管理、变价和分配债务人财产而必须支出的费用，而共益债务则是管理人执行破产程序中因合同、侵权、无因管理和不当得利等民事行为而使债务人财产承担的债务。

破产费用是破产程序顺利进行的物质基础，共益债务使得全体债权人受益，因而无须等到破产分配时开支，由债务人财产即时发生立即清偿。债务人财产不足以清偿所有破产费用和共益债务的，先行清偿破产费用。债务人财产不足以清偿所有破产费用或者共益债务的，按照比例清偿。债务人财产不足以清偿破产费用的，管理人应当提请人民法院终结破产程序。

（2）破产费用的核算

【例 11－11】乙企业管理人在破产期间发生的破产费用包括如下项目：职工生活费 30 000 元，破产案件诉讼费 40 000 元，审计、评估、公告费等 20 000 元，设备维修费 4 000 元，财产保管费 8 000 元，管理人聘用人员工资 6 000 元，催收债权的差旅费 2 000 元、债权人会议会务费 10 000 元。假设上述支出均通过银行支付。编制会计分录如下：

借:清算费用　　　　　　　　　　　　　　120 000

　　贷:银行存款　　　　　　　　　　　　　　120 000

5. 处置职工安置费

职工安置费不同于破产费用。职工安置费是为了安置职工而发生的,是对职工今后工作作出新的安排,它有专门的资金来源,不能列入破产费用。从目前我国有关破产企业清算会计的实践来看,通过土地使用权的转让,把转让所得用于职工安置,安置后,仍有剩余的,将其列入破产财产;不足的,由破产财产中优先支付。资金来源仍不足的,按企业隶属关系,由企业所在的市或市辖区人民政府承担。

(1)土地使用权转让收入的核算。设置"土地转让收益"科目核算土地使用权转让收益。企业土地使用权从取得方式上可分为有偿取得和无偿划拨取得两种。在转让土地使用权时,区别两种情况进行会计处理。

①有偿取得土地使用权的转让。对于有偿取得的土地使用权,在取得时已经记入了"无形资产"科目,因此转让时,按其实际转让收入,借记"银行存款"科目;按其账面价值,贷记"无形资产"科目;按实际转让收入与账面价值的差额,记入"土地转让收益"科目。

②无偿划拨取得土地使用权的转让。对于无偿取得的土地使用权,在转让时,按其实际转让收入,借记"银行存款"科目,贷记"土地转让收益"科目。

对于无偿取得的土地使用权经评估后记入"无形资产"科目的,因在评估时已借记"无形资产",贷记"资本公积"科目,转让时应按实际转让收入,借记"银行存款"科目;按其账面价值,贷记"无形资产"科目;按实际转让收入与账面价值的差额,记入"土地转让收益"科目。按国家规定,企业在转让土地使用权时还应缴纳营业税等税费的,按应纳的税费,借记"土地转让收益"科目,贷记"应交税费"科目。

【例 11－12】乙企业管理人转让该破产企业原来无偿划拨的未入账的土地使用权,实际转让收入为 3 000 000 元,按规定缴纳营业税 150 000 元。编制会计分录如下:

借:银行存款　　　　　　　　　　　　3 000 000

　　贷:土地转让收益　　　　　　　　　　3 000 000

借:土地转让收益　　　　　　　　　　　150 000

　　贷:应交税费——应交营业税　　　　　　150 000

【例 11－13】如果乙企业土地使用权为有偿取得的,已记入"无形资产"或"固定资产"科目核算,如果账面价值为 1 000 000 元,则会计分录为:

借:银行存款　　　　　　　　　　　　3 000 000

　　贷:土地转让收益　　　　　　　　　　2 000 000

　　　　无形资产　　　　　　　　　　　　1 000 000

借:土地转让收益　　　　　　　　　　　150 000

　　贷:应交税费——应交营业税　　　　　　150 000

(2)土地使用权转让收益使用的核算。从土地使用权转让收益中支付未参加养老、医疗社会保险的离退休职工的退休费和医疗保险费,向有关部门拨付职工安置费时,按实际支付的金额,借记"土地转让收益"科目,贷记"现金"、"银行存款"科目。

【例 11－14】从土地使用权转让收益中提取 2 800 000 元作为职工安置费。管理人已将该部分款项进行专项划拨。余款转入清算损益。编制会计分录如下：

借：土地转让收益　　2 800 000

　贷：职工安置费　　2 800 000

借：职工安置费　　2 800 000

　贷：银行存款　　2 800 000

“土地转让收益”科目尚有余额50 000元，转入清算损益。会计分录见【例11-19】。

若土地使用权转让所得不足以支付职工安置费，以其他破产财产支付职工安置费时，按实际支付的金额，借记“清算损益”科目，贷记“现金”、“银行存款”科目。

6. 处置破产债权

按照我国破产法的规定，破产债权是指破产宣告前成立的无财产担保的债权和放弃优先受偿权利的有财产担保的债权。破产债权有以下几个特征：

(1)必须是破产宣告前成立的债权，破产宣告后产生的债权不能列为破产债权。

(2)破产债权必须是无财产担保的债权，虽有财产担保，而担保债权人放弃了优先受偿权的，其债权可以构成破产债权。

(3)破产债权必须是债权人按照破产债权申报程序申报的债权。逾期未申报的债权，不能作为破产债权，视为自动放弃债权。

(4)破产债权必须是债权申报后，经债权人会议确认的债权。已经申报的债权不一定都是破产债权，它必须经过债权人会议按照法定条件进行审查确认。

(5)破产债权必须是依破产清偿程序清偿的债权。

破产宣告时未到期的债权，视为已到期债权，但是应当减去未到期的利息。债权人对破产企业负有债务的，可以在破产清算前抵销。破产宣告前成立的有财产担保的债权，债权人享有就该担保物优先受偿的权利。有财产担保的债权，其数额超过担保物的价款的，未受清偿的部分，作为破产债权，依照法定破产程序受偿。

破产财产的分配是指破产管理人将变价后的破产财产或者无须变价的破产财产，依照法定的清偿顺位和案情决定的受偿比例，公平分配给各债权人的程序。破产财产在优先清偿破产费用和共益债务后，依照如下顺序清偿：

(1)破产人所欠职工的工资和医疗、伤残补助、抚恤费用，所欠的应当划入职工个人科目的基本养老保险、基本医疗保险费用，以及法律、行政法规规定应当支付给职工的补偿金。

(2)破产人欠缴的除前项规定以外的社会保险费用和破产所欠税款。

(3)普通破产债权。

管理人分配破产企业的财产，以财产变现、金钱分配为原则，也可以采用实物方式，或者兼用两种方式；破产企业的债权在分配时仍未得到清偿的，也可以将该债权按比例分配给破产企业的债权人，同时通知破产企业的债务人。

支付所欠职工工资和劳动保险费，按实际支付的金额，借记“应付工资”、“应付职工薪酬”科目，贷记“现金”、“银行存款”科目。

交纳所欠税款，按实际交纳的金额，借记“应交税费”、“其他应交款”科目，贷记“银行存款”、“现金”科目。

清偿其他破产债务,按照实际清偿各种债务的金额,借记"应付票据"、"其他应付款"、"借款"等科目户,贷记"现金"、"银行存款"科目。

如果破产财产不足清偿债务,按照有关规定,尚未清偿的债务不再清偿,应予以注销,借记"应付票据"、"其他应付款"、"借款"等科目户,贷记"清算损益"科目。

乙企业管理人在组织债务清偿前有关科目的余额及发生额见汇总表11-8 。

表11-8　科目余额及发生额汇总表

| 项目 | 账面值 | 发生额 | | 余额 | 项目 | 账面值 | 发生额 | | 余额 |
|---|---|---|---|---|---|---|---|---|---|
| | | 借方 | 贷方 | | | | 借方 | 贷方 | |
| 现金 | 30 000 | | | 30 000 | 借款 | 780 000 | 100 000 | | 680 000 |
| 银行存款 | 250 000 | 4 838 200 | 3020 000 | 2 068 200 | 应付款 | 1 520 000 | | | 1 520 000 |
| 应收票据 | 50 000 | | 50 000 | 0 | 应付工资 | 100 000 | | | 100 000 |
| 应收款 | 600 000 | | 600 000 | 0 | 应付福利费 | 200 000 | | | 200 000 |
| 材料 | 220 000 | | 220 000 | 0 | 应交税费 | 20 000 | | 306 400 | 326 400 |
| 半成品 | 325 000 | | 325 000 | 0 | 应付利润 | 45 000 | | | 45 000 |
| 库存商品 | 450 000 | | 450 000 | 0 | 土地转让收益 | | 2 950 000 | 3 000 000 | 50 000 |
| 投资 | 200 000 | | 200 000 | 0 | 清算损益 | -195 000 | 649 000 | 140 800 | -703 200 |
| 固定资产 | 342 000 | | 342 000 | 0 | | | | | |
| 无形资产 | 3 000 | | 3 000 | 0 | | | | | |
| 清算费用 | | 120 000 | | 120 000 | | | | | |
| 职工安置费 | | 2 800 000 | 2 800 000 | | | | | | |
| 合计 | 2 470 000 | 7 758 200 | 8 010 000 | 2 218 200 | 合计 | 2 470 000 | 3 749 000 | 3 447 200 | 2 218 200 |

【例11-15】乙企业管理人对破产企业债务的清查结果账面数与确认数一致,则按照清偿顺序清偿债权。编制会计分录如下:

借:应付职工薪酬　　300 000
　贷:银行存款　　300 000

破产企业在企业破产之前为维持生产向职工筹借的款项,应视为破产企业所欠职工工资处理,借款利息费用按实际使用期间和同期借款利率处理。如果是作为资本金投入企业的,则不能作为欠职工工资,也不能作为破产债权,应列入破产财产。

【例11-16】原乙企业借款中如有从职工借入的金额为50 000元。编制会计分录如下:

借:现金　　20 000
　贷:银行存款　　20 000
借:借款——职工　　50 000
　贷:现金　　50 000

第二清偿程序

借:应交税费　　326 400

贷:银行存款　　326 400

【例 11 －17】第三清偿程序

可供普通破产债权分配的金额为 1 421 800 元。

普通破产债权为:

借款　　630 000

应付款　　1 520 000

应付利润　　45 000

合计　　2 195 000

计算普通债权分配比例 = 1 421 800 ÷ 2 195 000 × 100% = 64.7744874%

借:借款　　408 079.27

　应付款　　984 572.21

　应付利润　　29 148.52

　贷:银行存款　　1 421 800

【例 11 －18】将剩余的未清偿的其他债务转入清算损益。编制会计分录如下:

借:借款　　221 920.73

　应付款　　535 427.79

　应付利润　　15 851.48

　贷:清算损益　　773 200

7. 编制清算会计报告,移交会计档案

破产管理人编制的清算利润表见表 11-9。

表 11-9　　清算利润表

编制单位:乙企业管理人　　年　月　日　　单位:元

| 项目 | 本期数 | 累计数 |
|---|---|---|
| 一、清算收益(清算损失以“ －”号表示) | | －703 200 |
| 二、清算费用 | | 120 000 |
| 1. 职工生活费 | | 30 000 |
| 2. 诉讼费 | | 40 000 |
| 3. 维护费 | | 4 000 |
| 4. 审计费 | | 20 000 |
| 5. 保管费 | | 8 000 |
| 6. 会务费 | | 10 000 |
| 7. 差旅费 | | 2 000 |
| 8. 聘用人员工资 | | 6 000 |
| 三、土地转让净收益 | | 50 000 |
| 其中:土地转让收入 | | 2 850 000 |
| 　安置职工支出 | | 2 800 000 |
| 四、清算净收益(清算净损失以“ －”号表示) | | －773 200 |

债务清偿表见表11-10。

表11-10　债务清偿表(简表)

编制单位:乙企业管理人　年　月　日　单位:元

| 项 目 | 账面金额 | 确认金额 | 偿还比例 | 实际偿还金额 |
|---|---|---|---|---|
| 应付工资 | 100 000 | 100 000 | 100% | 100 000 |
| 应付福利费 | 200 000 | 200 000 | 100% | 200 000 |
| 借款——职工 | 50 000 | 50 000 | 100% | 50 000 |
| 应交税费 | 326 400 | 326 400 | 100% | 326 400 |
| 借款 | 630 000 | 630 000 | 64.7744874% | 408 079.27 |
| 应付款 | 1 520 000 | 1 520 000 | 64.7744874% | 984 572.21 |
| 应付利润 | 45 000 | 45 000 | 64.7744874% | 29 148.52 |
| 合计 | 2 871 400 | 2 871 400 | — | 2 098 200 |

【例11－19】结清清算费用、土地转让收益科目。编制会计分录如下:

借:清算损益　120 000

　贷:清算费用　120 000

借:土地转让收益　50 000

　贷:清算损益　50 000

将以上经济业务过账并结账,"清算费用"及"土地转让收益"科目余额为零。

根据企业所得税法规定,纳税人依法清算时,其清算终了后的清算所得应交纳企业所得税。清算会计以清算期间为纳税年度。清算所得,是指纳税人清算时全部资产或者财产,扣除各项清算费用、损失、负债、企业未分配利润、公益金和公积金余额,超过实缴资本的部分。破产清算在一般情况下,不会产生清算所得,如果发生,则应照章纳税。会计分录应为借记"清算损益"科目,贷记"应交税费"科目。破产财产按照法定顺序清偿后的剩余部分,按规定上交主管财政机关或向股东进行分配,分配剩余财产时,借记"清算损益"科目,贷记"银行存款"科目。清算终结时,"清算损益"科目无余额。

管理人在破产财产分配完毕后,向人民法院提请终结破产程序。同时,提交清算总结报告。管理人向工商登记部门办理破产企业注销登记,人民法院宣布管理人解散,破产程序终结。有关会计档案由管理人负责人移交原破产企业上级主管部门或者人民法院保管。

## 第四节　破产重整及其会计处理

破产重整是企业破产法引入的一项制度,是对可能或已经发生破产但又有希望再生产的债务人,通过各方利害关系人的协商,并借助法律强制性地调整他们的利益,对债务人进行生产经营上的整顿和债权债务关系上的清理,以期摆脱财务困境,重获经营能力的特殊法律程序。破产重整制度作为公司破产制度的重要组成部分,已为多数市场经济国家采用。它的实施,对于弥补破产和解、破产整顿制度的不足,防范由于企业破产带来的社会问题,意义重大。破产重整把清理债务与拯救企业紧密地结合在一起。一方面,它把债权人权利实现,建立于企业复兴的基础上,力图使企业的营运价值得以保留,从而使债权人得到比在破产清算分配的情况下更为有利的清偿结果。另一方面,通过债务调整,消除破产原因,使企业摆脱经济困境,获得复兴的机会。本节从债务重整的角度阐述企业破产重整的程序及会计处理。

## 一、破产重整的程序

(一)提出整顿申请

人民法院受理了债权人申请债务人破产申请三个月内,被申请的破产企业的上级主管部门可以向人民法院申请对该被申请的破产企业进行整顿,法律规定,整顿期限最长不超过三年。

(二)提出和解协议草案

被申请破产企业的上级主管部门在人民法院主持召开的第一次债权人会议之前,提出和解协议草案,和解协议草案的主要内容应有清偿债务的期限、数额及要求减免的数额请求。

(三)和解协议的讨论

在全体债权人召开的会议上,按照破产法相关规定对和解协议进行讨论、表决,一旦通过,经人民法院认可,人民法院即发布整顿公告,中止破产程序。

(四)制定重整方案

债务人或者管理人应当自人民法院裁定债务人重整之日起六个月内,同时向人民法院和债权人会议提交重整计划草案。期限届满,经债务人或者管理人请求,有正当理由的,人民法院可以裁定延期三个月。债务人自行管理财产和营业事务的,由债务人制订重整计划草案。管理人负责管理财产和营业事务的,由管理人制订重整计划草案。重整计划草案应当包括下列内容:

1. 债务人的经营方案;
2. 债权分类;
3. 债权调整方案;
4. 债权受偿方案;
5. 重整计划的执行期限;
6. 有利于债务人重整的其他方案。

各类债权的债权人参加讨论重整计划草案的债权人会议,依照下列债权分类,分组对重整计划草案进行表决:

1. 对债务人的特定财产享有担保权的债权;
2. 债务人所欠职工的工资和医疗、伤残补助、抚恤费用,所欠的应当划入职工个人科目的基本养老保险、基本医疗保险费用,以及法律、行政法规规定应当支付给职工的补偿金;
3. 债务人所欠税款;

4. 普通债权。

债务人或者管理人应当向债权人会议就重整计划草案作出说明,并回答询问。债务人的出资人代表可以列席讨论重整计划草案的债权人会议。重整计划草案涉及出资人权益调整事项的,应当设出资人组,对该事项进行表决。人民法院应当自收到重整计划草案之日起三十日内召开债权人会议,对重整计划草案进行表决。

(五)企业整顿情况的监督

拟破产的企业进入整顿阶段,其整顿的情况由企业职工大会和债权人进行监督,负责整顿的上级主管部门应定期向职工大会和债权人会议报告整顿情况。对企业整顿的过程,职工大会和债权会议应作全程监督,监督企业是否认真执行和解协议,有无隐匿、私分、无偿转移财产或非正常压价出售财物、放弃债权等不法行为,如发现有不法行为,应立即向人民法院报告,终止整顿,恢复破产程序。

人民法院裁定批准重整计划后,已接管财产和营业事务的管理人应当向债务人移交财产和营业事务。自人民法院裁定批准重整计划之日起,在重整计划规定的监督期内,由管理人监督重整计划的执行。在监督期内,债务人应当向管理人报告重整计划执行情况和债务人财务状况。监督期届满时,管理人应当向人民法院提交监督报告。自监督报告提交之日起,管理人的监督职责终止。管理人向人民法院提交的监督报告,重整计划的利害关系人有权查阅。

经人民法院裁定批准的重整计划,对债务人和全体债权人均有约束力。债权人未依照本法规定申报债权的,在重整计划执行期间不得行使权力;在重整计划执行完毕后,可以按照重整计划规定的同类债权的清偿条件行使权力。债权人对债务人的保证人和其他连带债务人所享有的权利,不受重整计划的影响。按照重整计划减免的债务,自重整计划执行完毕时起,债务人不再承担清偿责任。

(六)裁决整顿结果

企业经和解整顿后,能按和解协议解决与债权人的债务纠纷,按协议清偿债务,人民法院应公告终止破产程序,恢复企业正常经营活动,反之公告终止整顿,恢复破产程序。

## 二、破产重整的方式

(一)以低于债务账面价值的现金清偿债务

以低于债务账面价值的现金清偿债务是指债务人清偿债务的现金金额低于其债务账面价值。这里的现金包括库存现金、银行存款和其他货币资金。

(二)以非现金资产清偿债务

以非现金资产清偿债务是指债务人以存货、交易性金融资产、长期股权投资、可供出售金融资产、固定资产、无形资产等非现金资产清偿债务(债权人以应收账款换入非现金资产)。

(三)债务转为股权资本

债务转为股权资本是指债务人将其债务转为债权人的股权,用以清偿债务。

(四)修改其他债务条件

修改其他债务条件是指债务人除以上债务重组方式外,以修改其他债务条件的方式进行债务重组，如延长债务偿还期限、延长债务偿还期限并加收利息、延长债务偿还期限并减少债务本金或债务利息等。

(五)混合重组方式(以上两种或两种以上方式的组合)

混合重组方式包括：

1. 债务人以现金、非现金资产方式组合清偿应收账款；

2. 债务人以现金、非现金资产、债务转为资本方式组合清偿应收账款；

3. 债务人以现金、非现金资产、债务转为资本方式组合清偿应收账款一部分，其他部分以修改其他债务条件进行债务重组。

### 三、破产重整会计核算

(一)以资产抵偿债务

1. 以现金清偿债务

债务人以现金清偿债务的，应当将重组债务的账面价值与实际支付现金之间的差额，计入当期损益。

【例 11－20】甲企业于 2009 年 5 月 1 日销售一批材料给乙企业，不含税价格为20 000元，增值税税率为 17%，按合同规定，乙企业应于当年 8 月 1 日偿付货款。由于乙企业发生财务困难，无法按合同规定的期限偿还债务，经双方协议于当年 10 月 1 日进行债务重组，债务重组协议规定，甲方同意减免乙企业 3 000 元的货款，余额用现金立即偿还。

计算债务重组收益或损失：

| | |
|---|---|
| 应付账款账面余额 | 23 400 元 |
| 减：支付的现金 | 20 400 元 |
| 债务重组利得 | 3 000 元 |

债务重整利得是指重组债务的账面价值超过清偿债务的现金、非现金资产的公允价值、所转股份的公允价值或重组后债务账面价值之间的差额，应计入营业外收入。

编制会计分录如下：

借：应付账款　　23 400

　贷：银行存款　　20 400

　　营业外收入——债务重组利得　　3 000

2. 以非现金资产清偿债务

债务人以非现金资产清偿债务的，应当将重组债务的账面价值与转让的非现金资产公允价值之间的差额，计入当期损益。公允价值，指公平交易中，熟悉情况的交易双方，自愿进行资产交换或债务清偿的金额。

(1)库存材料、商品或产品抵偿。

【例 11－21】甲企业以一批原材料偿还 60 000 元债务，该材料账面余额 40 000 元，对该批材料计提了 1 000 元的存货跌价准备，材料的公允价值为 45 000 元，应交增值税为 7 650元。

计算债务重组收益或损失：

应付账款的账面余额　　60 000 元

减：材料公允价值　　45 000 元
　应交增值税　　7 650 元
债务重组利得　　7 350 元

编制会计分录如下：

借：应付账款　　60 000
　贷：其他业务收入　　45 000
　　应交税费——应交增值税（销项税额）　　7 650
　　营业外收入——债务重组利得　　7 350

同时结转原材料成本，记：

借：其他业务成本　　39 000
　存货跌价准备　　1 000
　贷：原材料　　40 000

（2）以固定资产清偿债务。在债务人进行会计处理时，应通过"固定资产清理"科目。

【例 11－22】企业以一台设备抵偿债务 60 000 元，设备原价为 60 000 元，计提折旧 10 000元，并计提 2 000 元减值准备，公允价值为 50 000 元。

计算债务重组收益或损失：

应付账款账面余额　　60 000 元
减：固定资产公允价值　　50 000 元
债务重组利得　　10 000 元

①固定资产转入固定资产清理，编制会计分录如下：

借：固定资产清理　　48 000
　累计折旧　　10 000
　固定资产减值准备　　2 000
　贷：固定资产　　60 000

②结转债务重组损益，编制会计分录如下：

借：应付账款　　60 000
　贷：固定资产清理　　50 000
　　营业外收入——债务重组利得　　10 000

③结转固定资产账面价值和公允价值之差，编制会计分录如下：

借：固定资产清理　　2 000
　贷：营业外收入——处置固定资产利得　　2 000

3. 以无形资产清偿债务

【例 11－23】甲企业欠乙企业 20 000 元债务，双方协商决定甲企业以一项无形资产进行清偿，该项无形资产的余额为 15 000 元，应交相关税费为 850 元，甲企业对该项无形资产计提减值准备 1 000 元，该无形资产公允价值为 17 000 元。

计算债务重组收益或损失：

应付账款的账面余额　　20 000 元
减：无形资产的公允价值　　17 000 元

无形资产的相关税费 850 元

债务重组利得 2 150 元

编制会计分录如下：

借：应付账款 20 000

无形资产减值准备 1 000

贷：无形资产 15 000

应交税费——应交营业税 850

营业外收入——处置无形资产利得 3 000

——债务重组利得 2 150

（二）债务转为资本

将债务转为资本的，债务人应当将债权人放弃债权而享有股份的面值总额确认为股本（或者实收资本），股份的公允价值总额与股本（或者实收资本）之间的差额确认为资本公积。重组债务的账面价值与股份的公允价值总额之间的差额，计入当期损益。

【例 11－24】甲企业应收乙公司账款的账面余额为 45 000 元，由于乙公司财务困难，无法偿付应付账款。经双方协商，甲企业同意乙公司以普通股偿还债务，假设普通股的面值为 1 元，乙公司以 40 000 股抵偿债务，公允价值为 44 000 元。

计算债务重组收益或损失：

应付账款的账面余额 45 000 元

减：股权公允价值 44 000 元

债务重组利得 1 000 元

会计分录，记：

借：应付账款 45 000

贷：股本 40 000

资本公积——股本溢价 4 000

营业外收入——债务重组利得 1 000

（三）以修改其他债务条件抵偿债务

1. 不附或有条件

修改其他债务条件的，债务人应当将修改其他债务条件后债务的公允价值作为重组后债务的入账价值。重组债务的账面价值与重组后债务的入账价值之间的差额，计入当期损益。

【例 11－25】由于财务困难，乙公司无法支付于 2009 年 10 月 31 日到期的应付票据 54 000 元，其中 4 000 元为累计未付的利息，票面利率 8%。经双方协商，于 2009 年 12 月 31 日进行债务重组。甲企业同意将债务本金减至 40 000 元，免去债务人所欠的全部利息；将利率从 8% 降至 7%，并将债务到期日延长至 2011 年 12 月 31 日，利息按年支付，甲、乙公司已经将应收、应付票据转入应收、应付账款。

计算债务重组时应付金额与将来应付金额之差：

应付账款的账面余额 54 000 元

减：重组后债务公允价值 40 000 元

债务重组利得　　14 000 元

编制会计分录如下：

借：应付账款　　54 000

　　贷：应付账款——债务重组　　40 000

　　　　营业外收入——债务重组利得　　14 000

2010 年年末支付利息时：

借：财务费用　　2 800

　　贷：银行存款　　2 800

2010 年年末支付利息、偿还本金时：

借：财务费用　　2 800

　　应付账款——债务重组　　40 000

　　贷：银行存款　　42 800

2. 附或有条件

附有或有条件的债务重组，是指在债务重组协议中附有或有条件的重组。或有支出是指依未来某种事项出现而发生的支出。未来事项的出现具有不确定性。如协议中约定："如果债务人第三年有盈利，利息按 5% 计算，若债务人无盈利，按 4% 计算……"则本金的 1% 对于债务人来讲即为或有支出，其发生的可能性在债务重组日无法确定。或有收益是指依未来某种事项出现而发生的收益。未来事项的出现具有不确定性。修改后的债务条款如涉及或有应付金额（是指需要根据未来某种事项出现而发生的应付金额，而且该未来事项的出现具有不确定性），且该或有应付金额符合《企业会计准则第 13 号——或有事项》中有关预计负债确认条件的，债务人应当将该或有应付金额确认为预计负债。重组债务的账面价值，与重组后债务的入账价值和预计负债金额之和的差额，计入当期损益。

【例 11－26】甲公司与乙公司在原债务到期日 2009 年 7 月 1 日进行债务重组，甲公司同意乙公司将付款日延长至 2009 年 12 月 31 日，债权金额由原来的 130 000 元下降至 106 200 元，但附有一条件，债务重组后，如果债务人自第四个月开始起有盈利，则债权金额上升到 107 100 元。

计算乙公司重组债务的账面价值与将来应付金额和预计负债之和的差额：

重组债务的账面价值（面值＋利息）　　130 000 元

减：将来应付金额　　106 200 元

　　预计负债　　900 元

债务重组利得　　22 900 元

属于将来应付金额小于重组前账面价值，差额记入"营业外收入"科目。

编制会计分录如下：

债务重组时：

借：应付账款　　130 000

　　贷：应付账款——债务重组　　106 200

　　　　预计负债　　900

营业外收入——债务重组利得　　　　22 900

若第四个月开始不盈利，则：

借：应付账款——债务重组　　　　106 200

　贷：银行存款　　　　106 200

同时：

借：预计负债　　　　900

　贷：营业外收入　　　　900

若第四个月开始盈利，则：

借：应付账款——债务重组　　　　106 200

　预计负债　　　　900

　贷：银行存款　　　　107 100

（四）混合重组方式

1. 以现金、非现金资产方式的组合清偿某项债务

债务人应先以支付的现金冲减重组债务的账面价值，再与非现金资产公允价值和相关税费之和的差额，确认为营业外收入。

【例 12－27】甲公司持有乙公司的应收票据为 30 000 元，票据到期时，累计利息为 1 500元，由于乙公司财务困难，无力偿还此笔应付款项，根据双方协议，乙公司支付 10 000元现金同时转让一项无形资产清偿该债务，该无形资产的公允价值为 15 000 元，账面余额为 13 000 元，累计摊销 1 000 元，应交营业税 750 元，甲、乙公司已经将应收、应付票据转入应收、应付账款。

计算乙公司应付票据的账面价值与现金、非现金资产的账面价值之差额：

计算甲公司的债务重组收益或损失：

| | |
|---|---|
| 应付账款的账面价值 | 31 500 元 |
| 减：银行存款 | 10 000 元 |
| 　无形资产公允价值 | 15 000 元 |
| 　应交营业税 | 750 元 |
| 债务重组利得 | 5 750 元 |

编制会计分录如下：

借：应付账款　　　　31 500

　累计摊销　　　　1 000

　贷：银行存款　　　　10 000

　　无形资产　　　　13 000

　　应交税费——应交营业税　　　　750

　　营业外收入——债务重组利得　　　　5 750

　　　　　　——处置无形资产利得　　　　3 000

【例 11－28】乙公司以现金 10 000 元和一批原材料清偿所欠甲公司债务 20 000 元，该批原材料的公允价值为 7 000 元，账面价值为 6 000 元，应交相关税费 1 500 元。

计算乙公司的债务重组收益或损失：

| | |
|---|---|
| 应付账款账面余额 | 20 000 元 |
| 减:银行存款 | 10 000 元 |
| 材料公允价值 | 7 000 元 |
| 相关税费 | 1 500 元 |
| 债务重组利得 | 1 500 元 |

编制会计分录如下:

借:应付账款　20 000
　贷:银行存款　10 000
　　其他业务收入　7 000
　　应交税费　1 500
　　营业外收入——债务重组利得　1 500

同时结转原材料成本:

借:其他业务成本　6 000
　贷:原材料　6 000

【例 11－29】甲公司以现金 30 000 元和一项账面价值为 30 000 元的无形资产以及一台设备偿还 100 000 元的债务,该设备的原始价值为 60 000 元,已计提折旧 10 000 元,公司为无形资产计提了 100 元的减值准备,并为该固定资产计提了 1 000 元的减值准备,该无形资产的公允价值为 21 000 元,固定资产的公允价值为 45 000 元。

计算甲公司的债务重组收益或损失:

| | |
|---|---|
| 应付账款的账面余额 | 100 000 元 |
| 减:银行存款 | 30 000 元 |
| 　无形资产公允价值 | 21 000 元 |
| 　固定资产的公允价值 | 45 000 元 |
| 债务重组利得 | 4 000 元 |

编制会计分录如下:

借:应付账款　100 000
　无形资产减值准备　100
　营业外支出——处置无形资产损失　8 900
　贷:银行存款　30 000
　　固定资产清理　45 000
　　无形资产　30 000
　　营业外收入——债务重组利得　4 000

同时,将固定资产净值转入"固定资产清理"科目:

借:固定资产清理　50 000
　累计折旧　10 000
　贷:固定资产　60 000

将固定资产减值准备转入"固定资产清理"科目:

借:固定资产减值准备　1 000

贷:固定资产清理　　1 000

结转处置固定资产损失:

借:营业外支出——处置固定资产损失　　4 000

贷:固定资产清理　　4 000

2. 以现金、非现金资产、债务转为资本方式的组合清偿某项债务

债务人应先以支付的现金、非现金资产的公允价值冲减重组债务的账面价值,再与债权人因放弃债权而享有股权的账面价值之间的差额,确认为营业外收入。

【例 11-30】甲公司应收乙公司应收账款的账面余额为 55 000 元,由于乙公司财务困难,无力偿还此笔款项,根据双方协商,乙公司以 10 000 元现金、一台旧设备和 20 000 股股票偿还债务,该设备的原价为 25 000 元,累计折旧 8 000 元,股票的面值为 1 元。设备的公允价值为 20 000 元,股票的市价为 1.2 元/股。

计算甲公司的债务重组收益或损失:

| | |
|---|---|
| 应付账款的账面价值 | 55 000 元 |
| 减:银行存款 | 10 000 元 |
| 固定资产的公允价值 | 20 000 元 |
| 股票公允价值 | 24 000 元 |
| 债务重组利得 | 1 000 元 |

编制会计分录如下:

借:应付账款　　55 000

贷:银行存款　　10 000

固定资产清理　　20 000

股本　　20 000

资本公积——股本溢价　　4 000

营业外收入——债务重组利得　　1 000

同时,将固定资产净值转入"固定资产清理"科目:

借:固定资产清理　　17 000

累计折旧　　8 000

贷:固定资产　　25 000

结转固定资产处置利得:

借:固定资产清理　　3 000

贷:营业外收入——处置固定资产利得　　3 000

3. 以现金、非现金资产、债务转为资本方式的组合清偿某项债务的一部分,并对该债务的另一部分以修改其他债务条件进行债务重组

债务人应先以支付的现金、非现金资产的公允价值、债权人享有的股权的公允价值冲减重组债务的账面价值,如果差额大于将来应付金额,债务人应将重组债务的账面价值减记至将来应付金额,减记的金额确认为营业外收入。如果修改后的债务条款涉及或有支出的债务人应将或有支出包括在将来应付金额中,或有支出实际支出时,应冲减重组后债务的账面价值;结清债务时,或有支出如未发生,应将该或有支出的原估计金额确认为营

业外收入。

【例 11－31】甲公司和乙公司就双方之间的债权债务 1 120 000 元进行债务重组，经协商双方同意：①乙公司用现金 10 万元还款；②乙公司以一台设备归还，该设备公允价值为 300 000 元，原价 350 000 元，已提折旧 80 000 元；③乙公司同意甲公司以每股面值 10 元入股 2 万股，该股票公允价值为 12 元/股；④对尚未偿还的余款调整为 400 000 元，1 年后归还。

计算债务重组收益或损失：

| | |
|---|---|
| 应付账款账面余额 | 1 120 000 元 |
| 减：银行存款 | 100 000 元 |
| 设备的公允价值 | 300 000 元 |
| 股份公允价值 | 240 000 元 |
| 差额 | 480 000 元 |
| 减：未来应付款项 | 400 000 元 |
| 债务重组利得 | 80 000 元 |

编制会计分录如下：

将固定资产净值转入“固定资产清理”科目：

借：固定资产清理　　270 000
　　累计折旧　　80 000
　　贷：固定资产　　350 000

同时，确定债务重组利得：

借：应付账款　　720 000
　　贷：银行存款　　100 000
　　　　固定资产清理　　300 000
　　　　股本　　240 000
　　　　营业外收入——债务重组利得　　80 000

结转处置固定资产利得：

借：固定资产清理　　30 000
　　贷：营业外收入——处置固定资产利得　　30 000

【例 11－32】乙公司和甲公司就 156 000 元的债权债务进行重组，乙公司同意甲公司以现金 10 000 元和账面价值与公允价值均为 15 000 元的一项无形资产偿还 20 000 元债务，其余债务乙公司同意延长 1 年，但有一附加条件，债务重组后，如果甲公司自第七个月开始起有盈利，则按照 107 100 元进行偿还，如果不盈利，则按照 106 200 元进行偿还。

计算债务重组收益或损失：

| | |
|---|---|
| 债务的账面价值 | 156 000 元 |
| 减：银行存款 | 10 000 元 |
| 　无形资产公允价值 | 15 000 元 |
| 　将来应付金额 | 107 100 元 |
| 债务重组利得 | 23 900 元 |

编制会计分录如下：

债务重组时：

借：应付账款 156 000

　　贷：应付账款——债务重组 106 200

　　　　预计负债 900

　　　　银行存款 10 000

　　　　无形资产 15 000

　　　　营业外收入——债务重组利得 23 900

若第七个月开始不盈利，记：

借：应付账款——债务重组 106 200

　　贷：银行存款 106 200

同时：

借：预计负债 900

　　贷：营业外收入 900

若第七个月开始盈利，记：

借：应付账款——债务重组 106 200

　　预计负债 900

　　贷：银行存款 107 100

## 本章小结

企业清算是指企业按照章程规定解散、破产或者因其他原因终止经营时，为结束债权、债务和其他各种经济关系，保护债权人、投资者等利益相关者的合法权益，由专门的工作机构依法对企业财产进行清查、估价、变现，清理债权、债务，分配剩余财产的行为。从我国现行法律法规对企业清算的规定来看，企业清算的直接原因都是企业终止引起的。但是，引起企业终止的原因却是多样的。而不同原因引起的企业终止，在管理人的设立、清算的程序和清算的内容上都有所不同。

在解散清算的情况下，企业终止经营，清算组变卖企业所有的财产，清偿所有的债务，并将剩余财产在所有者之间进行分配。

在破产清算情况下，管理人在人民法院指挥和监督之下全面接管债务人企业并负责债务人财产的管理、处分、分配、清算及其特定情况下的重整和和解。依法破产清算的基本程序大致可分为三个阶段：一是破产申请阶段；二是重整、和解阶段；三是破产清算阶段。清算会计是指引起企业终止的事实发生后，对清算管理人接管的财产，依照法定的程序，运用会计的专门方法，进行全面的清理与核算，收回债权、清偿债务、分配剩余财产，提供清算信息，完成偿债程序，以保障债权人、债务人、投资人合法权益的一种管理活动。

破产重整，是对可能或已经发生破产原因但又有希望再生产的债务人，通过各方利害关系人的协商，并借助法律强制性地调整他们的利益，对债务人进行生产经营上的整顿和债权债务关系上的清理，以期摆脱财务困境，重获经营能力。

破产重整的方式可分为：(1)以低于债务账面价值的现金清偿债务，是指债务人清偿债务的现金金额低于其债务账面价值。这里的现金包括库存现金、银行存款和其他货币资金；(2)以非现金资产清偿债务，是指债务人以存货、交易性金融资产、长期股权投资、可供出售金融资产、固定资产、无形资产等非现金资产清偿债务(债权人以应收账款换入非现金资产)；(3)债务转为资本，是指债务人将其债务转为债权人的股权，用以清偿债务；(4)修改其他债务条件，是指债务人除以上债务重组方式外，以修改其他债务条件的方式进行债务重组，如延长债务偿还期限、延长债务偿还期限并加收利息、延长债务偿还期限并减少债务本金或债务利息等；(5)混合重组方式(以上两种或两种以上方式的组合)。

## 关键术语

企业清算　解散清算　破产清算　破产重整　清算损益　清算费用

## 本章重点

企业清算的原因、解散清算的会计处理、破产清算的会计处理、破产重整的会计处理。

## 本章难点

解散清算的会计处理、破产清算的会计处理、破产重整的会计处理。

## 思考题

1. 清算会计对传统财务会计理论的改变体现在哪些方面？
2. 清算损益的确认和计量有哪些主要内容？
3. 简述清算会计要素的内容。
4. 如何理解清算会计等式？
5. 清算会计报表包括哪些？
6. 简述解散清算会计核算程序。
7. 简述清算财产的变价方法。
8. 简述破产清算会计核算程序。
9. 解散清算与破产清算的主要区别是什么？
10. 破产清算中被清算企业的债务清偿顺序是怎样规定的？
11. 简述破产费用和共益债务的关系。
12. 债务重整的方式有几种？
13. 债务重组利得包括哪些内容？
14. 清算费用包括哪些内容？

# 第十二章 上市公司会计信息披露

**学习目标**

通过本章的教学,使学生了解上市公司会计信息披露的意义、原则;熟悉上市公司会计信息披露的框架;掌握上市公司会计信息披露的内容。

信息披露制度是证券市场监管制度的基石,其理论基础是强制性信息披露制度能在相当大的程度上解决证券市场中的逆向选择问题,从而纠正证券定价偏差,最终促进资本的有效配置。披露,从广义上说,包含着一个特定公司的任何信息发布,即包括公司颁布的年度报告、新闻稿、新闻报道等。上市公司会计信息披露,是指上市公司从维护投资者权益和资本市场运行秩序出发,按照法定要求将自身财务经营等会计信息情况向证券监督管理部门报告,并且向社会公众投资者公告。财务报告的披露实务通常分为财务披露和非财务披露。财务披露是指以货币金额披露的信息项目;非财务披露指不宜以货币定量化的叙述性说明、事实或意见,或指不以货币而以其他方式定量化的信息项目。会计信息披露还可以按披露主动性,分为强制披露和自愿披露。

在竞争性经济环境中,公开发行股票公司通过进行会计信息披露来履行其对投资者履行受托责任和经管责任,也是为了降低资本市场的筹资成本,实现对有限资源的优化配置。市场的有效性主要体现在价格对可获得信息的及时而充分的反映。从理论与实践两方面看,市场机制对资本或稀缺资源的有效配置,很大程度上取决于可获得信息的充分性、真实性和及时性。

## 第一节 上市公司会计信息披露的意义和作用

衡量市场有效程度的指标一般是:价格能够自由地根据有关信息而变动;证券的有关信息能充分地披露和均匀地分布,从而每个投资者在同一时间内得到等量等质的信息。因此,证券市场的信息公开就是为了提高市场有效性而采取的必要措施。

### 一、上市公司会计信息披露的意义

公开发行股票公司信息披露是证券市场健康发展的重要保证,也是投资者做出合理投资决策的基本依据。解决我国上市公司目前在信息披露上的问题,是维护市场参与主体各方利益和证券市场稳定发展的基础。

证券市场信息披露制度实质上是指证券发行公司于证券发行与流通诸环节中将与其

证券有关的一切真实信息予以公开，以供投资者作证券投资选择参考的法律制度。为了提高上市公司素质，增强投资者信心，打击市场操纵和内幕交易活动，改善证券市场中客观存在的不公平竞争状态，修正会计信息的非对称状况，世界上几乎所有国家的证券法都规定，一切已经和即将上市的股份有限公司都负有公开、公平和及时地向投资者和潜在投资者披露一切有关公司重要信息的持续性责任。该制度源于1844年的英国公司法，确立于美国《1933年证券法》和《1934年证券交易法》，成为美国证券法律的核心与基石。此后其他国家，如日本、加拿大、韩国等国家都采纳了这一制度，使信息披露制度成为全球证券市场监管中最主要的法律制度。

## 二、上市公司会计信息披露的作用

1. 会计信息披露保障了信息使用者对会计信息的需求

会计信息是一种具有外部性的商品，类似公共物品，其外部性主要体现在两个方面：非对抗性，公开了的会计信息并不因为增加了一个信息使用者而影响其他人对同样信息的使用效用；非排他性，会计信息一旦公开就很难把不付费使用的人排除在外，或者说排除的成本很高。公开披露会计信息的公共物品特性使得企业在履行受托责任向股东和债权人披露会计信息的同时，其他相关信息使用者也可以免费得到这些信息，他们可以搭便车而无须另外支付费用，从而使在竞争市场中企业没有足够的动力披露足够的会计信息，造成会计信息供给不足。要解决会计信息供给不足，比较好的途径，也是目前世界各国普遍采用的，就是由政府或获广泛认可的组织制定和建立会计信息披露制度，强令企业生产足够的、符合一定标准的会计信息，保障信息使用者对会计信息的需求。

2. 会计信息披露加强了会计信息的时效性

会计信息的特殊性表现在它是一种时效性极强的信息商品。会计信息首先是一种产品，它凝聚了人类无差别劳动，因此会计信息生产的成本需要得到补偿；其次会计信息被使用者使用时，已经完成了产品到商品的转变，因此会计信息可以用于交换是毫无疑问的；再次，会计信息商品是一种具有经济后果的时效性极强的信息商品，即一旦过期再可靠也变得毫无用处。会计信息的时效性决定了会计信息商品化的个别契约成本极高，一般会计信息使用者难以承受，因此，只有加强会计信息披露制度才能促进会计这种特殊的信息商品在市场上流动并实现其价值。

3. 会计信息披露保证了会计信息的真实性

由于会计信息不存在其他来源或者虽然存在但获取成本太高，会计信息生产者——企业的经营者垄断了会计信息的供给，而企业经营者迫于解除受托责任，很可能会从其自身利益的角度出发，限制和阻碍不利于其业绩评价的会计信息的对外披露，造成会计信息不足、不真和严重的不对称，扰乱市场信息的交流，导致市场失灵和市场萎缩，因此通过加强会计信息披露制度减少交易中的信息不对称，保证会计信息披露的真实性是必要的。

信息披露的评价标准是及时性、有效性和充分性。信息披露的目标与证券市场监管的目标是一致的，以维护投资者利益、提高证券市场的效率为宗旨。

### 三、上市公司会计信息披露的程序和原则

（一）上市公司会计信息披露的程序

上市公司会计信息披露的一般程序：公司将需要披露的文件提交证券交易所；证券交易所对公司与披露的文件进行形式审核后，向社会披露；公司将披露的信息报中国证监会备案。

（二）上市公司会计信息披露的原则

上市公司及相关信息披露义务人应当根据法律、行政法规、部门规章、规范性文件及其他相关规定，及时、公平地披露所有对公司股票及其衍生品种交易价格可能产生较大影响的信息，并保证所披露的信息真实、准确、完整，不得有虚假记载、误导性陈述或者重大遗漏。上市公司董事、监事和高级管理人员应当保证公司所披露的信息真实、准确、完整、及时、公平，不能保证披露的信息内容真实、准确、完整、及时、公平的，应当在公告中作出相应声明并说明理由。

真实，是指上市公司及相关信息披露义务人披露的信息应当以客观事实或者具有事实基础的判断和意见为依据，如实反映客观情况，不得有虚假记载和不实陈述。

准确，是指上市公司及相关信息披露义务人披露的信息应当使用明确、贴切的语言和简明扼要、通俗易懂的文字，内容应易于理解，不得含有任何宣传、广告、恭维或者夸大等性质的词句，不得有误导性陈述。公司披露预测性信息及其他涉及公司未来经营和财务状况等信息时，应当合理、谨慎、客观。

完整，是指上市公司及相关信息披露义务人披露的信息应当内容完整、文件齐备，格式符合规定要求，不得有重大遗漏。

及时，是指上市公司及相关信息披露义务人应当在规定的期限内披露重大信息。

公平，是指上市公司及相关信息披露义务人应当同时向所有投资者公开披露重大信息，确保所有投资者可以平等地获取同一信息，不得私下提前向特定对象单独披露、透露或者泄露。

上市公司的会计信息披露包括：(1)数量性信息，上市公司根据相关规定的要求，以货币形式反映公司所涉及的各种经济活动的历史信息；(2)非数量性信息，主要包括上市公司会计信息的重要变化说明、会计政策的使用说明、会计政策变更的原因及其影响等等；(3)期后事项信息，主要包括：直接影响以后时期财务报表金额的事项、严重改变资产负债表计价连续性、严重影响资产权益之间关系或严重影响以前年度所呈报的有关本期的预测活动的事项，以及对未来收益和计价的影响不明了或不确定的事项等；(4)公司分部业务的信息，它们是随着公司多元化经营、跨地区经营的业务发展，而导致的一种信息聚合；(5)其他有关信息。上市公司在发行、上市、交易过程中，除了公布上述占主要地位的财务、会计信息之外，还应披露相关的：公司概况、组织状况说明、股东持股情况、经营情况的回顾与展望、公司内部审计制度、重要事项揭示、公司发展规划以及资金投向、股权结构及其变动、注册会计师的审计报告和意见等信息。

## 第二节　上市公司会计信息披露的框架

### 一、上市公司会计信息披露的法规体系

上市公司会计信息披露的内容及方式都应依据有关规范的要求披露。上市公司会计信息披露所依据的规范包括:《中华人民共和国公司法》、《中华人民共和国证券法》、《上市公司信息披露管理办法》、《股票发行与交易管理暂行条例》、《公开发行股票公司信息披露实施细则》、《公开发行公司信息披露编报规则》有关内容与格式的特别规定、企业会计准则、禁止证券欺诈行为暂行办法等。

我国上市公司信息披露制度法律框架的四个层次:

第一层次是国家法律,主要包括公司法和证券法等。

第二层次是行政法规,主要包括《股票发行与交易管理暂行条例》、《股份有限公司境内外资股的规定》、《股份有限公司境外募集股份及上市的特别规定》、《国务院办公厅关于做好贯彻实施修订后的公司法和证券法有关工作的通知》等。

第三层次是部门规章,主要包括:《公开发行股票公司信息披露实施细则》、《禁止证券欺诈行为暂行办法》、《证券市场禁入暂行规定》、《股份有限公司境内上市外资股规定的实施细则》、《上市公司治理准则》、《首次发行股票上市管理办法》、《公开发行股票公司信息披露的内容与格式准则》、《关于加强对上市公司临时报告审查的通知》、《关于上市公司发布澄清公告若干问题的通知》、《证券交易所管理办法》、《上市公司信息披露管理办法》等。

第四层次是自律性规则,如《股票上市规则》。

### 二、上市公司信息披露的总体要求

根据《上市公司信息披露管理办法》的规定,信息披露义务人应当真实、准确、完整、及时地披露信息,不得有虚假记载、误导性陈述或者重大遗漏。信息披露义务人应当同时向所有投资者公开披露信息。在境内、外市场发行证券及其衍生品种并上市的公司在境外市场披露的信息,应当同时在境内市场披露。

上市公司及其他信息披露义务人依法披露信息,应当将公告文稿和相关备查文件报送证券交易所登记,并在中国证券监督管理委员会(以下简称中国证监会)指定的媒体发布。信息披露义务人在公司网站及其他媒体发布信息的时间不得先于指定媒体,不得以新闻发布或者答记者问等任何形式代替应当履行的报告、公告义务,不得以定期报告形式代替应当履行的临时报告义务。信息披露义务人应当将信息披露公告文稿和相关备查文件报送上市公司注册地证监局,并置备于公司住所供社会公众查阅。信息披露文件应当采用中文文本。同时采用外文文本的,信息披露义务人应当保证两种文本的内容一致。两种文本发生歧义时,以中文文本为准。

中国证监会依法对信息披露文件及公告的情况、信息披露事务管理活动进行监督,对上市公司控股股东、实际控制人和信息披露义务人的行为进行监督。证券交易所应当对

上市公司及其他信息披露义务人披露信息进行监督,督促其依法及时、准确地披露信息,对证券及其衍生品种交易实行实时监控。证券交易所制订的上市规则和其他信息披露规则应当报中国证监会批准。

### 三、上市公司信息披露基本框架

就上市公司而言,其信息披露的结构主要包括由首次披露、定期报告和临时报告等组成的体系。上市公司信息披露的内容分为两类:一是投资者评估公司状况所需要的信息;二是对股价运行有重要影响的事项。从上市公司披露信息时段来看,可分为上市前和上市后会计信息两部分内容。我国现行的上市公司信息披露规范体系主要由证券发行信息披露制度和持续信息披露制度(定期报告制度和临时报告制度)两个方面组成。具体而言,会计信息披露文件一般包括招股说明书、上市公告书,年度报告、中期报告和临时报告,前两者构成首次披露,后三者构成持续披露。

(一)首次披露

首次披露主要包括招股说明书和上市公告书。如果公开发行证券为债券,则应编制债券募集说明书。

1. 招股说明书

公开发行证券的申请经中国证监会核准后,发行人应当在证券发行前公告招股说明书。凡是对投资者作出投资决策有重大影响的信息,发行人均应当在招股说明书中披露。

发行人申请首次公开发行股票的,中国证监会受理申请文件后,发行审核委员会审核前,发行人应当将招股说明书申报稿在中国证监会网站预先披露。预先披露的招股说明书申报稿不是发行人发行股票的正式文件,不能含有价格信息,发行人不得据此发行股票。证券发行申请经中国证监会核准后至发行结束前,发生重要事项的,发行人应当向中国证监会书面说明,并经中国证监会同意后,修改招股说明书或者做相应的补充公告。申请证券上市交易,应当按照证券交易所的规定编制上市公告书,并经证券交易所审核同意后公告。

招股说明书、上市公告书引用保荐人、证券服务机构的专业意见或者报告的,相关内容应当与保荐人、证券服务机构出具的文件内容一致,确保引用保荐人、证券服务机构的意见不会产生误导。发行人的董事、监事、高级管理人员,应当对招股说明书、上市公告书签署书面确认意见,保证所披露的信息真实、准确、完整,加盖发行人公章。

2. 上市公告书

上市公告书是指上市公司按照证券法规和证券交易所业务规则的要求,于其证券上市前,就其公司自身情况及证券上市的有关事宜,通过证券上市管理机构指定的媒体向社会公众公布的宣传和说明材料。上市公告书的内容应包括下列事项:证券获准在交易所交易的日期和批准文号,证券发行情况,公司创立大会或股东大会同意公司证券在证交所交易的决议,公司董事、监事和高级管理人员简历及其持有本公司证券情况,公司近三年或成立以来的经营业绩和财务状况以及下一年的盈利预测文件,证券交易所要求载明的其他事项。

（二）定期报告

定期报告是股票发行人定期向投资者披露其经营业绩和财务状况的法定形式，主要包括年度报告和中期报告，中期报告包括半年度、季度和月度财务会计报告。上市公司应当在每个会计年度结束之日起四个月内披露年度报告，在每个会计年度的上半年结束之日起两个月内披露中期报告，在每个会计年度的前三个月、九个月结束后的一个月内披露季度报告。预计不能在会计年度结束之日起两个月内披露年度报告的公司，应当在该会计年度结束后两个月内披露业绩快报。业绩快报应当披露公司本期及上年同期营业收入、营业利润、利润总额、净利润、总资产、净资产、每股收益、每股净资产和净资产收益率等数据和指标。公司第一季度季度报告的披露时间不得早于公司上一年度的年度报告披露时间。公司预计不能在规定期限内披露定期报告的，应当及时向证券交易所报告，并公告不能按期披露的原因、解决方案及延期披露的最后期限。

年度报告和中期报告应当符合国家的会计制度和证监会的有关规定，由公开发行股票公司授权的董事或经理签字，并由公开发行股票公司盖章。年度、半年度会计报表至少应当反映两个年度或者相关两个期间的比较数据。

上市公司年度报告中的财务会计报告必须经具有从事证券、期货相关业务资格的会计师事务所审计。公司中期报告中的财务会计报告可以不经审计，但有下列情形之一的，公司应当聘请会计师事务所进行审计：

（1）拟在下半年进行利润分配、公积金转增股本或者弥补亏损的；

（2）中国证监会或者证券交易所认为应当进行审计的其他情形。

公司季度报告中的财务资料无须审计，但中国证监会或者另有规定的除外。

1. 年度报告

年度报告应当记载以下内容：

（1）公司基本情况；

（2）主要会计数据和财务指标；

（3）公司股票、债券发行及变动情况，报告期末股票、债券总额、股东总数，公司前10大股东持股情况；

（4）持股5%以上股东、控股股东及实际控制人情况；

（5）董事、监事、高级管理人员的任职情况、持股变动情况、年度报酬情况；

（6）董事会报告；

（7）管理层讨论与分析；

（8）报告期内重大事件及对公司的影响；

（9）财务会计报告和审计报告全文；

（10）中国证监会规定的其他事项。

2. 中期报告

中期报告应当记载以下内容：

（1）公司基本情况；

（2）主要会计数据和财务指标；

（3）公司股票、债券发行及变动情况、股东总数、公司前10大股东持股情况，控股股东及实际控制人发生变化的情况；

（4）管理层讨论与分析；

（5）报告期内重大诉讼、仲裁等重大事件及对公司的影响；

（6）财务会计报告；

（7）中国证监会规定的其他事项。

3. 季度报告

季度报告应当记载以下内容：

（1）公司基本情况；

（2）主要会计数据和财务指标；

（3）中国证监会规定的其他事项。

公司董事、高级管理人员应当对定期报告签署书面确认意见，监事会应当提出书面审核意见，说明董事会的编制和审核程序是否符合法律、行政法规和中国证监会的规定，报告的内容是否能够真实、准确、完整地反映上市公司的实际情况。董事、监事、高级管理人员对定期报告内容的真实性、准确性、完整性无法保证或者存在异议的，应当陈述理由和发表意见，并予以披露。上市公司预计经营业绩发生亏损或者发生大幅变动的，应当及时进行业绩预告。

（三）临时报告

发布临时公告的目的是及时、完备地进行信息披露。根据《上市公司信息披露管理办法》的规定，上市公司应当在最先发生的以下任一时点，及时履行重大事件的信息披露义务：

1. 董事会或者监事会就该重大事件形成决议时；

2. 有关各方就该重大事件签署意向书或者协议时；

3. 任一董事、监事或者高级管理人员知悉重大事件发生并报告时。

虽未触及披露时点，但出现以下披露情形之一的，上市公司应及时披露相关事件的现状、可能影响事件进展的风险因素：

1. 该重大事件难以保密时；

2. 该重大事件已经泄露或者市场出现传闻时；

3. 公司证券及衍生品种交易发生异常波动时。

已披露的重大事件出现可能对上市公司证券及衍生品种交易价格产生较大影响的进展或变化的，上市公司还应按规定持续披露有关重大事件的进展及变化情况。

临时报告一般包括：

1. 上市公司改变募集资金用途公告；

2. 上市公司关于为他人提供担保公告；

3. 上市公司关联交易公告；

4. 上市公司分配及转增股本实施公告；

5. 上市公司召开股东大会通知公告；

6. 上市公司股东大会决议公告；

7. 重大合同公告；

8. 对外投资公告；

9. 股票交易异常波动公告；

10. 澄清公告；

11. 上市公司涉及诉讼、仲裁的公告；

12. 上市公司新股发行（配股、增发）获准公告；

13. 上市公司变更证券简称公告；

14. 非公开发行股票董事会决议公告即召开临时股东大会的通知；

15. 非公开发行股票发行结果即股份变动公告；

16. 上市公司重大事项停、复牌以及进展公告；

17. 上市公司矿业权的取得、转让公告等。

上市公司应当制定重大事件的报告、传递、审核、披露程序。董事、监事、高级管理人员知悉重大事件发生时，应当按照公司规定立即履行报告义务；董事长在接到报告后，应当立即向董事会报告，并敦促董事会秘书组织临时报告的披露工作。临时报告（监事会公告除外）应当由公司董事会发布并加盖董事会公章。

## 第三节　上市公司会计信息披露的内容

### 一、招股说明书

股份有限公司的招股说明书是供社会公众了解发起人和将要设立公司的情况，说明公司股份发行的有关事宜，指导公众购买公司股份的规范性文件。按照我国证监会的有关规定，招股说明书分为“首次发行股票公司的招股说明书”和“上市公司发行新股的招股说明书”。

（一）首次发行股票公司的会计信息披露

公司首次公开发行股票，必须制作招股说明书。招股说明书经政府有关部门批准后，即具有法律效力，公司发行股份和发起人、社会公众认购股份的一切行为，除应遵守国家有关规定外，都要遵守招股说明书中的有关规定，违反者，要承担相应的责任。根据《公开发行证券的公司信息披露内容与格式准则第1号——招股说明书》（2006年修订）的规定，首次公开发行股票的公司其招股说明书应当包括以下基本内容：

1. 封面，书脊，扉页，目录，释义

2. 概览

3. 本次发行概况

4. 风险因素

5. 发行人基本情况

6. 业务和技术

7. 同业竞争与关联交易

8. 董事、监事、高级管理人员与核心技术人员

9. 公司治理

10. 财务会计信息

主要包括：

(1)发行人运行三年以上的，应披露最近三年及一期的资产负债表、利润表和现金流量表；运行不足三年的，应披露最近三年及一期的利润表以及设立后各年及最近一期的资产负债表和现金流量表。发行人编制合并财务报表的，应同时披露合并财务报表和母公司财务报表。

(2)会计师事务所的审计意见类型。财务报表被出具带强调事项段的无保留审计意见的，应全文披露审计报告正文以及董事会、监事会及注册会计师对强调事项的详细说明。

(3)财务报表的编制基础、合并财务报表范围及变化情况。发行人运行不足三年的，应披露设立前利润表编制的会计主体及确定方法；存在剥离调整的，还应披露剥离调整的原则、方法和具体剥离情况。

(4)结合业务特点充分披露报告期内采用的主要会计政策和会计估计，主要包括：

①收入确认和计量的具体方法。

②金融资产和金融负债的分类方法，金融工具的确认依据和计量方法，金融资产转移的确认依据和计量方法，主要金融资产的公允价值确定方法、减值测试方法和减值准备计提方法。

③发出存货成本的计量方法，存货可变现净值的确定依据及存货跌价准备的计提方法。

④长期股权投资的初始计量、后续计量及收益确认方法。

⑤投资性房地产的种类和计量模式；采用成本模式的，投资性房地产的折旧或摊销方法以及减值准备计提依据；采用公允价值模式的，投资性房地产公允价值的确定依据和方法；投资性房地产的转换及处置的确认和计量方法。

⑥固定资产的确认条件、分类、计量基础和折旧方法，各类固定资产的使用寿命、预计净残值和折旧率。

⑦无形资产的计价方法和摊销方法；使用寿命有限的无形资产，其使用寿命的估计情况；使用寿命不确定的无形资产，使用寿命不确定的判断依据。

⑧除存货、投资性房地产及金融资产外，其他主要资产的资产减值准备的确定方法。

⑨股份支付的种类及权益工具公允价值的确定方法。

⑩借款费用资本化的依据及方法。

⑪其他对发行人报告期内财务状况、经营成果有重大影响的会计政策和会计估计。

⑫报告期内存在会计政策或会计估计变更的，变更的内容、理由及对发行人财务状况、经营成果的影响金额。

(5)财务报表中包含了分部信息的，应披露分部信息；最近一年及一期内收购兼并其他企业资产(或股权)，且被收购企业资产总额或营业收入或净利润超过收购前发行人相应项目20%(含)的，应披露被收购企业收购前一年利润表。

(6)依据经注册会计师核验的非经常性损益明细表，以合并财务报表的数据为基础，披露最近三年及一期非经常性损益的具体内容、金额及对当期经营成果的影响，并计算最近三年及一期扣除非经常性损益后的净利润金额。

(7)最近一期期末主要固定资产类别、折旧年限、原价、净值;对外投资项目及各项投资的投资期限、初始投资额、期末投资额、股权投资占被投资方的股权比例及会计核算方法,编制合并报表时采用成本法核算的长期股权投资按照权益法进行调整的方法及影响金额。

(8)最近一期期末主要无形资产的取得方式、初始金额、摊销年限及确定依据、摊余价值及剩余摊销年限。无形资产的原始价值是以评估值作为入账依据的,还应披露资产评估机构名称及主要评估方法。

(9)最近一期期末的主要债项,包括主要的银行借款,对内部人员和关联方的负债,主要合同承诺的债务、或有债项的金额、期限、成本,票据贴现、抵押及担保等形成的或有负债情况。有逾期未偿还债项的,应说明其金额、利率、贷款资金用途、未按期偿还的原因、预计还款期等。

(10)所有者权益变动表,扼要披露报告期内各期末股东权益的情况,包括股本、资本公积、盈余公积、未分配利润及少数股东权益的情况。

(11)报告期内各期经营活动产生的现金流量、投资活动产生的现金流量、筹资活动产生的现金流量的基本情况及不涉及现金收支的重大投资和筹资活动及其影响。

(12)会计报表附注中的期后事项、或有事项及其他重要事项。

(13)最近三年及一期的流动比率、速动比率、资产负债率(母公司)、应收账款周转率、存货周转率、息税折旧摊销前利润、利息保障倍数、每股经营活动产生的现金流量、每股净现金流量、每股收益、净资产收益率、无形资产(扣除土地使用权、水面养殖权和采矿权等后)占净资产的比例。除特别指出外,上述财务指标应以合并财务报表的数据为基础进行计算。其中,净资产收益率和每股收益的计算应执行财政部、中国证监会的有关规定。

(14)如果发行人认为提供盈利预测报告将有助于投资者对发行人及投资于发行人的股票作出正确判断,且发行人确信有能力对最近的未来期间的盈利情况作出比较切合实际的预测,发行人可以披露盈利预测报告。发行人本次募集资金拟用于重大资产购买的,则应当披露发行人假设按预计购买基准日完成购买的盈利预测报告及假设发行当年1月1日完成购买的盈利预测报告。

(15)披露盈利预测报告的,应声明:“本公司盈利预测报告是管理层在最佳估计假设的基础上编制的,但所依据的各种假设具有不确定性,投资者进行投资决策时应谨慎使用。”盈利预测报告应包括盈利预测表及其说明。盈利预测表的格式应与利润表一致,其中预测数应分栏列示已审实现数、未审实现数、预测数和合计数。需要编制合并财务报表的发行人,应分别编制母公司盈利预测表和合并盈利预测表。盈利预测说明应包括编制基准、所依据的基本假设及其合理性、与盈利预测数据相关的背景及分析资料等。盈利预测数据包含了特定的财政税收优惠政策或非经常性损益项目的,应特别说明。

(16)发行境内上市外资股和境外上市外资股的发行人,由于在境内外披露的财务会计资料所采用的会计准则不同,导致净资产或净利润存在差异的,发行人应披露财务报表差异调节表,并注明境外会计师事务所的名称。境内外会计师事务所的审计意见类型存在差异的，还应披露境外会计师事务所的审计意见类型及差异原因。

(17)在设立时以及在报告期内进行资产评估的，应扼要披露资产评估机构名称及主要评估方法，资产评估前的账面值、评估值及增减情况，增减变化幅度较大的，应说明原因。

(18)应扼要披露设立时及以后历次验资报告，简要说明历次资本变动与资金到位情况。

11. 管理层讨论与分析

依据最近三年及一期的合并财务报表分析披露发行人财务状况、盈利能力及现金流量的报告期内情况及未来趋势。讨论与分析不应仅限于财务因素，还应包括非财务因素；不应仅以引述方式重复财务报表的内容，应选择使用逐年比较、与同行业对比分析等便于理解的形式进行分析。

(1)对财务状况的分析包括：①公司资产、负债的主要构成，分析说明主要资产的减值准备提取情况是否与资产质量实际状况相符；最近三年及一期资产结构、负债结构发生重大变化的，发行人还应分析说明导致变化的主要因素。

②最近三年及一期流动比率、速动比率、资产负债率、息税折旧摊销前利润及利息保障倍数的变动趋势，并结合公司的现金流量状况、在银行的资信状况、可利用的融资渠道及授信额度、表内负债、表外融资情况及或有负债等情况，分析说明公司的偿债能力。发行人最近三年及一期经营活动产生的现金流量净额为负数或者远低于当期净利润的，应分析披露原因。

③最近三年及一期应收账款周转率、存货周转率等反映资产周转能力的财务指标的变动趋势，并结合市场发展、行业竞争状况、公司生产模式及物流管理、销售模式及赊销政策等情况，分析说明公司的资产周转能力。

④最近一期期末持有金额较大的交易性金融资产、可供出售的金融资产、借给他人款项、委托理财等财务性投资的，应分析其投资目的、对发行人资金安排的影响、投资期限、发行人对投资的监管方案、投资的可回收性及减值准备的计提是否充足。

(2)盈利能力分析包括：①最近三年及一期营业收入的构成及比例，并分别按产品(或服务)类别及业务、地区分部列示，分析营业收入增减变化的情况及原因；营业收入存在季节性波动的，应分析季节性因素对各季度经营成果的影响。

②依据所从事的主营业务、采用的经营模式及行业竞争情况，分析公司最近三年及一期利润的主要来源、可能影响发行人盈利能力连续性和稳定性的主要因素。

③按照利润表项目逐项分析最近三年及一期经营成果变化的原因，对于变动幅度较大的项目应重点说明。

④主要产品的销售价格或主要原材料、燃料价格频繁变动且影响较大的，应针对价格变动对公司利润的影响作敏感性分析。

⑤列表披露最近三年及一期公司综合毛利率、分行业毛利率的数据及变动情况；报告期内发生重大变化的，还应用数据说明相关因素对毛利率变动的影响程度。

⑥最近三年非经常性损益、合并财务报表范围以外的投资收益以及少数股东损益对公司经营成果有重大影响的，应当分析原因及对公司盈利能力稳定性的影响。

(3)资本性支出分析包括:①最近三年及一期重大的资本性支出情况;如果资本性支出导致公司固定资产大规模增加或进行跨行业投资的,应当分析资本性支出对公司主营业务和经营成果的影响。

②未来可预见的重大资本性支出计划及资金需求量;未来资本性支出计划跨行业投资的,应说明其与公司未来发展战略的关系。

③重大会计政策或会计估计与可比上市公司存在较大差异,或者按规定将要进行变更的,应分析重大会计政策或会计估计的差异或变更对公司利润产生的影响。

④目前存在重大担保、诉讼、其他或有事项和重大期后事项的,应说明对发行人财务状况、盈利能力及持续经营的影响。

⑤结合其在行业、业务经营方面存在的主要优势及困难,谨慎、客观地对公司财务状况和盈利能力的未来趋势进行分析。对报告期内已对公司财务状况和盈利能力有重大影响的因素,应分析该等因素对公司未来财务状况和盈利能力可能产生的影响;如果目前已经存在新的趋势或变化,可能对公司未来财务状况和盈利能力产生重大影响的,应分析影响情况。

12. 业务发展目标

业务发展目标包括发行当年和未来两年的发展计划,包括提高竞争能力、市场和业务开拓、筹资等方面的计划。

13. 募集资金运用

14. 股利分配政策

股利分配政策主要包括:

(1)最近三年股利分配政策、实际股利分配情况以及发行后的股利分配政策。

(2)本次发行完成前滚存利润的分配安排和已履行的决策程序。若发行前的滚存利润归发行前的股东享有,应披露滚存利润的审计和实际派发情况,同时在招股说明书首页对滚存利润中由发行前股东单独享有的金额以及是否派发完毕作"重大事项提示"。

(3)发行人已发行境外上市外资股的,应披露股利分配的上限为按中国会计准则和制度与上市地会计准则确定的未分配利润数字中较低者。

15. 其他重要事项

16. 董事、监事、高级管理人员及有关中介机构声明

17. 备查文件

除 10、11、14 部分外,其他部分的详细内容可参见《公开发行证券的公司信息披露内容与格式准则第 1 号——招股说明书》的相关规定。

(二)发行新股公司的会计信息披露

根据《公开发行证券的公司信息披露内容与格式准则第 11 号——上市公司公开发行证券募集说明书》的规定,公司的招股说明书应当包括以下基本内容:

1. 封面、书脊、扉页、目录、释义

2. 本次发行概况

3. 风险因素

4. 发行人基本情况

5. 同业竞争与关联交易

6. 财务会计信息

财务会计信息应摘自经有证券期货相关业务资格会计师事务所审计的财务报告及审核的盈利预测报告，主要包括：

(1)最近三年审计意见的类型；被出具带强调事项段的无保留意见的，还应披露审计报告正文以及董事会对相关事项的详细解释，并说明相关事项是否对公司有重大影响或影响是否已经消除，会计师事务所及注册会计师关于相关事项对发行人是否有重大影响或影响是否已经消除所发表的意见。

(2)最近三年及一期的资产负债表、利润表、现金流量表及所有者权益变动表。发行人编制合并财务报表的，应同时披露合并财务报表和母公司财务报表。最近三年及一期合并财务报表范围发生重大变化的，还应披露合并财务报表范围的具体变化情况、变化原因及其影响。最近三年内进行过导致公司主营业务和经营性资产发生实质变更的重大资产购买、出售、置换的发行人，披露的最近三年及一期的财务报表应包括：重组完成后各年的资产负债表、利润表、现金流量表和所有者权益变动表，以及重组时编制的重组前模拟利润表和模拟报表的编制基础。发行人本次募集资金拟用于重大资产购买的，即拟购买的总资产或净资产占发行人最近一年年末合并财务报表总资产或净资产的50%以上、或拟购买的资产在前一年产生的营业收入占发行人前一年合并财务报表营业收入的50%以上，还应披露假设前三年已完成购买并据此编制的前三年备考合并利润表、前一年年末备考合并资产负债表。发行境内上市外资股和境外上市外资股的发行人，由于在境内外披露的财务会计资料所采用的会计准则不同，导致净资产、净利润存在差异的，应披露最近一年的差异调节表，并注明境外财务报表的审计机构的名称以及审计意见的类型。

(3)最近三年及一期的流动比率、速动比率、资产负债率(母公司)、应收账款周转率、存货周转率、每股经营活动现金流量、每股净现金流量、研发费用占营业收入的比重等财务指标以及非经常性损益明细表。除特别说明，上述财务指标以合并财务报表的数据为基础进行计算，其中扣除非经常性损益前后的净资产收益率和每股收益的计算应执行财政部、证监会的有关规定。

(4)本次募集资金拟用于重大资产购买的，应当披露假设按预计购买基准日完成购买的盈利预测报告及假设发行当年1月1日完成购买的盈利预测报告及会计师事务所的审核意见。如果发行人认为提供盈利预测报告将有助于投资者对发行人及投资于发行人的证券作出正确判断，且发行人确信有能力对最近的未来期间的盈利情况作出切合实际预测的，可以披露盈利预测报告及会计师事务所的审核意见。

(5)盈利预测报告应声明："本公司盈利预测报告是管理层在最佳估计假设的基础上编制的，但所依据的各种假设具有不确定性，投资者进行投资决策时应谨慎使用。"

(6)披露的盈利预测报告应包括盈利预测表及其说明。

盈利预测表的格式应与利润表一致，其中预测数应分栏列示已审实现数、未审实现数、预测数和合计数。需要编制合并财务报表的发行人，应分别编制母公司盈利预测表和合并盈利预测表。盈利预测说明应包括编制基准、所依据的基本假设及其合理性、与盈利预测数据相关的背景及分析资料等。盈利预测数据包含了特定的财政税收优惠政策或非经常性损益项目的，应特别说明。

7. 管理层讨论与分析

应主要依据最近三年及一期的合并财务报表分析影响发行人财务状况、经营业绩、现金流量的财务与非财务因素，并审慎披露未来变动趋势。为有助于理解分析过程和结论，发行人应提供分部信息。不应仅以引述方式重复财务报告的内容，应选择使用逐年比较、与同行业对比分析等便于理解的形式对最近三年及一期的上述情况进行分析。

(1)财务状况分析包括：①公司资产、负债的主要构成，分析说明其主要资产的减值准备提取情况是否与资产质量实际状况相符；最近三年及一期资产结构、负债结构发生重大变化的，发行人还应分析说明导致变化的主要因素。

②最近三年及一期流动比率、速动比率、资产负债率以及利息保障倍数的变动趋势，并结合公司的现金流量状况、在银行的资信状况、可利用的融资渠道及授信额度、表内负债、表外融资情况及或有负债等情况，分析说明公司的偿债能力。发行人最近三年及一期经营活动产生的现金流量净额为负数或者远低于同期净利润的，应分析披露原因。

③最近三年及一期应收账款周转率、存货周转率等反映资产周转能力的财务指标的变动趋势，并结合市场发展、行业竞争状况、公司生产模式及物流管理、销售模式及赊销政策等情况，分析说明影响公司的资产周转能力。

④最近一期期末持有金额较大的交易性金融资产、可供出售的金融资产、借给他人款项、委托理财等财务性投资的，应分析其投资目的、对发行人资金安排的影响、投资期限、发行人对投资的监管方案、投资的可回收性及减值准备的计提是否充足。

(2)盈利能力分析包括：①列表披露最近三年及一期营业收入的构成及比例，分别按产品(或服务)类别及业务、地区分部列示，分析营业收入增减变化的情况及原因；营业收入存在季节性波动的，应分析季节性因素对各季度经营成果的影响。

②应依据所从事的主要业务、采用的经营模式及行业竞争情况，分析公司最近三年一期利润的主要来源、可能影响发行人盈利能力连续性和稳定性的主要因素。

③应按照利润表项目逐项分析最近三年及一期经营成果变化的原因，对于变动幅度较大的项目应重点说明。

④主要产品价格或主要原材料、燃料价格频繁变动且影响较大的，应对价格变动对公司利润的影响作敏感性分析。

⑤应列表披露最近三年及一期公司综合毛利率、分行业毛利率的数据及变动情况；最近三年及一期毛利率发生重大变化的，还应用数据说明相关因素对毛利率变动的影响程度。

⑥最近三年及一期投资收益及非经常性损益对公司经营成果有重大影响的，应当分析原因及对公司盈利能力稳定性的影响。

(3)资本性支出分析包括：①应披露最近三年及一期的重大的资本性支出情况；如果资本性支出导致公司固定资产大规模增加或进行跨行业投资的，应当分析资本性支出对公司主要业务和经营成果的影响。

②应披露未来可预见的重大资本性支出计划及资金需求量，资本性支出计划涉及跨行业投资的，应说明其与发行人业务发展规划的关系。

③最近三年及一期存在会计政策变更、会计估计变更的,应披露变更的性质、内容、原因、变更影响数的处理方法及对发行人财务状况、经营成果的影响;发行人最近三年及一期存在会计差错更正的,应披露前期差错的性质。

④目前存在重大担保、诉讼、其他或有事项和重大期后事项的,应说明其对发行人财务状况、盈利能力及持续经营的影响。

⑤应结合其在业务经营方面存在的主要优势及困难,谨慎、客观地对公司财务状况和盈利能力的未来发展趋势进行分析。

8. 本次募集资金运用

9. 历次募集资金运用

10. 董事及有关中介机构声明

11. 备查文件

除 6、7 部分外,其他部分的详细内容可参见《公开发行证券的公司信息披露内容与格式准则第 11 号——上市公司公开发行证券募集说明书》的相关规定。

## 二、定期报告

定期报告包括年度报告和中期报告,中期报告包括半年度、季度和月度财务会计报告,本部分仅以年度报告为例说明定期报告的内容。凡根据公司法、证券法在中华人民共和国境内公开发行股票并在证券交易所上市的股份有限公司应当根据公司法、证券法等法律、法规及中国证券监督管理委员会的有关规定,编制和披露年度报告。

年度报告是指公司整个会计年度的财务报告及其他相关文件。根据《公开发行证券的公司信息披露内容与格式准则第 2 号——年度报告的内容与格式》的规定,年度报告包括以下内容:

(一)重要提示及目录

(二)公司基本情况简介

(三)会计数据和业务数据摘要

1. 实现利润情况

公司应披露本年度实现的营业利润、利润总额、归属于上市公司股东的净利润、归属于上市公司股东的扣除非经常性损益后的净利润、经营活动产生的现金流量净额。已发行人民币普通股(指 A 股),又发行境内上市外资股或境外上市外资股的公司,应披露按不同会计准则计算的净利润、净资产并说明其差异。公司在披露“扣除非经常性损益后的净利润”时,还应同时说明扣除的项目、涉及金额。

2. 主要会计数据和财务指标

公司应采用数据列表方式(可以附有图形表),提供截至报告期末公司近三年的主要会计数据和财务指标,包括以下各项:营业收入、利润总额、归属于上市公司股东的净利润、归属于上市公司股东的扣除非经常性损益后的净利润、总资产、所有者权益(或股东权益)、经营活动产生的现金流量净额、每股经营活动产生的现金流量净额、归属于上市公司股东的每股净资产、净资产收益率、每股收益等。计算公式(不须披露)如下:

每股收益 = 净利润 ÷ 年度末普通股股份总额

每股净资产 = 年度末股东权益 ÷ 年度末普通股股份总额

净资产收益率 = 净利润 ÷ 年度末股东权益 × 100%

归属于上市公司股东的每股净资产 = 年度末归属于上市公司股东的所有者权益 ÷ 年度末普通股股份总数

每股经营活动产生的现金流量净额 = 经营活动产生的现金流量净额 ÷ 年度末普通股股份总数

3. 主要会计数据和财务指标的计算和披露

因会计政策变更及会计差错更正等追溯调整或重述以前年度会计数据的，应同时披露调整前后的数据；应按照《公开发行证券的公司信息披露规范问答第 1 号——非经常性损益》的要求，确定和计算非经常性损益；编制合并财务报表的公司应以合并财务报表数据填列或计算以上数据和指标。如公司成立未满三年，应披露公司成立后完整会计年度的上述会计数据和财务指标。数据的排列应该从左到右，左边起是报告期的数据。

（四）股本变动及股东情况

（五）董事、监事、高级管理人员和员工情况

（六）公司治理结构

（七）股东大会情况简介

（八）董事会报告

公司董事会报告中应当对财务报告与其他必要的统计数据以及报告期内发生或将要发生的重大事项，进行讨论与分析，以有助于投资者了解其经营成果、财务状况（含现金流量情况）。公司可以运用逐年比较、数据列表或其他方式对相关事项进行列示，以增进投资者的理解。讨论与分析不能只重复财务报告的内容，应着重于其已知的、可能导致财务报告难以显示公司未来经营成果与财务状况的重大事项和不确定性因素，包括已对报告期产生重要影响但对未来没有影响的事项，以及未对报告期产生影响但对未来具有重要影响的事项等，内容包括但不限于：

1. 报告期内公司经营情况的回顾；

2. 对公司未来发展的展望；

3. 在报告期内募集资金或报告期之前募集资金的使用延续到报告期内的，公司应就如下几方面对资金的运用和结果加以说明；

4. 公司应披露董事会日常工作情况。

（九）监事会报告

（十）重要事项

（十一）财务报告

主要包括：

1. 审计报告正文、经审计的财务报表；

2. 财务报表包括公司报告期末及其前一个年度末的比较式资产负债表、该两年度的比较式利润表、现金流量表、该年度所有者权益（股东权益）变动表和财务报表附注；

3. 财务报表附注应对比较式报表的两个日期或期间的数据均作出说明。

（十二）备查文件目录

## 三、临时报告

临时报告是指上市公司按照法律、行政法规、部门规章、规范性文件、证券交易所的上市规则及其他相关规定发布的除定期报告以外的公告,是上市公司持续信息披露义务的重要组成部分。当发生可能对上市公司证券及其衍生品种交易价格产生较大影响的重大事件,投资者尚未得知时,上市公司应当立即披露,说明事件的起因、目前的状态和可能产生的影响。

上述所称重大事件包括:

(1)公司的经营方针和经营范围的重大变化;

(2)公司的重大投资行为和重大的购置财产的决定;

(3)公司订立重要合同,可能对公司的资产、负债、权益和经营成果产生重要影响;

(4)公司发生重大债务和未能清偿到期重大债务的违约情况,或者发生大额赔偿责任;

(5)公司发生重大亏损或者重大损失;

(6)公司生产经营的外部条件发生的重大变化;

(7)公司的董事、$\frac{1}{3}$以上监事或者经理发生变动;董事长或者经理无法履行职责;

(8)持有公司5%以上股份的股东或者实际控制人,其持有股份或者控制公司的情况发生较大变化;

(9)公司减资、合并、分立、解散及申请破产的决定,或者依法进入破产程序、被责令关闭;

(10)涉及公司的重大诉讼、仲裁,股东大会、董事会决议被依法撤销或者宣告无效;

(11)公司涉嫌违法违规被有权机关调查或者受到刑事处罚、重大行政处罚,公司董事、监事、高级管理人员涉嫌违法违纪被有权机关调查或者采取强制措施;

(12)新公布的法律、法规、规章、行业政策可能对公司产生重大影响;

(13)董事会就发行新股或者其他再融资方案、股权激励方案形成相关决议;

(14)法院裁决禁止控股股东转让其所持股份;

(15)任一股东所持公司5%以上股份被质押、冻结、司法拍卖、托管、设定信托或者被依法限制表决权;

(16)主要资产被查封、扣押、冻结或者被抵押、质押;

(17)主要或者全部业务陷入停顿;

(18)对外提供重大担保;

(19)获得大额政府补贴等可能对公司资产、负债、权益或者经营成果产生重大影响的额外收益;

(20)变更会计政策、会计估计;

(21)因前期已披露的信息存在差错、未按规定披露或者虚假记载,被有关机关责令改正或者经董事会决定进行更正;

(22)中国证监会规定的其他情形。

上市公司披露重大事件后,已披露的重大事件出现可能对上市公司证券及其衍生品种交易价格产生较大影响的进展或者变化的,应当及时披露进展或者变化情况、可能产生的影响。

上市公司控股子公司、参股公司发生的重大事件,可能对上市公司证券及其衍生品种交易价格产生较大影响的事件的,上市公司应当履行信息披露义务。如果涉及上市公司的收购、合并、分立、发行股份、回购股份等行为导致上市公司股本总额、股东、实际控制人等发生重大变化的,应当依法履行报告、公告义务,披露权益变动情况。

上市公司应当关注本公司证券及其衍生品种的异常交易情况及媒体关于本公司的报道。证券及其衍生品种发生异常交易或者在媒体中出现的消息可能对公司证券及其衍生品种的交易产生重大影响时,上市公司应当及时向相关各方了解真实情况,必要时应当以书面方式问询。上市公司控股股东、实际控制人及其一致行动人应当及时、准确地告知上市公司是否存在拟发生的股权转让、资产重组或者其他重大事件,并配合上市公司做好信息披露工作。

公司证券及其衍生品种交易被中国证监会或者证券交易所认定为异常交易的,上市公司应当及时了解造成证券及其衍生品种交易异常波动的影响因素,并及时披露。上市公司临时报告须经证券交易所审核后才能发布。

## 本章小结

上市公司会计信息披露,是指上市公司从维护投资者权益和资本市场运行秩序出发,按照法定要求将自身财务经营等会计信息情况向证券监督管理部门报告,并且向社会公众投资者公告。在竞争性经济环境中,公开发行股票公司通过进行会计信息披露来履行其对投资者履行受托责任和经管责任,也是为了降低资本市场的筹资成本,实现对有限资源进行优化配置。

会计信息披露保障了信息使用者对会计信息的需求,会计信息披露加强了会计信息的时效性,会计信息披露保证了会计信息的真实性。

上市公司董事、监事和高级管理人员应当保证公司所披露的信息真实、准确、完整、及时、公平。

上市公司信息披露的内容分为两类:一是投资者评估公司状况所需要的信息;二是对股价运行有重要影响的事项。从上市公司披露信息时段来看,可分为上市前和上市后会计信息两部分内容。我国现行的上市公司信息披露规范体系主要由证券发行信息披露制度和持续信息披露制度(定期报告知度和临时报告制度)两个方面组成。具体而言,会计信息披露文件一般包括招股说明书、上市公告书,年度报告、中期报告和临时报告,前两者构成首次披露,后三者构成持续披露。

## 关键术语

上市公司会计信息披露　定期报告　临时报告　招股说明书　上市公告书　年度报告　重大事件

## 本章重点

上市公司会计信息披露的意义、作用和原则，招股说明书的框架和内容，年度报告的框架和内容重大事件的内容。

## 本章难点

招股说明书的内容，年度报告的内容。

## 思考题

1. 我国上市公司上市前及上市后会计信息披露的内容各包括哪些内容？披露的目的是什么？
2. 上市公司会计信息披露的原则是什么？
3. 上市公司会计信息披露的作用是什么？
4. 简述我国公开发行股票公司信息披露的基本框架。
5. 首次发行股票公司的招股说明书中会计信息披露的内容有哪些？
6. 上市公司发行新股的招股说明书中会计信息披露的内容有哪些？
7. 年度报告中会计信息披露的内容有哪些？
8. 重大事件一般包括哪些内容？

# 参考文献

财政部会计司编写组.2008.企业会计准则讲解.北京:人民出版社.

常勋.2003.高级财务会计.沈阳:辽宁人民出版社.

耿建新.2008.高级财务会计.北京:北京大学出版社.

国际会计准则理事会.2005.国际财务报告准则(2004)财政部会计准则委员会,译.北京:中国财政经济出版社.

韩传模.2007.高级财务会计.北京:经济科学出版社.

李大诚.2008.高级财务会计.北京:中国财政经济出版社.

李大诚.2008.高级财务会计.北京:人民日报出版社.

刘永泽,等.2007.高级财务会计.大连:东北财经大学出版社.

罗飞.2004.企业特种会计.武汉:湖北科学技术出版社.

美国财务会计准则委员会.1992.论财务会计概念.娄尔行,译.北京:中国财政经济出版社.

美国财务会计准则委员会.2002.美国财务会计准则(1~137).王世定,主译.北京:经济科学出版社.

汤湘希.2008.高级财务会计.北京:经济科学出版社.

汤云为.1996.高级财务会计.上海:上海三联书店.

谢诗芬.2001.会计计量的现值研究.成都:西南财经大学出版社.

谢诗芬.2004.公允价值:国际会计前沿问题研究.长沙:湖南人民出版社.

许家林.2004.西方会计学名著导读.北京:中国财政经济出版社.

许家林,龚翔.2006.中国会计准则体系建设——发展·比较·协调.上海:立信会计出版社.

阎达五,耿建新,戴德明.2008.高级会计学.北京:中国人民大学出版社.

杨金观.2009.高级财务会计.北京:经济科学出版社.

余国杰.2008.高级财务会计.北京:清华大学出版社.

于晓镭,徐兴恩.2006.新企业会计准则实用手册.北京:机械工业出版社.

郑海英.2008.合并财务报表若干问题研究.大连:东北财经大学出版社.

中国注册会计师教育教材编审委员会.2002.高级财务会计.北京:经济科学出版社.

中国注册会计师协会.2009.会计.北京:中国财政经济出版社.

中华人民共和国财政部.2006.企业会计准则.北京:经济科学出版社.

中华人民共和国财政部.2006.企业会计准则应用指南.北京:中国财政经济出版社.

中华人民共和国财政部.企业会计准则——应用指南(2006).北京:中国财政经济出版社.

ACCA. 2004. Paper 2. 5: Financial Reporting. FTC Foulks Lynch Publications.

ACCA. 2004. Paper 3. 6: Advanced Corporate Reporting. FTC Foulks Lynch Publications.

ACCA. 2005. Paper 2. 5: Financial Reporting. FTC Foulks Lynch Publications.

ACCA. 2005. Paper 3. 6: Advanced Corporate Reporting. FTC Foulks Lynch Publications.

ACCA. 2008. Paper P2: Corporate Reporting. Kaplan Publishing UK.

ACCA. 2008. Paper F7: Financial Reporting. Kaplan Publishing UK.

Floyd A Beams, John A Brozovsky, Craig D Shoulders. 2000. Advanced Accounting. Prentice-Hall. Inc.

IAS27: Consolidated and Separate Financial Statements. Revised in 2008.

IAS28: Investments in Associates Revised in 2003.

IAS31: Interests In Joint Ventures revised in 2004.

IFRS3 : Business Combination Revised in 2008.

# 教学课时建议

高级财务会计课程一般在本科和专科阶段开设。在使用本教材时,可以参照下表来安排各章内容的教学:

| 教学内容 | 高中起点专科(学时) | 高中起点本科(学时) | 专科起点本科(学时) |
|---|---|---|---|
| 第一章　企业合并 | 8 | 6 | 6 |
| 第二章　合并财务报表概述 | 2 | 2 | 2 |
| 第三章　控制权取得日的合并财务报表 | 8 | 10 | 8 |
| 第四章　控制权取得日后的合并财务报表 | 8 | 8 | 6 |
| 第五章　集团内部交易的抵销 | 4 | 4 | 4 |
| 第六章　外币交易会计与外币财务报表折算 | 4 | 4 | 4 |
| 第七章　物价变动会计 | 2 | 4 | 2 |
| 第八章　租赁会计 | 4 | 4 | 4 |
| 第九章　股份支付 | 4 | 4 | 4 |
| 第十章　套期保值会计 | 4 | 6 | 4 |
| 第十一章　企业清算与重整会计 | 2 | 2 | 2 |
| 第十二章　上市公司会计信息披露 | 2 | 2 | 2 |
| 合计 | 52 | 56 | 48 |

# 大连出版社教学支持说明

为了建设立体化精品教材，秉承为高校教师提供全方位的教学支持理念，我们将向使用本套教材的高校教师免费提供教学课件和教材参考。

为确保此资源仅为教师教学使用，烦请授课老师清晰填写如下开课情况证明，并邮寄（传真）至以下地址，我们据此给您提供下载密码。谢谢您的合作！


地　　址：大连市西岗区长白街 10 号　大连出版社

邮　　编：116011

电　　话：0411 -83627430　83621049

传　　真：0411 -83610391　83620941

电子邮箱：wangth@ vip. sina. com


# 证　　明

兹证明________大学________系/院第________学年开设的____________课程，采用大连出版社出版的________作为本课程教材，授课老师为________，学生____个班共____人。

授课教师需要与本书配套的教学课件和教学参考为：

______________________________________。

邮　　编：________

地　　址：________

电　　话：________

电子邮箱：________

系/院主任：________（签字）

（系/院办公室盖章）

20____年____月____日